Predigthilfen für alle Sonntage und Hochfeste
Lesejahr C

Franz Josef Stendebach / Klaus Roos (Hg.)

Predigthilfen für alle Sonntage und Hochfeste

Lesejahr C

Persönlicher Zugang – literarischer Text – Exegese – Predigtentwürfe

Matthias-Grünewald-Verlag · Mainz

Die Deutsche Bibliothek – CIP-Einheitsaufnahme

Predigthilfen für alle Sonntage und Hochfeste:
persönlicher Zugang – literarischer Text – Exegese – Predigtentwürfe /
Franz Josef Stendebach; Klaus Roos (Hg.). –
Mainz: Matthias-Grünewald-Verl.
Lesejahr C. – 1991
ISBN 3-7867-1568-8

Umschlag: Ulrike Bettermann
Satz: Roddert Fotosatz, Mainz
Druck und Bindung: Echter, Würzburg

ISBN 3-7867-1568-8

Inhalt

Die Zeit im Jahreskreis

Vorwort

Nachdem die beiden ersten Bände der „Predigthilfen" eine überwiegend freundliche Aufnahme gefunden haben – es wurde u. a. von einem fruchtbaren Ansatz in der methodischen Erschließung der Texte und im systematischen Aufbau des Werkes gesprochen –, können wir nun Band C vorlegen, der sich den gleichen Prinzipien verpflichtet weiß. Wiederum dient ein literarischer Text – aus der jüdischen Tradition, aus Märchen, Drama, Novelle, Roman und Lyrik – der Erschließung des biblischen Textes. Wieder finden sich die Schritte: Persönlicher Zugang zur Perikope und zum literarischen Text – Exegese – Predigtentwurf. Dabei ist der persönliche Zugang notwendigerweise subjektiv geprägt; der literarische Text wird dort gesucht, wo der Autor seine persönlichen Interessen und Vorlieben hat. Beides fließt in Exegese und Predigtentwurf ein. Der Prediger seinerseits kann auswählen, wovon er sich besonders anregen läßt: vom literarischen Text, von der Exegese, von den persönlichen Reflexionen des Autors/der Autorin oder vom Predigtvorschlag. Eine besondere homiletische Herausforderung ist die Zuordnung von Perikope und literarischem Text. Weder darf er als rhetorische Verzierung oder als „Aufhänger" mißbraucht werden, der zwar kurzfristige Aufmerksamkeit erregt, aber für den Inhalt und den weiteren Verlauf der Predigt nicht mehr von Bedeutung ist, noch darf er so viel Gewicht bekommen, daß er den Schrifttext verdeckt oder verdrängt. Er hat eine Erschließungsfunktion, indem er Zugänge zur Perikope eröffnet und diese zum Leuchten bringt.
So ist auch dieses Mal eine farbige und facettenreiche Sammlung von Predigthilfen entstanden, die etwas erahnen läßt von den mannigfachen Zugängen, die uns zum Wort der Bibel gegeben sind.

Franz Josef Stendebach — Klaus Roos

Advents- und Weihnachtszeit

1. Adventssonntag

Zu Lk 21, 25–28.34–36

1. Persönlicher Zugang zum Schrifttext

Der Evangelientext erschließt sich mir zunächst über die beiden grundlegenden menschlichen Erfahrungen, von denen die Rede ist. Auf der einen Seite wird eindringlich festgestellt, wie die Menschen auf die zu erwartende kosmische Katastrophe reagieren werden: Die Völker werden voll *Angst* und *Bestürzung* sein (V. 25), – die Menschen werden vor *Angst* vergehen (V. 26). Eugen Drewermann schreibt: „Wenn das gesamte Dasein des Menschen nur noch aus Angst besteht, verwandeln sich alle Strukturen seiner kreatürlichen Existenz von Segen in Fluch, von Heil in Unheil, von Glück in Unglück – das Paradies der Welt verwandelt sich in das Elend der verbannten Kinder Evas, in die Welt unserer irdischen Geschichte, wenn Menschen *aus Angst* Gott aus den Augen verlieren und am Ende nur noch *in Angst* zu leben verurteilt sind" (E. Drewermann, „An ihren Früchten sollt ihr sie erkennen", Olten 1988, 51). Wenn sich der Mensch so in tiefster Angst vorfindet, dann, so verheißt das Evangelium auf der anderen Seite, kommt einer, der *richtet auf*, gibt *Mut* und schenkt *Erlösung*.

2. Persönlicher Zugang zum literarischen Text

„Der Tunnel" ist eine frühe Erzählung Friedrich Dürrenmatts, in der sich eindringlich die Frage nach der letzten Zukunft von Welt und Mensch zu Wort meldet.

► „Ein Vierundzwanzigjähriger, fett, damit das Schreckliche hinter den Kulissen, welches er sah (das war seine Fähigkeit, vielleicht seine einzige), nicht allzu nah an ihn herankomme, der es liebte, die Löcher in seinem Fleisch, da doch gerade durch sie das Ungeheuerliche hereinströmen konnte, zu verstopfen, derart, daß er Zigarren rauchte (Ormond Brasil 10) und über seiner Brille eine zweite trug, eine Sonnenbrille, und in den Ohren Wattebüschel: Dieser junge Mann, noch von seinen Eltern abhängig und mit nebulosen Studien auf einer Universität beschäftigt, die in einer zweistündigen Bahnfahrt zu erreichen war, stieg eines Sonntagnachmittags in den gewohnten Zug, Abfahrt siebzehnuhrfünfzig, Ankunft neunzehnuhrsiebenundzwanzig, um anderntags ein Seminar zu besuchen, das zu schwänzen er schon entschlossen war." Die Fahrt verlief planmäßig. Im Abteil „saß ihm gegenüber einer, noch dicker als er, der mit sich selbst Schach spielte, und in der Ecke der gleichen Bank, gegen den Korridor zu, ein rothaariges Mädchen, das einen Roman las. So saß er schon am Fenster und hatte eben eine Ormond Brasil 10 in Brand gesteckt, als der Tunnel kam, der ihm länger als sonst zu dauern schien. Er war diese Strecke schon manchmal gefahren ... und hatte den Tunnel eigentlich gar nie beachtet ... so kurz war der kleine Tunnel. So hatte er auch jetzt die Sonnenbrille nicht abgenommen, als sie einfuhren, da er nicht an den Tunnel dachte. Die Sonne hatte eben noch mit voller Kraft geschienen, und die Landschaft, durch die sie fuhren, die Hügel und Wälder, ... war wie von Gold gewesen, so sehr hatte alles im Abendlicht geleuchtet, so sehr, daß ihm die nun schlagartig einsetzende Dunkelheit des Tunnels bewußt wurde ...

Es war völlig finster im Abteil, da der Kürze des Tunnels wegen die Lichter nicht in Funktion gesetzt waren, denn jede Sekunde mußte sich ja in der Scheibe der erste, fahle Schimmer des Tages zeigen ... als es jedoch immer noch dunkel blieb, nahm er die Sonnenbrille ab ... seine Armbanduhr mit dem leuchtenden Zifferblatt zeigte zehn nach sechs. Er lehnte sich in die Ecke zwischen der Coupéwand und der Scheibe und beschäftigte sich mit seinen verworrenen Studien, die ihm niemand recht glaubte, mit dem Seminar, in das er morgen mußte und in das er nicht gehen würde (alles, was er tat, war nur ein Vorwand, hinter der Fassade seines Tuns Ordnung zu erlangen ... angesichts des Schrecklichen, gegen das er sich mit Fett polsterte, Zigarren in den Mund steckte, Wattebüschel in die Ohren), und wie er wieder auf das Zifferblatt schaute, war es viertel nach sechs und immer noch der Tunnel ... Es war daher wahrscheinlich, daß er einen falschen Zug genommen hatte, wenn ihm im Augenblick auch nicht erinnerlich war, daß sich zwanzig Minuten Bahnfahrt von seinem Heimatort aus ein so langer und bedeutender Tunnel befand.“ Nun machte sich der junge Mann durch die dicht gedrängt sitzende Menge der Mitreisenden auf die Suche nach dem Zugführer, doch auch er konnte ihm nicht erklären, wie sie in diesen Tunnel geraten waren. „‚Wir fahren abwärts‘, sagte der Zugführer ... ‚Kommen Sie in die Lokomotive‘ “, und er schaute dem Vierundzwanzigjährigen dabei nachdenklich ins Gesicht. „‚Achtzehn Uhr vierzig‘, sagte der junge Mann, indem er auf seine Uhr mit dem leuchtenden Zifferblatt schaute, ‚jetzt sollten wir doch schon in Olten sein‘, und dachte dabei an die Hügel und Wälder, die doch noch vor kurzem waren, goldüberhäuft in der sinkenden Sonne ... ‚Wir können ja in den Führerraum gehen‘, schlug der Zugführer vor, blieb jedoch immer noch unschlüssig ... stehen, worauf der junge Mann den Korridor entlang schritt. Wie er die Türe zum Führerraum geöffnet hatte, blieb er stehen. ‚Leer‘ sagte er zum Zugführer, der nun auch herankam, ‚der Führerstand ist leer.‘ “ Der Zugführer gab zu, daß sie ohne Erfolg versucht hätten, die Maschine zu bremsen – Lokomotivführer und Packer seien daraufhin abgesprungen. Der Zug aber raste immer schneller abwärts. „‚Was sollen wir tun?‘ schrie der Zugführer durch das Tosen der ihnen entgegenschnellenden Tunnelwände hindurch dem Vierundzwanzigjährigen ins Ohr, der mit seinem fetten Leib, der jetzt nutzlos war und nicht mehr schützte, unbeweglich auf“ einer „ihn vom Abgrund trennenden Scheibe ruhte und durch sie hindurch den Abgrund gierig in seine nun zum ersten Mal weit geöffneten Augen sog. ‚Was sollen wir tun?‘ ‚Nichts‘, antwortete der andere ... ‚Nichts. Gott ließ uns fallen

und so stürzen wir denn auf ihn zu.' " ◄ (Aus: Friedrich Dürrenmatt, Der Hund/Der Tunnel/Die Panne. Erzählungen, © 1980 by Diogenes Verlag AG Zürich.)
Der/die LeserIn wird so in die Erzählung verstrickt, daß er/sie nicht lange braucht, um zu bemerken, daß er/sie selbst im Zug nach Zürich sitzt ... Es ist ein Stück Wirklichkeit, wie sie jederzeit erlebbar ist. Die detaillierten und ausführlichen Beschreibungen am Anfang der Erzählung, die Planmäßigkeit des Zuges, die genaue Kenntnis der Strecke, die exakte Uhrzeit, betonen eine mathematische und technische Zuverlässigkeit, die weithin unseren Alltag bestimmt und im täglichen Umgang Sicherheit zu geben scheint. Die Erzählung zeigt, daß es plötzlich anders kommen kann und die gewohnte Alltagswelt zur Kulisse für das Unkalkulierbare und Unverfügbare erstarrt.

3. *Exegetische Hinweise*

In Lk 21, 5–36 stellt Lukas in Anlehnung an Markus Texte zusammen, die von der bevorstehenden Parusie handeln. Dieser sogenannten synoptischen Apokalypse sind auch die beiden Perikopen Lk 21, 25–28 und Lk 21, 34–36 entnommen.
Zu Beginn der Parusierede (V. 7) fragen die Jünger Jesus nach den Zeichen, die das Ende ankündigen werden. Die Verse 25–26 geben darauf Antwort. Wenn diese Zeichen zu sehen sein werden, dann, so sagt Vers 27, ist auch das Ende bereits da. Denn „*dann* wird man den Menschensohn auf einer Wolke kommen sehen mit großer Macht und Herrlichkeit".
Die Figur des Menschensohnes ist der Schlüssel zum Verständnis der beiden Perikopen. Lukas nimmt an dieser Stelle Bezug auf Dan 7, 13, wo vom Kommen des Menschensohnes die Rede ist. Es steht dort im Kontext einer nächtlichen Vision des Daniel, in der er die vier Weltmächte, die Neubabylonier, Meder, Perser und Griechen, in Gestalt von schrecklichen Tieren sah. Das vierte Tier war das schrecklichste. „Es war furchtbar anzusehen und sehr stark; es hatte große Zähne aus Eisen. Es fraß und zermalmte alles, was übrig blieb, zertrat es mit den Füßen. Von den anderen Tieren war es völlig verschieden. Auch hatte es zehn Hörner. Als ich die Hörner betrachtete, da wuchs zwischen ihnen ein anderes, kleines Horn empor, und vor ihm wurden drei von den früheren Hörnern ausgerissen; und an diesem Horn waren Augen wie Menschenaugen und ein Maul, das anmaßend redete." Dieses vierte Tier stellt den syrischen König Antiochos IV. Epiphanes dar, dessen Herrschaft über Israel eine Entwicklung begünstigte, die das Land in eine Bedrängnis brachte, wie sie in seiner bisherigen Geschichte noch nicht vorgekommen war. Jüdische Reformgruppen versuchten, das Gesetz des Mose außer Kraft zu setzen und hellenistische Lebensweise in Israel zu etablieren. Das erste Makkabäerbuch berichtet darüber: „Sie opferten den Götterbildern und entweihten den Sabbat. Der König schickte Boten nach Jerusalem und in die Städte Judäas mit der schriftlichen Anordnung, man solle eine Lebensform übernehmen, die dem Land fremd

war. Brand-, Schlacht- und Trankopfer im Heiligtum seien einzustellen, Sabbate und Feste zu entweihen, das Heiligtum und die Heiligen zu schänden. Man solle statt dessen Altäre, Heiligtümer und Tempel für die fremden Götter errichten sowie Schweine und andere unreine Tiere opfern. Ihre Söhne dürften sie nicht mehr beschneiden, vielmehr sollten sie sich mit jeder denkbaren Unreinheit und Schande beflecken. So sollte das Gesetz in Vergessenheit geraten, und alle seine Vorschriften sollten hinfällig werden" (1 Makk 1, 43b–49). Nachdem aber von einem Teil der Juden das Gesetz nicht mehr beachtet wurde – wie sollte es da noch weiterhin möglich sein, Juden von Nichtjuden zu unterscheiden? In dieser Situation verlegte man alle Hoffnungen in die Zukunft und erwartete Gottes Gericht am Ende aller Tage. Und so sieht Daniel in einer weiteren Vision Gott Platz nehmen zum Gericht. Den vier Tieren wird die Herrschaft genommen, dann werden das vierte Tier und danach alle anderen getötet. Nachdem dies geschehen ist, heißt es in Dan 7, 13–14 weiter: „Da kam mit den Wolken des Himmels einer wie ein Menschensohn. Er gelangte bis zu dem Hochbetagten und wurde vor ihn geführt. Ihm wurden Herrschaft, Würde und Königtum gegeben. Alle Völker, Nationen und Sprachen müssen ihm dienen. Seine Herrschaft ist eine ewige, unvergängliche Herrschaft. Sein Reich geht niemals unter." Der Menschensohn ist hier ausschließlich von himmlischer Existenz und tritt im Anschluß an das Endgericht in Stellvertretung Israels als ewiger Herrscher auf den Plan. „Diesen Visionen liegt zugrunde eine sehr deutlich ausgeprägte Auffassung von der Weltgeschichte als einer Folge von Herrschaften von Weltmächten, der einmal durch den Einbruch der Gottesherrschaft ein Ende gemacht werden wird" (Noth, 355).

Vom Menschensohn ist aber auch in den Bilderreden des äthiopischen Henochbuches (äthHen 37–71) die Rede. Im Unterschied zum Danielbuch zeichnet sich hier eine Entwicklung ab, nach der der Menschensohn selbst als endzeitlicher Richter auftritt und von menschlich-irdischer Herkunft ist (vgl. dazu: Müller, 159–187).

Aufgrund dieser literarischen Überlieferungen des Frühjudentums ist es möglich, Jesus von Nazaret nach seiner Auferstehung mit dem endzeitlich richtenden Menschensohn zu identifizieren. Der mit seinem Kommen in Lk 21, 28 verheißenen Erlösung entspricht die endgültige Durchsetzung der Gottesherrschaft (vgl. Lk 21, 31).

In der Mahnung zur Wachsamkeit geht es Lukas „um die Stetsbereitschaft der Christen angesichts der Parusie, die auf sich warten läßt ... Die Gefahr der mangelnden Bereitschaft wird, ehe V. 36 vor Schläfrigkeit warnt, in einer grundlegenden Fehlhaltung gesehen". (Literaturhinweis: M. Noth, Geschichte Israels, Göttingen [9]1981; K. Müller, Menschensohn und Messias. Religionsgeschichtliche Vorüberlegungen zum Menschensohnproblem in den synoptischen Evangelien, BZNF 1972, 159–187; G. Schneider, Das Evangelium nach Lukas. Kap. 11–24, ÖTK 3/2, 426–433.)

4. *Schrifttext und literarischer Text*

Die Erzählung Dürrenmatts ist im Grunde eine moderne Nacherzählung des Evangelientextes. Der Zug als Inbegriff der technischen Errungenschaften des Menschen versinnbildlicht in der Geschichte die Welt und entspricht mit dieser Bedeutung dem Begriffsinhalt des „kosmos", von dem im Neuen Testament über weite Strecken die Rede ist. Der Begriff „kosmos" zielt „auf die Welt, welche ihr Wesen vom Menschen her gewonnen hat – die durch die menschliche Sünde zu einer Gott gegensätzlichen Größe geworden ist, so daß Paulus synonym mit ‚Kosmos' sowohl ‚dieser Äon' (1 Kor 1, 20; 2, 6.8; 3, 18) als auch ‚Fleisch' (vgl. 1 Kor 1, 26.29) verwenden kann. Dieses geschichtlich konzipierte Kosmosverständnis ist gemeint, wenn – vor allem in der paulinischen Literatur – von ‚dieser Welt' (1 Kor 3, 18, vgl. Mk 10, 30 parr), von der ‚Weisheit' (1 Kor 1, 20) und ‚dem Geist' des ‚Kosmos' (1 Kor 2, 12) die Rede ist. Selbstverständlich auch überall dort, wo der ‚Kosmos' als Herrschaftsbereich der Dämonen (1 Kor 2, 6; Röm 8, 38) oder Satan als ‚Gott' und ‚Herrscher dieser Welt' bezeichnet wird. Der so von gottwidrigen Mächten und von Menschen bestimmte Kosmos steht als die gefallene und zu erlösende ‚Welt' zweifellos im Zentrum des theologischen Interesses" (K. Müller, Die kosmische Relevanz des Christusglaubens, in: W. Strolz (Hg.), Kosmische Dimensionen religiöser Erfahrung, Freiburg/Basel/Wien 1978, 213–249).
In diesem Interesse decken sich die Aussagen von Evangelientext und Erzählung, und auch die Er-lösungen lassen sich durchaus parallelisieren. (Übrigens hat Dürrenmatt aus der Erzählung „Der Tunnel" in neueren Auflagen den letzten Satz gestrichen.)

5. *Predigtentwurf*

Was ist das für eine Frohbotschaft, in der uns zu allererst eine Zukunft angesagt wird, die einer einzigen Katastrophe gleichen wird? „Es werden Zeichen an Sonne, Mond und Sternen erscheinen, und auf der Erde werden die Völker voll Angst und Bestürzung sein über das Brausen und Toben des Meeres. Die Menschen werden vor Angst vergehen in der Erwartung der Dinge, die über die Erde kommen sollen; denn die Mächte des Himmels werden erschüttert werden." – Was hier beschrieben wird, weckt in uns die Vorstellung von einer kosmischen Katastrophe, die einem Weltuntergang gleicht. Und diese Beschreibung einer zukünftigen Auflösung des Universums ist im Neuen Testament kein Einzelfall. Ähnliche Katastrophenschilderungen finden wir auch bei den Evangelisten Matthäus und Markus sowie in der Offenbarung des Johannes. Gemeinsam ist allen diesen Texten jedoch nicht nur die Darstellung der katastrophalen Zerstörung des Alls, sondern auch die damit verbundene Vorstellung vom Ende aller Tage durch das Kommen des Menschensohnes.
Denn wenn all diese Dinge geschehen werden, „dann wird man den Menschensohn mit großer Macht und Herrlichkeit in einer Wolke kommen sehen". Hier

klingt an, was im Buch Daniel erstmals über den Menschensohn geschrieben steht. In einer nächtlichen Vision sieht Daniel: „Da kam mit den Wolken des Himmels einer wie ein Menschensohn. Er gelangte bis zu dem Hochbetagten und wurde vor ihn geführt. Ihm wurden Herrschaft, Würde und Königtum gegeben. Alle Völker, Nationen und Sprachen müssen ihm dienen. Seine Herrschaft ist eine ewige, unvergängliche Herrschaft. Sein Reich geht niemals unter" (Dan 7, 13–14). Seine Herrschaft erhält hier der Menschensohn von Gott, nachdem dieser Gericht gehalten und allen Mächtigen der Erde die Herrschaft genommen hat. Was Daniel hier sieht, beschreibt das Ende aller Tage. Das Kommen des Menschensohnes bedeutet endgültige Erlösung für Israel, das unter dem Eindruck der katastrophalen Folgen seiner Fremdherrschaften die Hoffnung auf Erlösung an das Ende aller Tage verlegt, wenn die Welt in Gottes richtende Hand zurückfällt.
Um das heutige Evangelium zu verstehen, ist es wichtig zu wissen, daß vom Menschensohn auch in weiteren außerbiblischen jüdischen Quellen die Rede ist. In diesen tritt der Menschensohn selbst als endzeitlicher Richter auf, und er ist von menschlich-irdischer Herkunft.
Diese Vorgaben in der jüdischen Literatur machten es möglich, daß die Christen in Jesus von Nazaret den Menschensohn bekennen, der am Ende aller Tage mit großer Macht und Herrlichkeit in einer Wolke kommen wird. Die damit untrennbar verbundene Vorstellung von einer kosmischen Katastrophe verdeutlicht die Dimensionen des Kommens des Menschensohns: Die Welt, deren Zerstörung vorausgesagt wird, ist charakterisiert durch das oft sündhafte Wirken des Menschen. Wenn Paulus sie als Wirkungsort dämonischer Mächte nennt, dann ist darunter auch das zu verstehen, was wir mit struktureller Sünde bezeichnen. Eine Welt, die aufgrund ihrer vom Menschen gegebenen strukturellen Verfaßtheit Ungerechtigkeit und Elend hervorbringt, bedarf als solche selbst der Erlösung.
Mit dem 1. Adventssonntag beginnt liturgisch die Vorbereitungszeit auf die Heilige Weihnacht. Das Evangelium dieses 1. Adventssonntags stellt die Feier des historischen Ereignisses der Geburt Jesu in den Kontext seines Kommens am Ende aller Tage. Das Kommen des Menschensohns markiert dieses Ende, das ohne Ausnahme alles Bestehende erfassen wird, damit etwas unvergleichlich Neues entstehen kann. „Dann richtet euch auf, und faßt Mut, eure Erlösung ist nahe": eine Erlösung, die gerade nicht nur verinnerlicht erfahrbar sein, sondern sich in aller Öffentlichkeit vollziehen wird. Auch in der scheinbar ausweglosesten Hoffnungslosigkeit steht am Ende die Erlösung durch Gott. Diese zentrale christliche Hoffnung beschreibt eindrucksvoll eine Erzählung Friedrich Dürrenmatts ... (s. 2.).

6. Weitere Anregungen

Das Evangelium wie auch die Erzählung geben Anlaß, ausführlicher, als es der vorliegende Predigtentwurf zeigt, das Thema „Angst und Erlösung" zu behandeln.

In der Auslegung des Evangelientextes ließe sich der Schwerpunkt auch auf den zweiten Teil der Lesung legen, auf die Mahnung zur Wachsamkeit. Was darunter angesichts des kommenden Endes zu verstehen ist, könnte unter Verweis auf Mt 25, 31–40 ausgeführt werden.

Ulrike Sommer-Franke

2. Adventssonntag

Zu Phil 1, 4–6.8–11

1. Persönlicher Zugang zum Schrifttext

Für die Sommerferien hatte ich mir vorgenommen, die Original-Briefe des Apostels Paulus zu lesen. Die Überraschung war groß. Nach Jahrzehnten traf ich einen alten Bekannten wieder. Freund konnte ich nicht sagen, denn dank seiner Sperrigkeit war die Distanz zu ihm angewachsen. Beinahe hätten wir uns nicht wiedererkannt. Der Name Saulus/Paulus war im Kopf hängengeblieben. An mein Herz war er nicht gerutscht.
Die Erinnerung hält fest: klein von Gestalt; hin und wieder krank; manche mutmaßen: Epilepsie; streitsüchtig und theologisch durchgebildet; in der Überlieferung seiner jüdischen Glaubensgemeinschaft bestens zu Hause; ein Paradebeispiel für Menschen, die im Leben eine radikale Wende vornehmen. Dagegen stellt sich aber im Eingang des Philipperbriefes ein Mann vor, der mit dem ganzen Herzen und mit liebevollen Worten seiner Gemeinde schreibt.

2. Persönlicher Zugang zum Gedicht

Zeitgleich mit der Lektüre der paulinischen Korrespondenz fiel mir ein Gedichtband in die Hände, der einen Querschnitt deutscher Lyrik verspricht. Die Überschrift „Meinem treuen Halbbruder, dem blauen Reiter“ löste den Gedanken aus, es handele sich um die Verse einer Freundin an ihren Freund. Die drei Strophen spiegeln die Beschreibung eines vertrauensvollen Verhältnisses wider, geradezu eine Parallele zum Eingang des Philipperbriefes: „Ich suche allerlanden eine Stadt ... Ich habe Liebe in die Welt gebracht ...“
Bei der Einsicht in die Faksimile-Ausgabe überrascht die Originalüberschrift von Else Lasker-Schüler: „Gebet“. Das Gebet der diskriminierten Jüdin prägt die gleiche Klangfarbe wie das Gebet des Juden Paulus in der Gefangenschaft für seine Gemeinde in Philippi.

3. Exegetische Hinweise

Die Lesung gibt die Briefeinleitung (Präskript) ohne Absender und Adressaten mit den aufschlußreichen Hinweisen auf die Gemeindestruktur – „Übersichtsamt und Dienstamt" (Übers.: Fridolin Stier) – sowie Segensgruß (Phil 1, 1–2) wieder. Sie klammert V. 7 aus, in dem der Schlüssel für die Tonlage des Briefes und für das Verständnis von Paulus' Lebenssituation liegt: „Es ist recht für mich, dies über euch alle im Sinn zu haben, da ich euch im Herzen trage. Ihr alle seid in meinen Fesseln wie auch bei der Verteidigung und Festigung der Heilsbotschaft Mit-Teilhaber meiner Gnade." Die Perikope stammt aus dem Gefangenschaftsbrief (1, 1–3, 1a; 4, 2–7.10–23), der im „Philipperbrief" mit dem Kampfbrief (3, 16–4, 1.8 f) redaktionell verbunden wurde.
Das herzliche Schreiben, für das das Wort Freude geradezu bezeichnend ist, entstand während der Gefangenschaft des Apostels vermutlich in Ephesus um das Jahr 55/56 n. Chr. Die Christen in Philippi nehmen das Los des Gefangenen zum Anlaß, ihn zu unterstützen (4, 10 ff). Paulus bietet diese materielle Hilfe Anlaß zu einer sehr persönlichen Antwort. Ganz anders klingt dagegen der vorwurfsvolle Ton in Gal 1, 6–9.
Die Situation: Paulus war auf seiner zweiten Missionsreise mit Silas und Timotheus über die Via Egnatia – die wichtigste Handelsstraße des Römischen Reiches nach Osten – in Philippi eingetroffen (Apg 16, 11 ff) und gründete hier seine erste christliche Gemeinde auf europäischem Boden (50 n. Chr.).
Er kommt in eine Stadt, die aus judenchristlicher Sicht zur Diaspora gehört und eine römische Kolonie in Ostmakedonien ist (Apg 16, 12). Hier wohnen römische Veteranen, Thraker, Handelsleute, einige Juden. An ihrer Gebetsstätte vor den Toren der Stadt trifft er Lydia – sie gehört zu den „Gottesfürchtigen", die sich nicht vollständig der Synagogengemeinde anschlossen – mit einigen Frauen, eine Purpurhändlerin aus Thyatira in Lydien, die sich taufen läßt und die Missionare aufnimmt (Apg 16, 13–15).
In der römischen Kolonie mußten – entgegen dem offiziellen Recht – nicht anerkannte Religionsgemeinschaften ihre kultischen Zusammenkünfte außerhalb der Stadttore halten. Dagegen durfte in der Stadt eine Vielzahl von Kulten praktiziert werden: die Verehrung von Jupiter, Juno, Minerva, Merkur, Mars (Gott der Landwirtschaft); von Herkules, Pan, Silvanus, Vetumnus; von Liber Pater, dem thrakischen Gott, in dessen Kult besonders das Gedächtnis der Verstorbenen gefeiert und die Hoffnung auf das zukünftige Leben wachgehalten wurde. Ägyptische Götter (Isis, Serapis) standen nicht beiseite.
Diese Welt des Synkretismus, geschützt durch die Kolonialherren (Apg 16, 12.19), nährt die antijüdische Stimmung (Apg 16, 20). (Zur Stadtgeschichte: W. Elliger, Paulus in Griechenland, Stuttgart 1987, 23–77.)
Saulus/Paulus und Silas bekommen dies zu spüren, aber auf eine merkwürdige Weise: Nicht ihre Predigt wird zum Stein des Anstoßes, vielmehr verdirbt Paulus einigen Herren die „Hoffnung auf den Verdienst" (Apg 16, 19). Denn er machte der Wahrsagerei einer jungen Frau ein Ende, die in ihrem Vorwurf gegen Paulus ausruft: „Diese Menschen sind Knechte Gottes, des Höchsten"

(Apg 16, 17). Nicht Zeus, sondern der Gott der Juden ist gemeint. Dieser sozio-kulturelle Hintergrund bietet die Brücke, den Gelegenheitsbrief des Gemeindeorganisators Paulus heute zu lesen und auszulegen. „Gemeinschaft am Evangelium“ (1, 5) gewinnt so einen sehr aktuellen Bezug zu unserer Gegenwart.

Der Text: Die Briefeinleitungen des Paulus haben eine feste literarische Form: Dank an Gott; Dank in bezug auf die Gnaden Gottes, die in der Gemeinde wirken; Zusicherung des Gedenkens und Lobpreis Gottes. Davon weicht das Proömium des Philipperbriefes in V. 7 ab, in dem Paulus als Gefangener seine Verbindung zur Gemeinde betont.

Ausführlicher herzlicher Dank an Gott (1, 3) und freudige Erinnerung an die Gemeinde (1, 4) prägen den Eingang des Briefes. Grund des Dankes schenkt die Gemeinschaft am Evangelium (1, 5). Gottvertrauen trägt die Arbeit des Apostels (1, 6) und führt zu dem Schwur, in Liebe verbunden zu bleiben (1, 8). Die Fürbitte um überfließende Liebe, Erkennen und sittliches Verstehen – d. h. Unterscheidung der Geister, Unterwerfung unter die Lebensmacht Jesu Christi – schließt das Gebet ab. Das Leben in der Gemeinschaft mit dem Evangelium wird zum Lobpreis Gottes (1,9–11). Die Klangfarbe dieses Gebetes deutet das überaus gute Verhältnis des Apostels zu seiner Gemeinde an.

„Gemeinschaft an der Heilsbotschaft“ meint: Das Evangelium ist angenommen und Grund der christlichen Existenz; aktives Anteilnehmen und Mitwirken an der Verkündigung, an der Weitergabe des Evangeliums gehören dazu. Diese „Aktivität“ tröstet den gefangenen Apostel. Sie besteht „vom ersten Tag der Bekehrung an“ (vgl. 1 Kor 1, 4–6; Gal 1, 6–8; 1 Thess 1, 5–10). (Literaturhinweis: J. Gnilka, Der Philipperbrief, HThK X, 3, Freiburg 1968; W. Egger, Galaterbrief – Philipperbrief – Philemonbrief, NEB 9/11/15, Würzburg 1985; M. Limbeck, Mit Paulus Christ sein. Sachbuch zur Person und Theologie des Apostels Paulus, Stuttgart 1989.)

4. Schrifttext und Gedicht

Das Gedicht hat Else Lasker-Schüler 1923 in einer Faksimile-Ausgabe veröffentlicht (Theben, Querschnitt-Verlag Frankfurt/M.–Berlin).

► Ich suche allerlanden eine Stadt
die einen Engel vor der Pforte hat.
Ich trage seinen großen Flügel
gebrochen schwer am Schulterblatt
Und in der Stirne seinen Stern als Siegel.

Und wandle immer in die Nacht ...
Ich habe Liebe in die Welt gebracht, –
Daß blau zu blühen jedes Herz vermag,
Und hab ein Leben müde mich gewacht
In Gott gehüllt den dunklen Atemschlag.

O Gott, schließ um mich deinen Mantel fest.
Ich weiß, ich bin im Kugelglas der Rest,
Und wenn der letzte Mensch die Welt vergißt,
Du mich nicht wieder aus der Allmacht läßt.
Und sich ein neuer Erdball um mich schließt. ◀

(Aus: Else Lasker-Schüler, Sämtliche Gedichte, Kösel-Verlag, München [4]1988.)

In der Jugend hat sie sich mit ihrer jüdischen Glaubenswelt übereifrig beschäftigt. Diesen Eifer teilt sie mit Saulus. So läßt sie den Leser mit ihrem Gedicht in ihre religiöse Welt schauen: die Suche nach der Stadt Gottes; die lebendige Botschaft der Liebe, die ein Menschenleben verzehren kann; das Vertrauen in den Schutz Gottes.
Im Eingang des Philipperbriefes klingt diese Haltung an. Paulus weiß sich von der Zuversicht getragen, daß Gott mit ihm geht und das begonnene Werk vollenden wird. Sein Fürbittgebet wäre mit den Versen: „Ich habe Liebe in die Welt gebracht“ ... „Und hab ein Leben müde mich gemacht“ gut umschrieben. Else Lasker-Schüler nennt ihre Traumstadt „Theben“, in der ihre Freunde einen Platz haben. Paulus sucht mit aller Anstrengung Freunde für die Heilsbotschaft. Mit ihnen bleibt Paulus gerade in der Gefangenschaft herzlich verbunden.

5. *Predigtentwurf*

Briefwechsel bekannter Persönlichkeiten haben auch in der Zeit von Telefon, Telekom, Telefax ... einen hohen Stellenwert. Sie lassen den Leser buchstäblich hinter die Kulisse schauen; sie zeigen das Gesicht des Schreibers und des Adressaten: z. B. die Briefe Dietrich Bonhoeffers aus der Gestapohaft oder Václav Havels „Briefe an Olga“, die er aus dem Gefängnis schrieb. Beide stehen uns zeitlich näher als Paulus, der vor 1950 Jahren seine Missionspredigt von der Heilsbotschaft Gottes begann und gelegentlich seinen Gemeinden Briefe schrieb. Sein Brief an die Christen in Philippi beginnt mit einem bewegenden *Gebet,* das zum Gebetsschatz jedes Boten des Evangeliums gehören kann.
Als Paulus diese Zeilen diktiert, halten staatliche Behörden in Ephesus ihn gefangen. Seine Gedanken gehen zu Lydia und den Christen jener Stadt, in der Paulus seine erste Gemeinde auf europäischem Boden gründete. In seinem Herzen wird sozusagen die erste Liebe wieder wach. Diese Zeilen charakterisieren nicht den Christenverfolger, Streitsüchtigen, theologischen Gelehrten, Wendehals mit Konvertiteneifer – und wie die Klischees oft lauten.
„Ich danke meinem Gott jedesmal, wenn ich an euch denke; immer, wenn ich für euch alle bete, tue ich es mit Freude“ (1, 3.4). Seine Gemeinde gibt ihm Anlaß, zuerst Gott zu danken (vgl. Röm 1, 8–10). Der Apostel weiß, wer die Brücke zu den Christen baut und hält: *sein* Gott, dem die Anerkennung verweigert wird. In der hebräischen Bibel des Saulus heißt er: der Höchste. Welchen Namen geben wir unserem Gott? Stellen wir überhaupt die Gottesfrage und

erinnern uns an unser Lebensfundament? Die Dichterin Else Lasker-Schüler macht 1923 in ihrem „Gebet" einen Versuch: „O Gott, schließ um mich deinen Mantel fest; ich weiß, ich bin im Kugelglas der Rest, und wenn der letzte Mensch die Welt vergißt, du mich nicht wieder aus der Allmacht läßt. Und sich ein neuer Erdball um mich schließt" (s. 2.).

Der herzliche Dank hat noch einen weiteren Grund: „für eure Gemeinschaft an der Heilsbotschaft vom ersten Tag an bis jetzt" (Übers. von Fridolin Stier). Paulus empfindet Freude in seiner Gefangenschaft über den gemeinsamen Einsatz für das Evangelium. Er kann wenig später schreiben: „Die meisten der Brüder (und Schwestern) sind durch meine Gefangenschaft zuversichtlich geworden im Glauben an den Herrn und wagen um so kühner, das Wort Gottes furchtlos zu sagen" (1, 14).

Die Leser in Philippi wissen, was ihr Gemeindegründer ihnen zugute hält. Denn für sie heißt „Gemeinschaft am Evangelium" halten: ständig, täglich gegen den Strom der Zeit schwimmen. Die römische Besatzungsmacht engt ihren Lebensraum ein. Paulus selbst legte einer Wahrsagerin (Apg 16, 16 ff) das Handwerk und verdarb in Philippi damit einigen Männern das Geschäft. Die Folge hieß: Rutenschläge und Gefängnis. Und die Christen – sie leben in der hellenistischen Diaspora, in der der Glaube vielfach auf den Prüfstand muß. Ihre Ablehnung des römischen Kaiserkultus bringt bei den Besatzern keine Sympathien ein.

Die Mitbürger verehren römische Götter (Jupiter, Minerva ...); im Kult der Thraker stehen das Gedenken an die Toten und die Erwartung eines zukünftigen Lebens im Mittelpunkt; selbst die Verehrung von Isis und Serapis aus der ägyptischen Religion können die Christen in Philippi beobachten.

Der Philipperbrief ist nicht an uns geschrieben. Er liegt aber heute auf dem Tisch des Wortes und bekommt auf dem genannten Hintergrund seltene Aktualität. Wir leben nicht in einer räumlichen Diaspora wie die Christen hinter der zerbrochenen Mauer und dem zerrissenen Eisernen Vorhang oder in der Welt anderer großer Religionen. Unsere Lebenswelt prägt ein Denken, das Gott aus dem Spiel läßt, obwohl zahllose Menschen ihre Religion suchen. Kulte entstehen, pseudo-religiöse Zirkel machen Eltern Kopfschmerzen, und die Gemeinschaft am Evangelium erfahren wir in der Zerbrochenheit der christlichen Kirchen und der Vielzahl christlicher Gruppen in den Gemeinden. Auch darauf muß Paulus seine Philipper schon aufmerksam machen: „Einige verkündigen Christus zwar aus Neid und Streitsucht, andere aber in guter Absicht ..." (1, 15–18).

Der gemeinsame Einsatz für das eine Evangelium bleibt ein Anlaß zur Freude. Er ist in der säkularen Gesellschaft mehr denn je gefordert. Hieß es früher „Jesus: ja – Kirche: nein", könnte heute in einer Beschreibung kultureller Phänomene stehen: „Religion: ja – Gott: nein" (J. B. Metz). Paulus macht uns mit seinem Gebet darauf aufmerksam: Erinnert euch an den ersten Tag, an dem ihr das Evangelium annahmt, und an den, der das gute Werk in euch begonnen hat (1, 5). In Peru, El Salvador, Brasilien wird die Gemeinschaft des Evangeliums zum Unruheherd in den Augen der Mächtigen und zur Überlebenskraft in der Armut. Im Gebiet hinter dem Eisernen Vorhang wuchs die Glaubensgemeinschaft aus der Kraft der Gefangenen, weil sie im Herzen der Gläubigen geborgen waren (vgl. 1, 7). Die ungehinderte Ausübung unserer religiösen Freiheit hat die Gemeinschaft am Evangelium so selbstverständlich gemacht, daß wir die Christen aus den Augen verloren haben, die die Gemeinschaft lautlos verlassen. Dank an die Glaubensgefährten kann Kraft schenken, für das Evangelium auch im Nebel der Gottferne einzustehen.

6. Weitere Anregungen

Eine Homilie könnte auch den Schwerpunkt auf die Verse 1, 9–11 legen und als Thema „Unterscheidung der Geister“ (V. 10) haben. Die Übersetzung von Fridolin Stier hilft, den Text von der üblichen moralischen Patina zu befreien: „Eure Liebe möge mehr und mehr überquellen in Erkenntnis und aller Erfahrung. Auf daß ihr prüft, worauf es ankommt, auf daß ihr lauter seid und unangeschlagen am Tage des Messias: als Erfüllte mit der Frucht der Gerechtigkeit, durch Jesus den Messias – zu Gottes Herrlichkeit und Lob.“ Liebe allein läßt den Glaubensweg bis zur Wiederkunft Christi finden. Ihr Ziel heißt: Verherrlichung und Lob Gottes. Nicht Anbetung des immer jungen, gesunden, Krankheit und Tod nicht ausgesetzten Dionysos, sondern Lob des Gottes, der Mauern überspringen hilft und in den Lebenstälern den Menschen nicht ferne steht.

Norbert Heinrichs

3. Adventssonntag

Zu Lk 3, 10–18

1. Persönlicher Zugang zum Schrifttext

Mir ist die dreimal gestellte Frage „Was sollen wir tun?“ geradezu sympathisch. Denn oft liegt sie mir selbst ebenfalls auf den Lippen oder im Herzen. Die Ratlosigkeit, die Unentschiedenheit, die Suche nach gültigen Antworten und Wegen betrifft auch mich und so manche Mitmenschen, wie ich weiß. Da wird einiges an Problemen erkannt, da werden notwendige Entscheidungen aufgeschoben, da wird dringender Handlungsbedarf angemeldet; aber niemand kann sagen, was man tun soll. Es gibt Situationen, die geradezu lähmend wirken, in denen nicht deutlich wird, wie es weitergehen soll, was wir tun sollen. Es empfinden alle, es muß etwas geschehen, aber niemand weiß, was und wie. Da spüren wir dankbar erlösenden Beistand, wenn jemand kommt und sagt, das und das solltest du jetzt am besten machen, so und so solltest du dich jetzt entscheiden. Entschiedene Orientierung und Handlungsanweisung können oft befreiend wirken.

Das hat nichts mit krankhafter Entscheidungsangst zu tun, der sogenannten Abulie, mit ungesunder Zögerlichkeit und Unentschiedenheit. Vielmehr ist die Lage manchmal einfach so kompliziert und verzwackt, daß man selbst nicht weiß, was man tun soll. Anscheinend sind die Leute, die Zöllner und die Soldaten hier in dieser Evangeliumserzählung genau in dieser Lage, daß sie zwar guten Willens sind, etwas zu tun, aber nicht wissen, wie sie reagieren sollen.
Da kommt Johannes der Täufer aus der Wüste und sagt klipp und klar, welche praktischen Initiativen sie vorerst ergreifen können. Vielleicht war für diese Leute zu viel zu tun, so daß sie gar nicht mehr wußten, wo sie anfangen sollten; vielleicht sahen sie vor lauter Bäumen den Wald nicht mehr; vielleicht hatten sie große Verbesserungspläne und umfassende Konzeptionen, die so gewaltig waren, daß sie schon resignierten, bevor sie damit begannen. Das passiert ja manchmal, daß man angesichts der Größe und Schwere einer Aufgabe gar nichts tut, alles liegen läßt, schlichtweg verzagt. Da lehrt uns Johannes der Täufer, trotz allem mit kleinen Schritten zu beginnen, mit unscheinbaren Maßnahmen wie Kleiderteilen, Maßhalten, niemanden erpressen und mit dem Sold zufrieden sein. Keine weltbewegenden Aktionen, aber effektive Zeichen persönlichen Engagements.
Einerseits gefällt mir der Appell zur Solidarität und zum Teilen in dieser Weisung Johannes des Täufers, andererseits mag es manche enttäuschen, daß dieser Johannes nur zaghaft und nicht radikal genug fordert. Kein Wort vom Klassenkampf gegen die Reichen und Kapitalisten, sondern nur die Empfehlung des Hergebens eines Gewands; keine Abschaffung des gesamten Zollwesens und unbeschränkter Grenzverkehr, sondern nur nicht mehr fordern, als erlaubt ist. Keine Wehrdienstverweigerung oder Antimilitärkampagne, sondern nur die harmlose Empfehlung an die Armee, niemanden zu mißhandeln und zu erpressen und mit dem Sold zufrieden zu sein. Dieser lukanische Prophet ist leider kein Pazifist, kein entschiedener Kriegsgegner, kein Utopist der heilen Welt, der gern das Militär, die Polizei und den Zoll abschaffen möchte. Nein, er beläßt die Strukturen und ändert nur das Verhalten der Träger. Das ärgert wohl manchen geharnischten Sozialrevolutionär in unseren Reihen, aber so ist nun mal dieser Johannes. Er zielt nicht auf den radikalen Umsturz der bestehenden Verhältnisse, sondern lediglich auf etwas mehr Menschlichkeit in einer teils recht unmenschlichen Welt, in der Hoffnung, daß dieses „Salz der Erde" einmal die ganze Suppe schmackhafter machen wird.
Das für den wahren Messias Israels kennzeichnende Kriterium, daß jener der Stärkere ist, der nicht nur mit Wasser, sondern mit Heiligem Geist und mit Feuer tauft, bleibt mir in seiner bildhaften Aussage recht unklar und nichtssagend. Was heißt das konkret und praktisch für mein Glaubensleben, daß ich als Säugling einmal mit dem Heiligen Geist und mit Feuer in der Kirche getauft wurde, während die Johannesjünger im Jordan nur mit Wasser getauft wurden? Die Metaphern müßten wohl der Reihe nach aufgeschlüsselt werden, um ihr antikes religionsgeschichtliches Bedeutungsfeld zu erschließen und in heutige Erfahrungswerte umgesetzt werden zu können. Aber das ist ja die Schwierigkeit

vieler biblischer Aussagen, daß sie zuerst umgesprochen werden müssen in den hermeneutischen Horizont heutiger Erfahrung des modernen Menschen. Das Bild von der Trennung zwischen Spreu und Weizen und die unterschiedlichen Verwertungen beider in Lagern und Verbrennen ist mir auch heute noch plastisch zugänglich, obwohl wir nicht mehr in landwirtschaftlichen Anschauungen, sondern in technisch-industriellen Prozessen zu Hause sind. Dennoch ist das Sprichwort von Spreu und Weizen als Metapher für Gut und Böse, für Gerechtigkeit und Ungerechtigkeit meistens auch heute noch zugänglich.

2. *Persönlicher Zugang zum literarischen Text*

Bei der Suche nach einer passenden Kurzgeschichte zum literarischen Einstieg und zur Anknüpfung an diese Sonntagsperikope muß man sich zunächst einmal für *ein* Motiv der Evangelienerzählung entscheiden. Wie erwähnt, enthält dieses Evangelium mehrere Motive, die alle hervorgehoben und mit einer Kurzgeschichte gedeutet werden könnten. Mindestens folgende Motive wären im einzelnen zu berücksichtigen:

- die Orientierungslosigkeit der Menschen mit der Frage „Was sollen wir tun?";
- der Aufruf zum Teilen in Solidarität und Nächstenliebe;
- Gerechtigkeit im berufsethischen Handeln der Zollbeamten;
- Verhalten nach Maßstäben des „gerechten Krieges" in der Armee: keine Kriegsverbrechen begehen, keinen Putschversuch des Militärs unternehmen, sondern Mensch bleiben auch als Soldat und Verteidiger mit der Waffe;
- Charakteristik der Messiaserwartung in Israel und im Urchristentum;
- die Johannesjünger, der Johanneskreis, die Johannestaufe im Judentum;
- Herkunft und Sinn der Wassertaufe bis heute; Sakramententheologie;
- Jesusnachfolge als Taufe mit Heiligem Geist und mit Feuer, Aufschlüsselung der Symbole;
- Schaufel und Tenne, Spreu und Weizen, nie erlöschendes Feuer als apokalyptische Metapher der biblischen Gerichtsverheißung am Jüngsten Tag: Gottes absolute Gerechtigkeit in Vergeltung, Belohnung, Abrechnung gegen alle ohne Ansehen der Person, bereits im Prozeß der Geschichte.

Je nachdem, zu welchem dieser Motive der einen Erzählung ich mich für meine Zuhörergemeinde entscheide, kann ich dazu eine passende Kurzgeschichte aussuchen und einbringen. Mir scheint eine der Pointen in dieser Perikope die lukanische Darstellung der Verkündigung Johannes des Täufers zu sein, in der auf mehr Menschlichkeit im ganzen Leben und allen seinen Bereichen und auf gezielte Veränderung der Verhaltensmuster in kleinen Schritten des Alltags abgehoben wird.

An dieser Revolution der Herzen, an dieser Umkehr der üblichen Verhaltenscodes, der anscheinend allgemeinen Zwänge zum Egoismus, zur Ausbeutung, zur Übervorteilung, zur Erpressung, zum Mehr-haben-Wollen, kann jeder Mensch guten Willens ganz praktisch und ohne großes Aufsehen teilnehmen; er muß nur selbst wollen und selbst die Konsequenzen auf sich zu nehmen wagen. Die Vision Johannes des Täufers von einer Welt, in der ein wenig mehr Menschlichkeit herrscht, in der ein wenig mehr Solidarität und Liebe, ein wenig mehr Gerechtigkeit und Gemeinsinn herrschen, scheint mir eine wichtige Perspektive des Evangeliums zu sein. Daß nicht mehr einer des anderen Wolf, Fuchs und Schlange sei!

Diese Vision Johannes des Täufers läßt mich spontan an eine ausgezeichnete Kontrastgeschichte dazu denken, nämlich an den kurzen Roman des Franzosen François Mauriac (1885–1970) *Natterngezücht* (französisch: Le noeud de vipères) aus dem Jahr 1932 (deutsche Ausgabe: 1936). ▶ Dieser berühmte sozialkritische Roman stellt in drastischen Szenen und dramatischen Entwicklungen dar, wie die einzelnen Mitglieder einer gutbürgerlichen Großfamilie, die nach außen die schöne Fassade wohlgeordneter Verhältnisse und makelloser Anständigkeit vorspielen, sich hinter den Kulissen in einem jahrelangen Kampf der Selbstzerfleischung bis aufs Messer bekriegen, wie einer des anderen Teufel ist, einer den anderen fertigmachen will, jeder auf Kosten der anderen sein kleines Ich retten und überhöhen will. Dabei wird völlig verkannt, daß Glück immer nur mit anderen möglich ist, daß mein Ich immer nur in der Sonne des Du wachsen und reifen, daß die erstrebte bessere und heile Welt immer nur eine bessere Welt auch für die anderen, niemals nur für mich allein sein kann.

Miteinander teilen, Mitfühlen, Dasein für andere, Hingabe, Solidarität sind verachtete Begriffe in dieser Großfamilie und Gesellschaft, die einerseits wie eine Natternbrut zusammenhängt und sich nicht voneinander lösen kann, die andererseits alle Energie darauf verschwendet, sich gegenseitig zu vernichten, kaputtzumachen, auszurotten. Nächstenliebe und Teilen werden da als Schwäche verstanden, Rücksicht und Gerechtigkeit als Dummheit, der Kampf aller gegen alle als einziger Ausweg aus der Misere erklärt, die physische und seelische Gewalt und Vergewaltigung als einziges Ziel verehrt, für das es sich zu leben lohnt. ◀ Mauriacs „Natterngezücht" ist ein starkes Kontrastbild zu des Täufers Strategie der kleinen Schritte auf eine ein wenig mehr menschliche Welt zu. Predigt „Natterngezücht" mein Überleben ausschließlich auf Kosten der anderen und aus Lust am Untergang der anderen, so predigt Johannes der Täufer den Selbsteinsatz für die vielen gemäß der Devise: „Wenn das Weizenkorn nicht in die Erde fällt und stirbt, bleibt es allein" (Joh 12, 24).

3. *Exegetische Hinweise*

Der große Kontext unserer Perikope ist die Vorbereitung des Wirkens Jesu nach Lk 3, 1–4, 13. Der erste Teil dieser Erzähleinheit behandelt die Gestalt und Bewegung Johannes des Täufers (3, 1–20). Die Darstellung umfaßt drei Abschnitte:

VV. 1–6: Berufung und Aufgabe des Johannes;
VV. 7–18: Umkehrpredigt und Täufermission;
VV. 19–20: Verhaftung und Verfolgung;

Lukas schöpft seine Stoffe aus Mk 1, 2–14, dann aus der Logienquelle Q (Mt 3, 7–10) und aus seinem Sondergut. Er ordnet alle Stoffe auf die typische Vorläuferfunktion des Johannes und auf seine Christusverkündigung hin. Kennt Mk 1, 4 noch keine eigene Berufung des Täufers, so spricht Lukas vom Wort Gottes an den Täufer in der Wüste, das diesen zur Predigt am Jordan veranlaßt. Thema und Inhalt der Johannespredigt lauten: „Umkehr und Taufe zur Vergebung der Sünden". Um Jesu Auftreten mit der großen politischen Weltgeschichte zu verknüpfen und ihm eine universale Bedeutung zu geben, verbindet Lukas die Täufergeschichte durch sechsfache Angaben über die Herrscher der Epoche: Kaiser Tiberius, der Präfekt Pontius Pilatus, Herodes der Große, Herodes Antipas, Philippus und Lysanias. Neben den politischen Machthabern werden als religiöse Autoritäten die beiden Hohenpriester Hannas und sein Schwiegersohn Kajaphas angeführt. Durch diese umfassende synchrone Zeitangabe wird das Ereignis des Täuferauftretens und damit das Christusereignis weltgeschichtlich geortet und in den großen historisch-politischen Rahmen eingespannt und öffentlich proklamiert. Johannes zieht als Wanderprediger im ganzen Umland des Jordan umher und zieht große Volksscharen an, die sich von ihm in seine Bewegung hinein taufen lassen.
Redet in der Logienquelle und im Matthäusevangelium Johannes vor allem zu „vielen von den Pharisäern und Sadduzäern", so hier bei Lukas zu Zöllnern und Soldaten und den Leuten allgemein. Lukas baut die Johannespredigt dreistufig auf:

VV. 7–9: Ankündigung des Gottesgerichts;
VV. 10–14: praktische Handlungsbeispiele einer Umkehrethik;
VV. 15–17: Vertrauen auf den kommenden Parusie-Herrn und seinen Heiligen Geist.

Vielleicht war das das Schema kirchlicher Katechese zur Zeit des Lukas, vergleiche Apg 17, 30–34; 1 Thess 1, 9 f. Johannes schont seine Hörer nicht, er redet sie als „Schlangenbrut", als „Natterngezücht" an, eine Metapher für giftige, niederträchtige Verschlagenheit und tägliche Verwicklung ineinander durch Haß und abgrundtiefen Egoismus.
Die Volksscharen sind auf die aufrüttelnde Predigt des Johannes hin verunsichert und ratlos und suchen nach neuer Orientierung: „Was sollen wir tun?" Diese dreimal gestellte Frage ist für Lukas wichtig (vgl. Apg 2, 37; 22, 10), weil er so das Evangelium als praktische Handlungsanweisung für konkrete Lebensplanung und Weltgestaltung, für Sinnfindung und Selbstverwirklichung des einzelnen und der Gesellschaft anbieten kann. Das Evangelium sagt, was jeweils zu tun ist; es gibt praktische Impulse zum effizienten Sozialverhalten, ohne Übermenschliches, Heroisches oder gar Ausgefallenes zu fordern:

- mit Armen und Notleidenden teilen;
- im beruflichen, amtlichen, politischen Bereich Gerechtigkeit walten lassen;
- Menschenrechte und Personenwürde achten, indem niemand mißhandelt und erpreßt wird.

Für uns heutige Hörer eigentlich ganz normale Forderungen, und doch damals wie heute ein ganzes sozialpolitisches und ethisches Programm für die Völker

der Welt und eine neue Weltordnung! An einigen markanten Volks- und Berufsgruppen zeigt der Lehrer Johannes der Täufer exemplarische Haltungen ethisch-sozialer Verantwortung auf.
Als das Volk in Johannes den angekommenen Messias Israels vermutet, verweist dieser auf den „Stärkeren". Lukas läßt das „nach mir" von Mk 1, 7 aus, für ihn wirken Johannes und der Messias Jesus gleichzeitig (Lk 9, 23; 14, 27; 21, 8; Apg 13, 25).
Der Würdeabstand zwischen dem Propheten Johannes dem Täufer und dem Messias Jesus wird dreifach betont:
- Schuhaufschnüren;
- Wassertaufe – Feuertaufe (Apg 19, 1–7);
- der Messias ist Weltenrichter an Gottes statt.

Die Gerichtserwartung der Parusie vollzieht sich nach Lukas im Prozeß der Geschichte als Gottesgericht. Das Martyrium des Johannes nach Mk 6, 19–29 läßt Lukas aus, setzt aber seinen Tod in Lk 9, 7–9 voraus. (Literaturhinweis: P.-G. Müller, Lukasevangelium, SKK NT 3, Stuttgart [4]1990.)

4. *Schrifttext und literarischer Text*

Die Gesellschaft und Großfamilie im Roman „Natterngezücht" von François Mauriac zerfleischt sich in einem Krieg jeder gegen jeden, weil jeder um sein eigenes Überleben auf Kosten der anderen kämpft und so der Kreislauf der Gewalt alle in seinen Strudel reißt.
Das Evangelium Jesu Christi hingegen bietet praktische Handlungsanweisungen für eine befreiende, positive Lebens- und Weltgestaltung, kann Maxime gültiger Selbstverwirklichung und Selbstfindung sein. Denn es sagt, was jeweils konkret und praktisch zu tun ist, wie zum Beispiel im Fall des Barmherzigen Samariters, Lk 10, 25–37. Nicht das Diskutieren und Lamentieren über die Verhältnisse ändert diese, sondern das Zeugnis der Tat und das Wirken des Engagements im Durchbrechen der gesellschaftlichen Barrieren und der Mauern des Egoismus. Nachfolge Jesu im persönlichen und gesellschaftlichen Handeln erfordert nicht Ausgefallenes, sondern ganz einfach die kleinen Schritte der Solidarität des Teilens, des Lebenlassens neben und mit sich, des ordentlich und verantwortlich gestalteten Berufsalltags. Die Liebesethik Jesu von Nazaret mit ihrer Möglichkeit der Selbsthingabe für andere wirft hier bei Johannes dem Täufer bereits ihre Schatten voraus. Die Nächstenliebe hatte nämlich bereits im Judentum lange vor Jesus einen sehr hohen Stellenwert in der Ethik und absolute Priorität vor dem Gedanken der Vergeltung und der Rache.

5. *Predigtentwurf*

Einleitung: Anhand einiger neuerer Geschichtserfahrungen aufzeigen, wie die Menschheit aus dem Teufelskreis der Gewalt und Ausbeutung nicht selbst

herauskommt: Golfkrieg 1991, Diktaturen in zahlreichen Ländern, Unrechtsregime über viele Völker, Ausbeutung der Dritten Welt durch die reichen Staaten im Nord-Süd-Gefälle; Aufrüstung zur Niederhaltung der Armen und Versklavten in Asien, Afrika und Südamerika.
Aber auch im kleinen Lebensraum persönlicher Erfahrung herrschen Krieg und Ausbeutung, in der Familie zwischen Ehegatten, zwischen Eltern und Kindern; im Beruf und am Arbeitsplatz dominieren Karrieresucht und Ellenbogenmoral; in der Nachbarschaft gehen diffamierende Gerüchte und Lügen um; sogar in der Kirchengemeinde gibt es Neid und Parteiungen; unsere Welt und Gesellschaft gleicht oft einem richtigen „Natterngezücht". Hier nun das Thema des Romans von François Mauriac näherhin ausführen. Wir Menschen kommen offensichtlich mit der Last unseres Egoismus allein nicht zurecht. Wir werden angesichts von Elend und Leid immer mehr ratlos und fragen: „Was sollen wir tun?"

Hauptteil: Das Evangelium Jesu Christi weist uns Auswege aus dieser Misere. Im heutigen Text der frohen Botschaft spricht Johannes der Täufer, der Vorläufer Jesu von Nazaret, zu uns. Er gibt uns konkrete Handlungsanweisungen für eine neue Ethik der Umkehr und der Menschenfreundlichkeit. Hier nun die Johannespredigt in ihren einzelnen thematischen Aussagen ausführen.

Schluß: Unsere Welt muß nicht zwangsmäßig ein „Natterngezücht" sein und bleiben; wir können sie ändern und besser machen. Wir müssen es nur wagen, so wie Johannes der Täufer und Jesus von Nazaret es gewagt haben. Und sie haben doch die Welt verändert!

6. Weitere Anregungen

- Das Evangelium als Wegweisung in der allgemeinen Orientierungslosigkeit unserer Zeit darstellen, als Antwort auf die Frage: „Was sollen wir tun?";
- die Ethik der Johannesbewegung, in die der Jude Jesus von Nazaret selbst eintrat und sich taufen ließ;
- die Taufe der Kirche in Wasser, Heiligem Geist und Feuer; Erschließung der Symbole und der praktischen Konsequenzen einer Umkehr hin zum Menschsein;
- die „große Abrechnung" Gottes im Endgericht der Geschichte und der Parusie am Jüngsten Tag; Umkehr als Vorbereitung, im Endgericht vor Gott zu bestehen.

Paul-Gerhard Müller

4. Adventssonntag

Zu Mi 5, 1–4a

1. Persönlicher Zugang zum Schrifttext

Die Auslegung des Textes läßt sich nicht trennen von den weltpolitischen Ereignissen, die unsere Zeit prägen. Die gegenwärtige Lage: ein fast unkontrollierbarer Krieg am Golf; Wahnsinnstaten eines Diktators; Hoffnung auf die Befreier, die versprechen, den Nahen Osten in eine friedlichere Zukunft zu führen. Welche Sehnsüchte nach Sicherheit und Frieden erblühen doch in denen, die wochenlang im Stahlregen ums Überleben kämpfen mußten? Sogar uns, die wir weit weg sind von den Kriegsschauplätzen der Welt, schnürt die Angst vor dem Einbruch militärischer Gewalt die Kehle zu. Könnte da nicht einmal einer kommen, der endgültig Frieden schafft!? Einer, der die Völker nicht nur in Machtblöcke gliedert, sondern dessen Einfluß eine weltumspannende Geborgenheit bringt? Aber je pluralistischer und mobiler, je individualistischer und profithungriger unsere Geschichte sich entwickelt, um so unwahrscheinlicher wird so eine Vision vom Weltfrieden. Wer könnte dem alles beherrschenden Geschäft mit der Vernichtung, das irgendwann zur Selbstvernichtung der Menschheit führen könnte, Einhalt gebieten? In der Antike war es noch leichter als heute, diesen Traum vom Frieden zu träumen. Wie viele Großmächte zerbarsten, wie viele „Sterne politischer Messiasse“ versanken in Staub und Blut ...? Die Hoffnung auf das Friedensreich ist vor dem Horizont der Realität nicht berechtigt ... Kein Mensch kann den Todeszyklus aufhalten. Wären wir mit unserer Klugheit, mit unseren auseinanderstrebenden Interessen und mit unseren Führern alleingelassen, wir müßten allen Mut sinken lassen ... Es war einmal das Märchen vom Frieden.
Aber gerade in eine solch fatalistische Weltsicht spricht der Prophet Micha aufrüttelnd hinein: Der Traum vom Frieden ist keineswegs ausgeträumt. Zwar kann kein Mensch ihn verwirklichen. Aber Gott selbst wird seiner Schöpfung diesen Frieden geben. Sein Bote mit seiner Kraft allein wird die Zerstrittenheit der menschlichen Seele befrieden können. Wie immer man sich das Wirken der göttlichen Kraft in unserer Menschengeschichte vorstellen mag, die Zusage des Propheten macht mir Hoffnung, daß nie alle Wege zum Guten verschlossen sein werden.

2. Persönlicher Zugang zum literarischen Text

Schon als Kind haben mich die antiken Heldensagen in ihren Bann geschlagen. Die von Hexametern gleichsam gefesselten Lebenswege der Heroen, die mit berechenbarer Tragik dem Tod entgegendrängen, vermitteln ein Stück leidvoller Geschichtserfahrung. Zwischen dem Toben der Gewalten suchen Menschen nach Wegen des Überlebens – ein Bild der Gegenwart! Auch im vierten Hirtengedicht Vergils scheint diese Geschichtsauffassung durch – hier allerdings positiv gewendet in das Bild der sich zyklisch ablösenden Zeitalter. Jede heraufdämmernde Epoche gleicht einem Stück Sternenhimmel, und mit jeder neuen Ära geht auch der „Stern“ eines besonderen Menschen auf – eines „Messias“, wenn man so will. Die Vision eines Friedensherrschers gewinnt gerade heute in einer Zeit extremer Mobilität und Unsicherheit aktuelle Bedeutung.

▶ Auszüge aus dem vierten Hirtengedicht Vergils (um 40 v. Chr. geschrieben)

Machtvoll aufs neue erhebt sich der Zug der Epochen zum Kreislauf.
Nunmehr kehren die Jungfrau zurück und das Reich des Saturnus,
steigt auch ein neues Menschengeschlecht vom Himmel hernieder.
Zeige dich nur gnädig, du keusche Lucina, dem kommenden Kinde:
Endet mit seiner Geburt doch das Eiserne Zeitalter,
leuchtet über die Erde das Goldne ...

...

Gibt es noch Spuren unsrer Verbrechen,
so wird er in deiner Amtszeit (Konsul Pollio) sie tilgen,
erlösen die Welt vom dauernden Schrecken.
Göttliches Leben erhält der kommende Knabe,
Heroen sieht er und Götter vereint,
tritt selber auch ihnen vor Augen,
lenkt dann, der Tatkraft des Vaters es dankend,
im Frieden den Erdkreis.

Freiwillig, lieber Junge, wird dir die Erde Geschenke spenden ...
länger nicht braucht sich das Vieh vor reißenden Löwen zu fürchten.
Aussterben werden tödliche Schlangen und giftige Pflanzen ...
Felder werden von wogenden Ähren zu schimmern beginnen,
Dornsträucher auch, wildwuchernd, rötliche Weintrauben tragen,
trotzige Eichen sogar von taufrischem Honig triefen ...

Frei vom Jochriemen läßt den Stier der rüstige Pflüger,
nicht mehr lügnerisch färben zu lassen braucht sich die Wolle,
sondern der Schafbock trägt auf der Wiese bereits
in verschiedenen Farben das Fell,
tiefrot bald vor Purpur, bald leuchtend wie Krokus. ◀

(Nach: D. Ebener (Übers.), Bibliothek der Antike, Römische Reihe, Vergil, Werke in einem Band, Berlin–Weimar 1987, 29 f.)

3. *Exegetische Hinweise*

Die historische Situation, aus der heraus der Text geschrieben wurde, geht aus dem unserer Perikope vorangehenden Vers klar hervor: Israel ist in militärischer

Bedrängnis, belagert und den Feinden ausgeliefert („preisgegeben" in V. 2). Damit dürfte das Jahr 587 mit der Eroberung Jerusalems durch die Babylonier und dem Zusammenbruch des Reiches Juda gemeint sein. Die Exilierung von Teilen der Bevölkerung klingt in der auch sonst häufigen „Rest"-Formulierung (V. 2b) an. Diese blickt bereits über die Zeit der Verbannung hinaus auf den Augenblick der Rückkehr. Schlimmer kann es nicht mehr kommen, es kann nur noch aufwärts gehen. Dies dürfte die Perspektive des Propheten gewesen sein. Es tröstet ihn ein Rückblick auf die Geschichte Israels, die als „Rettungsgeschichte in ferner Vorzeit" (V. 1) begann. So hofft er auf einen Führer, der gleich Mose das Volk erneut aus der Todesgefahr herausführt, diesmal aber endgültig. Die angekündigte Herrschaft über Israel soll nicht auf den palästinensischen Boden beschränkt bleiben, sondern kosmische Ausmaße annehmen. Er wird ein „Hirte" sein. In diesem im Orient gebräuchlichen Herrschertitel vereinigen sich die Funktionen: Führen, Beschützen, Versorgen. Das Weiden des Volkes ist ein Schöpfungsauftrag. Er bezieht sich auf alles Leben der Erde und kann nur in der Kraft des Schöpfers ausgeübt werden.

Mit dem kleinen Dorf „Betlehem-Efrata" wird im Unterschied zu einem Betlehem („Brothausen") in Galiläa der Heimatort der Familie Davids genannt. Es ist ein militärisch und auch kultisch unbedeutendes Fleckchen Judas, ja es wird sogar ob seiner Bedeutungslosigkeit verachtet. Aber Micha verkündet, daß die Rettung gerade aus so einem unbedeutenden Nest kommen wird. Damit steht er in einer großen Tradition: in dem Aufweis der Paradoxie von Heilsgeschichte. Eine typische Umkehrung aller Verhältnisse kennzeichnet viele Rettungstexte: Das Kleine wird groß und mächtig, das Stolze und Mächtige aber muß sich demütigen.

Die Führerpersönlichkeiten Gideon und Saul wurden aus bescheidenen Verhältnissen heraus zu ihrer Aufgabe berufen. David selbst war in seiner Sippe das Nesthäkchen, der „Kleine" (1 Sam 16, 11–13). Auch der Prophet Amos wußte nicht, wie ihm geschah, als Gott ihn von seiner Maulbeerfeigenwiese holte und ihn zum Verkünder seines Wortes bestellte. Im Magnificat (Lk 2, 46–56) kommt die rettende Verkehrung aller Machtverhältnisse komprimiert zum Ausdruck. Und schließlich findet sie in der Predigt und im Handeln Jesu ihre konsequente Umsetzung. Die rein futurische Beschreibung des ankommenden Heils in Mi 5 wäre freilich aus christlicher Perspektive um eine Komponente zu ergänzen: Mit Jesus Christus hat das Friedensreich, das „Reich Gottes", bereits begonnen. Und jedes Handeln in der Nachfolge läßt die Existenz des möglichen Weltfriedens bereits jetzt spürbar werden.

4. Schrifttext und literarischer Text

Beide Texte treffen sich in der farbig ausgemalten Hoffnung auf den kommenden Friedensherrscher. Einer, der den ganzen Erdkreis lenkt, wird es sein, ein Sohn, der die Ur-ordnung des Vaters wiederherstellt. Ja selbst der Kosmos freut sich beim Anblick der kommenden Zeiten. Während für Vergil mit der Geburt jedoch das goldene Zeitalter anbricht, das irgendwann auch wieder im Nichts versinken kann, spricht Micha von einer endgültigen Verwandlung der Schöpfung. Die prophetisch-eschatologische Linie findet in der Reich-Gottes-Predigt Jesu insofern eine Präzisierung, als jetzt die Gegenwart des Reiches Gottes ausgerufen wird. Die Autoren der Antike, die sich über diverse „goldene" Zeitalter ausließen, konnten niemals ihren Lesern oder Hörern zusagen, daß die faszinierende Vision tatsächlich gegenwärtig greifbar sei. Immer blieb es Reflexion auf vergangene oder zukünftige Geschehnisse und Verhältnisse. Allein die präsentische Eschatologie der Reich-Gottes-Predigt Jesu macht sie – wie Ernst Bloch einmal sagte – für alle Zeiten zum „Polarstern jeder Utopie". Denn sie ist keine offene Vision, sondern im Vollzug der Nachfolge konkret erfahrbar. Aufgrund der Tatsache, daß unsere Nachfolgebemühungen von uns aus immer wieder auch scheitern, wurde der Anspruch der Gegenwart des Friedensreiches Gottes in unserem Miteinander oft zur Überforderung. So lief und läuft die Theologie ständig Gefahr, die Brisanz des Versprechens Jesu in der Historie verschwinden zu lassen (nach dem Motto: ... damals, als Gott noch auf Erden wandelte ... oder ... am Ende, wenn Gott wiederkommt ...). Dies ist allerdings ein theologischer Fehler und versetzt uns zurück in das zyklische Denken der antiken Schriftsteller wie Vergil. Insofern kann das Gegenüber der beiden Texte eine Herausforderung sein, danach zu fragen, ob wir uns mit unserer Schriftinterpretation und unserem theologischen Denken mehr der historischen Sicht oder der Reich-Gottes-Predigt Jesu verpflichtet fühlen.

5. *Predigtentwurf*

Der Erfinder der Wasserstoffbombe, Edward Teller, sagte einmal: *„Ein Optimist ist einer, der glaubt, daß die Zukunft ungewiß ist!"* Für ihn war die kommende Vernichtung des Erdballs vorprogrammiert. Wer wird wohl recht behalten: die Unheilspropheten, die wie der Physiker Teller eine unausweichliche ABC-Katastrophe auf die Menschheit zukommen sehen und die der friedlichen Lösung unserer derzeitigen Probleme keine Chance geben? Oder die „unverbesserlichen Optimisten", die Friedensapostel, die noch an ein „happy end" der Menschheitsgeschichte glauben? Wenn wir den einige tausend Jahre alten Erfahrungen mit Frieden und Krieg, mit Spannung und Harmonie glauben, dann müßten wir wohl die Hoffnung fahren lassen. So gesehen, ist es eigentlich erstaunlich, daß der Traum vom Weltfrieden sich durch all die von Krieg und Aggression zerrissenen Zeiten hindurch gehalten hat und gerade in besonders kriegerischen Phasen der Geschichte zur Blüte gelangte. Der römische Dichter Vergil zeichnete in einem seiner Hirtengedichte solch eine Vision vom kommenden Friedensreich. Er nennt es das „goldene Zeitalter": ... (s. 2.).

In die wunderschönen Hoffnungsbilder Vergils fällt ein kleiner Wermutstropfen: Das goldene Zeitalter erscheint wie der neue Sternenhimmel, wenn der Winter vom Sommer abgelöst wird. Ebenso wird es auch wieder versinken. Es verkörpert in den Naturwundern und in der friedlichen Koexistenz aller Menschen etwas Endgültiges. Und doch bleibt es Teil des unaufhörlichen Lebenskreislaufs, dieses „Schaufelrades der Geschichte", das abwechselnd Heil und Vernichtung zutage fördert. Nein, der „Zug der Epochen" kann nicht das Ziel unseres Daseins sein, obwohl er sich zur Deutung unserer Erfahrung mit den wechselhaften Geschicken der Welt durchaus eignet.

Gibt es für uns eine Vision, einen Traum oder sogar eine berechtigte Hoffnung, die weiter geht? Ist da jemand, der uns das immerwährende Leben in Frieden und Harmonie mit Gott und den Menschen, mit der Natur und mit uns selbst versprechen kann?

Ja, es gibt so ein Versprechen: Die Propheten nennen es die „Treue Gottes", den Bund des Schöpfers mit seiner Schöpfung, unendlich oft von uns Menschen verletzt, von Gott aber immer wieder aufs neue bestätigt. Die Kraft Gottes ist die einzige Macht, die alle unter uns Menschen gesäte Zwietracht ausrotten und den Frieden bringen kann. Der Prophet Micha zeigt, wie seltsam und unerwartet diese Kraft Gottes kommt. Sie strömt nicht aus den Machtmetropolen. Sie bedient sich keiner Beziehungen, keiner großen Namen, keiner Autorität. Nein, sie wächst wie ein kleines Samenkorn auf den vergessenen Äckern der Geschichte heran. Kleine, bescheidene, ja sogar verachtete Figuren der Menschheit sind es, die das Entscheidende bewirken. Micha nennt Betlehem, ein im Vergleich zu den herrlichen Städten Judas winziges Kaff, als Ausgangspunkt des Heils. Und er kündigt eine Geburt an, einen Säugling. Hilflos und vielversprechend zugleich, so wie jedes Kind, das sein Leben noch vor sich hat. So wie der Nichtisraelit Mose zum Führer auserwählt wurde, so wie „Klein-David" von der Schafweide geholt wurde, so wird auch der Friedenshirt der Endzeit zunächst unscheinbar sein. Was will Micha damit sagen? Klar wird zunächst, was er nicht sagen will: Daß wir nämlich den Weltfrieden erplanen, errüsten oder beherrschen könnten. Es wird nie einer kommen, der stark genug sein wird, um alle Diktatoren in Schach zu halten, um allen Interessengruppen gerecht zu werden, um all die Egoismen der Menschen zu besänftigen. Wer auf Politik, Wirtschaft oder Psychotherapie allein baut, wird seinem Scheitern zusehen müssen. Da kommt aber ein unscheinbarer Hirt in der Kraft Gottes. Schwer vorzustellen, wie das sein wird, wer es sein wird und wie wir ihn erkennen sollen.

An dieser Stelle dürfen wir als Christen den Prophetentext aufgrund unseres Wissens um Jesus Christus interpretieren: Da kam wirklich einer, der unscheinbar genug war, um nicht in die Herrschaftsintrigen dieser Welt verwickelt zu werden, der hilflos genug geboren wurde, um nicht durch Macht und Autorität Spannungen zu befrieden. Und da kam einer, der in seinen Taten und Worten einen Hauch der Nähe Gottes über seine Freunde ausbreitete. Jesus kam als „Hirte". Er zeigte, daß er genau wußte, woran wir Menschen kranken. Er begann auch zu heilen. Und er hinterließ denen, die sich darauf einlassen wollen, die Kraft Gottes. Nicht in *einem* Menschen wirkt sie weiter, sondern in vielen. Und wie es Micha verheißen hatte, wirkt sie nicht in den Großen und Auffälligen, sondern in den Unscheinbaren, in denen, von denen eigentlich kaum etwas zu erwarten wäre. Micha will uns den Kopf verdrehen und die

Blickrichtung korrigieren. Er ruft uns zu: Das Friedensreich hat längst begonnen, unscheinbar, am Rande, in den Verachteten. Und es kann weiter wachsen! Erwartet keine großen Züge der Epochen, sondern laßt es im liebevollen Miteinander als Menschen an euch herankommen. Dann werdet ihr die Kraft Gottes spüren. Und er wird der Friede sein, vielleicht schon heute!

Wolfgang Baur

Weihnachten – In der Nacht

Thematisch

1. Persönlicher Zugang zur Thematik

Im Vergleich zur Feier des Osterfestes empfinde ich den Vollzug des Weihnachtsfestes als weitaus schwieriger. In mir selbst und bei Menschen, die ich seelsorglich begleite, erlebe ich immer wieder die Ambivalenz von Angst und Vertrauen, von Resignation und Hoffnung, von Dunkel und Licht. Und für mich steckt in der Botschaft Jesu eine ungeheure Spannung: Ich erlebe Christsein als Zuversicht mitten in der Hoffnungslosigkeit, als Trost mitten im Schmerz, als Vertrauenkönnen mitten in der Angst, als Leben mitten im Sterben. Diese Spannung kann ich in der Feier der Heiligen Woche sehr tief durchleben: Der Karfreitag lädt mich ein, meine Dunkelheiten im Kreuz Jesu aufgehoben zu wissen; die Osternacht bringt in ihrer Struktur den Übergang vom Tod zum Leben zeichenhaft zum Ausdruck und stellt in ihrer Symbolik das Licht in den Mittelpunkt, das mitten im Dunkel leuchtet. Das Weihnachtsfest scheint hingegen eher dazu zu verführen, die helle Seite überzubetonen und die dunklen Aspekte auszublenden. Die Krippendarstellungen, die Weihnachtslieder, die familiäre Feier und das ganze gesellschaftliche Ambiente sprechen von Frieden, Freude, Wärme, Geborgenheit und Harmonie. Die Ambivalenz der Gefühle und Erfahrungen wird nicht so deutlich thematisiert wie in der Feier der Heiligen Woche. Ich werde weniger dazu eingeladen, meine Spannungen und Ängste anzuschauen; ich werde eher dazu verführt, sie draußen zu lassen. Ich erlebe, daß bei vielen Menschen gerade in diesen Tagen manches aufbricht: Wenn so viel von Freude die Rede ist, meldet sich um so massiver die Traurigkeit zu Wort. Wenn so viel vom Frieden gesprochen wird, kommen zugleich die innere Unversöhntheit, das Leiden an den Konflikten in der eigenen Umgebung und die Sorge um den Frieden zwischen den Völkern zum Vorschein. Wo so sehr die familiäre Wärme, Geborgenheit und Harmonie betont werden, leiden Alleinstehende, Geschiedene, Verlassene, in ihrer Suche nach Beziehung Enttäuschte um so mehr an ihrer Situation.

Ich frage mich, ob die Liturgie angesichts dieser Spannung eine heilende Funktion haben könnte. Die Lesungstexte des Weihnachtsfestes bringen fast durchgängig die Ambivalenz der menschlichen (und christlichen) Erfahrung zum

Ausdruck: Die erste Lesung der Heiligen Nacht (Jes 9, 1–6) spricht von der harten Realität: vom drückenden Joch, dem Tragholz des Treibers, dem Soldatenstiefel, dem blutbefleckten Mantel; sie blendet Unrecht und Unfrieden also nicht aus, sondern redet von ihrer Überwindung durch Gott. Der lukanischen Kindheitsgeschichte zufolge kommt Jesus „draußen" zur Welt, außerhalb der Stadt, unter Menschen, die nichts gelten: Jesu Geburt bedeutet Hoffnung für die Menschen auf der Schattenseite des Lebens. Der Johannesprolog redet vom Licht, das in der Finsternis leuchtet. Die Texte sprechen zugleich davon, daß Gottes Friedensinitiative bedroht ist und sich gegen Widerstände durchsetzen muß: Der matthäischen Kindheitsgeschichte zufolge ist Jesus von Anfang an ein Verfolgter. In der lukanischen Kindheitsgeschichte findet die hochschwangere Maria keine Herberge; für das ankommende göttliche Kind ist kein Platz. Und der Johannesprolog redet davon, daß die Finsternis das Licht nicht erfaßt und daß der, der in sein Eigentum kommt, von den Seinen nicht aufgenommen wird. Bei genauerem Hinsehen drücken auch viele der Weihnachtslieder diese Ambivalenz aus: vgl. etwa GL 132,134, 141. Mir ist wichtig, daß die Erfahrung der Schattenseiten des menschlichen Lebens in der Feier des Weihnachtsfestes nicht unterschlagen wird. Nur was angenommen wird, wird erlöst – dieser Grundsatz altkirchlicher Inkarnationstheologie scheint mir auch für die Art und Weise, wie wir Weihnachten feiern, sehr bedeutsam!

2. *Persönlicher Zugang zur Kurzgeschichte*

Die Geschichte vom Engel, der nicht mitsingen wollte, spricht mich auf diesem Hintergrund besonders an. Dem kleinen Engel setzt genau die beschriebene Ambivalenz zu. Und das Tröstliche ist: Er wird in seinem Leiden an dieser Spannung ernstgenommen. Es wird nichts verboten, abgewiesen oder verdrängt. Mehr noch: Seine Schwierigkeiten, mit diesem Zwiespalt zurechtzukommen, erweisen sich sogar als Chance. Gerade weil er so sehr unter der Spannung leidet, kann er anderen helfen, mit dieser Spannung fertigzuwerden. Hier ist ein Grundsatz therapeutischen Handelns angesprochen. Zugleich ist ein Stück christlicher Soteriologie präsent: Erlösen kann der, der sich in die spannungsreiche Realität hineinbegibt und sie am eigenen Leibe durchleidet. Eben das hat Gott in Jesus getan. – Und noch ein Aspekt spricht mich an der Geschichte an: Der Engelchor wird genausowenig abqualifiziert wie der rebellische kleine Engel. Das unbeschwerte fröhliche Singen hat auch sein Recht. Ich erlebe oft, daß Gottesdienstbesucher an Weihnachten das Gefühl haben: Der Prediger gönnt uns die Weihnachtsfreude nicht. Das Schenken, die familiäre Harmonie, die sentimentalen Weihnachtslieder und vieles andere, das uns so guttut, wertet er ab. – Mag sein, daß der Versuch, an Weihnachten Nähe, Wärme, Geborgenheit und Harmonie erlebbar zu machen, viel Regressives an sich hat. Aber ich frage mich: Ist das nur etwas Infantil-Symbiotisches; oder gibt es nicht auch eine „konstruktive" Regression: ein Zurückgehen, das Kraft zum erneuten Vorwärtsschreiten schenkt? Ich möchte deshalb vorsichtig sein mit Urteilen über die viel kritisierte „Weihnachtssentimentalität".

Aus all diesen Gründen reizt es mich, anhand der Geschichte über die Weihnachtsthematik zu predigen. Ich habe die Geschichte leicht gekürzt, um die Gedanken, die mir wichtig sind, deutlicher hervorzuheben.

3. Exegetische Hinweise

Entfallen.

4. Schrifttext und Kurzgeschichte

Vgl. 2.

5. Predigtentwurf

Ich möchte Ihnen eine Geschichte erzählen: vom Engel, der nicht mitsingen wollte.

▶ Als die Menge der himmlischen Heerscharen über den Feldern von Betlehem jubelte: „Ehre sei Gott in der Höhe und Friede den Menschen auf Erden", hörte ein kleiner Engel plötzlich zu singen auf. Obwohl er im unendlichen Chor nur eine kleine Stimme war, machte sich sein Schweigen doch bemerkbar. Engel singen in geschlossenen Reihen, da fällt jede Lücke sogleich auf. Die Sänger neben ihm stutzten und setzten ebenfalls aus. Das Schweigen pflanzte sich rasch fort und hätte beinahe den ganzen Chor ins Wanken gebracht, wenn nicht einige unbeirrbare Großengel mit kräftigem Anschwellen der Stimmen den Zusammenbruch des Gesanges verhindert hätten.

Einer von ihnen ging dem gefährlichen Schweigen nach. Mit bewährtem Kopfnicken ordnete er das weitere Singen in der Umgebung und wandte sich dem kleinen Engel zu.

„Warum willst du nicht singen?" fragte er ihn streng.

Er antwortete: „Ich wollte ja singen. Ich habe meinen Part gesungen bis zum ‚Ehre sei Gott in der Höhe'. Aber als dann das mit dem ‚Frieden auf Erden unter den Menschen' kam, konnte ich nicht mehr weiter mitsingen. Auf einmal sah ich die vielen Soldaten in diesem Land und in allen Ländern. Immer und überall verbreiten sie Krieg und Schrecken, bringen Junge und Alte um und nennen das Frieden. Und auch wo nicht Soldaten sind, herrschen Streit und Gewalt, fliegen Fäuste und böse Worte zwischen den Menschen und regiert die Bitterkeit gegen Andersdenkende. Es ist nicht wahr, daß auf Erden Friede unter den Menschen ist, und ich singe nicht gegen meine Überzeugung! Ich merke doch den Unterschied zwischen dem, was wir singen, und dem, was auf Erden ist. Er ist für mein Empfinden zu groß, und ich halte diese Spannung nicht länger aus."

Der große Engel schaute ihn lange schweigend an. Er sah wie abwesend aus. Es war, als ob er auf eine höhere Weisung lauschen würde. Dann nickte er und begann zu reden:
„Gut. Du leidest am Zwiespalt zwischen Himmel und Erde, zwischen der Höhe und der Tiefe. So wisse denn, daß in dieser Nacht eben dieser Zwiespalt überbrückt wurde. Dieses Kind, das geboren wurde und um dessen Zukunft du dir Sorgen machst, soll unseren Frieden in die Welt bringen. Gott gibt in dieser Nacht seinen Frieden allen und will auch den Streit der Menschen gegen ihn beenden. Deshalb singen wir, auch wenn die Menschen dieses Geheimnis mit all seinen Auswirkungen noch nicht hören und verstehen. Wir übertönen mit unserem Gesang nicht den Zwiespalt, wie du meinst. Wir singen das neue Lied."
Der kleine Engel rief: „Wenn es so ist, singe ich gerne weiter."
Der Große schüttelte den Kopf und sprach: „Du wirst nicht mitsingen. Du wirst einen anderen Dienst übernehmen. Du wirst nicht mit uns in die Höhe zurückkehren. Du wirst von heute an den Frieden Gottes und dieses Kindes zu den Menschen tragen. Tag und Nacht wirst du unterwegs sein. Du sollst an ihre Häuser pochen und ihnen die Sehnsucht nach ihm in die Herzen legen. Du mußt bei ihren trotzigen und langwierigen Verhandlungen dabeisein und mitten ins Gewirr der Meinungen und Drohungen deinen Gedanken fallen lassen. Du mußt ihre heuchlerischen Worte aufdecken und die anderen gegen die falschen Töne mißtrauisch machen. Sie werden dir die Türe weisen, aber du wirst auf den Schwellen sitzen bleiben und hartnäckig warten. Du mußt die Unschuldigen unter deine Flügel nehmen und ihr Geschrei an uns weiterleiten. Du wirst nichts zu singen haben, du wirst viel zu weinen und zu klagen haben. Du hast es so gewollt. Du liebst die Wahrheit mehr als das Gotteslob. Dieses Merkmal deines Wesens wird nun zu deinem Auftrag. Und nun geh. Unser Gesang wird dich begleiten, damit du nie vergissest, daß der Friede in dieser Nacht zur Welt gekommen ist."
Der kleine Engel war unter diesen Worten zuerst noch kleiner, dann aber größer und größer geworden, ohne daß er es selber merkte. Er setzte seinen Fuß auf die Felder von Betlehem. Er wanderte mit den Hirten zu dem Kind in der Krippe und öffnete ihnen die Herzen, daß sie verstanden, was sie sahen. Dann ging er in die weite Welt und begann zu wirken. Angefochten und immer neu verwundet, tut er seither seinen Dienst und sorgt dafür, daß die Sehnsucht nach dem Frieden nie mehr verschwindet, sondern wächst, Menschen beunruhigt und dazu antreibt, Frieden zu suchen und zu schaffen. Wer sich ihm öffnet und ihm hilft, hört plötzlich wie von ferne einen Gesang, der ihn ermutigt, das Werk des Friedens unter den Menschen weiterzuführen. ◄ (Werner Reiser, aus: Werner Reiser, Der Geburtstag von Adam und Eva. Neue Legenden und Parabeln, Friedrich Reinhardt Verlag, Basel [2]1984.)
Vielleicht geht es Ihnen wie dem großen Engel in der Geschichte: Sie möchten singen, feiern, die Weihnachtsfreude genießen und sich nicht stören lassen. Möglicherweise haben Sie aber auch dasselbe Empfinden wie der kleine Engel: Das Feiern fällt Ihnen schwer, weil Sie die Spannung zwischen der Weihnachts-

botschaft und der Realität spüren, weil Sie die Finsternis in der Welt wahrnehmen oder die Dunkelheit in Ihnen selbst: die eigene Angst, die eigene Traurigkeit ... Mir jedenfalls geht es oft so, daß ich mitten in der Weihnachtsfreude besonders deutlich das Dunkle und Schwere wahrnehme und die Spannung besonders schmerzhaft spüre. Interessant ist, was in der Geschichte mit dem kleinen Engel geschieht: Er wird nicht als Kritikaster, Miesmacher oder Spaßverderber abgetan, sondern sein Unbehagen wird ernstgenommen. Mehr noch, er erhält einen Auftrag: Er soll die Sehnsucht nach dem Frieden wach halten, er soll Menschen antreiben, Frieden zu suchen, er soll Mut machen, Frieden zu schaffen. Anscheinend kann der es am besten, der am meisten unter der Spannung leidet, nicht der, der am fröhlichsten singt und am wenigsten Probleme hat. Wir erleben das ja auch: Nicht der, der am unbeschwertesten ist, macht uns Mut; oftmals helfen uns gerade Menschen weiter, die selbst schon vieles durchgemacht haben – denn sie können am besten verstehen, wie es anderen zumute ist. Und genau das behaupten wir auch von Gott an Weihnachten: Er kann uns helfen, weil er selbst diese Spannung durchlitten hat, weil er selbst einer von uns geworden ist und alles Menschliche durchlebt hat. Deshalb versteht er uns und kann uns Mut machen weiterzugehen.
Deshalb möchte ich Ihnen nicht einfach frohe Weihnachten wünschen. Ich möchte Ihnen vielmehr wünschen, daß Sie die Spannung zwischen Weihnachtsfreude und Wirklichkeit wahrnehmen. Ja, ich möchte Ihnen sogar wünschen, daß Sie unter dieser Spannung leiden und sie aushalten. Daß Sie sie nicht auflösen nach der einen oder anderen Seite hin: weder in eine oberflächliche Hallelujastimmung hinein noch hin zu einer Resignation und Bitterkeit, die sagt: Es ist alles verfahren, man kann ja doch nichts machen, es hat ja doch alles keinen Sinn! Ich möchte Ihnen wünschen, daß Sie manchmal einem kleinen Engel begegnen, der in Ihnen die Sehnsucht wach hält und Sie anstößt, ein wenig Licht in Ihre Umgebung zu tragen – und sei es nur durch ein freundliches Wort, durch ein Geschenk, das nicht aus einer Verpflichtung erwächst, sondern von Herzen kommt, oder ein wenig Zeit zum Zuhören. Ich möchte Ihnen wünschen, daß Sie manchmal selbst so ein kleiner Engel für andere sind.

Helmut Gabel

Weihnachten – Am Tag

Zu Joh 1, 1–18

1. Persönlicher Zugang zum Schrifttext

Der Prolog des Johannesevangeliums ist ein sehr schwieriger, theologisch dichter Text. Zunächst fällt es mir schwer, einen Zugang zu finden. Dann bleibe ich an dem Satz hängen: „Und das Licht leuchtet in der Finsternis, und die Finsternis hat es nicht erfaßt“ (V. 5). Hier fühle ich meine uralte Angst angesprochen,

nämlich die Angst vor ewiger Finsternis. Das ist eine Finsternis, die jedes Licht verschluckt und aus der ich keinen Ausweg mehr finde. Diese Finsternis ist zugleich Kälte, Einsamkeit und Tod.
Jesus als das Licht, das in der Finsternis leuchtet, ohne daß es von der Finsternis erfaßt wird – das ist für mich ein tröstlicher Gedanke. Mitten in der tiefsten Nacht ist da ein Licht, das mir den Weg nach draußen zeigen kann. Meine Ur-Angst kann also besiegt werden. Ich bin der Finsternis, der Kälte, der Einsamkeit, dem Tod nicht ausgeliefert.
Es stimmt mich nachdenklich, wenn im Schrifttext davon die Rede ist, daß die Welt Jesus nicht erkannte oder daß die Seinen ihn nicht aufnahmen. Obwohl Johannes für ihn als Zeuge auftrat, gab und gibt es Ablehnung. Nur die ihn aufnehmen, können Kinder Gottes werden.
Wie sieht es bei mir selbst aus? Nehme ich Ihn an, oder bleibe ich in meiner Finsternis gefangen?

2. *Persönlicher Zugang zur Geschichte*

Beim Stichwort Finsternis fiel mir sofort eine Episode aus Michael Endes „Jim Knopf und Lukas der Lokomotivführer“ (Stuttgart, 1960) ein. Jim Knopf und Lukas müssen auf einer langen Reise, die der Aufklärung der Herkunft von Jim Knopf dienen soll, viele gefährliche Situationen bestehen. Im 18. Kapitel müssen sie durch die „Region der Schwarzen Felsen“ fahren, um ins „Land der tausend Vulkane“ zu gelangen. Die Schwarzen Felsen verschlucken alle Helligkeit, so daß man einfach nichts mehr sehen kann. Nur an besonders strahlenden Sonnentagen kann man die Sonne als schwachen violetten Fleck erkennen. Allerdings, am höchsten Punkt führt die Straße durch ein Felsentor, den „Mund des Todes“. Dort ist immer undurchdringliche Finsternis, und der Wind weht mit fürchterlichem Heulen und Stöhnen ständig hindurch. Ein Durchqueren dieser Region ewiger Nacht und entsetzlicher Kälte ist nur möglich, wenn man immer ganz exakt geradeaus fährt. Jim Knopf und Lukas dem Lokomotivführer gelingt das auch, obwohl sie einmal beinahe vom Weg abkommen. In diesem Augenblick werden sie gerettet, weil der Dampf ihrer Lokomotive als Schnee herabfällt und sie dadurch den Weg wieder erkennen können. Schon als Kind hat mich diese Beschreibung der Finsternis fasziniert. Ich habe mitgebangt und mitgelitten, bis die beiden Helden diese Gefahr bestanden hatten.
Ich sehe in dem Buch „Jim Knopf und Lukas der Lokomotivführer“ die Umschreibung eines Lebensweges. Wie die beiden Titelgestalten begegne ich in meinem Leben unterschiedlichen Menschen und Situationen, die zu bewältigen ich Kraft und Mut brauche. Wenn ich aber das Geheimnis meiner Herkunft enträtseln und damit den Sinn meines Lebens verstehen will, muß ich alles Helle und Dunkle erst einmal sehen und annehmen. Dann finde ich wohl auch eine Weise, damit umzugehen.

3. *Exegetische Hinweise*

Das Johannesevangelium hebt sich in verschiedenen Aspekten deutlich von den drei synoptischen Evangelien ab. Nach heutigen Erkenntnissen hat der Verfasser wohl synoptische Überlieferungen gekannt, nicht aber die synoptischen Evangelien als solche (vgl. Gnilka). Diese Überlieferungen wurden gemäß der theologischen Intention im Text verwendet.

Unter Berufung auf den Lieblingsjünger Jesu wurde das Evangelium veröffentlicht, wohl im Rahmen einer johanneischen Schule und Gemeinde. Als Zeit der Abfassung ist das letzte Jahrzehnt des ersten Jahrhunderts anzunehmen, als Ort wohl Syrien (Gnilka, 5–11).

Als religionsgeschichtlicher Hintergrund ist wohl (unter anderem) die Auseinandersetzung mit einer jüdisch eingefärbten Gnosis anzunehmen.

Im Prolog des Johannesevangeliums wurden verschiedene Texte zusammengefügt. Am Anfang stand wohl ein vorchristlicher Weisheitshymnus (VV. 1–5.9–13), der vom Verfasser um die Verse 14 und 16 ergänzt wurde. So entstand das sogenannte Logoslied. Der Logos war von Beginn der Schöpfung an in einer „einzigartigen personalen Gemeinschaft mit Gott und hatte teil an dessen Wesen“. Er „war aktiv an der Schöpfungstat Gottes beteiligt“ (Gnilka, 14) und hat darüber hinaus immer noch und ewig Anteil an der Erhaltung des Seins, des Lebens. Wenn die Menschen dies anerkennen, erhalten sie Anteil an diesem Licht. Wenn sie es aber ablehnen, entsteht Finsternis.

Der Dualismus von Licht und Finsternis ist also bei Johannes nicht seinsmäßig vorgegeben, sondern Folge der Entscheidung der Menschen.

Der Sohn ist nach Johannes der ausschließliche Zugang zu Gott und der „unverhüllte Ort der Gegenwart Gottes“ (Gnilka, 15). Er ist das fleischgewordene Wort und der „alleinige Spender von Gnade und Wahrheit“ (Gnilka, 16). In den Versen 6–8 und 15 hören wir von Johannes dem Täufer. Er war gesandt, um Zeugnis abzulegen für den Sohn und alle zum Glauben an ihn zu führen. Ausdrücklich wird betont, daß Johannes nicht selbst das Licht ist. Damit wird allen messianischen Ansprüchen für ihn entgegengetreten. (Literaturhinweis: J. Gnilka, Johannesevangelium, Würzburg 1983.)

4. *Schrifttext und Geschichte*

In beiden Texten ist von dem Dualismus Licht–Finsternis die Rede. Im Schrifttext ist die Finsternis das Ergebnis der Ablehnung des Lichts durch die Menschen. Und dennoch kann diese Finsternis das Licht nicht auslöschen, es ist immer noch da und gibt jedem Menschen weiterhin eine Chance, es zu erkennen.

Bei Michael Ende ist nicht ganz deutlich, woher die Finsternis rührt. Jedenfalls, sie ist da, und wir müssen sie durchqueren, um zur Enträtselung unseres Lebensgeheimnisses zu kommen. Der „Mund des Todes“ (unser eigener Tod?) erfordert noch einmal unsere ganze Kraft, um hindurchzugelangen. Obwohl der Mensch

auf keinen Fall vom geraden Weg abkommen darf, gibt es im Falle eines falschen Tritts wieder einen Fingerzeig auf die richtige Richtung.
In beiden Texten muß der Mensch also eine Entscheidung treffen. Sie bewahrt ihn nicht davor, unsicher zu werden. Aber in diesem Fall leuchtet immer noch das Licht, wird der richtige Pfad sichtbar.

5. Predigtentwurf

Kennen Sie Jim Knopf und Lukas, den Lokomotivführer?
Als Kind habe ich mit Begeisterung dieses Buch von Michael Ende gelesen.
▶ Die Geschichte handelt von Jim Knopf, einem schwarzen Jungen, der mit Hilfe seines Freundes Lukas das Geheimnis seiner Herkunft enträtseln will. Auf einer langen Reise sind viele gefährliche Situationen zu bestehen. Einmal müssen die beiden durch die „Region der Schwarzen Felsen" fahren (18. Kapitel, S. 133–140). In dieser Region herrscht furchtbare Finsternis. Nur wenn Jim Knopf und Lukas die gerade Richtung einhalten und nicht vom Weg abweichen, können sie durchkommen. Sehen können sie nichts, kein Licht erhellt diese Dunkelheit. Am höchsten Punkt der Straße, dem „Mund des Todes", dürfen sie sich nicht beirren lassen vom Heulen und Stöhnen des eiskalten Sturmes. Einmal werden sie unsicher und stehen vor dem Abgrund. Aber der Dampf ihrer Lokomotive gefriert zu Schnee und läßt die Straße weiter aufleuchten. So sind sie doch gerettet ◀ (vgl. auch unter 2.).
Die Finsternis, der „Mund des Todes", die Kälte und Einsamkeit, das sind Begriffe, die mich ganz tief im Innern ansprechen. Ich spüre da wieder die Angst vor ewiger Nacht, die ich schon als Kind empfunden habe. Ich denke, daß da auch die Angst vor dem Tod mitschwingt (wie auch in unserer Geschichte), denn jede Nacht bedeutet ja auch, daß der vorhergehende Tag stirbt. Und ich selbst muß mich im Schlaf verlieren und weiß nicht, ob ich je wieder aufwache.
Licht und Dunkel, Gut und Böse, Leben und Tod, das sind die Gegensätze, denen ich im Leben oft begegne. Wird mich das Dunkle am Ende überwältigen, und wird der Tod siegen?
Im Prolog des Johannesevangeliums werden diese Gegensätze auch beschrieben. „Und das Licht leuchtet in der Finsternis, und die Finsternis hat es nicht erfaßt" (V. 5). Im Grunde handelt es sich um dieselbe Finsternis wie bei Jim Knopf und Lukas dem Lokomotivführer. Es ist das Dunkel auf unserem Lebensweg. Die Geburt des Sohnes aber hat uns das Licht geschenkt, das für uns das Leben bedeutet. Die finstere Nacht ist erhellt, und das Licht wird nie verlöschen. Selbst in der dunkelsten Stunde unseres Lebens, wenn wir den „Mund des Todes" (wie ihn Michael Ende nennt) durchqueren müssen, werden wir geleitet. Dies ist Gottes Weihnachtsgeschenk an uns.
Er hat dafür sogar einen Zeugen gesandt, der uns dies glaubwürdig verkündet: Johannes den Täufer.
Damit ist es aber leider nicht getan. Schon der Evangelist weiß zu berichten, daß die Menschen das Licht nicht aufnahmen, obwohl Gottes Sohn in sein

Eigentum gekommen war (V. 11). Die Welt erkannte ihn nicht, obwohl er doch die Quelle und der Ursprung der Welt und allen Lebens ist (VV. 3f.10). Diejenigen aber, die ihn aufnahmen, konnten Kinder Gottes werden. Was heißt das wohl für uns? Ich denke, daß ich als Kind Gottes weiß, woher ich komme, nämlich aus Gottes Gnade, und daß ich weiß, wohin ich gehe, nämlich den Weg zum Licht.

Um zu dieser Gewißheit zu gelangen, muß ich bereit sein, ihn aufzunehmen, ihn zu erkennen und ihm nachzufolgen. Es ist ein schwieriger Weg, und immer wieder bin ich unsicher und habe Angst vor dem Dunkel, das ich mir eigentlich durch meine Zweifel selbst schaffe. Das Licht leuchtet, warum überkommen mich da Zweifel? Ich bin doch fest entschlossen, dem Licht zu folgen.

Auch Jim Knopf ist fest entschlossen, das Geheimnis seiner Herkunft zu erfahren. So macht er sich auf eine lange Reise. Seine Entschlußkraft und der entscheidende Fingerzeig vor dem Abgrund am „Mund des Todes" helfen ihm, das Dunkel zu durchqueren. Auch er wird unsicher und ist angesichts vieler Gefahren von Zweifeln geplagt. Sein Freund Lukas aber bleibt immer bei ihm und stützt ihn.

So haben wir auch einen Freund, der uns begleitet. Er ist es ja, aus dem wir geboren sind und zu dem wir gehen wollen. Er ist das Licht, und „das Licht leuchtet in der Finsternis, und die Finsternis hat es nicht erfaßt" (V. 5).

6. Weitere Anregungen

Eine andere Möglichkeit wäre es, die Situation der gesamten Menschheit in den Blick zu nehmen. Dann wäre zu fragen, wo wir selbst für andere Dunkelheit schaffen oder wo unser Blick für das Licht verdunkelt ist – z. B. in den politischen und wirtschaftlichen Ungleichheiten der Welt, in unserer Lebensweise, in unserem Umgang mit der Schöpfung usw.

Mit Bezug auf die Weihnachtszeit könnte auch der Geschenkcharakter des Lichts besser herausgestellt werden. Es kann dann deutlich werden, daß nicht unser Verdienst uns die Gotteskindschaft erwirbt, sondern allein die Gnade. Unsere Antwort darauf besteht zunächst nur in der dankbaren Annahme des Lichts. Johannes ist dann nicht nur Vorbild und Vorläufer für diese Annahme, sondern auch für die Konsequenz daraus, für das zeugnisgebende öffentliche Auftreten.

Dorothea Hofmann

1. Sonntag nach Weihnachten – Fest der Heiligen Familie

Zu Kol 3, 12–21

1. Persönlicher Zugang zum Schrifttext

„Meine Alten sollten sich mal daran halten. Sie rennen doch dauernd in die Kirche; aber daheim merkt man nichts davon. Von wegen Güte, Demut, Milde, Geduld! Druck, Befehle, Strenge, Anweisungen, Ungeduld – das ist der Alltag in der Familie!" – so war die erste Reaktion eines Jugendlichen auf diesen Text.
„Es wäre schön, wenn ich das fertigbringen würde, was Paulus hier fordert. Ich versuche es zwar immer wieder, aber ich schaffe es nicht; meine Kinder machen es mir auch ganz schön schwer!" – das ist die Klage einer Mutter beim Bibelgespräch über diesen Text.
Ich selbst brauche gar nicht auf andere Familien zu schauen; im eigenen Pfarrhaus und am eigenen Verhalten mit Mitarbeiterinnen und Mitarbeitern erfahre ich, wie schwer dieser Text mich fordert.
Theoretisch ist es klar: Wenn ich das, was Paulus fordert, verwirklichen könnte, würde das Zusammenleben gelingen.
In der Praxis erfahre ich Mängel, Fehler, Mißverständnisse und Schwierigkeiten bei mir und anderen; so bleibt das Zusammenleben immer problematisch.
Liebe und Frieden sind für das menschliche Zusammenleben Voraussetzungen, die ich bei Jesus Christus erfüllt sehe; von ihm muß ich sie mir immer wieder schenken lassen ...
„Wie der Herr euch vergibt, so vergebt auch ihr!"
Tröstlich, daß wir in jeder Eucharistiefeier „vor Gott und voreinander" unsere Schuld bekennen und Gottes Vergebung erfahren dürfen; im Friedensgruß versuchen wir, Liebe und Frieden weiterzuschenken – wenigstens ansatzweise.
Von hier aus wagen wir wieder unser Zusammenleben.

2. Persönlicher Zugang zur Kurzgeschichte

Im alltäglichen Umgang mit unseren Mitmenschen, mit denen wir im Haus oder in der Familie zusammenleben, tauchen immer wieder Probleme und Konflikte auf. Oft sind diese mit etwas Humor oder in einem ehrlichen Gespräch leicht aus der Welt zu schaffen. Doch bei längerem Beisammensein, im „Alltagstrott" der Gewöhnung, möchte man einen „lieben" Mitmenschen, der einem „auf den Wecker geht", gleich „auf den Mond schießen". Wenn man dann noch sieht, wie Menschen im Bekanntenkreis, in der Nachbarschaft oder in befreundeten Familien einem so „lieb" und „freundlich" begegnen, möchte man manchmal wirklich mit anderen tauschen bzw. bestimmte Menschen „austauschen".
Wer hat wohl noch nicht mit solchen Gedanken gespielt?
Neulich las ich einmal eine Anzeige für *„Menschen im Leihverkehr":*

► „Die Menschenei (eine Anstalt zur Menschenausleihe) steht jedem Besucher offen. Zur Entleihung von Menschen bedarf es eines Benutzerausweises, der gegen Vorlage des Personalausweises ausgestellt wird. Jeder Benutzer kann sich die Menschen selbst am Regal aussuchen oder die Beratung der Angestellten in Anspruch nehmen. Die Leihfrist beträgt 3 Wochen. Die Menschen können jedoch vor Ablauf der Frist getauscht werden. Eine Verlängerung um 3 weitere Wochen ist möglich, wenn der betreffende Mensch nicht vorbestellt ist. Bei Überschreitung der Leihfrist entstehen dem Benutzer Säumnisgebühren und gegebenenfalls die Einziehung. Auf Wunsch können Menschen vorbestellt werden ... Im Interesse aller Benutzer wird gebeten, die Menschen schonend zu behandeln. Für Beschmutzung, Beschädigung oder Verlust muß Ersatz geleistet werden. Bei Wohnungsänderung wird um Mitteilung gebeten. Die Benutzungsordnung wird durch Unterschrift des Benutzers unter den Benutzerausweis anerkannt und ist verbindlich. Die Gebührenordnung kann auf Wunsch in der Menschenei eingesehen werden." ◄ (Manfred Hausin, zit. nach „Prediger und Katechet" 1/1975, München.)
Eine originelle Idee! Aber ist sie wirklich so phantastisch? Ich hole mir Menschen, mit denen ich klarkomme; wenn sie nicht mehr „funktionieren", wie ich es gern hätte, gebe ich sie wieder zurück und hole mir einen neuen, der „spurt". Manche(r) Leser(in)/Hörer(in) würde einer solchen Idee zustimmen! Man kann selbst einige Wochen seine „Schokoladenseite" zeigen und das „Alltagskleid" zudecken. Aber auf Dauer geht das nicht. Die Idee mit den „Menschen im Leihverkehr" kann mir und dem Hörer/der Hörerin etwas Wichtiges deutlich machen: Ich selbst trage dazu bei, daß es in unserem Zusammenleben Streit und Konflikte gibt. Nicht im „Austausch" oder im „Leihverkehr" liegt die Chance, das Zusammenleben zu verbessern, sondern darin, daß ich *mein* Verhalten ändere. Dazu will uns Paulus auffordern; die „Anzeige" könnte helfen, diese Gedanken zu vertiefen.

3. Exegetische Hinweise

Der Verfasser des Briefes gibt hier Grundsätze des Zusammenlebens wieder, vor allem die Familie betreffend. „Der ganze Abschnitt ist sehr stark ethisch-paränetisch orientiert. Die eigentliche theologische Begründung für die vielen Einzelermahnungen wurde zu Beginn des dritten Kapitels gegeben: ‚Wenn ihr also mit Christus auferweckt seid, so sucht, was droben ist' (V. 1)."
Die VV. 12–17 zeigen einen „Tugendkatalog" auf, der für jedes Zusammenleben wichtig ist und gerade in der Familie zum Tragen kommen muß. Die Mahnungen der „Haustafel VV. 18–21 wenden sich direkt an die einzelnen Familienmitglieder und weisen diese auf bestimmte Standestugenden hin. Die Tugendreihe ‚herzliches Erbarmen, Güte, Demut, Milde, Geduld' stammt aus Motiven der jüdischen Ethik, die christlich gedeutet werden."
„Allen fünf Tugenden ist gemeinsam, daß sie gemeinschaftsbezogen sind. Sie weisen jede Form von Selbstbehauptung zurück und sind ausschließlich auf

den Mitmenschen gerichtet. Der Verfasser kann die Gemeinde in Kolossä zu einer solchen Haltung auffordern, denn schließlich sind sie ja ‚Erwählte Gottes' und als solche Heilige und Geliebte."
Wenn der Briefschreiber in V. 13 die Gemeinde ermahnt, „einander zu ertragen und zu verzeihen", wird deutlich, daß das Zusammenleben im Alltag seine schwierigen Probleme hat, auch für die, deren „Heimatrecht im Himmel ist" (Phil 3, 20). Vergebung ist nur aus der Mitte der christlichen Botschaft möglich: „wie auch der Herr uns verziehen hat".
„Es zeigt sich hier, daß die christliche Botschaft keinesfalls eine weltfremde Geheimlehre für esoterische Zirkel ist, sondern als die gestaltende Kraft für das konkrete Leben verstanden werden will."
V. 14 erinnert an das „Hohelied der Liebe", 1 Kor 13: Die Liebe ist nicht nur größer als alle Charismen, sie ist auch das „Band der Vollkommenheit" ... Der Friede in V. 15 ist „jener Friede, von dem bei der Geburt Jesu die Rede ist (Lk 2,14). Die Welt lebt nun wieder im Frieden mit Gott. Dieser Friede soll nunmehr den Menschen in seinem Innersten bestimmen."
„Eine Gemeinde, die auf diese Weise einig ist im Frieden und in der Liebe Christi, kann nichts anderes tun als danksagen."
Es folgt die sog. „Haustafel": Es geht um Mahnungen an Frauen, Männer und Kinder, die auf ihre Verpflichtung hingewiesen werden. (Literaturhinweis: J. Ernst/W. Schöpping: Die Episteln und Evangelien der Sonn- und Festtage, Frankfurt 1970, 72 ff.)

4. *Schrifttext und Kurzgeschichte*

Die Aussage der „Anzeige" wird wohl bei vielen Eltern wie auch Jugendlichen auf Verständnis, auf Zustimmung stoßen. Viele erwachsene Ehepartner zeigen der jungen Generation die „Auswechselpraxis", indem sie aus der Ehe ausscheiden, sich eine(n) neue(n) Partner(in) wählen. Aber so einfach sollte man es sich nicht machen: Es geht hier nicht um ein Auto oder ein Buch, das ich mir für ein paar Wochen oder Jahre ausleihe, es geht um einen lebendigen Menschen mit all seinen Vorzügen und Schwächen.
Eltern müssen lernen, ihren Kindern zuzuhören, auch eine Widerrede zu dulden. „Wenn ein junger Mensch stets hören muß: ‚Hast du dich gewaschen? Hast du dein Schulheft eingepackt? Setz dich hin und iß! Geh in dein Zimmer und lerne! Ich will nicht, daß du mit diesem Mädchen gehst!', so muß das Leben für einen jungen Menschen in einer solchen Familie unerträglich sein. Da hilft es auch nicht, daß die Eltern es ehrlich meinen, wenn sie sagen: ‚Wir wollen ja nur Dein Bestes!' " (Schöpping aaO. 78).
Aber es hilft nichts, wenn nur die Eltern „in die Pflicht" genommen werden. „Aber auch die Kinder und Jugendlichen müssen Verständnis haben für ihre Eltern und die Familie. Sie müssen sich fragen, ob sie sich genügend um ihre Familie kümmern; ob sie zuhause über ihre Probleme sprechen, ob sie bereit sind, sich in das Zusammenleben so einzuordnen, wie es nun einmal in jeder

menschlichen Gemeinschaft notwendig ist. Nur wo man miteinander spricht, wo man auf den anderen achtet und zur Nachsicht und zum Nachgeben bereit ist, wird man in Frieden miteinander leben können" (Schöpping, aaO. 79). Dasselbe gilt für Ehepartner miteinander, für das Zusammenleben mit ihren Eltern bzw. Schwiegereltern.

5. *Predigtentwurf*

„Wenn meine Eltern schon die Platte auflegen, was sie alles für mich getan haben, da platzt mir schon der Kragen!" – „Ich habe es aufgegeben, mich mit meinen Eltern zu verständigen. Wir leben seit Jahren auf Kriegsfuß!" – so sagen die Jungen. – „Mit meinem Sohn ist kein Gespräch möglich; wenn ich etwas sage, stellt er sich stur!" – „Ich lasse mir nicht mehr alles gefallen von dieser Rotznase; ich habe ihr die Tür gewiesen!" – so sagen die Eltern. Probleme im täglichen Zusammenleben der Familie. Wir haben manchmal die „Nase voll" von Menschen, mit denen wir zusammenleben, sie „gehen uns auf die Nerven". Manchmal würden wir sie am liebsten „auf den Mond schießen".

Manchmal wünscht man sich so eine Anstalt zur Menschenausleihe, wie sie neulich in einer Anzeige beschrieben wurde:

„Die Menschenei (eine Anstalt zur Menschenausleihe) steht ..." (s. 2.). Das wäre doch toll, so eine Anstalt zur Menschenausleihe. Wenn es Probleme und Konflikte gibt, geben wir einfach diesen Menschen ab, tauschen ihn um. Alle Probleme wären gelöst! Wirklich?

Heute am Familiensonntag will uns die Kirche mit ihrer Botschaft zum Nachdenken bringen und Lösungen anbieten, das Problem anzugehen. „Menschen einfach auszutauschen" wäre eine Flucht, weil ich mich nicht mehr ändern würde. Ich würde mir nur „Ja-sager" und Bewunderer holen, und ich selbst würde auf der Strecke bleiben. In der Lesung haben wir einige Ermahnungen bekommen, wie wir unser Familienleben gestalten sollen: Wir sollen nicht auf andere blicken und ihre Vorzüge herausheben; wir sollen einander nehmen, wie wir sind, und ja sagen zueinander.

Dieses Ja hat Gott zu jedem einzelnen von uns gesprochen, und er nimmt es nicht mehr zurück. Er nimmt uns an, so wie wir sind, mit allen Schwächen und Fehlern. „Ihr seid von Gott geliebt, seid seine auserwählten Heiligen." Das ist die Grundlage, in der Taufe „grund-gelegt".

Drei Sätze können helfen, Familie neu erlebbar zu machen.

„Ertragt euch gegenseitig, und vergebt einander, wenn einer dem anderen etwas vorzuwerfen hat": Der Verfasser des Briefes weiß genau, daß wir noch nicht „im Himmel" leben, daß sich im konkreten Alltag viele Reibungsflächen ergeben, daß man die Fehler der anderen täglich spürt. Wir sind „keine Engel", sondern Menschen mit Schwächen und Fehlern. Es geht nicht darum, die Fehler der anderen zu übersehen, sie wegzudiskutieren oder zu verschönern. Es geht darum, den anderen anzunehmen, wie er ist, ihn zu lieben *mit* seinen Fehlern; den anderen „leiden" zu können. Das beginnt zwischen Vater und Mutter:

Schon wieder ist die Zeitung nicht ordentlich zusammengelegt; schon wieder läßt sie die Tür ins Schloß fallen ... Das setzt sich fort zwischen Eltern und Kindern: Den Eltern geht die zerschlissene Jeans auf die Nerven; das dauernde Gemecker, der Kult mit den Stars, die „Katzenmusik", die angeblich „dufte Musik" ist! – Und die Jungen? Auch unsere „Alten", sprich Eltern: „Dauernd haben sie zu kommandieren! Verschroben, hoffnungslos altmodisch, gönnen einem überhaupt kein Vergnügen ... Überall wittern sie Gefahren."
„Ertragt euch gegenseitig!" Vieles wäre möglich, wenn ich mich manchmal in die Rolle des anderen hineindenken würde und ihn nicht so haben möchte, wie ich es will. Wie fühlt er sich jetzt? Geht es ihm noch gut? „Vergebt einander, wenn einer dem anderen etwas vorzuwerfen hat": Wie oft wird einfach „geschluckt", bis der „Kragen platzt", statt zu sprechen und zu vergeben, jeden Tag neu!
„Vor allem aber liebet einander ..." Diese zweite Mahnung ist gleichsam die Hauptüberschrift. Wie steht es damit in unserer Familie? Sagen wir noch einander, daß wir uns mögen, daß wir uns gern haben? Zeigen wir das einander an kleinen Alltagsgesten? Oder besteht nicht jeden Tag die gleiche Gefahr, daß wir aneinander vorbeidenken, aneinander vorbeigehen? Wenn wir uns nach der anstrengenden Arbeit des Tages am Abend wiedersehen, ist jeder mit seinen Problemen beschäftigt, ist jeder zu müde, sich auf ein Gespräch mit dem anderen einzulassen. Zeitung, Illustrierte, Fernsehen und Radio bieten willkommene Gelegenheit, einander nicht anschauen, nicht miteinander reden zu müssen. Das Fernsehen hält zwar die Familie daheim fest, aber es zwingt zu einem fast vollständigen Schweigen. Mehr und mehr kommt das Gefühl auf: Was soll ich den anderen belästigen mit meinen Sorgen? Wird er mich überhaupt verstehen? Will er das überhaupt wissen?
Grundvoraussetzung für die Liebe ist also das Gespräch in der Familie. Dieses muß hinausgehen über belangloses Reden über das Wetter, die hohen Preise und das unfolgsame Nachbarskind. „Ich will am Abend meine Ruhe haben!" Ist das nicht oft eine faule Ausrede für die Gleichgültigkeit der Familie gegenüber; eine Ausflucht, um den Mangel an Liebe zu überdecken? Liebe ist immer für den anderen da; Liebe hat Zeit für den anderen.
Ein drittes: *Seid dankbar!*
Bringen wir es noch fertig, in unserer Familie ein Wort des Dankes zu sagen? Freilich geschehen viele Dinge selbstverständlich – auch ohne Dank. Aber sie geschehen besser und freudiger, wenn ein Lächeln, eine „dankende Geste" das anerkennt. Der Dank schafft eine freundlichere Atmosphäre. Da ist der Dank des Mannes an die Frau: Er zeigt dadurch, daß er bemerkt, was für ihn getan wird; daß er die Mühe und Liebe sieht, die in vielen kleinen Einzelheiten des täglichen Alltags für ihn verborgen ist. Der Dank der Frau an den Mann ist das, was er braucht, um jeden Tag die oft ebenfalls monotone Arbeit auf sich zu nehmen. Ein Danke an die Kinder, die einen Dienst in der Familie übernommen haben, ein Danke der Kinder für das Abrackern der Eltern. *„Seid dankbar!"* Oder ist dieses Wort aus unserem Familienwortschatz gestrichen?
Wenn solche Tugenden, solche Grundhaltungen in unseren Familien geübt und gepflegt würden, käme keiner auf die Idee, irgendein Familienmitglied „auszu-

tauschen“ oder „auszuleihen“. Dann würden wir erfahren: Solche Menschen wie in unserer Familie gibt es in keiner Menschenausleihe, die gibt es nur in unserer Familie.

Karlheinz Buhleier

Oktavtag von Weihnachten – Hochfest der Gottesmutter Maria (Neujahr)

Zu Lk 2, 16–21

1. Persönlicher Zugang zum Schrifttext

Vielleicht geht es nicht nur mir so: Ich liebe das Suchen. Zum Beispiel Pilze oder Beeren im Wald (und ich denke dabei immer ein wenig an die Ostereier, die mein Vater früher dort versteckte). Selbst wenn ich nichts finden sollte, war für mich die Suche doch mehr als ein reizvoller Zeitvertreib. Natürlich gehört zum Suchen auch das Finden. Allein vom Reiz des Suchens können wir nicht leben. Für mich erfüllen die Kindheitsgeschichten des Lukas beides: Sie lassen mich suchen, und sie lassen mich finden; so, wie ein erfahrener Mensch jedes Jahr Weihnachten sucht, um ein Stück seines Glaubens neu zu finden. Wie ein Kind ein Märchen möglichst wortgenau wieder und wieder hören will, so müßte uns Christen die Weihnachtsgeschichte so vertraut entgegenklingen, daß wir neu angeregt werden zu suchen (wie die Hirten), was uns verloren gegangen ist, um zu finden, zu bewahren (wie Maria). Ich kann mich sehr gut mit den Hirten, den einfachen Menschen identifizieren, die nicht lange das Wenn und Aber bedacht, sondern sich auf den Weg gemacht haben. Ein gutes Stück Neugierde und Entdeckerlust gehört nun einmal zum Glauben dazu. Mit dem gleichen Schwung, der gleichen Freude und Neugierde sollten wir auch in das neue Jahr gehen.

2. Persönlicher Zugang zur Kurzgeschichte

Diese Gedanken haben mich auch auf die Geschichte von den beiden Mönchen gebracht, die sich verirrt hatten; wobei der Wald sicher nicht nur für eine Ansammlung von Bäumen steht, sondern ein Ausdruck für die innere Lebenslage der Verirrten ist. Wir sagen ja auch von einem, der große Probleme hat: Er sieht vor lauter Bäumen den Wald nicht.
▶ Zwei Mönche hatten sich unabhängig voneinander im Dickicht des großen Waldes verirrt und keinen Ausweg mehr gefunden. Als sie zusammentrafen, fragte der eine, der die gleiche Lage des anderen nicht erkannte, nach dem Weg aus der Wildheit des Waldes. Der meinte: „Ich kann dir den Weg nicht zeigen, aber wir können ihn gemeinsam suchen.“ ◀ (Aus: Roland Breitenbach, Der

Schlüssel zum Himmel. Kleine Weisheiten der Mönche, Echter-Verlag, Würzburg 1990.)
Das Stichwort heißt „gemeinsam". Gemeinsam wollen die Mönche ihre Rettung aus der anscheinend ausweglosen Situation suchen. Sie werden diesen Ausweg finden, auch wenn die Geschichte offen bleibt.

3. Exegetische Hinweise

Der Evangelienabschnitt steht am Ende der Geburtsgeschichte. Die Hirten, die von der Botschaft der Engel überrascht worden waren, wollen sich Gewißheit über diese erstaunlichen Nachrichten verschaffen. Sie lassen sich dafür keine Zeit, etwa bis zum nächsten Tag oder zu einem für sie günstigeren Zeitpunkt. Sie eilen nach Betlehem, sie finden und sehen, sie berichten von ihren eigenen Erfahrungen. Das Ergebnis ihrer „Versicherung" am Ort des Geschehens: Sie rühmten und lobten Gott. Das kann nur einer, der mit allen Fasern seines Herzens und mit den Kräften seines Verstandes zum Glauben gefunden hat. Ihr Tun hat sich, nachdem sie aufmerksam gehört und entsprechend gehandelt hatten, ausgezahlt.
Maria wird in diesem Abschnitt als eine weise Frau dargestellt, die alles, was sich um sie herum ereignet, was sie hört und sieht, auch das, was sie (noch) nicht versteht, aufnimmt und in ihrem Herzen solange bewegt, bis es einen Sinn gibt. Sie gibt ein Beispiel dafür, was wir unter „beherzigen" verstehen: Eine Sache so zu unserer Mitte zu machen, daß wir daraus leben können.
Die Schlußnotiz von der Beschneidung und der Namensgebung weist auf die Erfüllung der biblischen Messias-Verheißung hin, die vom Engel des Herrn im Namen des Kindes, Jeschua, Gott rettet, Gott ist großzügig, zusammengefaßt worden war.

4. Schrifttext und Kurzgeschichte

Die Hirten gingen nicht einzeln nach Betlehem. Sie gingen gemeinsam. Das erleichtert ihnen die Suche, die Orientierung, den weiteren Weg. Als sie gefunden hatten, gemeinsam gesehen und bestaunt, konnten sie auch alle zusammen mit einer Zunge berichten, was ihnen gesagt worden war. Und sie konnten die Frohe Botschaft weitersagen. Im gemeinsamen Suchen, Hören, Tun, Reden und Verkünden ereignet sich unser Glaube. Noch immer wird Glaube zu sehr als persönliches Ereignis verstanden. Da kann sich einer leicht im eigenen Dickicht verirren und einen falschen Weg einschlagen, aus dem er allein nicht mehr herauskommt. Es ist dann gut, auf einen anderen zu treffen, der sich in der gleichen Situation befindet. Zwei kommen weiter als einer allein.

5. Predigtentwurf

Auf der Suche nach einem, der mitgeht

Meine Gedanken am Anfang des neuen Jahres möchte ich mit einer Geschichte einleiten: Zwei Mönche hatten sich ... (s. 2.). Manchmal ist es wirklich so, daß wir vor lauter Bäumen den Wald, vor lauter Problemen die Lösung nicht sehen. Da ist es gut, wenn wir einen Menschen an unserer Seite haben, der uns suchen hilft. Zum Jahreswechsel ist bei vielen die bange Frage aufgetaucht: „Was werden wohl die Wochen und Monate alles bringen?“ Unsere Sorgen zeigen unsere Abhängigkeit. Manche flüchten sich in Horoskope oder okkulte Praktiken, andere vertrauen auf Gesundheits- und Fitness-Programme, wieder andere suchen sich gegen die Zufälle des Lebens zu versichern. Der Christ aber macht sich auf zu den Quellen seines Glaubens.

Sich auf die Suche machen

Auf die Botschaft der Engel hin haben es die Hirten eilig, sich zu vergewissern, was es mit Betlehem und dem Kind auf sich hat. Sie suchen gemeinsam nach einem Menschen, der ihnen Rettung und Heil bringen soll. Sie machen sich gemeinsam auf, sie helfen einander auf dem Weg, sie ermutigen und ermuntern sich gegenseitig. Und sie finden einen Menschen, dessen Name die Erfüllung der alten Verheißungen ist: Jesus, Gott ist großzügig, Gott rettet. Der Glaube an diesen Gott muß in ihnen erst wachsen. Deswegen kehren sie nach Hause zurück, um auch anderen zu erzählen, was sie gefunden haben. Wer die Richtung und den Sinn des Lebens gefunden hat, darf nicht schweigen. Der Glaube wächst, wenn wir ihn weitersagen.

Gott, jemand in unserer Nähe

Ein Kranker, der sehr unter seiner schweren Depression litt, schrieb mir: „Ich frage mich, wo ist jetzt der gütige Gott? Das macht mir das Glauben so schwer.“ Es ist nicht leicht, auf diese Anfrage eine Antwort zu finden. Die Krankheit des Depressiven besteht ja gerade darin, allein zu sein, verzweifelt zu sein, sich verirrt zu haben, keinen Weg zu wissen, keinen Menschen an der Seite zu kennen; letztlich auch niemand haben zu wollen und nicht die Besserung wollen zu können. Da wäre ein erster heilsamer Schritt, sich bewußt an die guten Tage des Lebens zu erinnern, an Menschen, die tragfähig sind, an einen Glauben, der das Leid ertragbarer macht.
Diese Erinnerung an den Schatz, den wir im Herzen tragen, könnte uns die Sicherheit schenken, daß Gott gerade dann an unserer Seite ist, wenn wir ihn nicht sehen. Edith Stein, die wirklich trostlose und „trockene“ Zeiten erleben mußte, hat einmal geschrieben: „Ich weiß, daß ich jemanden in meiner Nähe habe, und das ist es, was mir Ruhe und Kraft gibt.“ Das Festhalten am vertrauenden Glauben, trotz allem, läßt uns aus dem Dickicht unserer Verzweiflung herausfinden, auch wenn wir nicht abschätzen können, wie weit der Weg noch ist.

Wer den Glauben allerdings wie ein schnell wirkendes Medikament schlucken möchte, der handelt genauso töricht wie einer, der Gott zum Lückenbüßer für seine Fehler macht. Der Glaube will geübt und erlebt sein, er will lange im Herzen bewegt werden, bis er fest und tragfähig geworden ist. Dann erst entsteht jenes Vertrauen, das es möglich macht, sich einem anzuvertrauen, den wir nicht in jeder Lebenssituation sofort als den rettenden Gott erkennen können. Wer sich den Glauben an Gott wirklich zu Herzen genommen hat, der wird auch Lösungen anerkennen, die er sich so nicht vorstellen konnte. Er weiß, trotz allem, jemand an seiner Seite, der „Ruhe und Kraft“ gibt. Dieses gläubige Wissen hilft aus dem Dunkel heraus und läßt uns getrost den Weg durch das vor uns liegende Jahr antreten. Selbst wenn wir keinen Menschen hätten, geht Jesus, der rettende Gott, an unserer Seite. Wir wissen uns, wie Bonhoeffer schrieb, „von guten Mächten wunderbar geborgen“ und wir „erwarten getrost, was kommen mag. Gott ist mit uns am Abend und am Morgen und ganz gewiß an jedem neuen Tag.“

6. Weitere Anregungen

Im Empfinden der Mitfeiernden spielt der Neujahrstag eine weit wichtigere Rolle als das „Hochfest der Gottesmutter Maria“. Liturgisch tut sich die Kirche schwer mit dem 1. Januar; verschiedene Versuche, z. B. Weltfriedenstag, wurden nicht angenommen. Dem „Hochfest der Gottesmutter Maria“ wird es vermutlich genauso gehen; dieses Datum trifft nicht das Gefühl der Menschen am Neujahrstag. Deswegen scheint es nicht ratsam, in diesem Punkt verbal gegen den Strom zu schwimmen. Doch liegt es in Ausdeutung von Lk 2, 19 durchaus nahe, über die „Einfachheit des Glaubens wie Maria“ zu predigen.

Roland Breitenbach

2. Sonntag nach Weihnachten

Zu Joh 1, 1–18

1. Persönlicher Zugang zum Schrifttext

Beim ersten Blick auf die Lesungen für den heutigen Sonntag sperrten sich Verstand, Wille und Herz gegen den Prolog des Johannesevangeliums. Wie heute vom Wort reden, wo Wörter von ursprünglich lebenserhaltendem Inhalt – Frieden, Freiheit, Gerechtigkeit, Liebe, Leben ... – wie Worthülsen an das Ohr geschmettert werden? Ihre Lebensspuren hat der Wind verweht. Gelegentlich kommen sie bei persönlicher Betroffenheit in die eigene Existenz zurück. Wie heute ein Lied singen, dessen Strophen Generationen von Christen in einer uns weit entfernten Lebenssituation zusammengetragen haben? Wie ein Lied singen, das auf den ersten Blick schwarz-weiß malt? Die Sprache des Hymnus klingt mythisch, geradezu weltfremd, so daß ein Schlüssel zum Verstehen unbedingt nötig scheint. Das Lied besingt Jesus Christus, der nicht erkannt und aufgenommen wurde; das Lied singt vom Glauben und Unglauben der Angesprochenen und von denen, die „nicht aus dem Willen des Fleisches geboren sind". Und doch preist das Lied den Gott, der unter uns sein Zelt aufgeschlagen hat (1, 14). Spannung liegt in diesem Text. Er ist so vielgestaltig nach Textstruktur, Sprache, inhaltlichen Gegensätzen, daß ein Zugang nahezu unmöglich scheint. Aber darin liegt auch die Herausforderung, an einer Stelle zu versuchen, die Tür zum Verständnis langsam zu öffnen. Mut dazu gab die Begegnung mit einem Buch, dessen Autor im Gestrüpp der Forschungsgeschichte Informationen und Geröll der Interpretation sortiert und Verstehenswege neu aufdeckt: K. J. Kuschel, Geboren vor aller Zeit. Der Streit um Christi Ursprung, München 1989.

2. *Persönlicher Zugang zum literarischen Text*

Es liegt nahezu 20 Jahre zurück. Wir besuchen Fridolin Stier, der seit Jahren an seiner Übersetzung des Neuen Testaments arbeitet. Er nimmt an seinem Schreibtisch Platz, zieht einige Blätter aus seiner Schublade und lädt uns ein, seiner Lesung zuzuhören. Nicht Übersetzungsproben trägt er uns vor, sondern Erzählfragmente, Gedanken, Kritiken, ins Wort gefaßte Erfahrung, die er in jüngster Zeit zu Papier gebracht hat. Ich war fasziniert, wie der Bibelwissenschaftler, Theologe und Historiker nichts von der systemgebundenen Sprachwelt der Theologen spüren ließ. Vielmehr blätterte er Textzeile für Textzeile um, füllte sie mit dem Klang seines schwäbischen Akzents und ließ Träume, Phantasien, Beobachtungen in einem Sprachgewand hören, das im allgemeinen Fachtheologen abgeht. Über lange Zeit verantwortete er als Herausgeber die „Internationale Zeitschriftenschau für die Bibelwissenschaften und ihre Grenzgebiete", die während des „Bibelfrühlings" unzählige Artikel und Bücher aufnehmen mußte. Der folgende Text spiegelt diese „Sammler- und Kritikertätigkeit" wider. Zugleich legt er Zeugnis von dem Bibelgelehrten ab, der nicht nur über das Wort Gottes schreibt, sondern das Wort Gottes an sich heranlassen möchte. Er öffnet sich ihm und führt im wahrsten Sinne Dialog. Nichts anderes will der Evangelist Johannes mit der Wiedergabe seines Logos-Liedes zu Beginn seines Evangeliums erreichen.

▶ Und dann kam das Wort Gottes zu einem namhaften Bibelgelehrten, dessen Buch „Vom Wesen und Wirken des Wortes Gottes" demnächst erscheinen sollte. „Sie kommen mir höchst gelegen", sagte der Professor, „von meinem Buch haben Sie wohl schon gehört? Ich läse Ihnen gern einiges vor." Das Wort Gottes nickte: „Lesen Sie, Herr Professor, ich bin ganz Ohr." Er las, es schwieg. Als er zu Ende gelesen, das Manuskript weggelegt hatte, sah er auf, und da sah er den Blick ... Er wagte nicht zu fragen. Endlich sprach das Wort Gottes: „Meisterhaft, Herr Professor, mein Kompliment! Aber – ob Sie es wohl verstehen? Wissen Sie, als Objekt betrachtet, besprochen, beschrieben, wird mir seltsam zumute, grad, als ob ich meine eigene Leiche sähe ... Einmal schreiben Sie, und das finde ich sehr treffend, ich wolle primär nicht Wahrheiten offenbaren (für wahr zu haltende Wahrheiten, sagten Sie), ich wolle vielmehr den Menschen selbst. Das wär's, Herr Professor, das!" Und da war wieder der Blick. Das Wort Gottes erhob sich und schritt zur Tür. „Was wollen Sie von mir?" schrie der Professor ihm nach. „Sie will ich", sagte das Wort Gottes, „Sie!" Die Tür schloß sich leise. ◀ (Aus: Fridolin Stier, Vielleicht ist irgendwo Tag, F. H. Kerle Verlag, Freiburg 1981, 27 f.)

3. Exegetische Hinweise

Die Anfänge der Evangelien gleichen den Portalen romanischer Kirchen, die im Bogen mit ihren Statuen dem Besucher vor Augen führen: Dieses Haus gibt die Botschaft von Gott, Jesus Christus – dem Sohn Gottes, den Propheten und Heiligen, wieder.
So schreiben die Evangelisten auf das Titelblatt ihrer Schrift ihre Botschaft:
- Evangelium von Jesus Christus, dem Sohn Gottes (Mk 1, 1).
- Stammbaum Jesu Christi, des Sohnes Davids, des Sohnes Abrahams (Mt 1, 1).
- Bericht über all das, was sich unter uns ereignet und erfüllt hat (Lk 1, 1); Überlieferung der Augenzeugen und Diener des Wortes (Lk 1, 2).
- Im Anfang war das Wort (Joh 1, 1).

Sie haben ihre Leser vor Augen, denen sie eine Antwort auf die Frage geben: Wer ist Jesus Christus?
Der Verfasser des vierten Evangeliums beginnt mit einem Lied, das griechisch geprägte Judenchristen (jüdisch-hellenistische Konvertiten also) gesungen haben. Ihm liegt eine Weisheitsspekulation zugrunde, die auch in der Wort-Gottes-Theologie der hebräischen Bibel bekannt ist.

Herkunft/Vorgeschichte: Die johanneische Gemeinde erwuchs offensichtlich aus dem hellenistischen Judentum. Sie selbst trägt Grundkonflikte mit der „Welt" und den „Juden" aus, die sich wie ein roter Faden durch das Evangelium ziehen. Unterschiedliche christliche Bekenntnisse sorgen für Spannung. Anhänger der Täuferbewegung gehören ihr an (1, 35–51), die Jesus „den Sohn Josefs aus Nazaret" nennen (1, 45). Im Kontrast dazu macht der Prolog einen weiten Sprung: Jesus ist nicht nur der Messias, Menschensohn, König von Israel, *weil er* der von Gott gesandte Sohn ist. Er war schon immer bei Gott, seinem Vater, bevor er in diese Welt trat und Mensch wurde. Der Evangelist baut deshalb eine Brücke, indem er Verse aus der Täuferüberlieferung einstreut (1, 6–8.15), die „wie nachträglich eingeworfener Sand in ein gut laufendes Getriebe" wirken (K.-J. Kuschel). Nach Meinung der johanneischen Gemeinde gibt es viele

Gesandte Gottes, aber nur einer kann der *wahre* Messias sein: der Sohn Gottes aus dem Himmel. Die vorzeitliche Existenz muß jüdischen Ohren – z. B. dem „Lehrer Israels“ Nikodemus (Joh 3, 1–21) – wie Gotteslästerung klingen (Joh 10, 33).

Dieser Glaube mußte zum Bruch mit der Synagoge führen (Joh 16, 2), den man zeitlich 80 n. Chr. ansetzen kann. Bei den Gemeindemitgliedern und Sympathisanten schlich sich Angst ein, den Glauben an den ewigen Sohn offen zu bekennen (Joh 12, 42), wie ausdrücklich von Josef aus Arimathäa berichtet wird (Joh 19,38). Die Adressaten des vierten Evangeliums stehen in der Hochspannung zwischen Unglauben und Glauben (Joh 1, 12 u. ö.), in einem Entscheidungsdualismus zwischen Licht–Finsternis, Wahrheit–Lüge, Leben–Tod, Oben–Unten, Freiheit–Knechtschaft.

Liedgestalt: Die Textgestalt des Prologs läßt mit ihrer exklusiven Christologie diese Spannung erkennen. Alle bisherigen Versuche, den ursprünglichen Wortlaut des Hymnus zu rekonstruieren, können keine absolute Sicherheit bieten. Prosaische Stücke (VV. 6–8.12 f.15.17 f) stören den lyrischen Fluß. Den ursprünglichen Gedankengang unterbrechen Verweise auf Johannes den Täufer (VV. 6–8.15) oder Pleonasmen (VV. 12–13). Eine Ergänzung bieten die Verse 17–18. Typisch johanneische Stilmerkmale fehlen. In der Sprachwelt des Hymnus fallen auf: der Logos-Titel (1, 1.14), das „Zelten“ des Logos (1, 14) und das Empfangen der Gnade (1, 16). Nach R. Schnackenburg kann das zugrundeliegende Logoslied folgenden Umfang gehabt haben:

1. Strophe VV. 1.3	Uranfängliches göttliches Sein des Logos und seine Rolle bei der Schöpfung
2. Strophe VV. 4.9	Bedeutung des Logos für die Menschenwelt
3. Strophe VV. 10ac. 11	Ablehnung seines Wirkens unter den Menschen vor der Inkarnation
4. Strophe VV. 14abc. 16	Preis auf die heilbringende Inkarnation

„Gut jüdisch war in diesem Lied von nichts anderem als von Gott selber in seiner Offenbarung (Logos) und seiner Schöpfung (V. 3) die Rede. Auch der christliche Rezipient ändert daran nichts“ (K.-J. Kuschel, 492 f). In Joh 1, 14 kommt die unmißverständlich christliche Deutung zum Tragen: „Das Wort ist Fleisch geworden“ identifiziert den Logos mit einem konkreten Menschen, dessen Name in V. 17 fällt: Jesus Christus. Das jüdische Lied bringt eine religiöse Überzeugung zum Ausdruck: Die Welt ist ein Produkt der Weisheit Gottes. Diese Weisheit kam in Gestalt der Torah von Gott zu den Menschen. Die Menschen sperrten sich gegen die göttliche Weisheit und lehnten sie ab. Die Tempelzerstörung 70 n. Chr. war die Folge. Dieses Schicksal können Christen auch bei Jesus ausmachen. Das Geschick des göttlichen Weisheitswortes deckt sich mit der menschlichen Gestalt dieses Logos: Jesus Christus.

Inhalt: So überlagern sich im Text Joh 1, 1–18 ein Weisheitsmythos, eine griech.-judenchristliche Logosspekulation und die johanneische Deutung. Der Gedankengang lautet jetzt:

1. VV. 1–5 Präexistentes Sein des Logos.
2. VV. 6–13 Kommen des Logos und seine Ablehnung.
3. VV. 14–16.17 Ereignis der Inkarnation und ihre Bedeutung für die Glaubenden.

Aus der Fülle des exegetischen Materials seien noch einige Stichworte zum vorgegebenen Lied angefügt:

V. 1 läßt Gen 1, 1 anklingen. Aber das Wort übersteigt das Wort am Schöpfungsmorgen. Es wird ein personales Wort (1, 14). Im Abschiedsgebet Jesu wird es heißen: „Vater, verherrliche du mich jetzt bei dir mit der Herrlichkeit, die ich bei dir hatte, bevor die Welt war" (17, 5, vgl. 3, 31 f). Das Wort ist der Sohn, den der Vater liebt und dem er alles in die Hand gegeben hat (3, 35 f).

V. 3 Der Logos vermittelt Gottes schöpferisches Handeln. Er ist keine bloße Idee, nicht nur Ausdruck göttlicher Kraft, kein Demiurg, sondern Person. Paulus schreibt im 1. Korintherbrief: „So haben wir doch nur einen Gott, den Vater. Von ihm stammt alles, und wir leben auf ihn hin. Und einer ist der Herr: Jesus Christus. Durch ihn ist alles; und wir sind durch ihn" (8, 6; vgl. Hebr 1, 10 ff).

V. 4 Die zweite Strophe erläutert das Verhältnis des Logos zu den Menschen, zur Welt der Menschen. Das Wort ist das Leben für die ganze Schöpfung. Als Licht vermittelt es den Menschen Sinnerfüllung. Johannes schreibt 5,26: „Denn wie der Vater das Leben in sich hat, so hat er auch dem Sohn gegeben, das Leben in sich zu haben." Im Streitgespräch mit den Juden heißt die Selbstoffenbarung Jesu Christi: „Ich bin das Licht der Welt" (8, 12; vgl. 12, 35 f.46; 9, 5).

V. 9 nimmt die Lichtsymbolik, wie sie in der Weisheits-Spekulation bekannt ist, auf (vgl. Weish 7, 27; Ps 56, 14). Das wahre Licht kam in die Welt. Es ist Gottes Sohn, der „dem Mühseligen Licht und Leben den Verbitterten gibt" (Ijob 3, 20).

V. 10ac Aber dieses Licht, so fährt die dritte Strophe fort, war in der Welt und wurde von ihr nicht erkannt. „Kosmos" meint die Welt als Wohnraum, als Menschenwelt, als Lebensraum der Menschen. Das Verhältnis des göttlichen Wortes zur Menschenwelt ist zerbrochen. Die Geschichte zeigt, daß der Mensch zu seinem Heil und Unheil handeln kann.

V. 11 Der Kosmos bleibt Gottes Eigentum, Gottes Schöpfung. In seinem eigenen Haus nehmen die Menschen ihn nicht auf; sie nehmen Gott als Partner nicht an. Im Gespräch mit Nikodemus muß es in johanneischer Sprache heißen: „Was wir wissen, davon reden wir, und was wir gesehen haben, das bezeugen wir, und doch nehmt ihr unser Zeugnis nicht an" (Joh 3, 11).

V. 14 eröffnet die vierte Strophe mit dem inhaltlichen Höhepunkt des Liedes: Die Fleischwerdung des Wortes bleibt ein einmaliges Ereignis, das Heilsereignis schlechthin. Sie bedeutet den Wendepunkt in der Heilsgeschichte und eröffnet eine neue Chance zum Heil (vgl. Phil 2, 6–11). Fleisch meint das irdisch gebundene, hinfällig-vergängliche Leben, die menschliche Seinsweise. Das menschgewordene Wort eröffnet den erdgebundenen Menschen eine neue Zukunft: „Ich bin der Weg, die Wahrheit und das Leben; niemand kommt zum Vater außer durch mich“ (Joh 14, 6). Die wortgetreue Übersetzung von V. 14b macht uns mit einem Bild vertraut, das dem wandernden Gottesvolk Gottes Anwesenheit plastisch vor Augen stellt: „Er hat unter uns das Zelt aufgeschlagen.“ Die Erinnerung an das hl. Zelt, die Bundeslade und Gottes Wohnen im Heiligtum wird damit geweckt. Damit spielt der Hymnus auf den nie gekündigten Bund Gottes mit den Menschen an.

V. 16 Gott schlägt durch seinen Sohn das Zelt in seinem Eigentum, unserer Menschenwelt, auf und schenkt allen Gnade, d. h. Leben und Licht (V. 4!).

4. Schrifttext und literarischer Text

„Die Bibel ist ein schönes, großes Haus voller Licht“, schreibt Carlos Mesters, „mit offenen Türen und Fenstern, in dem die Leute zu Hause sind und ihre Feste feiern. Eines Tages aber kommen Fachleute, sprechen von dem besonderen Wert dieses Hauses und von der Notwendigkeit, es in seinem ursprünglichen Zustand zu erhalten. Sie schließen die Türen und Fenster und lassen nur noch einen Nebeneingang offen, legen künstliches Licht und machen das Haus zum Museum ... Das Leben der Leute und ihre Feste sind aus dem Haus vertrieben.“ Dieses Gleichnis könnte als eine Brücke zwischen dem Eingangslied des Johannesevangeliums und der Erzählung von Fridolin Stier „Das Wort Gottes kommt in die Stadt“ stehen. Den Prolog haben so zahlreiche Restauratoren entdeckt, beschrieben, ausgemalt, daß wir nur noch einen Nebeneingang finden und uns an die Hand nehmen lassen müssen. Das Licht, das auf die Wände scheint, nehmen wir kaum wahr. Und doch erwartet das Leben und Licht der Menschen (1, 4), daß wir nicht am Licht vorbeischauen und nur ein Gemälde beschreiben, daß wir vielmehr uns von ihm treffen lassen. Fridolin Stier lädt ein, diese letzte Einladung Gottes anzunehmen und sein Zelt unter uns ohne Vor-Urteil zu betreten.

5. Predigtentwurf

Bei der Feier eines 50. Geburtstages stellen Gäste gerne die Frage: „Hast du nun Abraham gesehen?“ Ob sie noch wissen, daß dies eine Anspielung auf ein Streitgespräch Jesu mit seinen Gegnern aus dem Volk ist?
Jesus nennt zur Empörung aller Gott seinen Vater; mehr noch: Er behauptet, daß der Erzvater Abraham gejubelt habe, als dieser den Tag seiner Ankunft gesehen habe. Auf die Frage, wie das gehe, da er noch keine 50 Jahre alt sei, antwortet er: „Noch bevor Abraham wurde, bin ich“ (Joh 8, 58).
Am Beginn der Leidensgeschichte stellt Jesus unterwegs die Frage: „Für wen halten mich die Menschen?“ (Mk 8, 27).

Diese hat an Aktualität nichts verloren. Sie steht ungeschrieben über jedem der uns überlieferten Evangelien: Jedes gibt seinen Lesern/Hörern mit seiner Sprache eine Antwort. Ein jedes Evangelium lädt wie das mächtige Portal einer romanischen Kirche zum Besuch ein und läßt wie dieses durch seine Figuren mit einem Wort wissen, wer den Besucher/die Besucherin erwartet und von wem im Raum oder auf den folgenden Seiten die Rede sein wird. Wir kennen viele Namen Jesu. Während seiner Wanderjahre nennen ihn die Zuhörer: Rabbi, Prophet, Messias, Sohn Davids, Menschensohn. Nach seinem Tod und seiner Auferstehung ist er der Herr, der Sohn Gottes. Der Evangelist Johannes öffnet geradezu eine Schatzkiste von Namen/Titeln Jesu: Hirt, Weg, Wahrheit, Leben, Licht, Tür, Sohn Gottes, Lamm Gottes, König Israels, lebendiges Brot, Heiliger Gottes ... Und über dem Eingang seines Evangeliums überrascht er uns mit einem befremdlichen Titel: Das *Wort*. Ein Jesus-Titel, mit dem wir nur wenig anfangen können. Die Inflation der Wörter, besser gesagt, der Worthülsen, macht uns taub und blind gegenüber Parolen und plakativen Überschriften. Ein Beispiel: Zum Jahrestag der Öffnung der Berliner Mauer am 9. 11. 90 ließ der Regierende Bürgermeister von Berlin eine halbe Million Menschen hören: „Heute nacht ist das deutsche Volk das glücklichste Volk auf der Welt." Ein Satz, der zum Wort des Jahres hätte werden können. Daß einer glücklichen Stunde nicht unbedingt glückliche Tage, Wochen, Monate folgen, können wir in der eigenen Lebensgeschichte festmachen.
Nein, ein solch flüchtiges Wort meint der Evangelist nicht. Hat er gewußt, daß wir Worte nicht ernst nehmen, wenn ihre Botschaft jeden Kredit verspielt hat; wenn sie uns nicht entschlüsselt werden; wenn sie in unserem Leben nicht eingewurzelt sind? Worte bekommen Klang und Farbe nicht durch die Größe ihrer Buchstaben oder ihre werbepsychologische Aufmachung, sondern durch unsere Erfahrung: „Das Wort stimmt" – wir haben es gefühlt, geschmeckt, gesehen. Wir wissen, wen/was es wirklich meint.
Wie steht es mit dem *Wort* des Johannes-Prologs? Jesu Frage an seinen Freund Philippus trifft auch uns: „Schon so lange bin ich bei euch, und du hast mich nicht erkannt?" (Joh 14, 9). Das Wort des Anfangs trägt einen Namen: Jesus Christus (Joh 1, 17). Es hat Spuren auf dieser Welt hinterlassen, Lebensfreude den Menschen am Rande der Gesellschaft geschenkt. Sie konnten es anfassen, ansprechen. Vor allem erfuhren sie: „Auf sein/das Wort ist Verlaß." Das Lied im heutigen Evangelium drückt dies so aus: „In ihm war das Leben, und das Leben war das Licht der Menschen" (Joh 1, 4).
Das Wort war Gott (Joh 1, 1) – das klingt, als wäre es in weiter Ferne. Genau diesem Irrtum begegnet die frohe Botschaft: „Und das *Wort* ist Fleisch geworden und hat unter uns das Zelt aufgeschlagen" (Joh 1, 14). Gott ist nicht der verborgene Geist, der unerkannt die Weltgeschichte lenkt; ein Demiurg, der wie eine geheimnisvolle Maschine alles in Bewegung hält; ein Schatten des positiven Denkens, der den Alltag bewältigen hilft; eine Fluchthilfe aus den Problemen und Freuden der Menschenwelt. Er wollte in seinem Eigentum nicht ein unerkanntes Licht bleiben und wie ein Fremdling in seiner Welt Heimrecht suchen. Nein, als ein Mensch unter Menschen geht er den augenfälligsten Weg.

Wenn seine Freunde ihn fragen: „Wo wohnst du?“, dann lädt er sie ein: „Kommt und seht!“ (Joh 1, 38 f).
In den Tagebuchaufzeichnungen des bekannten Bibelwissenschaftlers Fridolin Stier findet man folgendes über das „Wort Gottes“: (s. 2.).
Gott lebt nicht in einer von uns getrennten Sphäre, sondern in unserem Fleisch. Gott hat keine anderen Hände, anderen Füße, anderen Augen und Ohren. Das heißt: Mit seiner Menschwerdung taucht er in unsere Welt der Sinne ein und läßt sich nicht in sinnlosen Worten und Feiern finden. Manchmal scheint es, daß wir nach 2000 Jahren noch immer Doketen wären, denen der Glaube an Gottes Einfleischung fehlt. Die Verleiblichung Gottes ruft gerade nach einem leiblichen Ausdruck unseres Glaubens.
Die Wiederentdeckung der Haltungen und Gesten im Gottesdienst, ihre erneuerte Einübung, würde helfen, der Inkarnation auf die Spur zu kommen. Im Zelt Gottes auf dieser Erde wohnen zahllose Menschen. Ob meine Augen die in meiner nächsten Nähe sehen, meine Hände sich ihnen zum Gruß oder zur Hilfe entgegenstrecken, meine Füße ihnen entgegengehen? Es gibt zahllose Wege, dem lebendigen Wort Gottes zu begegnen.

6. Weitere Anregungen

Der Hymnus läßt für die Verkündigung eine Reihe von Anregungen zu, z. B.: Bewahrung der Schöpfung (1, 3) und die Anstrengungen im Rahmen des Konziliaren Prozesses; die Ablehnung Gottes in einer säkularen, gottlosen Welt (1, 5–13); das Geschenk des Glaubens (1, 16–18). Zum ersten bietet sich aus dem Gotteslob Nr. 297 als „Auslegung“ an.

Norbert Heinrichs

Erscheinung des Herrn

Zu Mt 2, 1–12

1. Persönlicher Zugang zum Schrifttext

Vielleicht ist es eine nostalgische Kindheitserinnerung, wenn ich mich an diesem Fest spontan für den Evangelientext entscheide. Ich hänge an der Perikope, weil sie meine Stimmung an diesem Tag auffängt. Als Kind durfte ich heute die „drei Könige“ an unsere Krippe stellen. Sie waren künstlerisch nicht wertvoll, aber für mich schimmerten sie bunter als die anderen Figuren, zumal ein „brauner König“ dabei war. Während Maria, Josef und das Kind über Nacht gekommen waren und am Weihnachtsmorgen an ihrem gewohnten Platz standen, holte ich die „Könige“ aus der Kiste und brachte sie zur Krippe. Am Abend wurde ich selbst einer dieser Könige; mit dem Kaplan zogen die Sternsinger durch die Pfarrgemeinde. Ich freute mich besonders, wenn mein Gesicht schwarz gemalt wurde. Dann zog ich als der „König Kaspar“ aus dem fremden Morgenland durch meine heimatliche Pfarrgemeinde. Obwohl das Evangelium nichts von Königen berichtet, verbinde ich den Text jedes Jahr mit dieser Erinnerung.

2. Persönlicher Zugang zum literarischen Text

Ich kenne den Roman „Kaspar, Melchior & Balthasar“ von Michel Tournier schon länger. Der Autor fragt sich, weshalb die „Könige“ unterwegs waren. Seine Frage beantwortet er eigenwillig, aber spannend. Der schwarze König Kaspar hatte Liebeskummer. Der junge Melchior war durch einen Staatsstreich vom Thron gejagt worden. Balthasar versuchte, in Betlehem die Kunst zu retten, die durch den alttestamentlichen Bilderfluch gefährdet war. Als ich erfuhr, daß ich zum Erscheinungsfest eine Predigtvorlage erarbeiten sollte, suchte ich den Roman heraus und fand sofort die Stelle, die mich beim ersten Lesen am meisten angesprochen hatte. Kaspar erzählt den Mitreisenden sein Erlebnis an der Krippe. ▶ „Und da war noch etwas, das für mich, Kaspar von Meroe, alles andere an Schönheit übertraf, etwas wundersam Überraschendes, das die Heilige Familie ganz offenbar einzig und allein in Erwartung meines Kommens so eingerichtet hatte.“ „Und was war das Überraschende, König Kaspar? Ich vergehe ja beinah vor Verwirrung und Ungeduld!“ „Also hör zu! Balthasar hat dir vorhin gesagt, er glaube, daß es einen schwarzen Adam gebe, den Adam vor dem Sündenfall, den anderen Adam, da der Adam der Sünde ja weiß ist.“ „Ja, ich habe aus seinem Mund flüchtig etwas von einem schwarzen Adam gehört.“ „Ich habe zunächst geglaubt, Balthasar rede so, um mir eine Freude zu machen. Er ist ja so herzensgut! Aber wie ich mich über die Krippe beuge, um das Kind anzubeten, was seh’ ich da? Ein ganz schwarzes Kindlein mit Kräuselhaar, mit einem niedlichen Stumpfnäschen, kurzum ein Kindlein ganz wie die Kinder in meiner afrikanischen Heimat.“ „Nach einem schwarzen Adam jetzt ein Jesus, der ein Neger ist!“ „Ist das nicht ganz logisch? Wurde Adam erst weiß, als er sündigte – muß Jesus dann nicht schwarz sein wie unser Ahnherr im Urzustand?“ „Und seine Eltern, Maria und Joseph?“ „Die sind weiß! Da bin ich ganz sicher. Weiß wie Melchior und Balthasar!“ „Und was haben die anderen gesagt, als sie dieses Wunder sahen, ein schwarzes Kind von weißen Eltern?“ „Ach, weißt du, die haben nichts gesagt, und ich habe aus Rücksicht, um sie nicht zu demütigen, dann auch nicht auf das schwarze Kind angespielt, das ich in der Krippe gesehen hatte. Im Grunde bin ich nicht sicher, ob sie überhaupt recht hingeschaut haben. Denn in dem Stall drin, da war’s ein bißchen dunkel. Vielleicht bin ich der einzige, der gemerkt hat, daß Jesus ein Neger ist ...“ ◀ (Michel Tournier, Kaspar, Melchior & Balthasar, Taschenbuchausgabe, Frankfurt a. M. 1985, 225 f.)
War Jesus wirklich ein dunkelhäutiger Mensch? Zu Weihnachten bekennen wir: Gott ist Mensch geworden. Heißt das in der Sprache von Tournier, Gott ist

Neger geworden? Ein schwarzes Kind in der Krippe wäre mir fremd, und bei diesem Gedanken wird mir das Geheimnis der Inkarnation noch fremder. Meine weiße Hautfarbe hat mich bis in mein theologisches Verständnis tief geprägt.

3. *Exegetische Hinweise*

Ich verweise auf die „Predigthilfen ... Lesejahr A", S. 46. Mit einigen Zitaten aus der Exegese ergänze ich diese Ausführungen. „Heiden, denen die Offenbarung des Alten Testaments fremd ist, erkennen den Messias und stoßen sich nicht an seiner Niedrigkeit. Die Schriftgelehrten aber kennen die Weissagung und verkennen den neugeborenen König nicht anders als der volksfremde König, der sich vor der messianischen Weissagung des Alten Testamentes fürchten muß. ... Jesus wird vom Gottesvolk verworfen, aber die Heiden nehmen ihn auf" (Schniewind, 18). „Er ist der verheißene Hirt des Gottesvolkes, und doch erschrickt ‚ganz Jerusalem' zusammen mit Herodes. Von seinen Bewohnern macht sich niemand nach dem nahen Bethlehem auf; aber die Heiden kommen von weit her" (Schnackenburg, 22). „Es scheint ein ärmliches Haus, das nur einen Raum hat, gemeint zu sein, wenn die Magier beim Eintreten ‚das Kind mit seiner Mutter' sehen; und vergessen ist, wie sie in dem nächtlichen Dunkel des Gemachs sehen können. Und an solcher Stätte, ungestört durch seine Ärmlichkeit, huldigen die Fremden dem Kinde, von dem kein Wort fällt, daß es sich irgendwo von anderen Kindern unterscheidet" (Lohmeyer/Schmauch, 24). Die Magier sind im Verhältnis zu den Juden Heiden, weil sie nicht an Jahwe und den Bundesschluß mit seinem Volk glauben. Sie sind in Israel auch Fremde, die von ihrer Heimat Persien oder Arabien weggezogen sind. Die „ungläubigen" Fremden fallen als erste vor dem Messiaskind nieder, während die wissenden jüdischen Schriftgelehrten nicht einmal nach Betlehem aufbrechen. (Literaturhinweis: J. Schniewind, Das Evangelium nach Matthäus, NTD 2, Göttingen 1968; R. Schnackenburg, Matthäusevangelium 1, 1–16, 20, NEB 1/1, Würzburg 1985; E. Lohmeyer/W. Schmauch, Das Evangelium nach Matthäus, Krit.-exeg. Kommentar NT, Göttingen [4]1967.)

4. *Schrifttext und literarischer Text*

Das Evangelium bearbeitet theologisch ein altes, in verschiedenen Variationen vorkommendes Konfliktpaar: Ausländer – Einheimischer; fremd – gewohnt; neu – alt; Laie – Experte; Heide – Jude. Auf dem Hintergrund von Tourniers Roman ergänze ich um einen weiteren, gefährlichen Gegensatz: schwarz und weiß. In der Wertung des Matthäus bezieht die Geschichte der Magier eindeutig Stellung. Israel, das auserwählte Volk Gottes, in dem die Fachmänner des Jahweglaubens beheimatet sind, wird den fremden Heiden, den vom jüdischen Standpunkt aus „Ungläubigen", gegenübergestellt. Und die Ausländer, die „Schwarzen", gewinnen, so wie es Tournier bereits an der Krippe vermutet.

Die „weißen“ jüdischen Theologen schlagen in der Hl. Schrift nach und können genaue Auskünfte erteilen. Sie wissen, wo der Messias geboren wird. Aber nur die „schwarzen“ Fremden gehen hin, um niederzufallen und anzubeten. Sowohl die Perikope als auch der literarische Text sind Anti-Apartheidsgeschichten, deren Tendenz das Predigtziel festlegt. In der Predigt will ich das Konfliktpaar „Ausländer–Einheimischer“ aufgreifen und im Sinne des Evangeliums für die Fremden in unserer Heimat Partei ergreifen.

5. Predigtentwurf

Der folgende Text ist ein Rohentwurf einer möglichen Predigt. Die Leserinnen und Leser müssen ihn durch-arbeiten, damit sie ihre eigene Predigt vorbereiten können.

Motivation: Seit längerem bewegt mich eine Frage, die eigenartigerweise aktuell bleibt. Politisch stelle ich eine zunehmende Fremdenfeindlichkeit fest. Zuerst bezog sie sich auf die unter uns lebenden GastarbeiterInnen und AsylantInnen. Inzwischen sind auch deutschstämmige ÜbersiedlerInnen davon betroffen. Bei einem Besuch in Frankfurt an der Oder, einer neuen deutschen Grenzstadt, erlebte ich eine Polenfeindlichkeit, die ich mir bisher so nicht vorstellen konnte. Ich selbst bekenne, daß mich manchmal das oder der Fremde ängstigt und ich meine Gefühle nicht geordnet bekomme. Mein Herz ist noch nicht so weit wie mein Kopf.

Problem: Wie gehe ich als Christ mit dem fremden Mit-menschen in meiner Heimat um? Hat er für meine Glaubenspraxis eine bestimmte Bedeutung? Weist Gott den Fremden eine besondere Stellung in der Heilsgeschichte zu? Spielt der Fremde da eine Rolle, wo Gott erscheint?

Lösung: Die Abschnitte 3 und 4 bieten die Lösung. Sie müssen nur homiletisch bearbeitet werden. Eventuell kurzgefaßt so: „Das Evangelium des Festes von der Erscheinung des Herrn bietet eine Antwort auf unsere Frage an. Es ist ein Muster dafür, daß der Konflikt zwischen Fremden und Einheimischen zugunsten der Fremden entschieden wird. In ihm wird deutlich, daß in einer zentralen Frage des Glaubens überzeugte Fremde richtiger handeln als gebildete Einheimische. Für die sogenannten Fachmänner des Judentums – die Schriftgelehrten – waren die persischen Magier ungläubige Ausländer. Sie kannten nicht einmal die Hl. Schrift des jüdischen Glaubens, und sie hatten die Verheißungen der Propheten nicht studiert. Von daher fehlte ihnen nach Meinung der einheimischen Schriftgelehrten die wichtigste Grundlage, um dem Messias zu huldigen. Das einzige, was sie konnten, war, in den Sternen zu lesen. Aus diesem Grund fragten die Fremden in Jerusalem bei den Einheimischen nach. Die studierten Theologen antworteten ihnen mustergültig. Sie schlugen in ihren vertrauten Büchern nach, und dort stand es seit Jahrhunderten geschrieben: In Betlehem wird der Messias, der Retter aller Menschen, geboren. Die einheimischen Fachleute wußten wieder einmal Bescheid, ohne aus ihrem Wissen Konsequenzen zu ziehen. Die Ausländer kamen zuerst beim neugeborenen König der Juden

an und fielen zuerst vor ihm nieder. Ihr Kniefall vor dem Kind war richtiger als jede Berufung auf die Hl. Schrift." Den Transfer auf die Gemeindesituation muß jetzt jede/r PredigerIn selbst leisten.
Lösungsverstärkung: Ich schlage vor, an dieser Stelle den Roman von Tournier einzuführen und die Passage aus Abschnitt 2 vorzulesen oder frei zu erzählen.

Albert Damblon

Sonntag nach Erscheinung – Taufe des Herrn

Zu Lk 3, 15–16.21–22

1. Persönlicher Zugang zum Schrifttext

Zunächst spricht mich der Text des Evangelisten Lukas überhaupt nicht an. Allzubekannt scheint die Geschichte zu sein, kaum lohnend, länger dabei zu verweilen. Kurz und knapp wird eine Episode aus dem Wirken Johannes des Täufers erzählt. Johannes ist ein großer Prophet, und er könnte ohne weiteres für sich in Anspruch nehmen, der Messias zu sein. Denn das Volk wartet voll Sehnsucht auf den Erlöser. Aber Johannes weist auf einen Stärkeren hin.
Jesus läßt sich mit dem ganzen Volk taufen. Während er nun betet, öffnet sich der Himmel, der Heilige Geist kommt sichtbar in Gestalt einer Taube auf ihn herab, und eine Stimme bezeugt ihn als geliebten Sohn.
Mich erstaunt doch sehr, daß auf diese göttliche Offenbarung hin überhaupt keine Reaktion berichtet wird. Weder scheint Johannes aufmerksam zu werden, noch scheint das Volk, das doch „voll Erwartung" (V. 15) ist, die Stimme vom Himmel gehört zu haben. Ist es nicht merkwürdig, daß niemand dieses außergewöhnliche Geschehen wahrzunehmen scheint?
Schließlich gibt es ja nicht nur etwas zu sehen (den Hl. Geist in Gestalt einer Taube), sondern auch zu hören (die Stimme aus dem Himmel)!
Offensichtlich ist das Volk – wie ja auch der Erzähler selbst – zunächst auf die Person des Täufers konzentriert, und Jesus ist sozusagen nur eine Randfigur. Wie so oft wird das Wunder erst verstanden, nachdem es lange vorbei ist. Und begriffen wird es auch nur von denen, die sich davon ergreifen lassen.

2. Persönlicher Zugang zur Geschichte

Von P. L. Travers gibt es eine sehr schöne, phantastische Kindergeschichte, die im Jahre 1910 in London spielt. Sie wurde in den sechziger Jahren mit großem Erfolg von Walt Disney als Musical verfilmt. Zu Beginn sieht man die gute Fee, Mary Poppins, auf einer Wolke hoch im Himmel sitzen. Sie steigt dann herunter, um sich von einer Familie als Kindermädchen engagieren zu lassen. Vater und Mutter Banks sind beide so beschäftigt mit sich selbst, daß sie die

Bedürfnisse der Kinder, Jane und Michael, nach Zuwendung und lebendiger Spontaneität überhaupt nicht wahrnehmen. Mary Poppins bewirkt nun, daß die Familie wieder zueinanderfindet und die Erwachsenen ihre verschütteten Phantasien und Ideen wieder zum Vorschein kommen lassen. Interessant ist für mich, daß hier Wunder geschehen, daß Mary Poppins zaubert, ohne daß dies als Zauberei bemerkt wird. Es scheint überhaupt nicht ungewöhnlich zu sein, daß man in Pflasterbilder springen kann, daß jemand vor Lachen an der Decke schwebt oder daß man auf Wolken spazierengehen kann. Mr. Banks ist der einzige, der etwas bemerkt: „Seit Mary Poppins im Haus ist, geschehen hier die merkwürdigsten Dinge." Obwohl das Ganze in einer Katastrophe endet (Mr. Banks verliert seine Arbeit in der Bank), erleben alle gerade darin ihre Befreiung. Endlich hat die Familie Zeit füreinander, endlich haben Mr. und Mrs. Banks begriffen, daß gerade phantasievolles Spielen und scheinbar sinnloses Tun das Wesentliche ausmachen.
Im fröhlichen Zusammensein mit den Kindern finden sie die Freude am Leben wieder. Scheinbar schwierigste Probleme lassen sich leicht lösen.
Mary Poppins hat ihre Aufgabe erfüllt und verschwindet wieder. Am Ende lassen alle Beteiligten Drachen gen Himmel steigen.
In dieser Geschichte finden sich einige religiöse Elemente: Die Befreierin steigt vom Himmel herab und verschwindet wieder dorthin. Es geschehen wunderbare, zauberhafte Dinge, und die Menschen verwandeln sich in Gegenwart von Mary Poppins, ohne es recht zu begreifen. Die Befreiung geschieht durch die Rückkehr der Menschen zu den wesentlichen Dingen: zu Wärme und Liebe, zu Offenheit und Wahrheit, zu der Freude auch an kleinen Dingen.

3. Exegetische Hinweise

Das Evangelium nach Lukas ist der erste Teil eines Doppelwerkes, von dem der zweite Teil die Apostelgeschichte ist. Deshalb müssen eigentlich auch beide Werke im Zusammenhang gesehen werden.
Der Verfasser will das Wirken Jesu im Rahmen der Geschichte betrachtet wissen und erhebt daher auch den Anspruch geschichtlicher Darstellung. Der Leser soll sich von der Wahrheit der urkirchlichen Verkündigung überzeugen und im rechten Glauben unterwiesen werden. Dem dient das Schema Verheißung und Erfüllung. Das läßt sich ganz deutlich an unserer Textstelle beobachten: Johannes der Täufer ist der Vorläufer, wie er im AT beschrieben ist (Lk 3, 4 ff; vgl. Jes 40, 3–5), Jesus aber die endgültige Erfüllung der Verheißung.
Jesu Leben und Wirken ist die Überbietung der Propheten und des Täufers und andererseits das Vorbild für die Christen. Aus diesem Grund wird Jesus auch oft als Betender dargestellt.
Die Geschichte läßt sich einteilen in drei Abschnitte: die Zeit vor Jesus, die Zeit seines Wirkens und die Zeit der Kirche. Der Effekt der Parusieverzögerung ist bereits sichtbar.

Die Mehrzahl der Exegeten sieht drei Quellen, die dem Verfasser zur Verfügung standen: das Markusevangelium, die Logienquelle Q und das Sondergut S (vgl. die beiden Kommentare zum Lukasevangelium im Literaturhinweis). Im Dienste seiner theologischen Intention ist der Verfasser sehr frei mit seinen Vorgaben umgegangen (Änderungen, Ergänzungen, Auslassungen). Er hat den Stoff für außerpalästinische Verhältnisse bearbeitet und dabei heidenchristliche Leser und Hörer vor Augen gehabt. Er war jedenfalls kein Augenzeuge Jesu, nicht vertraut mit Palästina, sondern ein hellenistisch gebildeter Autor. Traditionell handelt es sich um Lukas, den Arzt, einen Begleiter des Paulus (Kol 4, 14). Dagegen spricht allerdings, daß die ausgeprägt paulinische Theologie hier nicht vertreten wird. Als Zeit der Abfassung ist 85–90 n. Chr. anzunehmen, als Ort vielleicht Antiochia in Syrien. (Literaturhinweis: P.-G. Müller, Lukasevangelium, SKKNT 3, Stuttgart 1988; J. Kremer, Lukasevangelium, NEB 3, Würzburg 1988.)

4. Schrifttext und Geschichte

Den Schrifttext und die Geschichte verbindet auf den ersten Blick nicht sehr vieles. Im Schrifttext geht es um den Messias, der sehnsüchtig erwartet wird und der mit dem Heiligen Geist und mit Feuer taufen wird. Als er da ist, geschieht eine öffentliche Bestätigung, die aber kaum oder gar nicht wahrgenommen wird.
In der Geschichte kommt eine Fee vom Himmel herab, die unglaubliche Dinge vollbringt. Sie kann zaubern, aber nur die Kinder nehmen dies annähernd wahr. Beiden Geschichten ist gemeinsam, daß die Hauptpersonen unversehens auftauchen und wunderbare Taten vollbringen. In beiden Geschichten verstehen die Menschen trotz aller Erwartungshaltung eigentlich nicht, was da geschieht. Aber sie lassen sich verwandeln. Man könnte sagen, Mary Poppins zeigt uns, was geschieht, wenn Menschen sich von Jesus ergreifen lassen. Sie weckt die Menschen aus ihrer Enge und Starre und befreit sie zu einem Leben in Fülle. Mary Poppins verschwindet wieder, Jesus aber bleibt. Er ist von Gott her legitimiert, und seine Botschaft der Befreiung ist unvergänglich.
Zentrale Fragen in der Predigt könnten sein: Starren wir wie die Menschen damals so gebannt auf Johannes den Täufer, daß wir den eigentlichen Befreier nicht mehr wahrnehmen? Was oder wer befreit uns, wenn die vordergründigen Erlöserfiguren oder -ideologien verschwinden?

5. Predigtentwurf

Die großen Feste sind vorüber, der Alltagstrott kehrt ein. Wir gehen jeden Tag zur Arbeit, versorgen die Kinder, tun unsere Pflichten, gehen zu den Veranstaltungen unseres Vereins. Und so vergehen Woche um Woche, Monat um Monat, Jahr um Jahr. Wir sind ja zufrieden, lassen uns ungern herausholen aus unserer Routine.

Und dennoch, irgenwo bohrt in uns ein leises Unbehagen. Ängste steigen auf, Probleme entstehen. Kinder und Jugendliche fragen nach dem Sinn des Ganzen. Was sollen wir ihnen antworten?
Und wir erfahren von Ereignissen, die uns nachdenklich machen: Wunder scheinen zu geschehen, Menschen haben Bekehrungserlebnisse und strahlen plötzlich Freude und Glück aus. Da gibt es Menschen, denen andere bedingungslos folgen, weil sie einen überzeugenden Glauben verkünden. Oft erkennen wir erst später, daß es sich um Ideologien handelt, die die letzten Antworten auch nicht geben können.
Viele Menschen sehnen sich danach, so eine Befreiung zu erleben, die den Alltag durchstrahlt und allem einen Sinn gibt.
▶ Die Kinder Jane und Michael im London des Jahres 1910 haben das auch gespürt. In ihrem Verdruß hat es kein Kindermädchen lange bei ihnen ausgehalten. Da schwebt eines Tages plötzlich Mary Poppins vom Himmel herab. Sie ist im wahrsten Sinn des Wortes wunderbar. Man kann mit ihr in Pflasterbilder springen oder vor Lachen an der Decke schweben. Lästige Pflichten, wie das Kinderzimmer aufräumen, erledigen sich wie von selbst. Die Kinder sind begeistert, und die Eltern wissen nicht, wie ihnen geschieht. Plötzlich ereignen sich Dinge, die ihr ganzes Weltbild umwerfen. Der Verlust des Arbeitsplatzes ist daher keine Katastrophe, sondern eine wahre Erlösung. Endlich hat der Vater Zeit, mit den Kindern Drachen steigen zu lassen. Die Familie findet wieder zusammen und ist glücklich. Am Schluß entschwindet Mary Poppins in den Himmel. ◀ (Vgl. auch 2.)
Eine Geschichte für Kinder ist das. Und dennoch frage ich: Würde uns so eine Mary Poppins nicht auch guttun? Wunderbare Dinge würden geschehen, wir würden uns frei und glücklich fühlen. Die Dinge des Alltags würden uns nicht mehr belasten, und wir wüßten genau, wie wir unsere Probleme lösen könnten.
Den Menschen zu Jesu Zeiten ging es ähnlich. Aus großer Bedrängnis heraus hatten sie Sehnsucht nach demjenigen, der sie aus aller Not befreien würde. Sie meinten, Johannes der Täufer wäre dieser Erlöser. Aber Johannes wies immer wieder auf einen anderen hin. Dieser, nämlich Jesus, kam nun, um sich wie alle anderen taufen zu lassen. Bei ihm aber geschieht etwas Wunderbares: Der Himmel öffnet sich, der Heilige Geist kommt sichtbar in Gestalt einer Taube herab, und eine Stimme spricht: „Du bist mein geliebter Sohn, an dir habe ich Gefallen gefunden."
Merkwürdigerweise erfahren wir nicht, wie die Leute darauf reagiert haben. Anscheinend hat niemand so recht gemerkt, was da vor sich geht. Wie die Eltern von Jane und Michael wissen die Menschen nicht, wie ihnen geschieht. Sie sind so auf Johannes den Täufer fixiert, daß sie das Wunder vor ihren eigenen Augen nicht sehen. Jesu Leben und Wirken hat ja gezeigt, daß er der Messias ist, der Erlöser und Befreier.
Nun wissen wir dies ja alles, und doch ertappen wir uns immer wieder dabei, daß wir nach anderen schielen. Womöglich hätten wir die Taube auch nicht gesehen oder die Stimme nicht gehört, wenn wir dabeigewesen wären. Vielleicht wäre uns eine Mary Poppins lieber, die zaubert und alles mit einem Schlag

verwandelt. Und dennoch, auch sie hat eigentlich das getan, was auch Jesus tat: Sie hat bewirkt, daß die Menschen begriffen haben, daß es nicht um Karriere geht oder um die sinnlose Erfüllung von Pflichten. Es geht darum, das Leben sinnvoll zu gestalten, all unser Tun mit Freude und Liebe zu erfüllen. Jesus nennt das das Leben in Fülle (vgl. Joh 10, 10).
Mary Poppins verschwindet wieder, als sie ihre Aufgabe erfüllt hat. Mit Jesus aber fängt alles erst an. In jeder Eucharistiefeier spüren wir seine Gegenwart aufs neue. Er versichert uns immer wieder, daß er da ist, und wir hören seine Worte jede Woche wieder. Warum warten wir eigentlich immer noch auf die Befreiung? Sie hat schon längst begonnen. Und sie führt uns auf jene endgültige Erlösung hin, von der wir durch Jesus wissen.

6. Weitere Anregungen

Mit Bezug auf die Geschichte von Mary Poppins könnte der Akzent auch mehr auf die Annahme der Botschaft gelegt werden. Kinder sind es, die das Geschehen zuerst begriffen haben, und auch bei Jesus findet sich dazu eine Parallele (Lk 18, 15–17).
Vielleicht wäre auch interessant, die Wandlungsbereitschaft der Menschen näher zu beleuchten.
Eine andere Frage ist, ob wir Wunder brauchen, um glauben zu können. Was ist überhaupt unter einem Wunder zu verstehen? Der gesamte Komplex an Ersatzreligionen und Sekten kann ebenfalls mitbedacht werden. In meinem ländlichen Umfeld stoße ich immer wieder darauf, daß Bekehrungserlebnisse mit Verständnislosigkeit betrachtet werden. Andererseits wird die Befreiung von innerer und äußerer Not nur selten in Zusammenhang mit dem Glauben gebracht.

Dorothea Hofmann

Fasten- und Osterzeit

1. Fastensonntag

Zu Lk 4, 1–13

1. Persönlicher Zugang zum Schrifttext

Es gibt Filme, in denen Heldenfiguren so unangreifbar und überlegen dargestellt werden, daß sie beinahe langweilig wirken. Warum? Weil ich mit meiner Phantasie und meinem Selbstbewußtsein nicht in diese Rolle hineinschlüpfen oder mich wenigstens irgendwie damit identifizieren kann. So ähnlich geht es mir bei manchen „Szenen aus dem Leben Jesu“, wie sie uns die Evangelien schildern. Ob ich Wundererzählungen lese, mich in die Streitgespräche mit den Pharisäern vertiefe oder einer Szene wie der Antrittspredigt Jesu in Nazaret (Lk 4, 16–30) zu folgen versuche, jedesmal bekomme ich ein wenig Atemnot, wenn ich mir vorstelle, als „Nachfolger“ in diese Fußstapfen treten zu sollen.
Da tut mir das Evangelium des heutigen Sonntags richtig gut. Jesus – auf dem Boden der Wirklichkeit, die ich kenne ... auf einem Gelände voller Stolpersteine. Da kann ich in meiner Phantasie die Leinwand aus 2000 Jahren durchbrechen und als Begleiter des versuchten Messias im Bild umherwandern. Überrascht bemerke ich, daß es schon damals eigentlich dieselben Versuchungen waren, die uns Menschen heute bedrängen: Körperliche Bedürfnisse, Hunger in verschiedenster Art, die Verlockungen der Macht, das Ausnutzen von Beziehungen unter dem Risiko, in falsche Abhängigkeiten zu geraten, und das Bestreben, anderen etwas „vorzumachen“. Nichts von alledem blieb Jesus erspart. So wird er zu meinem Bundesgenossen. Ich erfahre meine Versuchung in der seinen und versuche, aus seinem Widerstand Argumente für meinen zu finden. Hier begegnet mir der „Gottessohn“ so menschlich wie sonst kaum. Ja, er weigert sich, in die Rolle des Supermannes zu schlüpfen, mit göttlichen Tricks seine Probleme zu lösen. Dort in der Wüste wird Weihnachten erst richtig erlebbar. An diesem Text beginnt für mich die Chance zur Nachfolge, mehr als an den so faszinierend glatt geschilderten Berufungserzählungen. Der letzte Vers winkt mir wie ein Versprechen entgegen: Es lohnt sich, den Widerstand zu wagen und Gott die Treue zu halten!

2. Persönlicher Zugang zur Kurzgeschichte

Gerade in einer Gesellschaft mit einer recht hohen sozialen Durchlässigkeit (in alle Richtungen!) kann die Versuchung vorkommen, Menschen schnell nach „oben“ zu katapultieren und sie im nächsten Augenblick schon wieder die Abgründe ihres Daseins erfahren zu lassen. Die Kurzgeschichte vom reichen und armen Teufel trifft daher ein Stück Realität Mitteleuropas.

► Armer und reicher Teufel

Wer genug Geld hat, wird manchmal merkwürdig gut. Er gönnt den Nächsten auch etwas, denkt sich etwas Schönes für sie aus. Reiche Leute wollen gern spielen, setzen dabei Arme ein. So hielt es auch jener Amerikaner, als er den sonderbarsten Wettbewerb erließ. Ein junger Mann war gesucht, am liebsten ein Bergarbeiter, gesund und anstellig. Aus den hunderttausend Bewerbern wurde einer angenommen; der junge Mann meldete sich. Ein hübscher Bursche, hatte nun nichts zu tun als die weiteren Bedingungen zu erfüllen; nämlich auf gute Manier zu essen und zu trinken, feine Kleider mit Schick zu tragen, Figur zu machen. Ein Hofmeister brachte ihm die Künste der Welt bei, Reiten, Golf, gebildete Sprachen vor Damen und was sonst ein amerikanischer Gentleman braucht. Alles mit dem Geld seines Schutzherrn; nach beendetem Schliff trat der Glückliche eine dreijährige Reise um die Welt an, mit Kreditbriefen in der Tasche, die jeden noch so exotischen Wunsch erfüllen ließen. Nur eine kleine letzte Bedingung stand noch aus; der junge Mann mußte nach der Reise wieder ins Bergwerk zurück, als wäre nichts gewesen. Mußte dort mindestens zehn Jahre bleiben, als Grubenarbeiter wie bisher. Auch dies unterschrieb der Glückspilz, hielt sich ans Leben, das näher lag; die Zeit der goldenen Jugend begann. Reiste in den Opernglanz von Europa, hatte Glück bei Frauen und zeigte Begabung dafür, jagte indische Tiger und speiste bei Vizekönigen, kurz, führte das Leben von Prinzen, mit Kontrast-Beleuchtung obendrein. Bis zu dem Tag, wo er heimkehrte und seinem Gönner fast wohlgefällig dankte, wie einem Gastgeber beim Abschied. Zog die alten Kleider wieder an und stieg in die Grube zurück, zu den Kohlen, blinden Pferden, Kameraden, die ihm so fremd geworden waren, und die ihn verachteten. Stieg ins Bergwerk zurück – unvorstellbar jetzt die ersten Tage, Monate, der Gegenschein und jetzige Kontrast, die Einfahrt ums Morgengrauen, die Arbeit auf dem Rücken, das Schwitzen, Husten, der Kohlestaub in den Augen, der schlechte Fraß, das Bett mit dreien. Nun hätte der Bursche den Vertrag freilich brechen können; auf gute Manier, indem er eine andere Stelle mit ihr suchte, oder auf revolutionäre, als Arbeiterführer. Statt dessen streikte er verblüffend, fuhr nach New York, sah seinen Wohltäter, erschoß ihn. Für den Arbeiter hatte man Verständnis; das Gericht sprach ihn frei. ◄ (Aus: Ernst Bloch, Spuren, © Suhrkamp-Verlag, Frankfurt am Main 1970, 44–46.)

3. Exegetische Hinweise

Der Rahmen der Geschichte wird äußerst knapp in Mk 1, 12 f vorgezeichnet: Der Evangelist beschränkt sich darauf festzustellen, daß Jesus in der Wüste 40 Tage vom Satan versucht wurde und daß Engel ihm dienten. Die Redequelle (Q) füllte diesen Rahmen mit der Legende von der dreimalig bestandenen Versuchung Jesu. Lukas und Matthäus gliederten sie mit je leicht unterschiedlicher Akzentuierung in ihre Komposition ein. Die Matthäusversion ist kürzer, prägnanter und hat eine eigene theologische Sinnspitze: Im Sinne der Erfüllungstheologie dieses Evangeliums dient der Abschnitt Mt 4, 1–11 dem Nachweis, daß mit Jesus der Satan endgültig überwunden und eine neue heilsgeschichtliche Epoche angebrochen ist. Auf diese Intention ist auch die Umstellung der Versuchungen gegenüber der ursprünglichen Reihenfolge in der Logienquelle zurückzuführen. Der irreversible Dienst am Göttlichen bildet den Schlußpunkt der Geschichte.

Nicht so glatt, sondern eher episodenhaft als Teilwegstrecke innerhalb der Heilsgeschichte mutet Lk 4, 1–13 an. Diese Version ist vermutlich näher an der ursprünglichen Legende der Logienquelle. Einleitung und Schluß sind redaktionell überarbeitet und der sonstigen lukanischen Theologie angepaßt: Daß der Geisterfüllte vom Geist geführt wird, entspricht dem lukanischen Gedanken, daß die Verkündigung des Evangeliums den Verkündiger führt und daß kein Hindernis ihn aufzuhalten vermag (vgl. Lk 4, 18.29 ff; Apg 12, 11). Die Einschränkung 4, 13, daß der Teufel nur für „eine gewisse Zeit“ von ihm abließ, findet in 22, 3.53 eine Fortsetzung: Die begrenzte, absolut versuchungsfreie Zeit, die Tage des öffentlichen Auftretens Jesu, steht als „Mitte der Zeit“ zwischen der Zeit Israels und der Völker und der Zeit der Kirche. Wenn man die Spanne der öffentlichen Wirksamkeit Jesu mit Lk 3, 21 beginnen läßt, dann greift die Darstellung des heilenden und predigenden Jesus bei Lukas nur in der Versuchungsgeschichte und in der Passionserzählung in die vom Versucher bedrohte Normalität menschlichen Daseins hinein. Damit kommt ihr innerhalb des Lukasevangeliums eine Schlüsselstellung zu: Es ist die exemplarische Konfrontation des Heiligen mit dem Diabolischen, des Geistes mit dem Teufel. Wohl ist auch der Sieg vorgebildet; der Kampf bleibt aber weder dem Menschensohn noch seinen Nachfolgern, der Kirche, erspart.

Die Schlüsselstellung dieses Textes wird bereits durch die Symbolzahl 40 ausgedrückt. Sie begegnet uns insgesamt zweiundachtzigmal in der Bibel und ist immer Inbegriff der Prüfung und Vorbereitung. Nach dem Ablauf von „40 Einheiten“ (gleichgültig, ob es Jahre oder Tage sind) ereignen sich immer wichtige Geschehnisse der Heilsgeschichte:

- 40 Tage lang dauert die Sintflut (Gen 7, 4.7);
- 40 Tage und 40 Nächte blieb Mose auf dem Berg Horeb (Ex 24, 18);
- nach 40 Jahren des Umherziehens in der Wüste und der Speisung erreichte Israel das verheißene Land (Ex 16, 35);
- 40 Jahre betrug die Friedenszeit jeweils nach dem Auftreten der Richter (Ri 5, 31);
- 40 Jahre lang soll Ägypten zerstört sein (Ez 29, 13);
- nach 40 Tagen der Bußpredigt soll Ninive untergehen (Jona 3, 4).

So haben die „Vierzigertexte“ grundsätzlich Umbruchcharakter und thematisieren wüstenhafte Elemente (äußere und innere Dürre, Zerbrochenheit, Bedrohung). Auch der Tod eines einzelnen Menschen kann zu solch einer Versuchung und Bedrohung für den Glauben werden. Darum beträgt die Trauer nach israelitischer Sitte 40 Tage (Gen 50, 3).

Die drei Versuchungen entsprechen typischen Lebens- und Verkündigungssituationen Jesu:
Die erste Versuchung, „Brot zu schaffen", berührt das Bedürfnis des einzelnen Menschen, und zwar in körperlicher und geistiger Hinsicht. In der Antwort Jesu wird eine vordergründige Messiaserwartung korrigiert: Es geht nicht nur um das Wohl und das Wohlbefinden des einzelnen.
Die zweite Versuchung besitzt eine soziale Dimension: Der Urtrieb des Menschen nach Größe und Herrschaft (vgl. die „Urgeschichten", Gen 1–11) führt immer zur Gottesentfremdung.
Die dritte Versuchung greift nach Gott und seinem Handeln: Konfliktsituationen waren bereits für das Volk Israel grundsätzlich Herausforderungen, nach der Wirksamkeit des Glaubens und damit nach der Wirklichkeit Gottes zu fragen. Die Antwort Jesu (Dtn 6, 16) spielt genau auf eine derartige Situation an. Gleichzeitig führt dieses Zitat einen Text ins Feld, der alle drei Versuchungen abzuwehren vermag. Denn die drei Grundbedürfnisse (Lebens- bzw. Nahrungsbedürfnis, Landes- bzw. Machtbedürfnis und Gottes- bzw. Schutzbedürfnis) werden in Dtn 6 als erfüllt zugesagt. Im Mittelpunkt des von Jesus benutzten Textes steht der „heiligste Vers Israels", das „Höre, Israel, der Herr unser Gott, der Herr ist einzig" (Dtn 6, 4).
Auch hinsichtlich der Argumentation läßt sich eine Steigerung innerhalb des Abschnittes beobachten: Während die erste Versuchung nur eine knappe Zeichenforderung beinhaltet, ist die zweite Versuchung wesentlich ausführlicher und grundsätzlicher, in der dritten Versuchung des Teufels wird gar ein Schriftzitat benutzt. Nach gut rabbinischer Manier wird die Anfrage allein durch ein Schriftzitat abgewehrt.
Folgende Aspekte des Textes eignen sich u. a. für die Predigt:
- die bedrohte Menschlichkeit, in der Jesus hier geschildert wird;
- die Spannung zwischen Erwartung und Erfüllung, die durchgehalten wird und nicht einer schnellen Befriedigung zum Opfer fällt;
- der rechte Gebrauch der Schrift als Glaubens- und Lebenshilfe.

4. Schrifttext und Kurzgeschichte

Die Themen Versuchung und Erfüllung verbinden beide Texte. Während die Kurzgeschichte ein Negativbeispiel schildert, bietet das Evangelium das Positivbeispiel an. In der Predigt gilt es, den für ein Menschenleben realistischen Grat zwischen beiden Extremen zu finden. Das Zitat aus Dtn 8, 3 in der ersten Antwort Jesu charakterisiert den Handlungsverlauf der Kurzgeschichte. Dieser Mann ist der „erstbesten Versuchung" zum Opfer gefallen. Die Erfüllung war kurzfristig und vergänglich, neue Versuchungen werden folgen. Erliegen auch wir der erstbesten Versuchung? Oder gibt es Argumente, Beispiele, Schrifttexte, die einem Christen heute noch die Kraft des langen Atems verleihen können? Solche Fragen resultieren aus der Kombination der beiden Texte.

Die biblischen Erzählungen bergen ja bisweilen Überraschungen in sich. Doch im Evangelium des heutigen Sonntags erreicht die Herausforderung der Hörerinnen und Hörer die Grenze des Erträglichen. Der Sohn Gottes wird scheinbar grundlos in die Wüste geführt und hart geprüft. Dabei spricht die Bibel doch immer wieder davon, daß Gott es gut mit den Menschen meint, und in unseren Herzen hoffen wir, daß er nicht will, daß wir Qualen erdulden müssen. Nachdem der Sohn Gottes so gottverlassen auf Erden weilt, naht der Teufel ihm und macht sich zum Anwalt der Vernunft. Alles, was der Versucher vorbringt, klingt sinnvoll: Wozu die Hungerei? Gott hat doch immer wieder wunderbar den Hunger gestillt. Warum nicht auch den seines Sohnes?
Der Teufel sagt Jesus ins Ohr: „Los, zeig doch mal, was in dir steckt ... du hast doch die Vollmacht, göttlich zu wirken ... oder nicht?! Fang doch an, die Verheißungen der Schrift zu erfüllen. Sei doch der Gott, als der du gekommen bist ..." Das hat es noch nie gegeben: Der Teufel beruft sich auf die Bibel! Er bietet dem Versuchten nicht nur die größten Verlockungen der Erde an, er will ihm auch „geistlich" das Beste geben. So zitiert Satan aus dem Psalm 91: „Dir begegnet kein Unheil, kein Unglück naht deinem Zelt. Denn er befiehlt seinen Engeln, daß sie dich behüten auf allen deinen Wegen" (V. 10 f).
Ein wahrhaft sympathischer Teufel, der so um den Menschen besorgt ist! Warum sollte man auf so einen konstruktiven Vorschlag ablehnend reagieren? Was ist denn falsch daran, das eigene Wohlergehen am Schopf zu ergreifen? So dachte auch ein armer Bergarbeiter, von dem folgende Geschichte erzählt wird ...(s. 2.).
Eine unerwartete Wendung! So unlogisch das Verhalten des armen Teufels auch von der Sache her sein mag, so sehr können wir doch seine Gefühle nachempfinden. Er hatte sich selbst verloren. Wie eine große Welle in der Brandung hatte ihn das scheinbar Gute, das ihm an-getan wurde, mit- und weggerissen. Indem er alle Wünsche erfüllt bekam, wurde er selbst leer, seine schlichte Menschlichkeit erstickte unter der Fülle der Erfüllung. Im nachhinein wird die Weggabelung zwischen den Wegen Gottes und des Teufels erkennbar: Der Teufel wickelt die Menschlichkeit in erfüllte oder zu erfüllende Wünsche ein. Gott will dem Menschen selbst zu einem Leben in Fülle verhelfen.
Der Teufel lebt vom Zugewinn,
Gott lockt den Menschen, sich selbst zu gewinnen.
Aus dieser Perspektive gewinnt die Erzählung über die Versuchung Jesu Bedeutung. Keineswegs war die Wüstenzeit eine willkürliche Epoche im Leben des Messias. Es war die entscheidende Vorbereitung auf alles, was in den zwei Jahren des öffentlichen Wirkens Jesu folgen sollte. Wüste – Entbehrung – Hunger – Ablegen von allem Ballast – Existenz ohne jeden Zugewinn: Das geht an die Substanz. Übrig bleibt ein nacktes Leben vor Gottes Angesicht. So mittellos und erbärmlich wie das Kind in der Felshöhle zu Betlehem, so steht der Mann Jesus zu Beginn seiner Wirksamkeit wieder da. Doch genau darin, daß er zu seiner Substanz zurückkehrt, daß er sich nur auf sein Gottvertrauen und auf seine kleine Menschlichkeit verlassen kann, liegt die Größe des

Geschehens. Es ist ja eine Binsenwahrheit, daß man in Extremsituationen einen Menschen kennenlernt, wie er wirklich ist. Hier in der Wüste lernen wir Jesus kennen. Die Konsequenz seiner Menschlichkeit ist geradezu göttlich. In ihm harrt Gott selbst aus in einer ausgehungerten und angefochtenen Menschlichkeit. Er hält sie aus bis zum Tod und geht selbst den schwersten aller Menschenwege voran, um den Seinen ein Tor aufzustoßen. Wie eine Einladung winkt die Erzählung von der Versuchung Jesu: Komm, der Weg durch die Wüsten der Versuchung ist tatsächlich beschreitbar. Ich habe es für dich ausprobiert!

6. Weitere Anregungen

Als „klassischer“ literarischer Text eignet sich auch die dreifache Versuchung aus der Legende vom Großinquisitor in Dostojewskis Roman „Die Brüder Karamasow“.

Wolfgang Baur

2. Fastensonntag

Zu Phil 3, 17–4, 1

1. Persönlicher Zugang zum Schrifttext

Beim Studium der drei Perikopen, die für diesen Sonntag vorgesehen sind, fühle ich mich angesprochen von der 2. Lesung, konkret von Phil 3, 20: „Unsere Heimat ist im Himmel“.
Die Sehnsucht nach Heimat, nach Beheimatung ist groß – bei mir und bei anderen. Bei vielen kommt sie zum Ausdruck in dem Wunsch nach einem Eigen-heim: Hier bin ich Mensch, hier kann ich's sein! My home is my castle! Und dennoch: Von Zeit zu Zeit überkommt uns eine schwer zu erklärende innere Ruhelosigkeit, ein Gefühl von Enge und Eingeschlossensein, Reiselust und Wanderlust. Dann lautet die Devise: Abstand gewinnen! Rauskommen! Wegkommen! Die vertraute Welt wird plötzlich mit fremden Augen betrachtet: Soll *das* alles sein? Soll *das* mein Leben sein? Eigenartig: Immer wieder bricht „Fern-weh“ in uns durch. Darum entscheide ich mich dafür, an diesem Sonntag über Phil 3, 20 zu predigen: „Unsere Heimat ist im Himmel“.

2. Persönlicher Zugang zur Erzählung

Seit Jahren ist mir die Erzählung „Knulp“ von Hermann Hesse bekannt. Wenn ich die Lebensgeschichte des liebenswürdigen Landstreichers Knulp lese, wer-

den in mir die Sehnsucht nach Heimat und die Sehnsucht nach Freiheit neu lebendig.
Vor allem sind es die Worte, die Gott zu Knulp kurz vor dessen Tode spricht: „Ich habe dich nicht anders brauchen können, als wie du bist. In meinem Namen bist du gewandert und hast den seßhaften Leuten immer ein wenig Heimweh nach Freiheit mitbringen müssen."
Ich möchte zu Beginn der Ansprache die Geschichte von Knulp in freier Form nacherzählen, weil ich vermute, daß in der Person des Knulp verschiedene Identifikationsmöglichkeiten für die ZuhörerInnen gegeben sind.

3. *Schrifttext und Erzählung*

Ziel meiner Predigt soll es sein, die ZuhörerInnen einzuladen, die eigenen Sehnsüchte nach Heimat und Freiheit wahrzunehmen, die Süchte in Sehnsüchte zu verwandeln und daran zu glauben, daß Gott unseren Sehnsüchten Erfüllung schenken wird, in diesem Leben ansatzweise, nach dem Tode ganz.

4. *Exegetische Hinweise*

Paulus sieht die Gemeinde von Philippi durch Lüge und Irrtum gefährdet. Die Irrlehrer, gegen die er sich wendet, wollen offensichtlich vom irdischen Jesus und seinem Kreuz nichts wissen. Paulus nennt sie „Feinde des Kreuzes Christi". Er macht ihnen den Vorwurf, ihr Gott sei der Bauch und sie hätten nur irdischen Genuß im Sinn. Die wahren Christusjünger sind die, die in tiefer Verbundenheit mit Christus, dem Gekreuzigten und Auferstandenen, leben. Sie haben das Ziel ihres Lebens vor Augen: die Heimat im Himmel.

5. *Predigtentwurf*

► Er heißt Knulp. Er ist die Hauptfigur in dem gleichnamigen Buch von Hermann Hesse. Knulp ist ein liebenswürdiger Landstreicher, freundlich und ehrlich. Überall, wo er auftaucht, fühlen sich die Menschen von ihm angezogen und verwandelt. Ehemalige Mitschüler von ihm berichten, er sei ein Musterschüler gewesen. Einige behaupten sogar, er hätte das Talent zu einer großen beruflichen Karriere besessen.
Viele haben versucht, ihm einen Beruf zu vermitteln, eine gute Ehefrau, eine sichere Existenz. Vergebens. Ohne Erfolg. Knulp hält es nie lange aus an einem Ort. Irgend etwas drängt ihn immer neu zum Aufbruch, bewegt ihn weiterzuziehen.
Die Jahre gehen ins Land. Knulp ist alt geworden. Eines Tages spürt er, daß Müdigkeit ihn umfängt. Es ist nicht die Müdigkeit, die man am Abend eines arbeitsamen Tages empfindet, es ist die Müdigkeit, die man am Ende eines

langen Lebens verspürt. Seine Schritte werden langsamer, schwerfälliger. Die Gesundheit macht ihm zu schaffen. Müde und abgespannt setzt er sich an den Straßenrand, den Kopf in die Hände gestützt. In Gedanken hält er Rückschau: „... wie ferne Bergfeuer strahlten ihm die Freuden seiner Jugend dunkel-schön herüber und dufteten schwer und süß wie Honig und Wein, und klangen tieftönig wie Tauwind in der Vorfrühlingsnacht. Herrgott, es war schön gewesen, schön die Lust und schön die Trauer, und es wäre jammerschade um jeden Tag gewesen, der gefehlt hätte."

Aber dann wird er traurig, tieftraurig. Denn in seinen Gedanken „stehen Tage und Stunden aus ihren Gräbern auf, an die er lange nimmer gedacht hatte". Er seufzt: „Was für ein schlechter Kerl bin ich gewesen!"

In seinem Nachdenken, Grübeln und Klagen hört er eine Stimme, die Stimme Gottes. „Sieh" – spricht Gott – „ich habe dich nicht anders brauchen können, als wie du bist. In meinem Namen bist du gewandert und hast den seßhaften Menschen immer ein wenig Heimweh nach Freiheit mitbringen müssen ..."

„Ja", sagt Knulp und nickt schwer mit dem Kopf. „Ja, so ist es, ich habe es eigentlich immer gewußt ..." Und seine entzündeten Augen lächelten.

Als Knulp die Augen nochmals auftat, schien die Sonne und blendete so sehr, daß er schnell die Lider senken mußte. Er spürte den Schnee auf seinen Händen liegen und wollte ihn abschütteln, aber der Wille zum Schlaf war schon stärker als jeder andere Wille in ihm geworden. ◄ (Nach Hermann Hesse, Knulp, Frankfurt 1979.)

Gefällt Ihnen diese Geschichte? Mir gefällt sie, weil auch ich zu den seßhaften Menschen gehöre, in denen dann und wann das Fernweh durchbricht.

Eigenartig: In vielen von uns lebt die Sehnsucht, beheimatet zu sein – ein Zuhause zu haben. Diese Sehnsucht zeigt sich vor allem in dem Wunsch nach einem eigenen Heim – einem Eigenheim. Hier bin ich Mensch, hier kann ich's sein! My home is my castle!

Und doch: Von Zeit zu Zeit überkommt uns eine schwer zu erklärende Ruhelosigkeit und Wanderlust. Dann heißt es nicht mehr: My home is my castle, dann heißt es: Mir fällt zu Hause die Decke auf den Kopf. Soll *das* alles sein? Soll *das* mein Leben sein?

Kennen Sie auch diese innere Ruhelosigkeit, dieses Gefühl von Enge und Eingeschlossensein? Möchten Sie auch manchmal ausbrechen? Gibt es diese Frage auch in Ihrem Leben: Soll *das* alles sein?

Es ist wichtig, daß wir die Sehnsüchte wahrnehmen, die sich in uns bemerkbar machen: die Sehnsucht, verwurzelt zu sein, eine Heimat zu haben; und die Sehnsucht, frei zu sein, unabhängig zu sein, grenzenlos leben zu können – die Sehnsucht nach Freiheit.

Am letzten Sonntag hat die Fastenzeit begonnen. Mein Vorschlag: Denken Sie in dieser Zeit über die Frage nach: Welche Sehnsüchte machen sich in meinem Leben bemerkbar?

Das Fasten kann den Schleier entfernen, der über unseren Gefühlen liegt. Das Fasten läßt uns einen Blick in unser Inneres tun. Wenn wir fasten, wenn wir Verzicht üben, wenn wir nüchtern mit uns selbst konfrontiert sind, dann wird nichts mehr verschleiert, dann werden unsere Sehnsüchte bloßgelegt und aufgedeckt. Wir werden dem eigenen Mangel begegnen. Wir werden merken, daß wir an uns selbst nicht genug haben. Indem wir die Sehnsucht im Fasten zulassen, können wir unsere Süchte wieder in Sehnsüchte verwandeln.

Darum geht es in der Fastenzeit: die Sehnsüchte in mir wahrzunehmen und die Süchte wieder in Sehnsüchte zu verwandeln! Hinter der Eßsucht, Arbeitssucht und hinter jeder anderen Sucht verbirgt sich eine tiefe Sehnsucht!

Gott allein kann und wird unsere tiefsten Sehnsüchte erfüllen. Viele von Ihnen – so vermute ich – könnten davon erzählen. Erzählen, daß man sich bei Gott beheimaten kann. Erzählen, daß Gott Zuflucht ist und Halt. Viele von Ihnen – so vermute ich – könnten jetzt erzählen, daß Gott Freiheit schenkt. Erzählen, daß er Befreiung gewährt, daß er aus Sackgassen herausführt, daß er neue Wege eröffnet.

Alles kommt darauf an, daß wir uns nicht mit Banalitäten vollstopfen lassen. Alles kommt darauf an, daß wir unsere tiefsten Sehnsüchte wahrnehmen, daß wir unsere Süchte in Sehnsüchte verwandeln und daß wir von Gott Erfüllung unserer Sehnsüchte erwarten, weil sie anfanghaft jetzt schon Erfüllung finden.

Knulp war unterwegs, unterwegs auf Wanderschaft über die langen, staubigen Straßen des Landes. Auch wir sind unterwegs. Unser Ziel ist die ewige Geborgenheit in Gott. Unsere Heimat ist im Himmel. Unruhig ist unser Herz, bis es Ruhe findet in Gott.

Unsere Heimat ist im Himmel. Unruhig und sehnsuchtsvoll bleiben wir, bis wir bei Gott Erfüllung finden. Wohin gehen wir? Immer nach Hause (Novalis). Unsere Heimat ist im Himmel.

Klemens Schneider

3. Fastensonntag

Zu Ex 3, 1–8a.13–15

1. Persönlicher Zugang zum Schrifttext

Die jüdische Ehrfurcht vor dem Namen Gottes, die Scheu, ihn auszusprechen, haben mich bei Begegnungen mit Juden sehr beeindruckt. Der eigene, als Theologe geradezu verschwenderische Umgang mit dem Namen Gottes wurde mir dadurch bewußter.

Auch Erfahrungen mit dem eigenen Namen knüpfen sich an die Erzählung der Offenbarung des Gottesnamens in Ex 3. Ich erlebe immer wieder unterschiedliche Reaktionen auf meinen eigenen Namen. Offenbar macht es vielen Menschen Spaß, Beziehungen zwischen dem Namen und seinem Träger herzustellen. Manchmal können Namen erstaunlich passend sein, manchmal ein totaler Widerspruch oder eine schwer entzifferbare Chiffre.

Wie sehr Namen und Personen miteinander verwachsen sind, erfahren heute viele junge Paare vor dem Gang zum Standesamt. Inzwischen weiß ich, daß die damaligen Diskussionen mit meiner Frau über den endgültigen Familiennamen heute beinahe zum Pflichtprogramm des Ringens um eine neue gemeinsame Paaridentität gehören.

2. *Persönlicher Zugang zum Märchen*

Das Märchen vom Rumpelstilzchen ist mir und wahrscheinlich vielen anderen seit frühester Kindheit vertraut. Auch wenn ich das Märchen heute von neuem lese, kann ich mich wieder wie damals über den guten Ausgang der Geschichte, den Triumph über das böse Männlein, freuen.
Aber ist es eigentlich ein böses Männlein? ▶ Ein armer Müller war es, der mit seiner Angeberei vor dem König die Geschichte ins Rollen brachte. Der König wollte nämlich den Beweis dafür haben, daß des Müllers schöne Tochter tatsächlich Stroh zu Gold spinnen kann, wie der Vater geprahlt hatte. Natürlich konnte sie es nicht und saß ratlos und weinend in einer Kammer des Schlosses. Dorthin hatte sie der König gesperrt, um sich am Morgen das Ergebnis ihrer angeblichen Kunst präsentieren zu lassen. Zu seiner Überraschung fand er am ersten und auch am zweiten Tag jeweils die Kammer voller Gold. In der dritten Nacht setzte er sie in eine noch größere Kammer voll Stroh und versprach ihr, wenn sie auch dies zu Gold spänne, würde er sie heiraten. Das Mädchen verdankte seinen Erfolg jedoch einem kleinen Männlein, das nachts zu ihr in die Kammer kam und jeweils gegen eine Belohnung durch ein Schmuckstück die wundersame Verwandlung durchführte. Auch in dieser dritten Nacht bot es seine Hilfe an, allerdings unter der Bedingung, daß, falls das Mädchen Königin werde, es ihr erstes Kind an das Männlein abtreten müßte. In ihrer Not willigte die Müllerstochter ein. Als auch am dritten Morgen wieder die ganze Kammer voller Gold war, nahm der König sie zur Frau.
Übers Jahr kam das erste Kind, und die Königin hatte den seltsamen Vertrag schon fast vergessen. Da stand auf einmal das kleine Männlein wieder in ihrer Kammer. Es forderte das versprochene Kind. Doch die Tränen der Königin erregten sein Mitleid, und es gab der Mutter eine Chance: Wenn sie binnen dreier Tage seinen Namen in Erfahrung brächte, wäre sie von ihrem Versprechen gelöst. Doch sie konnte den Namen nicht herausfinden – bis sie am dritten Tag von ihrem Boten die Nachricht von einem seltsamen Männlein erhielt, das im Walde um ein Feuer tanzte und dazu sang: „Ach wie gut, daß niemand weiß, daß ich Rumpelstilzchen heiß."
Als sie dem Männlein bei seinem dritten Besuch diesen Namen sagte, stampfte es sich vor Wut in den Boden und riß sich selbst in Stücke. ◀
Nein, durchweg böse ist dieses Männlein nicht. Es verkörpert vielmehr eine seltsame Mischung von Hilfsbereitschaft und Zerstörungswut, von Mitleid und Berechnung.

Seine Zauberkräfte und die Fähigkeit, plötzlich aufzutauchen und zu verschwinden, charakterisieren das Männlein als Geistwesen. Dieser Geist trägt allerdings menschliche Züge. Er fordert Belohnung und ist auch nicht allmächtig, sondern denen unterworfen, die ihn bei seinem Namen rufen können.
Ich erinnere mich noch gut, wie wir uns als Kinder bei einem bestimmten Spiel Spitznamen füreinander ausdachten. Wenn solch ein Name im Verlauf des Spieles immer wieder auf mich angewandt wurde, kann ich mich erinnern, echte „Rumpelstilzchen-Gefühle" der Wut und des Ärgers entwickelt zu haben. Der neue Name, obwohl er mir nur im Spiel übergestülpt wurde, entwickelte Macht über mich. Rumpelstilzchen ist allerdings kein Spitzname, sondern nach Jacob Grimm (Deutsche Mythologie) die Bezeichnung eines Haus- und Poltergeistes.

3. *Exegetische Hinweise*

Nach antiker Vorstellung besteht zwischen dem Namen und seinem Träger eine enge wesensmäßige Bezogenheit. Der Name ist „kraftgeladen". Er macht einen Menschen oder Gott präsent.
Der antike Mensch wußte sein Leben von göttlichen Mächten umgriffen und bestimmt. Dies war jedoch beängstigend, solange er nicht wußte, mit welchen Mächten er es zu tun hatte, wie er sie anrufen und sie im Kult für sich gnädig stimmen konnte. Daß der Name Macht über den Genannten verleiht, ist eine weitverbreitete archaische Auffassung. Der ägyptische Sonnengott Re spricht zum Beispiel: „Mein Vater und meine Mutter haben mir meinen Namen gesagt, und er bleibt verborgen in meinem Leib seit meiner Geburt, damit nicht Zauberkraft gegeben werde einem Zauberer gegen mich."
Literarkritisch wird die Erzählung von der Berufung des Mose als Retter seines Volkes in Ex 3, 1–15 mehrheitlich und im großen und ganzen einheitlich auf zwei Quellen verteilt. Dem Jahwisten werden die Verse Ex 3, 1 ab α. 2–4a. 5.7 f.16 f zugerechnet. Die Hand des Elohisten sieht man in den Versen Ex 3,1b β.4b.6.9–14. (15) am Werk.
Anders als der Jahwist, der den Jahwenamen schon in der Ursprungs- und Vätergeschichte unbefangen gebraucht, bezeichnet der Elohist in den früheren Erzählungen „Gott" mit dem auch für nichtisraelitische Gottheiten gebräuchlichen „Elohim". Erst am Gottesberg empfängt Mose die Mitteilung des Namens Jahwe.
Die in Ex 3, 14 vorgetragene Deutung des Jahwenamens stützt sich auf die Ableitung von der hebräischen Wurzel hjh (sein/werden), die auf eine frühere Form hwh zurückgehen dürfte. Die Frage des Mose wird von Gott beantwortet: „aehjaeh ascher aehjaeh" („Ich bin der, der ich bin ... So sollst du den Israeliten sagen: ‚Ich bin' hat mich zu euch gesandt"). Die Septuaginta-Übersetzung „Ich bin der Seiende" hat hier nach griechischem Denken einen ontologischen Seinsbegriff angenommen. Dem hebräischen Denken entspricht besser die Übersetzung von hjh als „wirksam sein", „mit jemand sein", „gegenwärtig sein".

In der Exegese wurde immer wieder die Frage diskutiert, ob in Ex 3, 14 der Gottesname offenbart oder vielmehr verhüllt werde. Wenn die Deutung nicht vom isolierten Verb hjh, sondern von der Redefigur „ich bin, der ich bin" ausgeht, liegt ein Vergleich mit Ex 33, 19 nahe: „Wem ich gnädig bin, dem bin ich gnädig, und wes ich mich erbarme, des erbarm ich mich." In dieser Redefigur wird die souveräne Freiheit Jahwes deutlich, der sich gerade auch da, wo er sich in seinem Namen enthüllt, doch nicht einfach greifen läßt. Auch im Hinblick auf die Zurückweisung der Frage nach dem Gottesnamen in Gen 32, 20 erscheint Jahwe in Ex 3, 14 als der auch in der Freiheit des Sich-selbst-Vorstellens nicht einfach Zuhandene und Verfügbare. Dieses Moment der Freiheit wird unterstrichen durch die prophetische Kritik des Hosea (Hos 1, 9), der dem Volk den Entzug der Gegenwart Gottes unter Anspielung auf Ex 3, 14 drohend vor Augen stellt. (Literaturhinweis: W. H. Schmidt, Exodus, Sinai und Mose. Erwägungen zu Ex 1–19 und 24, EdF 191, Darmstadt 1983; W. Zimmerli, Grundriß der alttestamentlichen Theologie, Stuttgart 1972; M. Noth, Das zweite Buch Mose. Exodus, ATD 5, Göttingen, ^{5}1973.)

4. *Schrifttext und Märchen*

Die Sprache als Fähigkeit, Dinge und Personen beim Namen zu nennen, ist *das* Werkzeug des menschlichen Geistes. Die Schöpfungsgeschichte zeigt anhand der Benennung der Tiere durch Adam, wie der Mensch sich mit Hilfe der Sprache die übrigen Kreaturen unterwirft. Diesem Streben nach Weltbeherrschung setzt Gott in der Turmbauerzählung eine Grenze, indem er die Sprache der Menschen verwirrt. Die Frage des Mose nach dem Gottesnamen ist auf diesem Hintergrund auch als eine Machtfrage zwischen Mensch und Gott zu verstehen. Das Märchen vom Rumpelstilzchen illustriert diesen Aspekt der Beherrschbarkeit eines geistigen Wesens durch seinen Namen.
Zugleich kann am Vergleich von Märchen und Exodustext der Unterschied zwischen einem „kleinen Geist" und Gott verdeutlicht werden. Gott bleibt auch in der Offenbarung seines Namens, mit dem er dem Menschen Macht über sich einräumt, der frei Wirkende, Gegenwärtige und in der Zukunft Voraus-Seiende.

5. *Predigtentwurf*

Rumpelstilzchen, wer kennt es nicht? Es gehört zu den bekanntesten der Märchen der Brüder Grimm. Ich möchte es Ihnen heute noch einmal in Kurzfassung in Erinnerung rufen: „Ein armer Müller war..." (s. 2.)
Ein Männlein, das aus Stroh Gold machen kann. Was sonst auf den Mist geworfen wird, mit Rumpelstilzchens Hilfe wird daraus das, was alle begehren. Mit seiner Hilfe gelingt der armen Müllerstochter der Aufstieg in die „höheren Kreise". Wer wünscht sich nicht so einen kleinen Helfer, der aus Dreck Gold

machen kann? Wer würde sich nicht gerne seine zauberhaften Fähigkeiten zunutze machen?
Ist es da nicht verständlich, daß die Müllerstochter angesichts des zu erwartenden Erfolges bereit ist, einen hohen Preis zu zahlen? Natürlich klingt es zunächst grausam, daß eine Frau ihr erstes Kind einem Unbekannten opfern möchte. Sie liefert dem Rumpelstilzchen damit ja praktisch ihr eigenes Leben, ihre Zukunft aus.
Aber passiert das wirklich nur im Märchen, daß Menschen für Gold und Geld, für Ansehen und Aufstieg bereit sind, ihr Leben und ihre Zukunft zu opfern? Und selbst das eigene Kind – ist es nicht gerade heute in Gefahr, Opfer eines einseitig individualistisch verstandenen Selbstverwirklichungsstrebens der Eltern zu werden? Solange der Zauber funktioniert, vergißt man allzuleicht, auf was man sich eingelassen hat. Aber irgendwann wird die Rechnung aufgemacht, und die ist dann bitter. Dann kommt – wie im Märchen – das große Heulen und Zähneknirschen, dann drohen auf einmal Krankheit, Entfremdung der Kinder, Scheidung vom Partner oder anderes. Dann sitzen wir – in der Sprache der Bibel – in Ägypten, im Haus der Sklaverei, der Tränen und der Not. Mit Jammern allein ist die Situation dann nicht mehr zu retten. Aber wie denn?
Das Märchen vom Rumpelstilzchen gibt zur Antwort: Du mußt die Ursache deines Problems beim Namen nennen. Du mußt sagen können, worauf du reingefallen bist. Wie heißt der Geist, von dem du dich begeistern ließest? War es das verlockende Karriereangebot mit den gewissen Opfern im privaten Bereich? War es das verlockende Kaufangebot mit den unwiderstehlich niedrigen Raten, war es eine Droge, die mein Leben und meine Zukunft zu zerstören begann?
Die bösen Geister sind nicht daran interessiert, daß man auf ihren Namen kommt. Man muß ihn schon selbst mit Nachdruck suchen, um sie beim Namen nennen zu können und Herr über sie zu werden. Es ist dies das Grundrezept vieler psychotherapeutischer und beratender Verfahren. Keine Beratung, keine Psychotherapie kommt ohne diesen entscheidenden Schritt aus: die Sache beim Namen nennen. Erst dann sind Lösungen möglich.
Aber es ist nur der erste Schritt, den Namen des Problems zu kennen. Wie aber ist der Name der Lösung? Wie heißt das Richtige, Gute, das einzig Wahre, an das wir uns jetzt halten sollen? Allein dadurch, daß jemand sein Problem benennt, ist er es ja noch nicht los. Das gibt es nur im Märchen. In der Wirklichkeit ist der Weg, der aus dem Schlamassel führt, meist lang und weit und steinig, ein Wüstenweg wie zwischen Ägypten und dem gelobten Land. An wen soll man sich da halten? Wer wird einen führen?
Das ist die Frage des Mose am brennenden Dornbusch. Er will sich nicht wie die dumme Müllerstochter auf irgendeine unbekannte Kraft verlassen, die am Ende wer weiß welche Forderungen stellt. Er will wissen, auf wen oder was er sich einläßt. Überraschenderweise gibt Gott auf diese mutige Frage sogar eine Antwort. Denn mit der Nennung seines Namens gibt Gott dem Mose zugleich Macht über sich. Bei Tag und bei Nacht kann Mose ihn nun anrufen,

er kann mit ihm rechten, ihn beim Wort nehmen und bei der Ehre seines Namens anflehen. In der Sprache unserer Zeit könnten wir sagen: Gott hat dem Mose seine Telefonnummer genannt. „Hier bin ich erreichbar für Bitten, Dank, Beschwerden ... Das kannst du deinem Volk weitersagen."
Würden wir so schnell unseren Namen und unsere Telefonnummer jemandem weitersagen, der offenbar in der Patsche sitzt und noch viele andere kennt, die ebenfalls in der Patsche sitzen? Wären wir nicht eher zurückhaltend mit unseren privaten Daten? Sie können mich ja im Büro erreichen ...
Gott, das ist das Großartige für mich an dieser Geschichte, ist für jeden anrufbar. Er ist jederzeit zu erreichen. Er muß nicht – wie das Rumpelstilzchen oder andere kleine Geister, uns eingeschlossen – seinen Namen schützend verbergen vor zuviel Hilfsanfragen.
Sein Name ist „Ich bin da, ich bin wirksam, ich werde da sein für dich, für euch". Ich weiß, Gott ärgert sich nicht zu Tode, wenn wir seinen Namen aussprechen. Im Gegenteil, er wartet auf unseren Anruf. Mit Jesus dürfen wir ganz einfach „Abba, Papa, guter Vater" zu ihm sagen, und er wird bei uns sein auf dem langen Weg aus dem Ägypten-Schlamassel in das Land unserer Träume.

6. *Weitere Anregungen*

Der Unterschied „kleiner Geist – großer Geist (Gott)" läßt sich auch vom Bild des Feuers im Märchen und im Exodus-Text erschließen. Rumpelstilzchen tanzt wie ein kreisender Planet ums Feuer. Gott ist selbst Feuer. Rumpelstilzchen frißt das Leben anderer, um existieren zu können. Gott schenkt Leben, weil er selbst Energie ist und wie der brennende Dornbusch nicht auf äußere Energiezufuhr angewiesen ist.
Auch in anderen Sagen ist von der geheimnisvollen Kraft des Namens die Rede. Jacob Grimm erzählt z. B. eine norwegische Sage, in der König Olaf von einem Riesen eine Kirche bauen läßt und ihm Sonne und Mond oder sich selbst zum Lohn verspricht. Kurz vor Vollendung des Baus gelingt es dem König, den Namen des Riesen in Erfahrung zu bringen. Als er den Riesen bei seinem Namen ruft, fällt dieser von der Turmspitze und zerspringt in tausend Stücke (Deutsche Mythologie, 1. Band, unveränderter Nachdruck der 4. Aufl., Tübingen 1953, 454). Diese oder eine ähnliche Sage bietet sich an, wenn man nicht auf das bekannte Rumpelstilzchen-Märchen zurückgreifen möchte.

Hanno Heil

4. Fastensonntag

Zu Lk 15, 1–3.11–32

1. Persönlicher Zugang zum Schrifttext

Das Bild „Das Gastmahl mit den Sündern“, das Sieger Köder 1973 gemalt hat, halte ich für einen sehr gelungenen heutigen Zugang. Es zeigt eine Tischgesellschaft besonderer Art: Gesunde und Kranke, Hochnäsige und Arrivierte, Angehörige von Minderheiten und sonstige gesellschaftliche Randexistenzen. Dieses Spiegelbild unserer Gesellschaft schaut den Betrachter an, der durch ein weiteres Motiv ins Bild hineingezogen wird: durch die Hände, die vom unteren Rand her auf die Tischrunde hin geöffnet sind. Es sind die Hände Jesu, der Brot und Wein darbietet. An der Rückwand des Raumes, in dem die Szene angesiedelt ist, hat der Künstler umrißhaft Lk 15, 11–32 ins Bild gebracht: die Umarmung des heimgekehrten Sohnes durch den Vater und die Unentschiedenheit des älteren Sohnes, wie er darauf reagieren soll.
Diese vom Gleichnis selbst offengelassene Frage stellt das Bild so auch uns: Wollten wir an dieser Tischrunde Platz nehmen? Könnten wir die Vorbehalte überspringen, zu denen uns manche, die wir hier wiederentdecken, durchaus Anlaß gegeben haben? Solche Fragen stellen sich bereits im Alltag, erst recht im Gemeindeleben.

2. Persönlicher Zugang zum literarischen Text

Jesu Botschaft von Gottes unbedingtem Versöhnungsangebot steht in der Tradition des biblischen Gottesglaubens, wie sie in seiner Bibel, unserem „Alten Testament“, und im frühjüdischen Schrifttum bezeugt ist. Diese Einsicht läßt mich das Gleichnis tiefer verstehen. Denn wenn ich darin, wie es heute noch oft geschieht, die Offenbarung eines neuen Gottesbildes, nämlich das des liebenden Vaters, erblicke, verschließe ich mich von vornherein der erwähnten Frage an den älteren Sohn, durch die zugleich die HörerInnen des Gleichnisses angesprochen werden. Deshalb erschließt sich das Gleichnis nur und erst dadurch angemessen, daß das vermeintliche jesuanische und damit christliche Privileg des Glaubens an den liebenden Gott aufgegeben wird.
Der hier gewählte Text, der diese biblisch-frühjüdische Tradition des Glaubens an Gottes bedingungsloses Erbarmen beispielhaft zu erkennen gibt, stammt aus dem Jerusalemer Talmud. Im Vergleich zu ähnlich ausgerichteten Texten ist er deswegen so aufschlußreich, weil er gegensätzliche biblische Einstellungen zu den Sündern in Beziehung zueinander setzt: ▶ Man fragte die Weisheit: Was soll die Strafe des Sünders sein? Und sie antwortete: Die Sünder verfolgt Unheil (Spr 13, 21). Man fragte die Prophetie ... und sie antwortete: Die Seele, die sündigt, soll sterben (Ez 18, 4). Man fragte den Heiligen, gelobt sei Er, ... und er antwortete: Er kehre um, und es wird ihm vergeben werden. ◀

Was hier die Lebensweisheit feststellt, ist wenigstens teilweise von der Erfahrung gedeckt, daß nämlich die böse Tat auf ihren Urheber zurückschlägt. Was als prophetisches Urteil festgehalten wird, erscheint als Quintessenz der prophetischen Gerichtspredigt. Selbstverständlich kennt die biblische Weisheits- und Prophetentradition auch ganz andere Einstellungen. Darauf kommt es hier jedoch nicht an. Vielmehr wird auf den Kontrast abgehoben, den Gottes Güte darstellt.
Nun können sich die Strafandrohungen ebenfalls auf Gott berufen, gerade etwa bei den Propheten. Das ist dem Verfasser dieses Textes natürlich bewußt. Durch die schroffe Gegenüberstellung verleiht er seiner Überzeugung Nachdruck, daß derjenige, der Unrecht tut, zwar grundsätzlich Gottes Strafe verdient, aber trotzdem immer wieder auf die göttliche Vergebungsbereitschaft bauen darf. Eine solche Überzeugung ist aber eben auch für uns Christen fundamental. Es kommt allerdings darauf an, welche Konsequenzen wir daraus für das Leben miteinander zu ziehen bereit sind.

3. Exegetische Hinweise

Lk 15, 11–32 ist zunächst auf der Ebene des Evangelisten zu sehen, der eine Dreiergruppe von Gleichnissen zusammengestellt (vgl. den 24. So. i.J.) und ihr mit VV. 1–3 seine Lesehilfe vorgegeben hat. Diese Lesehilfe enthält keine historische Information über die Situation Jesu. Das erkennt man bereits an der Redeweise: „Alle“ Zöllner und Sünder – nähme man das wörtlich, so wäre die Menge riesig –, und dann soll Jesus mit ihnen auch noch essen! Entsprechendes gilt für „die“ Pharisäer und (ihre oder andere?) Schriftgelehrten. Außerdem müßte es korrekt „Zöllner und andere Sünder“ heißen; denn in Jesu Heimat waren Zöllner wegen ihrer betrügerischen Machenschaften öffentlich bekannte Sünder. Die verallgemeinernde und die Sünderthematik hervorhebende Redeweise zielt also wohl auf die Gemeindesituation des Evangelisten.
Diese dürfte jedoch der unsrigen gar nicht so fremd sein. Denn bereits in der Anfangszeit der Kirche ist die Tendenz erkennbar, Sünder auszugrenzen. Vom Selbstanspruch der Kirche aus, Gemeinde der Heiligen (= der von Gott Geheiligten) zu sein, ist diese Tendenz an sich verständlich. Sie geriet jedoch offensichtlich in Gegensatz zur Offenheit, die Jesus gegenüber Sündern praktiziert hatte. Denn Sünder gab es nicht nur außerhalb der Kirche, sondern eben auch schon von Anfang an innerhalb der Gemeinden. Der Evangelist ergreift mit seiner Lesehilfe VV. 1–3 Partei für die SünderInnen in der Kirche gegenüber solchen Gemeindemitgliedern, die sie sich und sich von ihnen fernhalten wollen. Er tut es unter Berufung auf Jesus, indem er ihn die Gleichniskomposition erzählen läßt, wovon hier der gewichtigste Teil (VV. 11–32) aufgenommen ist. Die Verklammerung mit den beiden Gleichnissen dazwischen besteht etwa darin, daß V. 24 und V. 32 vom Verlieren und Wiederfinden sprechen – darum geht es, anders als in VV. 4–10, hier jedoch nicht. Mit welchem Recht beruft sich aber nun der Evangelist auf Jesus? Dieser hat mit der Gleichniserzählung

offenbar vom Glauben an Gottes bedingungslose Sünderliebe her, den seine Landsleute mit ihm teilen, zu einem Verhalten ermuntern wollen, das er ihnen vorlebt: schuldig Gewordene geschwisterlich anzunehmen; ihnen so die Chance zur Umkehr zu geben. Das bedeutet gerade für diejenigen, die ihr Leben an Gott zu orientieren suchen, eine beträchtliche Zumutung. Darauf geht Jesus im Protest des älteren Sohnes verständnisvoll ein. Doch mit der Antwort des Vaters an sein „(liebes) Kind“ (V. 31) lädt er zugleich dazu ein, sie sich gefallen zu lassen.

4. *Schrifttext und literarischer Text*

Der Talmudtext benennt auch uns Christen geradezu selbstverständliche Einstellungen zu Menschen, die schuldig werden: Die Überzeugung, daß das Böse auf seinen Verursacher zurückschlägt und daß den Übeltäter die göttliche Strafe erwartet, ist für die Annahme einer gerechten Weltordnung unverzichtbar. Was Weisheit und Prophetie verlangen, trifft sich mit dem Protest des älteren Sohnes. Von da aus wird die Herausforderung durch Gottes grenzenlose Vergebungsbereitschaft bewußt, wenn sie nicht bloß uns selbst zugute kommen soll, sondern durch uns auch den schuldig Gewordenen. Eben dazu rufen Schrift- und literarischer Text übereinstimmend auf.

5. *Predigtentwurf*

Kaum ein Gleichnis ist uns so vertraut wie dieses. Kein Wunder, verschafft es doch das beglückende Gefühl, uns stets in Gottes bergende Arme zurückflüchten zu können, auch wenn wir uns noch so weit von ihm entfernt haben. Der Protest des älteren Sohnes ficht uns dabei nicht an – er hat eben kein Verständnis für die Güte des Vaters. Ergeht es uns da wirklich besser als denen, die von Jesus das Gleichnis erzählt bekamen? Möglicherweise hindert uns eine allzu starke Festlegung auf das erwähnte Verständnis des Gleichnisses daran, die Berechtigung dieses Protestes wahrzunehmen oder auch einzugestehen. Die Vorwürfe stimmen, die der ältere Sohn dem Vater wegen des Lebenswandels des jüngeren macht. Der Vater beschönigt nichts („er war tot“). Dann riskiert er aber nicht nur, sich zum Gespött des jüngeren Sohnes zu machen, sondern er tut dem älteren offensichtlich Unrecht. Jesus spitzt hier die Erzählung auf eine Überzeugung zu, die in der Glaubenstradition seines Volkes seit biblischen Zeiten lebendig ist, nämlich das Wissen um Gottes unendliche Bereitschaft zum Verzeihen, an der menschliche Erfahrungen und Maßstäbe scheitern. Ein kleiner Text aus dem Talmud kann das sichtbar machen (s. 2.): Hier werden sogar biblische Aussagen, die diesem Wissen entgegenstehen, ausdrücklich in ihre Schranken verwiesen, damit aber auch entsprechende menschlich begreifbare Einstellungen. In seiner Offenheit gegenüber Sündern hat Jesus nichts anderes getan, als aus solcher Glaubensgewißheit heraus Folgerungen für das

menschliche Miteinander zeichenhaft zu leben. Sein Gleichnis wirbt dafür um Einverständnis und Nachfolge.
Daß dies auch ein notwendiger Appell an die Kirche ist, zeigt der Evangelist, indem er mit dem Gleichnis – und mit dem Leitbild Jesus – gegen solche Gemeindemitglieder Front macht, die die SünderInnen ausgrenzen wollen, etwa um der Reinheit der Gemeinde, letztlich also „um Gottes willen" (dafür sind ihm „die Pharisäer und Schriftgelehrten" gerade recht). Die Ehrenhaftigkeit solcher Gründe können wir ruhig eingestehen, weil wir sie selbst anerkennen. Doch der Skandal, daß es in der Kirche Menschen gibt, deren Verhalten alles andere als christlich ist, berechtigt uns nicht dazu, sie abzuschreiben. Wie der Evangelist damals seine Gemeinde davor warnte, dem verpflichtenden Beispiel Jesu untreu zu werden, so sehen wir uns heute von seinem Gleichnis dazu ermuntert, unsere berechtigten Vorbehalte gegenüber solchen Mitchristen um Gottes willen aufzugeben und ihnen eine Chance zum Neuanfang einzuräumen. Wir brauchen uns dadurch nicht benachteiligt vorzukommen, denn auch uns gilt das Wort: „Mein Kind, du bist immer bei mir, und alles, was ich habe, gehört auch dir."

6. Weitere Anregungen

Die Predigt kann auch mit dem eingangs erwähnten Bild von S. Köder oder einer anderen künstlerischen Darstellung (z. B. Rembrandts) das Gleichnis auslegen. Die kirchlichen Medienstellen halten das/die Dia(s) und die dazugehörende(n) Bildbeschreibung(en) bereit. Dort ist auch der Kurzspielfilm (19 Min.) „Rückkehr" ausleihbar. Dieser Film ist eine außergewöhnlich gelungene „Übersetzung" von Lk 15, 11–32 in eine Familiengeschichte unserer Tage. Wem er als Alternative zu einer Predigt zu gewagt erscheint, kann den Film auch in einer Bibelarbeit einsetzen, die die gottesdienstliche Schriftlesung begleitet.

Peter Fiedler

5. Fastensonntag

Zu Joh 8, 1–11

1. Persönlicher Zugang zum Schrifttext

Jesu Hilfe für die Ehebrecherin ist fesselnd geschildert, ähnlich wie die Errettung der Susanna durch Daniel; nur daß dort (Dan 13) die Frau zu Unrecht verdächtigt wird, während im Falle Jesu die Schuld als eindeutig vorausgesetzt ist. Sein Mitleid mit der Frau wirkt ungemein sympathisch, vor allem natürlich durch den Kontrast zur harten Haltung derer, die uns als Verfechter des Todesurteils gemäß den Buchstaben des Strafgesetzes vorgeführt werden.

Allerdings erschrecke ich auch vor der Selbstverständlichkeit, mit der „die Schriftgelehrten und Pharisäer“ ganz allgemein als diese Leute angeschwärzt werden, die auf die Hinrichtung versessen sind und dabei zugleich Jesus eine Falle stellen wollen. Das paßt einfach zu gut in das Pharisäerbild unserer Evangelien, als daß darin kein Klischee vorläge, das auf den harten Ablösungsprozeß der Kirche vom Judentum hindeutet (vgl. dazu bereits meinen Beitrag zu Mt 23, 1–12, Lesejahr A, 264–268).

2. *Persönlicher Zugang zur Kurzgeschichte*

Gesetze und Vorschriften können so gehandhabt werden, daß darüber der Mensch aus dem Blick gerät. Diese Gefahr besteht besonders da, wo solche Gesetze und Vorschriften auf Gott zurückgeführt werden, also nicht nur bei Juden, sondern auch bei uns Christen. Deshalb erheben sich immer wieder Stimmen gegen den Rigorismus. Das hier gewählte Beispiel einer chassidischen Geschichte enthält eine eindringliche Mahnung zur Menschlichkeit. Im Blick auf die Bußthematik ist sie gerade für uns Katholiken höchst aufschlußreich.
► Einem, der den Sabbat unwissentlich entweiht hatte, weil sein Wagen gestürzt war und er, wiewohl in gewaltsamem Laufschritt, die Stadt nicht vor dem Anbruch der heiligen Frist erreichte, erlegte der junge Rabbi Michal eine harte und lange Kasteiung als Buße auf. Der Mann hielt sich mit aller Kraft dazu, das Vorgeschriebene zu erfüllen, merkte aber bald, daß sein Leib nicht standhielt, sondern zu kränkeln und nun auch das Gemüt zu schwächen begann. Da erfuhr er, daß der Baalschem durch die Gegend reise und sich in einem nahen Ort aufhalte; er ging hin, faßte sich ein Herz und bat den Meister, ihm für die Sünde, die er begangen habe, eine Lösung aufzuerlegen. „Trag ein Pfund Kerzen ins Bethaus“, sagte der Baalschem, „und laß sie zum Sabbat anzünden. Das ist deine Lösung.“ Jener meinte, sein Bericht habe nur halbes Gehör gefunden, und wiederholte sein Anliegen auf das eindringlichste. Als der Baalschem aber auf dem unbegreiflich milden Urteil beharrte, erzählte ihm der Mann, welch schwere Buße über ihn verhängt worden war. „Tu nur, was ich dir sage“, antwortete der Meister, „dem Rabbi Michal aber überbringe, er möge in die Stadt Chwostow kommen, wo ich den nächsten Sabbat halten will.“ Aufgehellten Angesichts nahm der Bittsteller Abschied.
Dem nach Chwostow fahrenden Rabbi Michal brach unterwegs ein Wagenrad, und er mußte zu Fuß weiter. So sehr er sich beeilte, es dunkelte schon, als er die Stadt betrat, und als er die Schwelle des Baalschem überschritt, sah er ihn schon erhoben, die Hand am Becher, um den Segen über den Wein zum Eingeleit des Ruhetags zu sprechen. Der Meister unterbrach die Handlung und redete den erstarrt Dastehenden an: „Gut Sabbat, Sündloser! Hattest das Leid des Sünders nicht geschmeckt, trugst niemals sein verzagtes Herz in dir – so war deine Hand leicht, Buße auszuteilen. Gut Sabbat, Sündiger!“ ◄ (Aus: Martin Buber, Die Erzählungen der Chassidim, Zürich 1949, 249 f.)

3. Exegetische Hinweise

Die handschriftliche Überlieferung zeigt, daß die Perikope erst nachträglich ins Johannesevangelium geraten ist. Sie paßt viel besser in die Synoptiker, und deshalb ist es auch angebracht, mit ihr die Lukas-Lesung fortzusetzen. Bei dem Geschehen geht es um die Sanktion der Torah für Ehebruch. Allerdings fällt auf, daß Lev 20, 10 und Dtn 22, 22 ff die Todesstrafe auch für den Mann vorsehen – wo bleibt der hier? Weiter ist merkwürdig, daß und wie Jesus in den „Fall" hineingezogen wird: Als Laie besitzt er keine Autorität zur Entscheidung (wie übrigens die Pharisäer auch nicht). Wäre das Urteil aber bereits gefällt worden (worauf V. 7 hindeutet; doch vgl. V. 10), spräche alles dagegen, daß die Hinrichtung unterlassen worden wäre. Darüber hinaus müßte man für die Zeit Jesu die Tatsache berücksichtigen, daß sich damals die Römer das Recht zur Todesstrafe vorbehalten hatten. Davon abgesehen, haben wir zu bedenken, daß die Gesetzesregelung *eine* Sache ist, die Lebenspraxis eine andere. Wir wissen aus den Evangelien, daß Ehebruch legitimer Grund zur Scheidung war. Mt 19, 9 stimmt darin mit der Auffassung der entsprechenden (strengeren) pharisäischen Schulrichtung überein. Diese „Regelung" wird, wenn sich die Ehepartner nicht versöhnten, die übliche gewesen sein, eine Hinrichtung die ganz große Ausnahme, zumal in der pharisäisch-rabbinischen Tradition die Todesstrafe bereits grundsätzlich in Frage gestellt war.
Die Erzählung von der ertappten Ehebrecherin liefert also eine passende Gelegenheit, Jesus in Tat und Wort eine Lehre erteilen zu lassen: Die Gemeinde, für die die Geschichte geschaffen wurde, wird vor einem Rigorismus gewarnt, für den die Parade-Gegner Jesu als Repräsentanten herhalten müssen. Statt dessen soll sie sich darauf besinnen, daß keines ihrer Mitglieder von Schuld frei und somit jedes auf Gottes Erbarmen angewiesen ist. Jesu abschließendes Wort spricht der Frau das Versöhnungsangebot Gottes zu, der keinen „Gefallen am Tod des Schuldigen" hat, sondern „daran, daß er seine bösen Wege verläßt und so am Leben bleibt" (Ez 18, 23).

4. Schrifttext und Kurzgeschichte

Die Aufforderung von V. 7, wer „ohne Sünde ist, werfe als erster einen Stein auf sie", will offensichtlich zur Besinnung führen; wie V. 9 zeigt, wird das Ziel tatsächlich erreicht. Dieser Erzählzug stellt einen entscheidenden Punkt auch für unser Betroffensein dar: Nehmen wir, wenn wir den Splitter im Auge des/der anderen sehen, auch den Balken im eigenen wahr? Die chassidische Geschichte vermag eindringlich dazu anzuregen, allem Rigorismus zu widerstehen, damit die Solidarität mit dem schuldig gewordenen Mitmenschen nicht zerbrochen wird, auf die wir doch in unserem eigenen Leben immer wieder angewiesen sind.

5. *Predigtentwurf*

In den Auseinandersetzungen um die Bestrafung der Abtreibung gibt es in der Kirche deutlich unterscheidbare Positionen. Die einen verlangen zuallererst eindeutige gesetzliche Regelungen, die den Schutz des Lebens im Mutterleib durch strafrechtliche Sanktionen gewährleisten sollen. Die anderen fordern für dasselbe Ziel in erster Linie die Ausweitung von Beratung und finanzieller und psychosozialer Hilfe für die betroffenen Frauen. Hier wie dort besteht kein Zweifel daran, daß es sich um menschliches Leben von der Empfängnis an handelt und daß den betroffenen Frauen in christlichem Sinn Beistand zu leisten ist. Die Vertreter der zweiten Position sehen sich dem Vorwurf ausgesetzt, sie ließen sich im Konfliktfall zu rasch vom Ziel des Lebensschutzes abbringen. Dagegen wird den Vertretern der ersten Position die Frage vorgehalten, ob sie nicht einseitig den Frauen alle Lasten aufbürden, während die Väter, Männer – und wer sonst für die Notlage der Frauen zumindest mitverantwortlich ist –, unbehelligt bleiben.

Was hat diese Problematik unserer Tage mit dem Evangelium zu tun, das sich doch mit einer Frage beschäftigt, die für uns so nicht besteht? Denn EhebrecherInnen werden heute nicht mehr – wie es ein biblisches Gesetz vorsah oder auch noch im Mittelalter vorkam – öffentlich hingerichtet. Doch beachten wir die grundsätzliche Ausrichtung dieser Geschichte! Dann bemerken wir, daß sie uns durchaus etwas sagen kann. Der Fall der beim Ehebruch ertappten Frau – es hätte von Lev 20 und Dtn 22 aus ebenso auch ein Mann sein können! – wird von zwei Positionen aus beleuchtet: Die eine ist repräsentiert durch die in den Evangelien weithin typischen Widersacher Jesu, denen wie an anderen Stellen unlautere Absichten nachgesagt werden. Sie halten (sich) am Strafgesetzbuch fest. Dahinter steht für den biblischen Menschen letztlich Gott (6. Gebot). Die Todesstrafe zu fordern ist demnach nicht bloß hinnehmbar, sondern rechtens.

Die andere Position ist die jesuanische: Wie wir es von anderen vergleichbaren Evangelienerzählungen kennen, tritt Jesus für den schuldig gewordenen Menschen ein. Dadurch wird diesem Raum geschaffen für einen neuen Anfang. Eine Verharmlosung, Bagatellisierung der Schuld? Sicher nicht! Es wird klipp und klar dazu aufgefordert, nicht mehr zu sündigen. Aber solche Chance zur Bewährung muß dem sündigen Menschen erst einmal eingeräumt werden. Hinzu kommt, daß die Erzählung keineswegs behauptet, Jesus hätte dem Strafgesetz die Berechtigung abgesprochen. „Verschafft dem Recht nur Platz! Doch seid ihr euch darüber im klaren, daß nur der dies tun darf, der ein reines Gewissen hat?"

Hier redet die Erzählung unmittelbar zu uns: Neigen wir nicht oft selbst zu rigoristischem Urteilen und Verurteilen, wenn es um andere geht? Vielleicht tun wir das sogar gerade dann recht gern, wenn wir uns hinter Gott und seinen Geboten verschanzen können. Da scheinen wir geradezu verpflichtet zu sein, einen harten Standpunkt einzunehmen. Wer möchte auch dafür die Verantwortung übernehmen, die Moral untergraben zu haben?

Doch eben dabei müssen wir uns von Jesus zur Besinnung rufen lassen: Haben wir bei unserem Vorgehen ein lauteres Herz? Urteilen wir uns und unserer eigenen Schuld gegenüber ebenso unerbittlich? Oder suchen wir uns selbst mildernde Umstände und erhoffen sie von anderen und bei Gott? Keiner von uns, den Gott bisher vor Mord, Ehebruch oder sonst einer schweren Schuld bewahrt hat, kann daraus im Vertrauen auf seine moralische Überlegenheit das Recht herleiten, bei anderen rigoros moralische Maßstäbe anzulegen und womöglich im Übertretungsfall auf Sanktionen zu pochen. Was Gott von uns erwartet – gerade wenn wir uns ihm nahe fühlen dürfen –, ist Solidarität untereinander. Eine chassidische Geschichte ruft uns dazu auf, solche Solidarität nicht aus dem Auge zu verlieren (s. 2.).

6. Weitere Anregungen

Vom „Gegenstand" der Perikope her legen sich weitere ähnliche Themen nahe, also etwa Fragen der Ehe- oder der Geschiedenenpastoral. Natürlich handelt es sich dabei um „Reizthemen", bei denen nicht nur Konflikte mit kirchlichen Vorgesetzten, sondern auch mit der jeweiligen Gemeinde oder mit Gruppen und einzelnen in ihr entstehen können (z. B. wenn es um die Zulassung wiederverheirateter Geschiedener zu den Sakramenten geht). Die Entscheidung darüber, was davon und wie es gemeindeöffentlich zur Sprache gebracht werden darf, verlangt nicht nur pastorale Klugheit, sondern Verantwortungsgefühl und menschlichen Takt.

Peter Fiedler

Palmsonntag

Zu Lk 19, 28–40

1. Persönlicher Zugang zum Schrifttext

„Ich komm daher aus alter Zeit und meine Reise war sehr weit; als Esel trug ich manche Last, komm heut daher zu euch als Gast – ia, ia, ia." Wie oft sangen unsere Kinder dieses Adventslied. Der Esel, er trägt Jesus zur Geburt, er trägt Jesus hin zum Kreuz. Im Esel sah ich spontan einen Brückenschlag zwischen Betlehem und Jerusalem, zwischen Geburt und Tod Jesu. So wie Kinder den Esel spielen, der Maria trägt, so könnten wir als Christen uns auch als Lastenträger Jesu verstehen. „Laß mich dein Esel sein" – als Esel trag ich manche Last ... das sind für mich spontane Gedanken, die den Einzug Jesu in Jerusalem in Verbindung mit unserem Weg der Nachfolge bringen. Eine solche Identifikation könnte als Alternative zum „klassischen Nachfolgemotiv" hilfreich sein. Zwar soll die Aufforderung bestehen bleiben: „Wer nicht sein Kreuz auf sich nimmt ..." Doch für mich und wohl für viele Christen wirkt dieses Ziel wie eine fast unerreichbar hochgesteckte Hürde. So setze ich mich gedanklich in der Nachfolge des nach Jerusalem einziehenden Jesus nicht wie der *Herr* auf den Esel, sondern versuche, als „Lasttier der Sache Jesu" zu dienen. Übersetzt bedeutet das für uns: Nicht jede Nachfolge kann und muß sofort die Dimension der Lebenshingabe erreichen. Auch die Randfiguren und -funktionen der Heilsgeschichte sind wichtig. „Der Herr bedarf ihrer." Ein solcher Zugang zum Palmsonntag erleichtert mir die Verwirklichung meiner christlichen Ideale. Denn so schwer es ist, tagtäglich Möglichkeiten zu durchleben, die tatsächlich ein Stück Lebenshingabe sind, so leicht entdecke ich Möglichkeiten, kleinere und größere Lasten tragen zu helfen und so der Verherrlichung Gottes zu dienen. Als Randgedanke der „christlichen Eselsfunktion" gehört für mich noch die Beobachtung dazu, daß die wirklich Großen unserer Kirchengeschichte immer die waren, die entweder durch ihre duldende Demut und Bescheidenheit auffielen oder die durch die Rechthaberei und Macht anderer abgelehnt, unterdrückt und „für dumm verkauft" wurden.

2. *Persönlicher Zugang zum Märchen*

Als Illustration konstruktiver Leidbewältigung erzählt Franz Gypkens folgendes afrikanisches Märchen:
▶ Durch eine Oase ging ein finsterer Mann, Ben Sadok. Er war so gallig in seinem Charakter, daß er nichts Gesundes und Schönes sehen konnte, ohne es zu verderben.
Am Rand der Oase stand ein junger Palmbaum im besten Wachstum. Der stach dem finsteren Araber in die Augen. Da nahm er einen schweren Stein und legte ihn der jungen Palme mitten in die Krone. Mit einem bösen Lachen ging er nach dieser Heldentat weiter.
Die junge Palme schüttelte sich und bog sich und versuchte, die Last abzuschütteln. Vergebens. Zu fest saß der Stein in ihrer Krone.
Da krallte sich der junge Baum tiefer in den Boden und stemmte sich gegen die steinerne Last. Er senkte seine Wurzeln so tief, daß sie die verborgene Wasserader der Oase erreichten, und stemmte den Stein so hoch, daß die Krone über jeden Schatten hinausreichte. Wasser aus der Tiefe und Sonnenglut aus der Höhe machten eine königliche Palme aus dem jungen Baum.
Nach Jahren kam Ben Sadok wieder, um sich an dem Krüppelbaum zu freuen, den er verdorben. Er suchte vergebens. Da senkte die stolzeste Palme ihre Krone, zeigte den Stein und sagte: „Ben Sadok, ich muß dir danken, deine Last hat mich stark gemacht." ◀ (Franz Gypkens)

3. *Exegetische Hinweise*

Die Perikope führt die lukanische „Wegetheologie“ in eine entscheidende Etappe: Zwar geht es in dieser Darstellung des Einzugs nach Jerusalem nicht um den Anbruch des neuen Davidreiches wie in der Markusparallele und auch nicht um den Beginn der messianischen Herrschaft, wie die mit Sondergut und Reflexionszitaten angereicherte Version des Matthäus nahelegt. Aber die siegreiche Verbreitung der Botschaft des Evangeliums rückt näher. Als Wunderheiler und Umkehrprediger war Jesus von Jericho bis zur Anhöhe der judäischen Berge heraufgewandert. Als Königsanwärter läßt Lukas ihn die Parabel vom anvertrauten Geld (vgl. die Q-Vorlage Mt 25, 14–30) als „Programmgeschichte“ eines ungewünscht eingesetzten Königs erzählen (vgl. die Umgestaltung in Lk 19, 14 f. 27!). Als König zieht er schließlich auf dem Reittier des eschatologischen Herrschers (Sach 9, 9) in die Stadt Jerusalem ein, um das Laubhüttenfest zu feiern. Mit Sicherheit spielt Lk damit auf den weiteren Kontext im Sacharjabuch an. Dort wird ein König proklamiert, dessen Herrschaft die ganze Erde umfaßt (14, 9). Im lukanischen Doppelwerk erreicht die Vision dieser grenzüberschreitenden Gottesherrschaft ihre symbolhafte Verwirklichung dadurch, daß die christliche Mission Rom, die „Grenzen der Erde“ erreicht (Apg 28, 16–31). Hier, beim Einzug in das „himmlische Jerusalem“, beginnt der Siegeszug des „königlichen Evangeliums“ und all derer, die in seinem Dienst stehen. Auch wenn der „Friede auf Erden“ (Lk 2, 14) bisher nicht eingetreten ist, bleibt die Verheißung des „himmlischen Friedens“ bestehen. Ja, die fürchterlichen Kontraste beginnen zu sprechen und die Wahrheit über Gott und die Verblendeten unter den Menschen hinauszuschreien: Die heiligste aller Städte, Zion, in deren Mitte der Tempel steht, wird auf dem alten Pilgerweg dorthin prophetisch beweint (Lk 19, 41). Damit ist ihre Zerstörung heraufbeschworen. Kein Stein kann auf dem anderen bleiben, und jeder dieser herabgestoßenen Steine wird Zeugnis für den Irrtum ablegen, in dem sich der „Hort der Religion“ befand. Das mißverständliche Wort V. 40 könnte auch so gedeutet werden: Besser wäre, wenn die Jünger Gehör fänden und die Steine nicht zu schreien bräuchten ... Die ausführlich geschilderte „Eselsgeschichte“ verleiht dem theologisch dichten und heilsgeschichtlich weitgespannten Abschnitt menschliche Züge. Sosehr das Handeln Gottes alle Geschichte übersteigt, sosehr läßt es sich in seiner Verwirklichung auf die staubigen Wege der Menschen ein. Nicht die Höhenflüge, sondern der kleine und alltägliche „Gottes-dienst“ sind vonnöten. „Der Herr braucht ihn.“

4. *Schrifttext und Märchen*

Der Schlußsatz aus dem afrikanischen Märchen: „Deine Last hat mich stark gemacht“ kann veranschaulichen, welche Kraft aus einem Weg mit Jesus demjenigen zuwächst, der die Last der Nachfolge zu tragen bereit ist. Der schwere Stein, der der Palme in die Krone gelegt wird, mag ein Bild für all die Schwierigkeiten sein, die Christenmenschen zu allen Zeiten in den Weg gelegt bekommen. Derartige Leiderfahrungen lassen sich niemals abschütteln. Sie müssen auf dem Lebensweg mitgeschleppt werden. Entweder lähmen sie die Lebenskräfte von Menschen – diese gleichen dann dem Baum in der Geschichte, der durch die Last zum Krüppel werden soll. Oder es wachsen ihnen durch das Ausharren in der Unterdrückung gerade neue Kräfte zu. Christusnachfolge kann Menschen froh machen. Sie kann aber auch auf die Tragik unseres Daseins hinweisen, so daß wir am Leid des Nächsten nicht mehr vorbeisehen können. Und uns als Mitleidende trifft die ganze Last dieser Menschheit. So gesehen, ist ein Leben als Lastenträger Jesu auch niederdrückend. Dieser Aspekt des Glaubens soll im Hinblick auf die bevorstehende Passionszeit bei der Predigt im Vordergrund stehen.

5. Predigtentwurf

Wir halten Zweige in den Händen, heute, am Palmsonntag. Zeichenhaft werfen wir das Grün auf den Weg, um ihn für den Einzug Jesu zu bereiten. Lassen Sie uns in der Ausgestaltung unserer „spielerischen Liturgie" noch ein wenig weitergehen und fragen: Wo ist denn der Esel, der Jesus trägt? Hier unter uns? Wer ist bereit, sich zu bücken, um eine kostbare Last auf seinem Rücken zu tragen: Jesus von Nazaret. Schon vor seiner Geburt wurde er von einem Esel getragen, im Bauch seiner Mutter auf dem Weg nach Betlehem. Ein weihnachtliches Kinderlied erinnert mich daran:

> Ich bin ein Esel alt und schwach
> und habe in der Heil'gen Nacht
> im Stall von Betlehem gewacht
> und manchmal leis „I-A" gemacht.

Ob humorvoll oder hintersinnig – der Esel setzt ein großes Geschehen in Szene, damals in Betlehem und heute am Palmsonntag. Wie einst Salomo kommt Jesus reitend nach Jerusalem – als umstrittener König. An welchem Ort der Kulisse stehen wir heute, wir, die „Nachfolger Jesu"? Wir könnten uns gedanklich auf den Esel setzen – sagt doch der 1. Petrusbrief, wir seien ein „königliches Volk aus lauter Priestern" (vgl. 1 Petr 2, 9). Aber – ich fühle mich in meinen Gedanken auf dem Esel nicht wohl. Sie? Ich möchte versuchshalber den Standort wechseln – herunter vom Esel, hinein in die Menge, Abteilung der Jubler. Aber – da bin ich doch ziemlich weit weg von Jesus. Gern wäre ich näher bei ihm ... So mache ich einen letzten Versuch: Laß mich doch ein Esel sein, Herr! Ja, ich will versuchen, mich in diesen so wenig beachteten Diener Gottes hineinzudenken: Hier auf seinem Hof war sein Zuhause. Bis eines Tages zwei fremde Männer ihn losbinden und wegführen. Kein Eselsstarrsinn half. Nun soll er einen König tragen. Der Weg von Betfage über den Ölberg nach Jerusalem ist nicht sehr weit, aber steinig und anfangs auch recht steil. Die Last drückt. Alle schauen auf Jesus. Wer sieht ihn, den Esel? Langsam zottelt er den Ölberg hinauf, umjubelt von vielen Menschen. Die Kuppe des Berges ist erreicht, die Heilige Stadt taucht auf. Der Esel kann sie noch nicht sehen, doch er, der auf ihm sitzt, erblickt bereits die Mauern, die Tore, den Tempel ... Ein Zucken spürt der Esel, Tränen rinnen über sein Fell, Tränen des Königs? Die Menschen um sie herum haben sich verändert: Zwischen den Jubelrufen stechen abweisende Gesichter und verschlossene Münder hindurch, so als wollten sie sagen: „Wer hat dich denn gerufen ...?“ Langsamer geht es weiter. Auf dem stufigen Pfad durch die Ölgärten ins Kidrontal hinab spürt der Esel bei jedem Tritt die Last mehr. Er streift einen Mann aus Jerusalem. Der versetzt ihm einen Tritt. Das tut weh. Der Esel trottet weiter, und dabei erinnert er sich an eine Geschichte, die sein Besitzer, der Bauer aus Betfage, eines Abends am Brunnen erzählt hatte: ... (s. 2.).

Ben Sadok, er ist vielleicht Inbegriff all derer, die hier am Rande stehen und spotten. Der Ausgang der Geschichte tröstet den Esel. Und er ahnt ja, daß es sich lohnt, diese Last zu tragen, den seltsamen König, der beim Empfang zu weinen beginnt ...

Palmsonntag aus der Sicht eines Esels! Liebe Gemeinde, können wir solche „Esel“ sein? Du oder du oder ich? Können wir das: Jesus tragen, ertragen, achtgeben, daß er nicht zu Fall kommt durch meinen Fehler; den rechten Schritt finden, um Jesu Weg zu ziehen; nicht stehenbleiben, wenn die Last der Nachfolge auch drückt, nicht ausschlagen, wenn ein Tritt uns trifft, ein spöttischer Blick ... so ein Esel!?

Ja, laß mich dein Esel sein! Zu solchem Ruf lädt uns der Palmsonntag ein. Laß mich dich tragen, wohin du willst, Herr! Und wenn bedrückende Tage kommen, dann laß mich kräftig werden wie die Palme mit dem Stein in ihrer Krone. Nichts kann mich zerstören, denn du bist bei mir. Nichts kann mich abbringen, denn du kennst den Weg. Und all die Ben Sadoks, die damals und heute durch die Lande ziehen und mit Waffen, Geld, Terror, Arbeitslosigkeit und Ausländerfeindlichkeit andere niederdrücken wollen, können uns letztlich nur stärker machen. Können wir so nicht in die Passion hineingehen – Jesu Last mittragend, aber auch von *Ihm* getragen? Laß mich dein Esel sein, Herr! Mit diesem Wunsch lesen wir also den Text des Palmsonntags: ... Ihr werdet einen angebundenen Esel finden. Er wird festgehalten von seiner Familie, von seinen Freunden, von seinem Beruf und seiner Freizeit. Noch nie hat er zugelassen, daß ein Mensch ihn ganz in Beschlag nimmt. Befreit ihn aus seinen Bindungen. Und wenn jemand fragt: Warum?, dann antwortet: Der Herr braucht ihn.

Es ist ein Wagnis und eine Herausforderung. Lassen wir uns an unserem Platz, in unseren Bindungen, mit unserer kleinen Kraft einladen zu der Bitte: „Laß mich dein Esel sein, Herr!“

6. Weitere Anregungen

Der Text eignet sich auch dazu, die einzelnen darin enthaltenen Bilder zum Sprechen zu bringen. Die ganze Perikope könnte aus unterschiedlichen Perspektiven narrativ gestaltet werden: „Ein Stein erzählt ...“ oder „aus dem Tagebuch eines Esels ...“ oder „Erinnerungen der Bäume am Wegrand“. Auf diese Weise könnte auch dem schöpfungstheologischen Aspekt des Abschnittes Rechnung getragen werden: Hier zieht kein anderer nach Jerusalem ein als der Schöpfer der Welt, der auch ihr Arzt ist.

Katja Baur

Gründonnerstag

Thematisch

1. Persönlicher Zugang zum Festgeheimnis

„Das Wichtigste an der Messe ist die Wandlung.“ Das ist fest in die katholischen Köpfe eingehämmert worden. Aber wenn ich an das Verhalten der Gottesdienstbesucher denke, bemerke ich während des Kanongebetes die größte Unaufmerksamkeit. Für Außenstehende gar sind die Wandlungsworte „Hokuspokus“. Der Wortgottesdienst, besonders wenn Einleitung und Predigt nicht nur das Evangelium nacherzählen, läßt dagegen noch eher aufhorchen. Ich sehe mich dem Dilemma ausgesetzt, daß am Gründonnerstag zentral in den Mittelpunkt gestellt wird („und das ist heute“), wozu vielen der Zugang fehlt: die Einsetzung der Eucharistie und ihre liturgische Feier.

2. Eine erfundene Geschichte

Die Predigt besteht aus einer erfundenen Geschichte. Dafür wurde die Gattung der Science-Fiction-Literatur gewählt. Deutlicher kann die Kluft zwischen den altehrwürdigen Wandlungsworten und der modernen Welt nicht zum Ausdruck gebracht werden. Aber gerade in ihrer Fremdartigkeit und ohne den gewohnten religiösen Hintergrund können die bekannten Worte neu zu „Reizworten“ werden.
Der Prediger kann bei der Science-Fiction-Geschichte den Namen seiner eigenen Gemeinde einsetzen.

3. Exegetische Hinweise

Entfallen.

4. Geschichte und Wandlungsworte

Was allzu gewohnt ist, wird nicht geschätzt. Fiktiv fragt die Geschichte den Hörer, was ihm und unserer Welt abgehen würde, wenn die Wandlungsworte nie mehr gesprochen würden. Bewußt will die Geschichte dogmatische Überlegungen vermeiden. Vielmehr versucht sie auf katechetischem Weg, zu den geheimnisvollen Worten einen ersten, lebensnahen Zugang zu verschaffen.

5. Predigtentwurf

Wer sich öfter mit der Frage beschäftigt, wie die Welt in Zukunft einmal aussehen wird, der greift gerne zu Science-Fiction-Romanen oder setzt sich zu spätmitternächtlicher Stunde vor den Fernseher und läßt sich Phantasiegemälde von zukünftiger Technik und zukünftigen Lebensbedingungen vor Augen führen. Wenn ich über unsere Kirche nachdenke, wenn ich sehe, wie die Kirchen immer leerer werden, wie immer mehr Menschen ihr distanziert gegenüberstehen, wie immer mehr Leute sagen: „Kirche und Gottesdienst bringen mir nichts, das ist ja doch immer das gleiche"; wenn in immer mehr Familien Glaube und Gebet kein Thema mehr sind – wenn ich das alles sehe und wenn ich dann den Auftrag bekäme, ein Drehbuch für einen Science-Fiction-Film über die Kirche der Zukunft zu schreiben, dann würde das so aussehen:

▶ Touristen auf einer Bildungsreise wollen die Kultur und das alte Brauchtum des (fränkischen) Volkes kennenlernen. Wir schreiben das Jahr 2287. Sie betreten ein altehrwürdiges Gebäude. Die Fremdenführerin erklärt: „Sie stehen hier in der ehemaligen Kirche von ... Vor vielen hundert Jahren war dieser Bau einmal der Stolz der kleinen Gemeinde. Einer über tausendjährigen Tradition folgend, trafen sich hier Sonntag für Sonntag fast alle Einwohner des Ortes, um ihren Gott zu verehren. Aber kurz vor der letzten Jahrtausendwende, in den Jahrzehnten nach dem sogenannten zweiten Weltkrieg, ließ das Interesse plötzlich stark nach. Und bald wurden wegen mangelnder Benutzung die Kirchen geschlossen. Manche Familien haben noch Privatheiligtümer aufgebaut und sich in kleinen Gruppen getroffen. Aber heute sind keine Spuren mehr davon übriggeblieben. Um die Kirche vor dem bedrohlichen Verfall zu schützen, schritt der Staat ein und nutzte sie als kunsthistorisches Museum für (fränkische) Landeskunde und Volksglauben.

Sie sehen hier in diesem Raum viele Statuen und Bilder von sogenannten Heiligen, zu denen Christen einmal beteten und die sie als Vorbilder verehrten. Das letzte Buch über die christlichen Heiligen wurde vor gut hundert Jahren geschrieben."

Die Reisegruppe wurde in einen kleinen Raum an der Stirnseite des Gebäudes geführt. Die Reiseführerin öffnete einen Tresor und zog eine schwarze Schatulle heraus. Sie öffnete sie vor den neugierigen Gesichtern. Ein Raunen ging durch die Reihe der Touristen, als sie eine Schale aus purem Gold und einen mit Edelsteinen besetzten Pokal zeigte. „Das sind, meine Damen und Herren, oder besser gesagt, das waren die wichtigsten Geräte bei der gottesdienstlichen Feier der Christen. Es war einem eigenen Berufsstand vorbehalten, bei dieser Feier aus der goldenen Schale an die Gläubigen kleine weiße Scheibchen Brot auszuteilen und Wein aus dem Pokal zu trinken. Der letzte Priester soll 2057 enttäuscht die Gemeinde von ... verlassen haben." Die Touristen bestaunten die wertvollen Stücke und gingen dann langsam aus der Sakristei, das war nämlich der Spezialname dieses kleinen Raums.

Ein junger Mann blieb stehen. Und während die Fremdenführerin die goldene Schale und den Pokal wieder einpackte, bat er sie: „Könnten Sie mir noch mehr über diese Geräte und die Art, wie die Christen damit gefeiert haben, erzählen?"

„Viel mehr kann ich Ihnen leider auch nicht sagen", gab die Fremdenführerin ehrlich zu. „Entweder müssen Sie zu Geschichtsforschern an die Universität – oder: In der Eifel soll es ein altes Kloster geben, wo noch ein paar Mönche nach dem damaligen Ritus Gottesdienst feiern."

Der junge Mann machte sich auf und suchte nach dem entlegenen Kloster. Als er die Klosterkirche betrat, hörte er Klänge, wie er sie noch nie gehört hatte. Um einen großen Tisch standen Männer in weißen Gewändern. Und auf dem Tisch erblickte er sie wieder: die goldene Schale und den reich geschmückten Pokal. Der greise Priester hob die Schale, zeigte eine weiße Scheibe Brot und sprach: *Nehmet hin und esset, das ist mein Leib, der für euch hingegeben wird.* Danach nahm er auch den Pokal und sprach: *Nehmet hin und trinket alle daraus. Das ist der Kelch des neuen und ewigen Bundes. Mein Blut, das für euch und für alle vergossen wird zur Vergebung der Sünden. Tut dies zu meinem Gedächtnis.* Und alle verneigten sich. Aus dieser Geste sprach eine tiefe Ehrfurcht.

Staunend verfolgte der junge Mann das Geschehen mit. Er verstand zwar nicht, was die kleine Scheibe Brot mit dem Leib und Fleisch eines Menschen zu tun haben sollte. Aber das spürte er: daß dieses Brot mit keiner anderen Speise zu vergleichen war und daß an diesem Brot das Leben dieser Männer hing. Er verstand zwar nicht, was dieser Wein im Pokal mit einem „neuen Bund" zu tun haben sollte, aber das spürte er: daß das Trinken aus dem einen Kelch diese Männer zusammenhielt und daß in dieser Runde eine geheimnisvolle Beziehung zu Jesus bestand, den sie in ihren Gebeten ansprachen. Und er verstand nicht, wie das gehen sollte: „Mein Blut, das für euch und für alle vergossen wird"; aber das berührte ihn, daß diese Männer in ihren Gebeten nicht nur an sich selbst dachten, sondern an alle, auch an die, die von dieser Feier überhaupt keine Notiz mehr nahmen und denen dieser Jesus gleichgültig war. Er verstand auch nicht, was diese Schale und dieser Pokal mit der Vergebung der Sünden zu tun haben sollten, aber das beeindruckte ihn: daß in dieser feierlichen Atmosphäre so unbequeme Themen wie Sünde und Schuld nicht totgeschwiegen, sondern ehrlich ausgesprochen wurden, ohne daß sich eine bedrückende Resignation über diese Feier legte. Und er hörte die Worte: „Tut dies zu meinem Gedächtnis", und er fragte sich: Warum nur haben die Menschen solche Worte und Zeichen vergessen? Warum nur haben sie mir so etwas vorenthalten? Und er beschloß, sich auf die Suche zu machen nach dem Geheimnis von Brot und Wein. ◀

Martin Ebner/Stefan Mai

Karfreitag

Zu Joh 18, 1 – 19, 42

1. Persönlicher Zugang zum Schrifttext

In der Johannespassion fasziniert mich am meisten die kunstvolle Zeichnung der Gestalt Jesu: In der äußersten Bedrohung und tiefsten Erniedrigung seines menschlichen Daseins läßt der Evangelist – noch stärker als die Vorgänger – die göttliche Hoheit aufscheinen. Indem aber durch das „Ecce homo" (19, 5) die Jesusgestalt auf den leidenden Menschen hin allgemein transparent wird, bietet sie den Erniedrigten und Leidenden aller Zeiten an, sich mit ihr zu identifizieren, um so Kraft zum Ertragen zu finden. Die bekannte Kreuzesdarstellung des Matthias Grünewald auf dem Isenheimer Altar ist nur ein herausragendes Beispiel dafür.
Dieser Konturierung der Jesusgestalt dient auch die Zeichnung der Gestalten des Pilatus und „der Juden". Hier sehe ich bis heute in der weithin verbreiteten Auffassung, es handle sich um eine historisch zuverlässige Darstellung, die große Gefahr, daß die von der Kirche ausdrücklich abgelehnte Zuweisung der Schuld am Tod Jesu an „die Juden" oder auch „die Pharisäer" weitergegeben wird (vgl. bereits meine Auslegung zu Mt 26, 14–27, 66 in „Lesejahr A", 75–79). Deshalb verlangen die vatikanischen „Richtlinien und Hinweise für die Durchführung der Konzilserklärung ‚Nostra aetate', Art. 4" von 1975 bereits für den in der Liturgie verwendeten Text der Heiligen Schrift eine Übersetzung, „die von ungenügend unterrichteten Christen" nicht mehr in diesem Sinne „mißverstanden werden" kann. Dazu wird eigens angemerkt: „So bedeutet der Ausdruck ‚die Juden' im Johannesevangelium im Kontext bisweilen ‚die Führer der Juden' oder ‚die Feinde Jesu' – diese Ausdrücke sind eine bessere Übersetzung des Gedankens des Evangelisten, wobei der Anschein vermieden wird, als sei hier das jüdische Volk als solches gemeint." Für die Passionstexte der Karwoche habe ich entsprechende Textvorschläge zusammengestellt in: Diakonia 15, 1984, 135 f.

2. Persönlicher Zugang zum literarischen Text

In seinem Werk über den Staat läßt Platon einen Gesprächspartner des Sokrates, Glaukon, den völlig Ungerechten und den völlig Gerechten einander gegenüberstellen. Dieser will nicht gut scheinen, sondern sein. Damit er diese seine Gerechtigkeit aber zweifelsfrei bewähren könne, müsse er den stärksten Anschein der Ungerechtigkeit auf sich nehmen. Das hat jedoch schlimme Folgen:
► Dieser „Gerechte wird gefesselt, gegeißelt, gefoltert, an beiden Augen geblendet werden, und zuletzt, nachdem er alle möglichen Übel erlitten hat, wird man ihn kreuzigen." ◄ Dazu sagt Glaukon ironisch, so werde dieser Mensch

„dann einsehen, daß man nicht gerecht sein, sondern scheinen wollen muß" (Politeia 360e–362a, nach der Übersetzung in „Rowohlts Klassiker" 27, 1958, 99 f). Es beeindruckt mich außerordentlich, wie Platon, der ja den erzwungenen Selbstmord seines Lehrers Sokrates vor Augen hatte, in der Beschreibung des Schicksals eines völlig gerechten Menschen die in unserer Welt herrschende Ungerechtigkeit aufdeckt und dabei für christliche Leser das Leiden Jesu geradezu vorausdeutet.

3. *Exegetische Hinweise*

Am Kreuz kommt für das Johannesevangelium die Erhöhung Jesu an ihr irdisches Ziel. Darum werden solche Züge getilgt, die menschliche Angst und Schwäche ausdrücken, etwa die Getsemani-Szene der Synoptiker. Statt dessen hält Jesus das Geschehen ganz in seinen Händen: Nachdem er das große Soldatenaufgebot, das ihn zu verhaften kommt, hat spüren lassen, wer wirklich die Macht hat (18, 6), läßt er sich festnehmen; Pilatus muß sich sagen lassen, daß er nur Gottes Werkzeug ist (19, 11); der Gekreuzigte sorgt für die, die ihm gehören (19, 25–27), und anstelle von „Mein Gott, mein Gott, warum hast du mich verlassen?" (Ps 22) stellt der Sterbende die von ihm bis ins Detail vollzogene Erfüllung des in der Heiligen Schrift enthaltenen Willens Gottes fest: „Es ist vollbracht" (19, 28–30).

Die Überlegenheit Jesu äußert sich darüber hinaus im doppelten Gesprächsgang mit Pilatus: Vor ihm bekennt er sich zu seiner Königsherrschaft und damit zu dem zur Entscheidung rufenden Wahrheitsanspruch, der von Gott stammt und auch durch den Spott nicht widerlegt werden kann (18, 33–19, 12). Der Pilatus des Evangelisten läßt diesen Anspruch zumindest so weit gelten, daß er darin keine juristische Schuld erblickt – was ja für die Christusverkündigung im heidnischen Römerreich keine geringe Entlastung bedeutete.

Dagegen werden „die Juden" als die Hauptwidersacher geschildert, die alles tun, um Jesus und seinen Anspruch zum Schweigen zu bringen. Hier spiegelt sich die Konfliktlage zur Entstehungszeit des Evangeliums. Die Behauptung in 19, 7 zeigt es ganz deutlich: „Sohn Gottes" böte als Bezeichnung des Messias von der Torah aus keine Möglichkeit einer so schwerwiegenden Anklage. Anders sieht es jedoch aus, wenn man die johanneische Bedeutung beachtet: Vor allem im Prolog (1, 1 f und 18) und in der Thomas-Erzählung (20, 28) ist ein jüdisch annehmbares „Sohn-Gottes"-Verständnis überschritten. Die Ablehnung dieses johanneischen Christusbekenntnisses, die in die Situation des Verhörs Jesu durch Pilatus zurückübertragen ist, wird vom Evangelisten mit dem historisch unvorstellbaren Vorwurf beantwortet, „die Hohenpriester" hätten unter Berufung auf den Kaiser in Rom ihrem wahren König, also Gott selbst, abgeschworen (19, 15) – dies wiegt ähnlich schwer wie Mt 27, 25. Solche Auseinandersetzungen können wegen ihrer Zeitbedingtheit heute nicht länger dazu dienen, die Botschaft der Johannespassion zu verdunkeln, die uns selbst unter den Wahrheitsanspruch des Gekreuzigten ruft.

4. *Schrifttext und literarischer Text*

„Das Kreuz ... enthüllt, wer Gott ist und wie der Mensch ist ... So bist du, Mensch, daß du den Gerechten nicht ertragen kannst ... So bist du, weil du als Ungerechter selbst immer die Ungerechtigkeit des anderen brauchst, um dich entschuldigt zu fühlen ... Das Psalmwort, jeder Mensch sei ein Lügner (Ps 116 [115], 11), lebe irgendwo gegen die Wahrheit, enthüllt schon, wie es wirklich um den Menschen steht. Die Wahrheit des Menschen ist, daß er immer wieder gegen die Wahrheit anrennt; der gekreuzigte Gerechte ist so der dem Menschen hingehaltene Spiegel ... Aber das Kreuz ... offenbart auch Gott: So ist Gott, daß er bis in diesen Abgrund hinein sich mit dem Menschen identifiziert und daß er richtet, indem er rettet. Im Abgrund des menschlichen Versagens enthüllt sich der noch viel unerschöpflichere Abgrund der göttlichen Liebe" (Josef Ratzinger, Einführung in das Christentum, Rechte beim Kösel-Verlag, München 1968; hier zit. nach: dtv 4094, 213 f, wo Platon-Text und Joh 19, 5 aufeinander bezogen werden).

5. *Predigtentwurf*

Der griechische Philosoph Platon hatte am Schicksal seines Lehrers Sokrates, der den Giftbecher trinken mußte, erlebt, wie ungerecht es in der Welt zugeht. In seinem Hauptwerk über den Staat bedenkt er diese Erfahrung. Dabei vertritt ein Gesprächspartner des Sokrates die gängige Auffassung, daß der Lohn eines Menschen, der nicht nur gut scheinen, sondern sein will, katastrophal ist (s. 2.). Was hier die philosophische Besinnung auf den üblichen Lauf der Welt bewußt machen will, das tut mit ihren Mitteln die Johannespassion. Sie stellt Jesus mit seinem „königlichen", das heißt: von Gott stammenden, Wahrheitsanspruch der „Welt" gegenüber. Welt meint hier nicht die gute Schöpfung Gottes, sondern unsere Menschenwelt, die sich auf unterschiedliche Weise der Wahrheit Gottes verweigert. Auf der einen Seite tritt Pilatus vor uns als Verkörperung von Gleichgültigkeit, Überheblichkeit, Feigheit. Auf der anderen Seite stellt die Johannespassion Jesus „die Juden" gegenüber als Repräsentanten derer, die der Wahrheit Jesu mit Haß und Feindschaft begegnen. So wenig wie die Pilatusgestalt dürfen wir die johanneischen Juden als historische Gestalten sehen. In diesem Fall verschließen wir uns nämlich von vornherein der Frage, die die Johannespassion mit Hilfe dieser als Feinde gezeichneten Gruppe an uns richtet, ob wir nicht uns selbst dem Anspruch Jesu an unser Leben zuinnerst widersetzen. Die Geschichte der christlichen Judenfeindschaft ist ein ganz markantes Beispiel solcher Widersetzlichkeit. Doch gibt es noch genügend andere Beispiele in unserem Leben: Wo der Umgang mit Familienangehörigen, mit Nachbarn und Bekannten zum Kleinkrieg ausartet; wo das Verhalten am Arbeitsplatz, im Verkehr, in der Öffentlichkeit von Neid und Konkurrenzdenken gesteuert ist; wo Fremde, Asylanten, Menschen der „dritten Welt" verachtet oder ausgebeutet werden; wo die Natur bei uns und anderswo egoistischen Interessen

geopfert wird; wo in Kirche und Gemeinde persönlicher Ehrgeiz, Machtstreben, Unversöhnlichkeit das Feld beherrschen – überall da verweigern wir uns dem Anspruch Jesu an unser Leben. Da „kann er uns gestohlen bleiben"; da verhalten wir uns so, als ob er wirklich tot für uns wäre.
Natürlich ist es bequemer und auch weniger gefährlich, „mit den Wölfen zu heulen", also die Ungerechtigkeit und Unlauterkeit der anderen zum Vorwand der eigenen Lebenslügen zu nehmen, als zu versuchen, „gegen den Strom zu schwimmen", also seinen christlichen Standpunkt, so gut es geht, im Leben zu verwirklichen. Was das letztlich bedeuten kann, zeigt uns die Johannespassion in schonungsloser Offenheit an der Gestalt des verspotteten Jesus: Wer auf die Stimme Jesu hört, der muß damit rechnen, daß seine Umgebung feindselig und höhnisch, zumindest gleichgültig und überheblich reagiert.
Doch die Johannespassion will uns nicht nur die Illusion nehmen, daß Christsein anspruchslos wäre. Vielmehr will sie uns auch Mut dazu machen, unsere Ängstlichkeit oder auch Bequemlichkeit hinter uns zu lassen. Denn die Ironie des Pilatuswortes: „Da, seht den Menschen!", die die Maßstäbe unserer Welt wiedergibt, wird vom Glauben verwandelt zum Bekenntnis: In diesem erbärmlichen Jesus ist Gott zugegen. Gott ist nicht bei den Mächtigen, sondern bei denen, die wie Jesus ausgelacht, niedergebeugt, ohnmächtig sind. Er ist bei denen, die auf seine Stimme hören und sich von ihm die Wahrheit ihres Lebens schenken lassen, aus der eine unvergleichlich größere Zuversicht erwächst als aus allem, was die Welt uns bieten kann.

6. Weitere Anregungen

Der Motivreichtum der Johannespassion steht im Zusammenhang mit dem übrigen Evangelium. Deshalb könnten solche Verbindungen in einer Predigt entfaltet und ausgelegt werden, etwa das Verständnis des Kreuzes als Erhöhung; das österliche Licht, in dem die Passion durch das Vorherwissen Jesu und durch seine Beherrschung des Geschehens sowie durch die ausdrücklichen „Schriftbeweise" steht; die Zuversicht, die der Evangelist durch Jesu Verzicht auf Einsatz seiner göttlichen Macht einerseits, durch die Sorge für die Seinen andererseits vermitteln will u.a.m.
Das Christus- und damit das Menschen- und Gottesbild der Johannespassion läßt sich daneben auch durch Betrachtung von Kunstwerken einprägsam vermitteln, die von ihr inspiriert sind. Ihre Schöpfer haben sich ja um jeweils aktualisierende „Übersetzung" bemüht.

Peter Fiedler

Die Feier der Osternacht

Zu Ex 14, 15 – 15, 1

1. Mein persönliches „Aufbrechen" und dieser Lesungstext

So früh – Mitte Juni, also sechs Monate vor dem Abgabetermin für die Manuskripte (15. Dezember) – so früh bin ich noch nie „aufgebrochen". Meist haben nämlich die Wasserfluten des (warum eigentlich „drohenden"?) Redaktionsschlusses meine geistige Streitmacht in arge Bedrängnis gebracht, zumindest bei den zwei bisherigen Bänden dieser Predigthilfen im Matthias-Grünewald-Verlag. Woher nun auf einmal, um im Exodus-Sprachspiel zu bleiben, jener wegerschließende Ostwind der Arbeitsfreude, der mich schon jetzt, zu Sommerbeginn, durch diese Perikope führt?
In erster Linie hängt das sicherlich mit meiner eigenen Situation zusammen. Seit einiger Zeit – ich meine, der „Vierziger" hat viel dazu beigetragen – zieht sich ein „Laß los, komm!" durch meine Tage, spinnt sich ein „Geh, brich auf!" durch meine Jahre. Manchmal so dicht, daß ich die Fäden fast mit Händen greifen kann. Beglückt spüre ich, daß da einer meine Schritte zu einem textum webt: Gott schreibt auf meiner Lebensmitte. Was andere als Midlife-Crisis bedrückt, als Menetekel „auf der weißgetünchten Wand" ihres scheinbar ewigjungen „königlichen Palastes" (Dan 5, 5) schockiert, empfinde ich als Feuerzeichen dessen, der „meinen Lebensatem in seiner Hand hat und dem alle meine Wege gehören" (Dan 5, 23). Feuerzeichen, Lebensatem, Wege: Leitworte meiner „besten Jahre", zugleich auch Markierungspunkte des gewählten Bibelabschnitts. Kein Zweifel, „Exodus" ist zu einem bestimmenden Thema meiner Existenz geworden. Und wird es hoffentlich bleiben.
„Exodus" ist aber auch zu einem bestimmenden Thema Europas, ja der Erde insgesamt geworden. Und wird es hoffentlich bleiben. Um nur einige Stationen anzureißen, „politische Oasen" gleichsam: vom „Aus-Brechen" aus dem „Haus der Knechtschaft" kommunistischer Pharaonen (zuerst Polen, dann Ungarn und die DDR; Revolutionsjahr 1989) über das „Durch-Ziehen" zwischen „Mauern der Spaltung" (Vereinigung von BRD und DDR; Währungsunion) bis zum „Ein-Ziehen" ins „Gelobte Land" (Vereintes Europa? Ende von NATO und Warschauer Pakt? 1999?). Oder eine andere Exodus-Linie, „ökologische Oasen" wie Elim (vgl. Ex 15, 27: „Dort gab es zwölf Quellen und siebzig Palmen"): vom Alarmsignal der „Grenzen des Wachstums" (Wissenschaftler: Club of Rome, 1972) über die Suchbewegung nach „Gerechtigkeit, Frieden und Bewahrung der Schöpfung" (Christen: Ökumenischer Rat der Kirchen, Basel 1989/ Seoul 1990) bis zur „Rettung des Globus" (alle Menschen: Ende des Treibhaus-Effekts? Gemeinsame Verantwortung für die eine Welt? 2050?).

2. u. 4. *Mein literarisches „Aufbrechen" und dieser Lesungstext*

Weil mich „Exodus" sowohl existentiell wie politisch-ökologisch bewegt, „bewegt" er, bringt er im wörtlichsten Sinne auch mein literarisches Schaffen auf „neue Wege". Zusätzlich fühle ich mich durch die Herausgeber des vorliegenden Werkes ermutigt (Projektbeschreibung), „nicht nur auf die durch viele Sammelbände weitverbreiteten und mittlerweile sattsam bekannten Erzählungen zurückzugreifen". Daher im folgenden ein eigener Text, bisher unpubliziert.

▶ Offener Brief

Qantir/Tell el-Dab'a,
im 60. Jahr der Regierung Ramses II.,
des ruhmreichen Sohnes des großen Pharao Sethos

An Mose und seine Anhänger!

Bleiben sollt Ihr, bleiben und nicht davonlaufen!
Das Heil liegt nämlich nicht in der Flucht von einigen wenigen, sondern im Durchhalten aller, wenn die Not am größten ist. Denn wir wissen: „Bedrängnis bewirkt Geduld, Geduld aber Bewährung" (Röm 5, 4).
Versteht mich recht: Keinem Nomaden ist es angenehm, „für den Pharao die Städte Pitom und Ramses als Vorratslager auszubauen" (Ex 1, 11). Aber niemand soll einmal sagen: „Die Israeliten haben sich im Land verlaufen, die Wüste hat sie eingeschlossen" (Ex 14, 3).
Oder wollt Ihr tatsächlich behaupten, es sei weniger Qual, zu verdursten oder „an Hunger zu sterben" als bei harter Arbeit „Brot genug zu essen zu haben" (Ex 16, 3)?
Ich für meinen Teil, ich habe mich jedenfalls entschieden: Einer angeblichen Freiheit mit Heuschrecken, Wachteln und anderem „Man-hu" (Ex 16, 15) ziehe ich eine immerhin schon jahrelang erträgliche Sklaverei an den „Fleischtöpfen Ägyptens" (Ex 16, 3) vor.

Gehorchen sollt Ihr, gehorchen und nicht aufbegehren!
Das Heil liegt nämlich nicht im Widerstand von einigen wenigen, sondern in der Ergebung aller, wenn uns strenge Aufseher als Prüfung auferlegt sind. Denn wir wissen: „Es gibt keine staatliche Gewalt, die nicht von Gott stammt; jede ist von Gott eingesetzt" (Röm 13, 1).
Versteht mich recht: Keinem Hirten ist es angenehm, auf fremdem Boden Lehmblöcke fertigen zu müssen, verschärft durch Strohbeschaffung, „bei gleichem Soll an Ziegeln wie bisher" (Ex 5, 8). Aber niemand soll einmal sagen: „Ich habe dieses Volk durchschaut: Ein störrisches Volk ist es" (Ex 32, 9).
Oder wollt Ihr tatsächlich behaupten, unsere gegenwärtige Lage entspringe nicht der Sünde, dem Ungehorsam gegen himmlische Weisungen, weshalb wir bestraft werden und „vierzig Jahre lang die Folgen unserer Schuld tragen müssen" (Num 14, 34)?

Ich für meinen Teil, ich habe mich jedenfalls entschieden: Gesetz und Ordnung sind die Säulen menschlichen Zusammenlebens. Ich füge mich den Vorschriften der Ägypter und beachte damit die Gebote Gottes, der mir als Lohn dafür „keine Krankheiten schicken wird“ (Ex 15, 26).

Beten sollt Ihr, beten und nicht vorschnell handeln!
Das Heil liegt nämlich nicht im Aktionismus von einigen wenigen, sondern im betenden Seufzen aller, die sich nach Erlösung von oben sehnen. Denn wir wissen: „Die gesamte Schöpfung seufzt bis zum heutigen Tag und liegt in Geburtswehen“ (Röm 8, 22).
Versteht mich recht: Keinem Freiheitsliebenden ist es angenehm, fern von den Opferplätzen der Heimat den El der Väter, „den Gott Abrahams, den Gott Isaaks und den Gott Jakobs“ (Ex 3, 15), verehren zu müssen. Aber niemand soll einmal sagen: „Ein goldenes Kalb – das sind deine Götter, Israel, die dich aus Ägypten heraufgeführt haben“ (Ex 32, 4).
Oder wollt Ihr tatsächlich behaupten, es sei ein erlaubtes und sinnvolles Flehen, Gott möge „die Ägypter mitten ins Meer treiben“ und die „ganze Streitmacht des Pharao“ vernichten, so daß „nicht ein einziger von ihnen übrig bleibt“ (Ex 14, 28)?
Ich für meinen Teil, ich habe mich jedenfalls entschieden: Kein Kriegsgesang von „Rosse und Reiter warf er ins Meer“ (Ex 15, 1.21) komme über meine Lippen. Mein Gebet laute vielmehr: „Ich gehe nicht um mit Dingen, die mir zu wunderbar und zu hoch sind. Wie ein kleines Kind bei der Mutter ist meine Seele still in mir. Israel, harre auf den Herrn von nun an bis in Ewigkeit“ (Ps 131, 1–3).

Ich fasse noch einmal zusammen, wozu ich mich bekenne. Meine Kurzformeln des Glaubens als Appelle an euch:
Beten sollt Ihr, beten und nicht vorschnell handeln!
Gehorchen sollt Ihr, gehorchen und nicht aufbegehren!
Bleiben sollt Ihr, bleiben und nicht davonlaufen!

In diesem Sinne: Schalom!

Euer
Obed ◄

3. Mein exegetisches „Aufbrechen“ und dieser Lesungstext

Die „Rettung am Schilfmeer“ hat mich immer schon fasziniert. Ich erinnere mich noch recht deutlich an die Phase meiner „ersten Naivität“ (realistisch-dokumentarische Sicht des Auszugs), die ich daher auch anderen, vor allem Nichtfachleuten, zubillige. Durch bibelwissenschaftliche Studien, besonders aber meine Arbeit in der Lehrer- und Erwachsenenbildung ist mir der Exodus zu einem Ur-Datum jüdisch-christlicher Glaubensgeschichte geworden. Für den Kontext Osternacht nur einige Grundzüge (ausführlicher unter „Brennpunkt Befreiung" in: W. Kirchschläger/J. Schultes, Betroffen vom Wort. Ein Arbeitsbuch zur Bibel, Wien–München 1986, 17–25).

Zeit und Milieu der „Exodus-Gruppe": Das Regierungszentrum von Langzeit-Pharao Ramses II. (ca. 1295–1225 v. Chr.) lokalisiert man seit einigen Jahren – vor allem auf Grund österreichischer Grabungen – in der Region Qantir/Tell el-Dab'a im Delta, genauer am pelusischen Arm des Nils.
Ebenso gilt heute als weitgehend gesichert, daß man im „Mose-Verband" Nachkommen von landsuchenden Halbnomaden zu sehen hat. Sie sind im Zuge der „aramäischen Wanderwelle" (ab 1400 v. Chr.) nach Ägypten infiltriert, um dort Weide (und Bleibe?) zu finden.
Die Experten meinen, Mose hätte kaum die Initiative zum „Exodus" (unter Ramses II. oder seinem Nachfolger Merenptah) ergreifen können, wenn er nicht eine gute Kenntnis der Wach- und Schutzanlagen an der östlichen Reichsgrenze des Ramessidenreiches sowie der weiterführenden Beduinenwege besessen hätte.
Die Lokalisierung des „Schilfmeers" (hebr. jam sūf) ist umstritten. Die einen verstehen darunter den Golf von Aqaba, also das „Rote Meer", die anderen suchen es an der Mittelmeerküste. „Die meisten Exegeten denken heute an einen der Seen auf der Landenge zwischen Suez und Port Said" (J. Schreiner).

Zeit und Milieu der „Exodus-Autoren": Literarkritisch gesehen weist die „Schilfmeer"-Erzählung in erster Linie Traditionsstränge aus J und P auf, Fragmente aus E sowie einige redaktionelle Ergänzungen.
Jahwist (Mitte 10. Jh. v. Chr.; salomonische Ära mit Bau von Tempel- und Palastanlagen durch Kanaanäer und andere Nicht-Israeliten): „Handeln wir an den Fremden, wie Jahwe an unseren Vätern gehandelt hat, oder handeln wir an ihnen wie der Pharao an jenen?" (Ch. Goldmann).
Priesterschrift (Mitte 6. Jh. v. Chr.; Babylonisches Exil mit imposanten Kultfeiern für Marduk, den Tiamat-Chaosmeer-Spalter): Nicht Marduk verdankt Israel sein Leben, sondern Jahwe, dem wahren Meeresspalter, der sich schon bei der Schöpfung (vgl. Gen 1) als Herr über die Urflut erwiesen hat.

4. Mein homiletisches „Aufbrechen" und dieser Lesungstext

Die Bibelstelle und das in enger Tuchfühlung dazu formulierte literarische Pendant bedürfen wohl keiner längeren wechselseitigen Erschließung. Der Offene Brief bildet gleichsam die Negativfolie – Schwarzmalerei als Leitlinie auch gegenwärtiger „Kirchen-Politik" (samt „Bibel als Steinbruch"-Methode?) –, von der sich die Predigt positiv abheben soll.
Im folgenden eine Skizze im „klassischen Dreischritt" (mit kurzen Alternativ-Vorschlägen), wobei selbstverständlich die spezielle Gemeindesituation vorrangig zu beachten ist. Außerdem: nicht länger als sieben Minuten, in der Realität sind's dann ohnehin zehn ...

A. Bleiben sollt ihr – ecclesia semper reformanda

Verlockung „Ägypten heute": Alles soll bleiben, wie es ist (z. B. Lebensstandard; Konsumismus; „Boot ist voll"-Mentalität; Neo-Traditionalismus).
Einladung „Exodus heute": Laß dich ein auf Metanoia (Reform des Herzens, der Gesinnung; Auszug aus Konservativismus und Kapitalismus; Loslassen lernen).
Variante: Glaubenszeugnis einer (in der Osternacht getauften?) Frau, wie sie in Familie und/oder Beruf und/oder Kirche „Exodus" erfahren hat.

B. Gehorchen sollt ihr – baptisma semper renovanda

Verlockung „Pharao heute": Wer nicht hören will, muß fühlen (z. B. Weltbank; Kapitalismus; „herr"schende Zustände in Männerwelt und Männerkirche).
Einladung „Exodus heute": Vertraue der neuen Adresse (Gelobtes Land erwachsenen Christseins; Entfaltung der Tauf- und Firmcharismen; Leben lernen).
Variante: Glaubenszeugnis eines (in der Osternacht getauften?) Mannes, wie er in Familie und/oder Beruf und/oder Kirche „Exodus" erfahren hat.

C. Beten sollt ihr – resurrectio semper agenda

Verlockung „Emigration heute": Was kann man denn machen? (z. B. Aussteiger; Resignation und Depression; Starren auf „sinkende" Priesterberufe).
Einladung „Exodus heute": Sei österlich aktiv (geschwisterliche Gemeinden als Fermente der Mitwelt; Evangelisierung durch „Laien"; Ostern tun lernen).
Variante: Glaubenszeugnis eines (in der Osternacht getauften?) Jugendlichen, wie er bzw. sie in Familie und/oder Schule und/oder Kirche „Exodus" erfahren hat.
„Festigung" der Homilie: Vielleicht kann das Team zur Gestaltung des Gottesdienstes, der Liturgiekreis oder eine andere Gruppe ein kleines Ostersymbol für die konkrete Pfarrei vorbereiten, das im Anschluß an die Predigt bzw. am Ende der Osternachtfeier an alle – bitte, gratis! – verteilt wird. Beispielsweise Palmzweig mit Segenswunsch, Ostergebäck, Spruchkarte „Ostern tun" – an Ideen ist sicherlich kein Mangel!

Josef Schultes

Ostersonntag

Zu Kol 3, 1–4

1. Persönlicher Zugang zum Schrifttext

Die kurze Lesung aus dem Kolosserbrief bietet sich auf den ersten Blick für eine Literatursendung im Rundfunk an, in der Textkundige all ihr Vermögen aufbieten, den Verfasser und seine Zeit zu erraten. Ihre Spurensuche würde ohne Schwierigkeiten zum Neuen Testament, vielleicht sogar zu den Briefen führen. Und dann?
Ohne weiteres läßt der Text keine eindeutigen Schlüsse auf Verfasser und Gemeinde zu. Diese Lesung am Osterfest könnte auf verschiedene Spuren führen. „Sucht das Obere ... Das Obere habt im Sinn, nicht das auf der Erde" (Übers. Fridolin Stier). In dieser dem griechischen Text nahen Übersetzung kann die Sprache von Aussteigern, Weltflüchtigen anklingen, die für die Wirklichkeit des Alltagslebens blind werden möchten. Ist es ein Mysterientext am Ostertag, den wir als Adressaten nicht mehr verstehen?
Ein solcher Text, der Widerspruch auslösen kann, lohnt die Auseinandersetzung. Wie kann die Waage zwischen Indikativ (3, 1a) und Imperativ (3, 1b.2) gehalten werden?

2. Perönlicher Zugang zum Gedicht

Reiner Kunzes Gedicht für Peter Huchel „Zuflucht noch hinter der Zuflucht" läßt schon mit dem Bild vom Wind, der ungebeten durchs Tor tritt, aufhorchen. Hintergründig deuten die Zeilen Gottes Handeln an. Er läßt wachsen und gibt so Antwort auf die Frage: „Was soll man tun?"

▶ Hier tritt ungebeten nur der wind durchs tor

Hier ruft nur gott an

Unzählige leitungen läßt er legen
vom himmel zur erde

Vom dach des leeren kuhstalls
aufs dach des leeren kuhstalls
schrillt aus hölzerner rinne
der regenstrahl

Was machst du, fragt gott

Herr, sag' ich, es
regnet, was
soll man tun

Und seine antwort wächst
grün durch alle fenster ◀

Exegetische Hinweise

Kolossae in Phrygien, 200 km östlich von Ephesus, hatte mit den benachbarten Städten Laodizea (vgl. Kol 4, 15) und Hierapolis unter Antiochus III. (242–187 v. Chr.) einen erheblichen Prozentsatz jüdischer Mitbürger aufgenommen. Die Stadt lebte von der Wollindustrie. Sie war vermutlich nach 61 n. Chr. durch ein Erdbeben zerstört worden. Seitdem fehlen historische Zeugnisse.
Der Missionar und Gründer der Gemeinde in Kolossae ist wohl der Heidenchrist Epaphras (Kol 1, 7; 4, 12 f). Paulus, der mit Timotheus als Absender genannt ist (Kol 1, 1), kennt die Gemeinde nicht persönlich (Kol 2, 1). Er befindet sich in Gefangenschaft (Kol 1, 24; 4, 3.18). Die Christen in Kolossae hörten von der Hoffnung, die das Evangelium schenkt (Kol 1, 23), vor ihrer Taufe (Kol 1, 21.27; 2, 13; 3, 5.7). Sie scheinen durch eine werbende Philosophie (Kol 2, 4.8) im Festhalten am Evangelium gefährdet zu sein. – Bezüglich der paulinischen Verfasserschaft schwanken die Exegeten. Nach Aufbau und inhaltlicher Struktur sieht der Brief wie ein originaler Paulus-Brief aus; auf der anderen Seite vertritt er eine andere Tauftheologie als z. B. Röm 6, 1–11, wo Paulus eine Zukunftsperspektive aufzeichnet. Kol 2, 12; 3, 1 betonen die Gegenwart der Auferstehungswirklichkeit. Ähnliches gilt von der unterschiedlichen Deutung des Leibes Christi in 1 Kor 12; Röm 12 und Kol 1, 8; 2, 19.
Es liegt nahe, an einen Paulus-Schüler zu denken, der mit dessen Gedankengut vertraut war.
Die Lesung am Ostertag (3, 1–4) bildet die Brücke zwischen dem lehrhaften Teil (1, 3–2, 23) und dem mahnenden Abschnitt (3, 5–4, 6). Im Eingang des Briefes folgen dem Dank für die Gemeinde (1, 3–8) und der Fürbitte (1, 9–11) der Christushymnus (1, 12–20, einschließlich Rahmen). Das Thema des Ostertages schlägt die Einführung zum Loblied an: „Er hat uns der Macht der Finsternis entrissen. Durch ihn haben wir die Erlösung, die Vergebung der Sünden" (1, 13 f). Im Rahmen des Liedes besingt die Gemeinde den Grund ihrer Hoffnung (1, 21–23). Mit dem Hinweis auf die Offenbarung des Christusgeheimnisses (1, 24–29) folgt die Darstellung des apostolischen Einsatzes (2, 1–5). Die Auseinandersetzung mit der griechischen Philosophie (näherhin Pythagoras) nimmt den Schlußabschnitt des lehrhaften Teils (2, 6–23) ein, in dem der christologische Unterton vorherrschend ist: Der Messias ist der Herr über die Mächte (2, 8–15), und ihm verdanken die Christen die Freiheit vom Gesetz (2, 16–23).
Die Verwurzelung des Glaubenden in Christus (1, 12–2, 23) greift der Abschnitt sozusagen im Telegrammstil auf:

V. 3, 1a weist zurück auf 2, 12 f: „Mit Christus wurdet ihr in der Taufe begraben, mit ihm auch auferweckt ...". Diese Überzeugung wächst im Gehorsam gegenüber dem Evangelium, das Hoffnung auf Rettung schenkt (1, 23).

3, 1b: Zu 2, 20 lesen wir die Begründung ab: „Sucht das Obere" (griech. Text) meint: Die Welt soll nicht mehr Sinn/Ziel des Lebens sein. Wie in ihr die Lebensmaximen lauten können, zeigen die folgenden Briefzeilen (3, 5–4, 1). Zugleich spielt der Halbvers auf die Ausführungen 2, 8 ff an, hinter denen das hellenistische Weltbild auszumachen ist. Nach Platon findet der Mensch die heile Welt nur in der Transzendenz. Der Kosmos besteht aus den vier Elementen: Erde, Wasser, Luft, Feuer. Die „obere" Welt (gleichsam im Äther) gilt als die unsterbliche, göttliche Welt, während die irdische Sphäre unbeständig, ungesund, sterblich ist. In der jüdischen Überlieferung meint die „obere" Welt die heile, kommende Welt. Der Thron des Herrn wird über der Himmelspforte stehen (Ez 1, 26), und der Menschensohn kommt auf den Wolken des Himmels (Dan 7, 13). Während die Geistwesen den Himmel bewohnen, bevölkern die Fleischgebundenen die Erde. In der Qumran-Sekte wird die Gottesdienstgemeinde „Gemeinde der Himmlischen" heißen.

3, 1c: In der oberen Welt sitzt Christus zur Rechten Gottes (Ps 110, 1; vgl. Röm 8, 34). Die Auferstehung Jesu interpretiert Kol 3, 1c als Erhöhung. Der Durchbruch in die Welt Gottes ist bestimmend, an dem die Mit-Auferweckten teilhaben können (vgl. 1 Kor 15, 22–28; Phil 2, 9–11).

3, 2: Hier wird deutlich, daß der Gegensatz „das Obere – das auf der Erde" keine topographischen Begriffe widerspiegelt, sondern eher Sphären meint wie in Röm 8, 5. Mag die kolossische Philosophie auch von einer Sehnsucht nach einer Welt jenseits unserer Welt bestimmt sein und meinen, alles Materielle sei negativ und ein Hindernis für die Seele, so denkt der Verfasser des Kolosserbriefs alttestamentlich: Alles Leben im Fleisch ist Gottes gute Schöpfung. Verkehrt kann nur ihr Geist sein, wenn er gegen Gott rebelliert und die geschöpfliche Begrenztheit nicht wahrhaben will. Deshalb schreibt er: „Das Obere habt im Sinn!"

3, 3: Denn seit der Taufe gehören die Kolosser nicht mehr der Erde und den Elementen des Kosmos an (2, 12.20), sondern dem von Christus bestimmten Leben. Das neue Leben bleibt eine verborgene Realität, ein Geheimnis Gottes. So unterscheidet Kol 3, 3 Auferstehung Jesu und zugleich die Auferweckung der Getauften als eine Realität, die im Glauben allein erfahren werden kann (vgl. 1, 22 f). Das Auferstehungsleben der Christen, das mit der Taufe beginnt, ist noch nicht abgeschlossen. Gottes Treue steht für dieses Leben ein, „weil im Himmel die Erfüllung eurer Hoffnung für euch bereitliegt" (1, 5).

3, 4: Die Verborgenheit wird aufgehoben (vgl. 1, 26), wenn am letzten Tage Christus erscheinen wird. Deutlicher kann die frühchristliche Parusieerwartung nicht ausgedrückt werden. Doch ist im Zusammenhang 3, 1–4 ein Vorbehalt der noch ausstehenden Offenbarung begründet: Die lebensmäßige Verwirklichung des Glaubens und Christus werden enthüllen, wer wir sind. Er wird nicht zum Besitz, über den wir verfügen können. „In Herrlichkeit" meint: in der Welt Gottes, in der Welt Christi. Das kommende Leben wird in der vollen

Gemeinschaft mit Gott qualitativ anders aussehen. Mit anderen Worten: Das Obere im Sinn haben heißt „Gott im Sinn haben". Getaufte Menschen leben von ihrer in Christus begründeten Zukunft her. Wer allein von Gott sein Leben und Heil erwartet, wird frei, die Welt zu gebrauchen (Kol 2, 21 ff).

4. Schrifttext und Gedicht

Die Bilder des Gedichtes lassen den Vorgang aufleuchten, der mit dem Text des Kolosserbriefes ausgedrückt wird: In der Taufe sind die Christen mit Christus auferweckt worden, d. h. in die Welt Gottes hineingenommen. Seitdem kann Gott bei ihnen anrufen. Er hat eine Leitung legen lassen „vom Himmel zur Erde" wie den Regenstrahl. Gott läßt wachsen, so wie das Grün im Frühjahr den Aufbruch ankündigt. Die Lesung erinnert an den Anfang, den Gott gesetzt hat, und lenkt den Blick auf die Zukunft. Sein Erscheinen am Jüngsten Tag wird das verborgene Leben mit dem auferweckten Christus offenbar machen. Das in unser Leben eingepflanzte Samenkorn wird Frucht bringen, sofern der Lebensfaden zwischen dem erhöhten Herrn und dem Getauften nicht abreißt.

5. Predigtentwurf

Briefe, zumal handgeschriebene Briefe, verwahren wir wie Geschenke. Ein Liebesbrief oder ein Abschiedsbrief mögen darunter sein. Auf den Brief meines Lebenspartners, meines Kindes oder meines Freundes warte ich gerne. Diese Blätter halte ich fest in der Hand. Das Papier, die Handschrift, die aufgeschriebenen Gedanken und Gefühle kann ich wieder und wieder in die Hand nehmen. Der Brief macht beim wiederholten Lesen das Nachempfinden und Mitempfinden leichter. Der schnelle Griff zum Telefon, das Gespräch im Sekunden-Takt, kann das persönliche Schreiben nicht ersetzen.
Durch die ganze Kulturgeschichte hindurch, angefangen bei den Tontafeln über den Papyrus, das Pergament, das Büttenpapier, die Schreibmaschine, den Schreibcomputer bis zum Telefax ziehen sich die Spuren der Briefwechsel. Zu den wertvollsten und frühesten gehören die persönlichen Schreiben, die Paulus und sein Schülerkreis ihren christlichen Gemeinden zukommen ließen. Es sind Briefe von Männern, die von der Hoffnung getrieben waren: „Jesus Christus ist unser Leben." Oder anders gesagt: „Er ist für uns gestorben. Gott hat ihn auferweckt." In dem Brief, aus dem wir heute einen kleinen Abschnitt hören, heißt es: „Christus ist unter euch. Er ist die Hoffnung auf Herrlichkeit" (Kol 1, 27).
Reiner Kunze schreibt an Peter Huchel einen „Brief" in Form eines Gedichtes mit der Überschrift: Zuflucht hinter der Zuflucht (s. 2.). Er scheint einen Freund vor sich zu sehen, der sich in ein leeres Gehöft zurückgezogen hat, das keiner ungebeten betreten kann, nur der Wind. Ein gelbes Schild könnte am Hoftor dem Besucher anzeigen: Eintritt verboten! Aber einer meldet sich:

„Hier ruft nur Gott an.“ Ruft Gott heute auch bei uns an, die wir uns vor *Ihm* ebensowenig verstecken können?
Ausgerechnet heute, am Fest des Lebens, der Wiedergeburt, am Gedenktag der unwiderstehlichen Kraft und Macht des Kreuzes, am Befreiungstag Gottes, bringt uns die Kirche einen Brief zu Gehör, der fern unserer Lebenswirklichkeit zu stehen scheint. Ruft er nicht zur Weltflucht auf? Es heißt: „Das Obere habt im Sinn, nicht das auf der Erde“ (Kol 3, 2). Und wer würde heute sagen: „Gestorben seid ihr, und euer Leben ist verborgen mit dem Messias in Gott“ (Kol 3, 3)? Der Apostelschüler, der sich in den Gedanken des Paulus gut auskennt und weiß, was in dieser Stadt der Wollindustrie – in Kolossae – herumgeistert, weiß, wovon er spricht: „Habt im Blick, daß niemand euch zur Beute mache durch Philosophie und leeres Geblend, die sich an Menschenüberlieferung, an die Grundgewalten der Welt und nicht an den Messias halten“ (Kol 2, 8). Das Blendwerk basiert auf dem griechischen Weltbild von „Oben“ – die geistige – und „Unten“ – die materielle Welt. In diesem Weltgefüge herrschen die vier Elemente: Wasser, Luft, Feuer und Erde. In den neuen religiösen Strömungen der letzten Jahre finden wir diese Elemente wieder. Manchmal macht es den Eindruck, als würde hier zur Weltflucht aufgerufen. Aussteiger gab es genug gegen den Strom der Wohlstandsgesellschaft. Andere prophezeiten das neue Zeitalter mit einem neuen Bewußtsein. Nicht Weltflucht und Träumerei will dieser heutige Osterbrief in uns wachrufen. Vielmehr erinnert er uns an den Beginn unseres christlichen Lebens, an die Taufe. Die Zustimmung unserer Eltern oder unsere eigene – sofern wir als Erwachsene die Glaubenstaufe erbaten – stellte uns in eine neue Welt, die Welt Gottes. „Ihr seid mit Christus auferweckt.“ Ostern heißt also auch Feier unseres Anfangs im neuen Leben! Heute ruft uns das Wort der hl. Schrift auf, den Spuren Gottes in unserem Leben nachzugehen; die Licht- und Augenblicke erlebter Erlösung im Verzeihen und Vergeben zu sammeln; die kleinen Siege des Friedens über den Unfrieden, die gelungenen Beziehungen über die zerbrochenen Brücken ins Gedächtnis zu rufen. Heute sollen wir nicht den dauernden Kampf zwischen Heil und Unheil feiern, sondern die Erhöhung Jesu Christi, des Erstgeborenen von den Toten.
Gott hat uns der Macht der Finsternis entrissen und aufgenommen in das Reich seines geliebten Sohnes (Kol 1, 13). Heute feiern wir das Fest der Zukunft Gottes mit uns. Vielleicht hat er oft bei uns angerufen, und wir haben es nicht gemerkt, wie wir den Segen der vielen Regentropfen oft nicht merken. Ostern – die Erinnerung an Gottes Macht und Fürsorge für unser Leben läßt uns nachdenken: Wieviel Leitungen hat Gott schon legen lassen in mein Leben, auf unsere Erde? Ob wir uns verstecken, wie Adam uns verstecken, die Anfrage bleibt: „Was machst du?“
Heute erinnern wir uns daran, „wes Geistes Kind“ wir sind. Das meint doch der Schreiber unseres Osterbriefes: „Das Obere habt im Sinn.“ Bei so manchen Anlässen, bei denen Personen öffentlich geehrt werden, haben wir gehört: „Ihr Denken ist bestimmt von ...“. Ist unser Denken bestimmt von unserem Auferweckt-Sein? Die Verborgenheit unseres Lebens als Getaufte meint gerade diese

Innenseite christlichen Lebens. Sie drängt uns nicht aus der Welt heraus, sondern mit der Kraft des auferweckten Lebens in diese Welt hinein.
Wir feiern den Anfang, den Gott mit uns in der Taufe gesetzt hat. Wir loben und preisen ihn, weil er den Bund mit einem jeden von uns nicht auflöst. Wir preisen den starken und allmächtigen Gott, der alle Momente unseres wachsenden Lebens festhält, damit am Ende der Tage unser Leben in seiner Herrlichkeit offenbar wird.
Reiner Kunze schreibt seinem Freund: „Und seine (Gottes) Antwort wächst grün durch alle Fenster."
Heute sagt uns Gott, daß unser Versteckspielen vor ihm uns nicht rettet. Selbst wenn wir Zuflucht im verschlossenen Haus, auf einer Insel, nur bei uns selbst suchen, *Er* bleibt die Zuflucht hinter der Zuflucht.

6. Weitere Anregungen

Der kleine Zwischenabschnitt Kol 3, 1–4 bietet für eine Homilie noch folgende Möglichkeiten:
- Mit Bezug auf 3, 1a.3 kann der Hymnus 1, 12–19 mit seinem Rahmen als Osterlied ausgelegt werden. Mit der Auferstehung Jesu Christi feiern wir den Neubeginn der Schöpfung, die Überwindung des Todes, die Versöhnung Gottes mit der Lebenswelt des Menschen.
- Die Verse 3, 1b.2 führen auf die „Haustafeln" (3, 5–4, 1) hin, die gerade gegen eine Weltflucht sprechen. Sie verdeutlichen, wie die Ausrichtung auf Christus „Hand und Fuß" bekommen kann. „Die Liebe ist das Band, das alles zusammenhält und vollkommen macht" (3, 14).

Norbert Heinrichs

Ostermontag

Zu Apg 2, 14.22–33

1. Persönlicher Zugang zum Schrifttext

Ich hätte gerne eine Predigthilfe zum Emmausevangelium entworfen, das zu meinen Lieblingsstellen in der Bibel gehört. Wegen des Konzeptes dieser Predigthilfenreihe sehe ich aber davon ab. Die schöne Emmausgeschichte wollte ich nicht mit einer zweiten überfrachten. Die narrative Inflation hätte diesem Evangelium eigentlich nur schaden können.
Schließlich wähle ich die Lesung aus der Apostelgeschichte aus. Sie enthält die Osterbotschaft, die mir lieb und vertraut ist. Der Text birgt wenig Reibungspunkte. Besonders prägt sich bei mir das Bild von den Wehen des Todes ein, aus denen Gott Jesus befreit hat.

2. *Persönlicher Zugang zum literarischen Text*

Die Notiz aus Max Frischs Tagebuch von 1946–1949 ist ja eigentlich keine richtige Erzählung. Trotzdem eignet sie sich gut für die Predigt. Die Notiz ist kurz, verständlich geschrieben, die Situation wird anschaulich und enthält eine Pointe, die hellhörig macht. Im Original schließt sich das Gespräch zwischen Frisch und seiner Tochter an eine Reihe von Gedanken über das menschliche Bewußtsein unserer Sterblichkeit an (Kapitel „Unterwegs" 1948). Frisch würdigt unser Bewußtsein vom Sterbenmüssen. Dies sei ein köstliches Geschenk, schreibt er, mache unser Leben zum Abenteuer und bewahre uns vor der Langeweile der Götter.
Mir gefällt dieser Gedanke. Wenn wir also unseren Tod nicht aus dem Leben verdrängen, wird es uns kostbarer, gerade weil wir es als begrenzt erleben. Davon hat die sechsjährige Ursel intuitiv eine Ahnung. Ihre Haltung provoziert, ist ungewöhnlich. Wer stirbt schon gern? Dabei geht es Frisch sicher nicht um eine naive Glorifizierung des Todes. Der Kontext der Tagebuchnotiz läßt eher darauf schließen, daß unser Leben erst die richtige Würze erhält, wenn wir uns bewußt sind, daß wir eines Tages sterben müssen.

3. *Exegetische Hinweise*

Den Rahmen der Perikope Apg 2, 14.22–32 bildet die Pfingstpredigt des Petrus (Apg 2, 14–41). Petrus redet als Sprecher des Zwölferkreises zu den Bewohnern Jerusalems, die er zur Umkehr und schließlich zur Taufe führen will.
Dabei thematisiert Petrus am Rande die Schuld der Juden an Jesu Tod (V. 23), die durch die Sündenvergebung bei der Taufe getilgt werden könne. Zentrales Thema des Abschnitts ist das Christuskerygma. Gott hat Jesus von den Toten auferweckt, er hat ihn nicht der Verwesung anheimgegeben (V. 27), sondern zum Leben geführt. Die Beweisführung erfolgt mit Hilfe eines Zitats aus Psalm 16 (16, 8–11). Davids Worte gelten hier als Worte Christi, da David in der Person des Messias spricht. Die Hoffnung des Psalmisten wird als Zuversicht Jesu verstanden, aufgrund von Gottes Heilshandeln nicht dem Tode ausgeliefert zu sein. V. 27 bildet den Höhepunkt des Zitats und enthält die entscheidende Verheißung: Jesu Leib wird nicht verwesen, nicht in die Unterwelt eingehen. Zeugen der Auferweckung Jesu sind die Apostel (V. 23). (Literaturhinweis: G. Schneider, Die Apostelgeschichte, HThK V/1, Freiburg 1980, 260–279.)

4. *Schrifttext und literarischer Text*

Die Tagebuchnotiz sollte zu Beginn der Predigt erzählt werden. Sie steckt den thematischen Rahmen der Predigt ab. Knapp, aber provokativ beleuchtet der Dialog zwischen Vater und Tochter in kontroversen Positionen eine unabänderliche Grundwahrheit: Alle Menschen müssen sterben. Der Vater bringt die allgemein menschliche Angst vor dem Tod zum Ausdruck, die Tochter dagegen überrascht mit ihrer Gelassenheit. Ihre Haltung kommt dem nahe, wofür die christliche Osterbotschaft eine Chance bietet: eine gelassenere Einstellung zum Tod. Insofern führt die Notiz aus Max Frischs Tagebuch zu der Hoffnung hin, die der Lesungstext enthält. Die Predigt sollte ermutigen, den Tod im Leben nicht zu verdrängen, sondern ihm gelassen entgegenzugehen.

5. *Predigtentwurf*

Max Frisch erzählt in seinem Tagebuch von 1946–1949 (Frankfurt, 1985, 306) folgendes Gespräch mit seiner Tochter.
▶ Heute fragt Ursel, unsere Sechsjährige, mitten aus dem Spiel heraus, ob ich gerne sterbe. „Alle Leute müssen sterben“, sage ich hinter meiner Zeitung:
„Aber gern stirbt niemand.“
Sie besinnt sich.
„Ich sterbe gerne!“
„Jetzt?“ sage ich: „Wirklich?“
„Jetzt nicht, nein, jetzt nicht –.“
Ich lasse die Zeitung etwas sinken, um sie zu sehen, sie sitzt am Tisch, mischt Wasserfarben.
„Aber später“, sagt sie und malt mit stiller Lust, „später sterbe ich gerne.“ ◀
Es ist sehr ungewöhnlich, was die sechsjährige Ursel da sagt: Später sterbe ich gerne. Gerne sterben. Seltsam. Wer stirbt schon gern? Und doch: Eigentlich möchte ich Ursel zustimmen. Die Angst vor dem Tod, wenn ich sie gelegentlich zulasse, ist belastend. Ich wäre da gerne gelassener.
Aber ist das überhaupt realistisch? Wie soll man diese Angst bewältigen? Ursel hat noch Träume. Sie ist jung und unerfahren, vom Leben noch nicht enttäuscht, von der Angst, alt zu werden, noch nicht geplagt. Da weiß es Ursels Vater schon besser: Keiner stirbt gern. Wirklich nicht. Der Tod macht vielmehr uns allen Angst, er ist das Schrecklichste, was wir fürchten. Schließlich können wir ihm nicht entrinnen. Denn eines ist gewiß: Eines Tages stirbt jeder.
Aber komisch: Obwohl alle dies wissen, will keiner es so recht wahrhaben. Wir verdrängen die Angst vor dem Tod und leben so, als ob er uns nicht einholen könnte. Wir halten uns den Tod vom Leibe. Das ist auch gesellschaftlich so. Heute sterben die meisten Menschen im Krankenhaus, oft unbemerkt und einsam. Und dann werden sie ganz unauffällig abtransportiert. Damit keiner es mitbekommt. Mit Rücksicht auf die anderen Kranken. Aber nicht nur in Krankenhäusern ist der Tod eine peinliche und eklige Angelegenheit. In der Reklamewelt wird uns täglich ewige Jugend vorgegaukelt, das Altsein verworfen. Falten sind nicht etwa ehrenwerte Spuren gelebten Lebens, sondern müssen weggeschminkt werden. Nur junge, schöne Menschen sind wertvoll. Die alten Menschen, die uns an unsere Vergänglichkeit erinnern, stecken wir dagegen in Heime, weit weg. So weit wie möglich verdrängen wir die Wahrheit

über unser Leben, die unabänderlich ist: daß wir alle einmal sterben müssen. Vielleicht schon bald. Wer weiß.
Nur ganz selten läßt es sich nicht vermeiden, daß wir daran denken müssen: Wenn jemand aus dem Bekanntenkreis oder aus der Verwandtschaft stirbt. Dann sind wir hilflos und fassungslos und wollen am liebsten nichts damit zu tun haben. Was soll ich dem Nachbarn, dessen Frau vor wenigen Tagen gestorben ist, denn auch sagen? Wie spreche ich mit Eltern, deren Kind an Krebs gestorben ist? Möglichst gar nicht. Dafür sind ja die Experten zuständig, die Seelsorger und Therapeuten.
Besonders hart trifft uns der Tod von Menschen, die sehr früh sterben. Wir empfinden ihn zu Recht als himmelschreiende Ungerechtigkeit. Wieso dieser junge Mensch?
Am ehesten können wir den Tod überhaupt ertragen, wenn ein alter Mensch stirbt, der ein sattes, erfülltes Leben beendet hat. Aber selbst dann kann der Tod nicht verherrlicht werden. Es ist immer noch schrecklich und tut weh, wenn wir einen geliebten Menschen verlieren. Als Sechsjährige möchte auch Ursel nicht sterben. Später aber, sagt sie, sterbe ich gern. Erst einmal will sie ihr Leben genießen, viele schöne Sachen erleben. Aber dann darf das Leben ruhig zu Ende gehen. Wer gelebt hat, kann auch loslassen. Fast kommt mir Ursel mit ihrer Einstellung ein bißchen weise vor. Viele Kinder haben ja ohnehin für Wesentliches einen direkteren Draht als die Erwachsenen.
Ich möchte auch einmal gerne und vor allem gelöst sterben. Dabei möchte ich dem Tod, der ja schon schnell kommen kann, täglich ins Auge schauen und von diesem unausweichlichen Ende her mein Leben auskosten und gestalten. Damit ich z. B. auch die kleinen Freuden nicht übersehe und mein Leben nicht mit zuviel Rücksicht auf ein Übermorgen verschiebe, das es vielleicht nicht mehr geben wird. Wer weiß.
Ostern ist die Grundlage für dieses Lebensgefühl. Gott hat Jesus von den Toten auferweckt und ihn aus den Wehen des Todes befreit. Dadurch hat der Tod seinen Schrecken verloren, und wir dürfen ihm getrost ins Auge sehen. Wir dürfen hoffen, daß wir Gott in unserem Tod begegnen und in seine Liebe eingehen. Denn er läßt uns nicht im Reich des Todes.
Gott hat den Menschen Jesus nicht im Stich gelassen. Und das ist ein Versprechen für uns, daß er auch uns nicht im Tod lassen wird.
Dieses Vertrauen könnte uns entspannter leben lassen, könnte uns viel Angst nehmen und uns befähigen, Trauernde zu begleiten und zu trösten, Sterbende nicht einfach abzuschieben, sondern ihnen beizustehen und unser Leben und damit auch unseren Tod anzunehmen.

6. Weitere Anregungen

In Verbindung mit der Tagebuchnotiz von Frisch ist es denkbar, auch die zweite Lesung (1 Kor 15, 1–8.11) als biblische Grundlage der Predigt auszuwählen. In beiden Lesungen ist die Auferweckung Jesu die zentrale Botschaft, die uns zu einer gelassenen Einstellung zu unserem Lebensende ermutigen darf.

Barbara Neugebauer

2. Sonntag der Osterzeit

Zu Joh 20, 19–31

1. Persönlicher Zugang zum Schrifttext

Mir hat der Apostel Thomas immer leid getan, weil er bei den Predigern so schlecht wegkam. Schon als Kind habe ich mich instinktiv auf seine Seite gestellt, wenn das Evangelium gelesen wurde und der Textausleger anfing, den Zweifler unter den Aposteln herabzusetzen. War es wirklich so schlimm, fragte ich mich, wenn einer es ganz genau wissen wollte? Wenn er einen Beweis in dieser lebens- und glaubenswichtigen Frage suchte? Und ich hörte mit einiger Verärgerung das Wort Jesu: „Selig sind, die nicht sehen und doch glauben...“ Auf der anderen Seite tröstete ich mich damit, daß Jesus ja den Wunsch des Thomas erfüllt hatte und er die Wundmale des Herrn handgreiflich erfahren konnte wie keiner der Mitapostel.

2. Persönlicher Zugang zur Kurzgeschichte

Selbst ein starker Glaube „schützt“ nicht davor, möglichst alles wissen zu wollen. Unser Verstand treibt uns immer weiter voran. Er ist nicht zufriedenzustellen. Wir wollen immer mehr wissen und wissen oft nicht „mehr wovon eigentlich“? Das „Treibmittel“ zu allem Suchen und Forschen ist der Zweifel. Das Geheimnis „Gott“ läßt uns nicht zur Ruhe kommen, und dazu gehört auch die Auferstehung Jesu, die allein dem Glauben zugänglich ist. Das brachte mich auf die Geschichte der beiden Mönche, deren lebenslanges Suchen und Forschen in nichts anderem mündet als in einem Seufzer: „Mein Gott“ – so wie Thomas auf „Beweise“ reagierte mit: „Mein Herr und mein Gott!“

► Zwei Mönche studierten in der großen Bibliothek ihres Klosters. Generationen vor ihnen hatten alle geistigen Schätze der ganzen Welt hier zusammengetragen. Sie lasen in den Büchern vom frühen Morgen bis zum Abend, da der Bruder die Öllampe brachte. Längst waren ihre Augen müde und die Herzen alt geworden. „Mein Gott“, seufzte der eine. Und der andere fragte: „Hast du ihn endlich gefunden?“◄

(Aus: Roland Breitenbach, Der Schlüssel zum Himmel. Kleine Weisheiten der Mönche, Echter-Verlag, Würzburg 1990.)

3. *Exegetische Hinweise*

Aus den Vorüberlegungen heraus ist für mich dieser Evangelienabschnitt der wichtigste in der Reihe der Osterbotschaften, nicht nur in der des Johannes. Drei Teile lassen sich unschwer erkennen: Die Erscheinung Jesu vor den Jüngern mit Friedensgruß, Sendung und Geistspendung; eine weitere Erscheinung mit der Thomasszene und der eigentliche Schluß des Johannesevangeliums. Entscheidend ist die Möglichkeit, daß alle Jünger durch die Hände des Thomas sich von der Wirklichkeit der Auferstehung überzeugen konnten: Er ist es! Er ist es wirklich! Auch die anderen Evangelien berichten ja von Zweifeln der Jünger (vgl. Mt 28, 17: „Einige aber hatten Zweifel"; Lk 24, 11: „Die Apostel hielten das alles für Geschwätz." Auch die Emmausjünger zeigen, daß Thomas mit seiner Unsicherheit nicht alleine steht; vgl. Lk 24, 21–28). Bleibt noch darauf hinzuweisen, daß dieser Abschnitt eine wichtige Bedeutung für den Glauben der christlichen Gemeinden hat, in die Johannes hineinschreibt. Sie können nicht (mehr) sehen und „müssen" doch glauben, weil sie das Zeugnis der Jünger haben.

4. *Schrifttext und Geschichte*

Und doch ist es so, daß der Glaube nicht Menschenwerk ist, sondern Geschenk bleibt. Wer unabhängig von der Zuwendung Gottes zu suchen und zu forschen trachtet, dessen Augen können blind werden, und dessen Herz kann alt werden über allem Bemühen. Der Mensch erreicht von sich aus nur sehr wenig. Er ist darauf angewiesen, daß Jesus erscheint, auf ihn zukommt und ihm schenkt, was er für seinen Glauben braucht. Dort, wo das Suchen der Mönche ein wenig resignierend endet, hätte die Jesus-Überlieferung noch eine Fülle von Material anzubieten, das die Evangelisten gar nicht ausschöpfen konnten (vgl. Joh 20, 30f). Aber das, was uns überliefert wurde durch die Jahrhunderte hindurch, reicht aus, um in jeder Generation neu zu bekennen: „Mein Herr und mein Gott!"

5. *Predigtentwurf*

Im Zweifelsfalle für den Glauben

Es gab eine Zeit, da war der Zweifel am Glauben geradezu Mode geworden. Es war jene Zeit, die im wissenschaftlichen Überschwang überzeugt war, daß dem Menschen alles gelingen könne, wenn er nur genügend Zeit und Geld zur Verfügung habe. Von dem Aberglauben an die Machbarkeit aller Dinge sind inzwischen die meisten geheilt. Eine Zeit der Ernüchterung, um nicht zu sagen Enttäuschung umgibt uns. Der Zweifel trifft heute weniger den Glauben als die Institution, die den Glauben verwaltet, die Kirche.

Der Zweifel als Treibmittel

Unzählige einfache und gelehrte Menschen hat der Zweifel dazu gebracht, über Gott und die Welt nachzudenken. Das ist die glaubenswichtige Seite des Zweifels: Der Zweifel kann den jungen Menschen dazu bringen, seinen engen Kinderglauben zu durchbrechen und zu größerer Reife zu kommen; der Zweifel, ausgelöst durch schweres Leid, kann dem Erwachsenen ein neues, offeneres Gottesbild vermitteln; und selbst noch im Alter vermag der Zweifel die drohende Gewöhnung und Starrheit zu überwinden. Der Mensch muß nur dafür sorgen, daß der Zweifel nicht Anlaß zum Unglauben wird. Alle Fragen, die der Zweifel aufwirft, müssen beantwortet werden. Dann treibt uns der Zweifel zu neuem, zu besserem Glauben. Der Zweifel wird nur dann gefährlich, wenn er nicht ernstgenommen, wenn gegen ihn nichts unternommen wird.

Der Glaube braucht Menschen

Der Glaube braucht für sein Entstehen, für sein Wachsen und Reifen den lebendigen Kontakt, den Austausch mit Menschen, die glauben, auch mit solchen, die zweifeln. So gesehen haben die beiden Mönche der folgenden Geschichte bei ihrer Gottsuche Entscheidendes versäumt: Zwei Mönche studierten in der großen Bibliothek ... (s. 2.). Die beiden konnten Gott nicht finden, weil sie vor lauter Studium und Suchen nicht zu Menschen gefunden hatten.
Der Apostel Thomas hatte das große Glück, jenem Gottmenschen direkt gegenüberzustehen, der Grund und Ursache unseres Glaubens ist. Er konnte den Glauben betasten, begreifen. Das ist uns heute so handgreiflich nicht mehr möglich. Aber ich bin davon überzeugt, daß Gott jedem von uns Menschen über den Weg schickt, die uns, vielleicht auf unerwartet erstaunliche Weise, den Glauben begreiflich machen. Das kann im unmittelbaren Glaubensgespräch geschehen oder in ihrem Glaubenszeugnis; das kann in den Fragen und Zweifeln derer sein, die uns begegnen. Das kann auch dadurch geschehen, daß Gott uns Menschen und Schicksale zumutet, daß er etwas von uns erwartet. An solchen Anrufen und „Angeboten“ Gottes gehen wir oft achtlos und achselzuckend vorüber.

Der Zweifel braucht eine Lösung

In unserer Mönchsgeschichte heißt es zum Schluß: „Mein Gott“, seufzte der eine. Und der andere fragte: „Hast du ihn endlich gefunden?“ Es kann einer lange unter dem Druck seiner Fragen stehen, es kann einer lange den Zweifel in seinem Herzen tragen. Wer diesem Druck nicht nachgibt, wer nicht nach Mitteln und Wegen sucht, die Zweifel zu lösen, stellt sich gegen seinen Glauben und braucht sich nicht zu wundern, wenn er ihn verliert. Wie die Liebe braucht der Glaube „Nahrung“.
Es war für Thomas sicher nicht leicht, „Beweise“ zu fordern; es ist auch für einen Zweifelnden nicht einfach, sich aus den Fragen, Enttäuschungen und

Überlegungen, die ihn leicht einschließen und verschließen können, zu lösen. Wenn das Wesen des Glaubens in der Entscheidung für Gott besteht, braucht der Mensch im Zweifel eigentlich nur zu sagen: „Herr, ich will glauben. Hilf meinem Unglauben!" Er streckt, wie einst der sinkende Petrus, seine Hand Gott entgegen. Und Gott wird die Hand ergreifen.

Gott wird im Menschen gefunden

Die zwei Mönche suchten in der Bibliothek des Klosters nach Gott. Aber jeder suchte für sich. Sie suchten ihn nicht gemeinsam. Sie sprachen nicht über ihren Glauben. Deswegen fanden sie den nicht, den sie suchten. Gott will im Menschen gefunden werden. Am Ende waren sie mit dem Seufzer „Mein Gott!" ganz auf seine Barmherzigkeit angewiesen. Doch Thomas setzte sich mit den Jüngern auseinander. Er sprach über seine Zweifel, er zählte der Reihe nach auf, was er für seinen Glauben brauchte. Er suchte seinen Glauben bei den Menschen. Er konnte am Ende sprechen: „Mein Herr und mein Gott!"
Wir reden zu wenig über unseren Glauben. Wir tauschen uns zu wenig aus. Vor allem sprechen wir zu selten über unsere positiven Erfahrungen. Wir machen unseren Glauben für andere nicht handgreiflich. Das wäre uns Christen vorzuwerfen. Und das wäre auch die Antwort auf die Frage: Was können wir denn tun? Wenn wir unseren Glauben ins Gespräch bringen, können wir die überraschende Erfahrung machen, daß der Zweifel weicht.

6. Weitere Anregungen

Ein anderer Ansatzpunkt, über den Glauben nachzudenken, wäre das Tagesgebet dieses Sonntags: „Durch die jährliche Osterfeier erneuerst du den Glauben deines Volkes..." Im Festhalten an Bräuchen und Gewohnheiten liegt eine den Glauben bestärkende Kraft. Auch das Stichwort „Verschlossene Türen" könnte Anlaß sein, über die Ursache vieler Glaubensschwierigkeiten nachzudenken: Wer sich der Botschaft Jesu verschließt, und sei es aus Angst vor den Konsequenzen, wird nicht zum Glauben kommen. „Der Glaube kommt vom Hören." Schließlich könnte über die Wunden nachgedacht werden, die einer trägt und die erst heilen müssen, bis er zum Glauben kommt: ungelöste Konflikte, unverstandenes Leid, selbstverschuldete Enttäuschungen...

Roland Breitenbach

3. Sonntag der Osterzeit

Zu Joh 21, 1–14

1. Persönlicher Zugang zum Schrifttext

Ich habe den Text Joh 21, 1–19 zuletzt in einem österlichen Jugendgottesdienst „verarbeitet". „Verdaut" habe ich ihn im tiefsten bis heute noch nicht. Bilder jagen hier einander bis zur Widersprüchlichkeit. Ein bis zum Überquellen gefüllter „Evangeliumstopf", eine kaum zumutbare „Portion" für den „Konsumenten", die zum „löffelweisen Ausschöpfen" zwingt und nahelegt, die Hälfte im Topf zu lassen. Ich wähle also die amtliche Kurzfassung. Der Petrus-Papst-Geschichte stülpe ich schnell wieder den „Deckel" über, wobei ich schon bedauere, daß die amtlichen Kurzfassungen immer nur die eine Hälfte anbieten und nicht den – wie hier – übervollen Text in zwei alternativen Kurzfassungen zuläßt. Zur Zeit (Ende 1990) würde es allerdings wahrscheinlich keine sehr erbauliche Predigt, wenn ich über die (aus welchen Gründen wohl notwendige?) dreimalige Anfrage homiletisch nachzudenken begänne, ob der Primat-Petrus von damals Jesus denn auch wirklich liebe...?
Das Fischfangwunder ist mir bei Lukas (5, 1–11) vertrauter, obgleich das Menschenfischermotiv mir an dieser Stelle ebenfalls mitklingt; schließlich hat Jesus die Jünger ja auch hier schon „pfingstlich-missionarisch" ausgesendet (Joh 20, 21). Natürlich stört da der Widerspruch, daß sie dann hier so gelassen und erfolglos fischen gehen, aber dazu später mehr bei den exegetischen Gedanken. Die beiden (recht brachial) zusammengefügten Teilgeschichten: Fischfangversuch und -wunder und „wunderbares Frühstück" verbildlichen mir das ausgesprochen spannungsreiche Arbeits- und Erfahrungsfeld christlichen Lebens und Glaubens. Einerseits die menschlich-soziale Anfrage an uns: Habt ihr etwas zu essen für mich? Von Jesus geäußert durch jeden menschlichen Mund, der unsere Nähe und Hilfe sucht und erbittet. Andererseits die Zusage Jesu: Wenn ihr euch darum bemüht habt, einander Brot zu sein, und wenn ihr darin vielleicht auch keinen Erfolg hattet, oder aber wenn ihr euch darin habt aufzehren lassen, dann halte ich Nahrung für euch bereit, dann halte ich mich selbst für euch bereit als Quelle für Kraft und Mut und Hoffnung, in den verschiedensten Formen sakramentalen Geschehens von der stärkenden Erfahrung menschlicher Liebe bis zur Eucharistie.
Dann sind mir die „Verborgenheitselemente" dieser Erscheinung Jesu sehr wichtig: Die Jünger erkennen Jesus nicht (VV. 4.12). Erst die „Augen der Liebe" (durch den „Lieblingsjünger" V. 7) und das bereitete Mahl (V. 12) lassen sie das Geschehen in seinen Tiefendimensionen als Begegnung mit dem Auferstandenen wahrnehmen. Damit hat diese biblische Erfahrung Prototypcharakter für unsere eigenen Möglichkeiten nachösterlicher Jesusbegegnung. So ist dieses Evangelium für mich, meinen Glauben und meine Verkündigung weitaus wichtiger als z. B. die Erzählungen vom leeren Grab und alle anderen „Begegnungen am Ostermorgen". In der Bildsprache der Bibel könnte man sagen: Ich fühle

mich mit meinem Auferstehungsglauben zur „Generation der Jünger in der ‚zweiten' Osterwoche" (vgl. Joh 20, 26) gehörig.

2. Literarischer Text?

Sosehr ich das Prinzip dieser Predigthilfen gutheiße, die jede behandelte Perikope mit Hilfe eines literarischen Textes zu erschließen versuchen – auch diese Regel wird mir erst durch ihre Ausnahmen bestätigt. Wenn der literarische Text wirklich nicht nur aufgepfropftes Beiwerk mit u. U. zurechtgebogener Interpretation sein soll, dann wird es Perikopen geben, bei denen man darauf verzichten muß. Joh 21, 1–14 ist für mich eine solche. Dabei spielt nicht nur eine Rolle, daß mir nach mehrmonatigem Suchen und Nachdenken keine passende Geschichte in die Hände fiel (ein Freund riet mir zur „Schlaraffenland-Geschichte", vielleicht können Sie im Gegensatz zu mir mit diesem Tip etwas anfangen...), sondern ich meine auch, daß unsere Perikope erzählerisch und bildlich schon so übervoll ist, daß jede literarische Ergänzung den Zuhörer noch mehr überfordern würde, als es dieser zum Teil so widersprüchliche und Fragen aufwerfende Text ohnehin schon tut. Also keine Geschichte.
Was ich mir aber wirklich gut denken könnte, wäre z. B. ein Bild (siehe unten unter 6.) oder ein modernes Glaubenslied (bzw. dessen Text), das das Predigtanliegen auf direkte, nicht weiter deutungsbedürftige Weise illustriert:

► 1. Wenn das Brot, das wir teilen, als Rose blüht
und das Wort, das wir sprechen, als Lied erklingt,
dann hat Gott unter uns schon sein Haus gebaut,
dann wohnt er schon in unserer Welt.
Ja, dann schauen wir jetzt schon sein Angesicht
in der Liebe, die alles umfängt,
in der Liebe, die alles umfängt.

2. Wenn das Leid jedes Armen uns Christus zeigt,
und die Not, die wir lindern, zur Freude wird,
dann hat Gott unter uns...

3. Wenn die Hand, die wir halten, uns selber hält,
und das Kleid, das wir schenken, auch uns bedeckt,
dann hat Gott unter uns...

4. Wenn der Trost, den wir geben, uns weiterträgt,
und der Schmerz, den wir teilen, zur Hoffnung wird,
dann hat Gott unter uns...

5. Wenn das Leid, das wir tragen, den Weg uns weist,
und der Tod, den wir sterben, vom Leben singt,
dann hat Gott unter uns... ◄

(T.: C.-P. März / M.: K. Grahl)

Das Kapitel Joh 21 wird allgemein als Nachtrag einer sog. „kirchlichen Redaktion" zum Johannesevangelium verstanden. Dies erkärt schon einen Teil der Anfragen an Widersprüchlichkeiten und Irritationen, die der aufmerksame Hörer/Leser, die aufmerksame Hörerin/Leserin automatisch stellen: Warum nennt V. 2 Johannes nicht? Warum erbittet Jesus Essen, wenn er gleich selbst Essen bereitet? Wie kann Petrus alleine schaffen, was nach V. 8 allen gemeinsam kaum gelingt? Da auch die „kirchliche Redaktion" – wie der Evangelist – primär theologischen Motiven folgt, stört sie sich nicht sehr an den durch die erzählerische Verarbeitung unterschiedlicher Stoffe und Quellen entstehenden äußeren Widersprüchlichkeiten, die oben aufgelistet sind. Sie verknüpft hier lose (d. h. trotz V. 10 ohne erfolgreiche Glättung der Widersprüche) die ursprünglich wohl selbständigen Teile der (ursprünglich wohl vorösterlichen) Fischfangwundergeschichte mit der dem Erkennen des nachösterlichen Jesus dienenden wunderbaren Frühmahlgeschichte. Es ist anzunehmen, daß sie damit das Ziel verfolgt, eine bewußt „wunderbare", d. h. theologisch „hoch aufgehängte" Erzählsituation für die eigentlich intendierte Geschichte der Petrusbeauftragung aufzubauen (Becker, 637).
Die inhaltliche Bedeutung dieser Erscheinungsgeschichte mit Fischfangwunder und Frühmahl (ohne Petrusbeauftragung) hat H. Kessler für mich ausgezeichnet beschrieben: „Diese Erzählungen (alle „späten" Erscheinungsberichte, z. B. auch Emmaus usw., Anmerk. d. Verf.) scheinen aufs Ganze gesehen weniger die Erfahrung der ersten Zeugen (am Ostermorgen), die den Auferstandenen ‚gesehen' haben, wiederzugeben als vielmehr die Erfahrung der späteren Christen ‚zweiter Hand' (Kierkegaard) zu spiegeln. Sie antworten bereits auf die Frage, wie denn die Späteren, die nicht Urzeugen der Erscheinungen waren (vgl. die Figuren der Emmausjünger und des Thomas), zum Glauben an den Auferstandenen gelangen können...
Die späteren Jünger zweiter Hand kommen, von der bereits bestehenden Jüngergemeinde getragen und *in* ihr, zur gläubigen Erkenntnis des auferstandenen und wahrhaft gegenwärtigen Herrn, den man ‚nicht mehr sieht' (Lk 24, 31; vgl. Joh 20, 17a und 29). Nicht die Nachrichten vom leeren Grab und von anfänglichen Erscheinungen führen sie zum Glauben, sondern erst das innere Erkennen aufgrund der unmittelbaren Begegnung mit dem auferstandenen Herrn.
Diese unmittelbare Begegnung gibt es auch für sie, die Späteren (so daß ihr Glaube kein bloßer Autoritätsglaube sein muß): Zwar ‚erscheint' der Herr nicht mehr, dafür tritt er unscheinbar hinzu (Lk 24, 15f; vgl. Joh 20, 14 ff; 21, 4), wandert mit auf dem gemeinsamen Weg und gibt sich in Schriftauslegung und Mahl als gegenwärtig zu erfahren (Lk 24, 30–32; Joh 21, 12 f; vgl. ferner Mt 18, 20; Gal 3, 2). Daran, daß der unerkannt Anwesende sie persönlich anspricht und ihnen als Tischherr beim Mahl fortwährend das Brot gibt, erkennen sie, daß Jesus es ist, der jetzt mit und an ihnen handelt – so, wie er es früher in seinem irdischen Dasein getan hat; und indem sie Jesus (wieder-)erkennen,

finden sie auch neu zueinander und zur Jüngergemeinde (vgl. Lk 24, 17.32 f; Joh 20, 17b–18; 20, 24 f. 28). Nur darauf, wodurch diese Erkenntnis sich einstellt, kommt es den Erzählungen an.
So liefern diese Erzählungen in symbolischen Bildern und archetypischen Figuren (der unverständigen, sich distanzierenden Emmauswanderer; des zweifelnden Thomas; vielleicht auch der trauernden Maria von Magdala) Muster der späteren Situation der Christen... Die Erzählungen fungieren ‚als Paradigma für die jedem Christen grundsätzlich offenstehende Erfahrung, dem lebendigen Herrn in der Gemeinde und ihren Mahlfeiern zu begegnen' (J. Warnke)" (Kessler, 132 f).
(Literaturhinweis: J. Becker, Das Evangelium nach Johannes, ÖTK 4/1,2, GTB Siebenstern 505–506, Gütersloh; H. Kessler, Sucht den Lebenden nicht bei den Toten, Düsseldorf [2]1987.)

4. Schrifttext und Lied

Dieses moderne Glaubenslied – „Wenn das Brot, das wir teilen" – trifft für mich genau den Zusammenhang, den ich in der Predigt schildern möchte. In dem Maß, wie wir unser Leben einsetzen, um die Frage des fremden Nächsten: Habt ihr etwas zu essen, zum Anziehen, zum Leben... für mich? existentiell positiv zu beantworten, in diesem Maße des Einsatzes, letztlich also unabhängig vom Erfolg, eröffnet sich Jesus uns selbst als Kraftquelle, Nahrung, Brot, Haus usw.

5. Predigtentwurf

Ist die Auferstehung Jesu eine Wirklichkeit, die uns heute irgendwie anrührt, die uns betrifft und in Bewegung bringt? Wie ergeht es den Jüngern im Evangelium? Erhalten wir Anhaltspunkte, die uns helfen, die Bedeutung von Ostern für unser Leben heute aufzuspüren?
In der Situation, die hier beschrieben wird, fällt auf, wie verschieden die Evangelisten die nachösterlichen Ereignisse erzählen. Johannes sagt uns hier, daß Jesus seinen Jüngern schon zum dritten Mal begegnet. In der ersten Begegnung, am Abend des Ostertages, hatte er ihnen – nach Johannes – sogar schon den Heiligen Geist verliehen, ein Ereignis, das wir – nach den Erzählungen der Apostelgeschichte – erst als Pfingstfest feiern. Trotz dieses bereits empfangenen Heiligen Geistes scheinen die Jünger eher gelangweilt zusammenzusitzen, bis Petrus auf die Idee kommt, zum Fischfang auszufahren. Ein erfolgloses Unternehmen, wie wir hören. Sie werden am Morgen hübsch müde gewesen sein, müde und frustriert. Eine Nacht lang vergebliche Arbeit.
Und dann passiert etwas in einer Weise, die meinen eigenen Osterglauben ganz entschieden beeinflußt und geprägt hat: Ihnen begegnet Jesus; aber nicht so, wie sie ihn vor dem Tod kannten, er ist äußerlich nicht zu erkennen. Der

Evangelist sagt: „Die Jünger wußten nicht, daß es Jesus war." Er erscheint zunächst wie ein ganz normaler Fremder, noch dazu als einer, der etwas zu essen braucht, ein Bittsteller also. Das ist für mich ungeheuer wichtig: Obwohl die Jünger den vorösterlichen Jesus so gut kannten, unterscheidet sich ihre Situation nachösterlich überhaupt nicht von unserer. Für sie wie für uns ist die Wirklichkeit der Auferstehung Jesu, sein nachösterliches Erscheinen damals wie heute nur mit den Augen der Liebe zu erkennen: Der Jünger, den Jesus liebte, ist es, der ihn erkennt. Die anderen bleiben zunächst blind, unsicher. So sagt es der Evangelist.

Und das ist mein Osterglaube: Leeres Grab hin, Auferstehungsleib her, darum geht es für mich an Ostern überhaupt nicht! Jesus lebt! Das ist Ostern. Er lebt und begegnet uns im alltäglichen Leben. Und keiner darf darauf warten, daß Jesus sich ihm platt und oberflächlich vorstellt: „Grüß Gott, Heinrich, ich bin der Jesus von damals aus Nazaret!" Nein, er ist nur mit den Augen der Liebe zu erkennen.

Er begegnet uns im alltäglichen Leben einerseits als Mensch – fremder wie bekannter –, der unsere Hilfe braucht: „Habt ihr nicht etwas zu essen?!" Und: „Was ihr dem Geringsten eurer Brüder getan habt, das habt ihr mir getan!"

Und dann erzählt unser Evangelium noch von einer anderen Weise, in der Jesus uns begegnen möchte. Dabei geht es dann weniger um eine sozial-menschliche Hilfe, die von uns gefordert wäre, nein, die Begegnung ist viel faszinierender. Wiederum ist nicht zu erwarten, die historische Gestalt Jesus von Nazaret zu treffen; es ist eine viel verborgenere Begegnung, aber ungleich wirkungsvoller: Die Jünger sind erfolglos, müde, am Ende ihrer Kraft, dazu die Frustration, sich eine ganze Nacht lang vergeblich bemüht zu haben. Ich höre direkt ihr Gähnen, ihr Stöhnen und Fluchen. Doch dann bringen sie die Kraft auf, es noch einmal zu versuchen. Sie überwinden den naheliegenden Einwand: Das bringt ja doch nichts! Wir haben's doch lange genug versucht! – und beginnen noch einmal von vorn. Schließlich steht ja die Bitte des Fremden nach etwas Eßbarem noch im Raum. Auf das Wort dieses fremden, unerkannten Jesus beginnen sie nochmals mit der schweren Arbeit. Jetzt haben sie Erfolg, großen Erfolg. Es geht nicht um „kleine Fische", wie wir hören! Ganz im Gegenteil. Nun müssen sie, die müden Fischer, alle Kraft aufbringen, den reichen Fischsegen zu bergen. Und wie ein Erkennungszeichen für die kräftigende und motivierende Nähe des unerkannten Jesus wartet am Ufer ein bereitetes Essen auf sie. In der Kraft und im Auftrag des Unerkannten arbeitend, haben sie Erfolg. Und mit diesem Erfolg kommt die Erkenntnis, öffnen sich die Augen der Liebe: Es ist Jesus, der hier an uns und in uns wirkt. Bestärkt wird diese Erkenntnis, wenn wir uns ihr richtig öffnen: Jesus lädt „seine Arbeiter" zum gemeinsamen Mahl. Er ist der Garant für den Arbeitserfolg, auch in größter Aussichtslosigkeit, er ist der Spender von Nahrung und so in jeder Weise Lebensquell.

Darum hat Ostern in ganz besonderer Weise mit meinem Leben heute zu tun. Ostern heißt somit ein zweifaches: Jesus begegnet mir überall dort, wo meine Hilfe gebraucht wird und ich durch meine Liebe im Nächsten Jesus erkennen kann. Und – wo ich mich vergeblich gemüht habe, wo ich frustriert, enttäuscht,

müde bin, voller Resignation und schlechter Laune, da will Jesus mir Kraftquelle sein. Da greift Jesus ein, sagt: „Probiere es doch noch einmal so 'rum! Wirf das Netz noch einmal zur anderen Seite heraus!"
Er ist als Person nicht zu erkennen, aber er ist die Kraft, die uns trotz aller offensichtlichen Vergeblichkeit unseres Mühens zum Durchhalten bewegt und am Ende doch zum Erfolg verhilft. Und wenn er von uns „müden Fischern" einen solchen Kraftakt fordert, dann lädt er uns aber auch immer wieder nach vollendeter Mühe am erreichten Ufer zur Stärkung ein.
Das Mahl, das wir nun um diesen Altar herum miteinander halten werden, will eine solche Einladung, eine solche Stärkung am Ufer sein, damit wir im Alltag unser Mühen, Menschenfischer für Jesus zu sein, nicht aufgeben und genügend Kraft haben, den reichen Segen an „Land", ans Ufer der „Jesuserkenntnis" zu bringen.
Wahrscheinlich lockt uns diese Einladung aber nur, wahrscheinlich entdecken wir den „Nährwert" der angebotenen Speise erst, wenn wir auch die Mühen nicht scheuen, die ihr im Alltag vorausgehen: die Kraftanstrengung, Erfolglosigkeit und Resignation zu überwinden, es mit dem Leben, mit den Menschen und mit der Liebe immer wieder neu zu versuchen, um miteinander das „Ufer der Menschlichkeit" zu erreichen.
Das ist keine unbedingt bequeme Angelegenheit, die aus dem behaglichen Sessel unseres Sonntagschristentums heraus zu erledigen wäre.
Ich möchte Ihnen zum Schluß ein Lied (einen Text) vorstellen, das (der) uns die möglichen Inhalte dieser „Anstrengung" schildert, aber auch den „Segen", den wir in ihr finden werden (s. 2.).

6. Weitere Anregungen

Ein gutes Bild, das das Zusammenspiel von arbeitenden Jüngern und stärkendem Jesus veranschaulicht, ist zu finden in: Josef Bill, Begegnung in Bild und Meditation, Stuttgart [5]1976, 48: Herbert Seidel, Fischzug.

Stefan Herok

4. Sonntag der Osterzeit

Zu Offb 7, 9. 14b–17

1. Persönlicher Zugang zum Schrifttext

Von einer großen Menschenmenge ist die Rede, die keiner zählen konnte – wie sollte ich sie mir vorstellen können? Mit paradoxen Bildern wird etwas beschrieben, was der menschlichen Logik widerspricht – denn wie sollte es möglich sein, im Blut die Gewänder weiß zu machen?

Fremd und unbegreiflich steht diese unzählbare Menschenmenge da mit ihren im Blut gewaschenen Kleidern und kennt mit ihrem weder am Tag noch in der Nacht endenden Gotteslob keine Grenzen von Raum und Zeit.
Diese Menge ist mir fremd, und doch stehe ich mitten unter ihr, denn wie sie und wie jeder Mensch komme auch ich aus der großen Bedrängnis. Deshalb berührt mich die Verheißung am Schluß. Sie spricht in Bildern, die mir und meiner Sehnsucht zutiefst vertraut sind. Mit diesen Vielen, die vor Gottes Thron stehen, möchte ich mich zu den Quellen führen lassen, aus denen das Wasser des Lebens strömt, und mir alle Tränen von den Augen abwischen lassen. Die Fremdheit des Textes läßt mich zurückschrecken, seine tröstlichen Bilder berühren mich, und die Diskrepanz zwischen seiner Verheißung und der täglich erfahrbaren Realität wird mir zur Provokation.

2. *Persönlicher Zugang zum literarischen Text*

Maxie Wanders „Leben wär' eine prima Alternative" enthält Tagebuchaufzeichnungen und Briefe aus der Zeit ihrer Krebskrankheit. Ihre Auseinandersetzung mit Krankheit und Schmerz, ihre Suche nach Echtheit und Leben, ihr Kampf zwischen Hoffnung und Verzweiflung gehören für mich zu den kostbarsten Lebenszeugnissen. In Zeiten eigener Krankheit hat mir Maxie Wander geholfen, die Weisheit zu erahnen, der wir vermutlich unser ganzes Leben lang auf der Spur sind: daß gerade die Erschütterungen, die das Leben bedrohen, die Erdbeben, Feuersbrünste und die vielen in jedem Augenblick gestorbenen Tode voller Wunder sind. Zu einem Zeitpunkt, da ihre Krankheit schon weit vorangeschritten ist, kurz vor ihrem Tod, schreibt sie an eine Freundin einen Brief, der ihre ganze Liebe und ihre Nähe zum Leben ausdrückt.

3. *Exegetische Hinweise*

Das siebte Kapitel der Johannesoffenbarung kommt unvermittelt, wie ein Einschub. Es unterbricht das Öffnen der sieben Siegel. Nachdem die ersten sechs Siegel geöffnet worden sind, wirkt dieses Kapitel wie ein Hinauszögern des siebten Siegels. Nach den turbulenten Szenen der Angst und der Verzweiflung beim Öffnen des sechsten Siegels trägt diese unerwartete Atmosphäre der Windstille bereits die Vorahnung eines neuen Sturmes in sich. Bei genauem Hinsehen erweist sich der Platz für dieses Kapitel als dramaturgisch gut gewählt: Gerade dann, wenn die Naturkatastrophen und die Verfolgungen ihrem Höhepunkt zustreben, wird Gott seinen Getreuen besonders nahe sein. Diese besondere Nähe wird mit dem Siegel als Eigentumskennzeichen ausgedrückt. Wenn „Menschen mit dem Siegel des lebendigen Gottes versiegelt werden, dann bedeutet das, daß sie sein Eigentum sind und deshalb vor den Anschlägen gottfeindlicher Mächte geschützt sind" (Giesen, 69). Die Zahl der Versiegelten wird mit 144 000 angegeben, 12 000 aus jedem Stamm Israels. 12 x 12 000 ist

symbolisch zu verstehen: „Diese Zahl drückt die Vollständigkeit des endzeitlichen Gottesvolkes und seine unüberschaubare Größe zugleich aus“ (Giesen, 69f).
Mit einer erneuten Visionseinleitung („Danach sah ich“) wird in 7, 9 das siebte Kapitel in zwei Teile eingeteilt, und der Schauplatz wechselt von der Erde (7, 1–8) zum Himmel (7, 9–17). „Die Heilszusage in der Gegenwart wird in der Zukunft eingelöst. Das Israel der Endzeit (7, 4–8) ist ein Volk aus allen Völkern...“ (Giesen, 70). Unser Text muß als Teil dieser Gesamtkomposition gesehen und verstanden werden. Die Anlage des Textes läßt nichts unversucht, die bedrängten Christen zum Durchhalten zu ermuntern.
Weil Gott und das Lamm das Weltregiment fest in der Hand haben, können die Christen trotz aller Anfeindungen und Verfolgungen bestehen. Letztlich zielen die Aussagen auf die Herrlichkeit Gottes, deren Kommen so gewiß ist, daß der Seher jetzt schon schauen darf, wie die Schar der verklärten Überwinder bei Gott in nicht endender Seligkeit weilt. (Literaturhinweis: H. Giesen, Johannes-Apokalypse, SKKNT 18, Stuttgart 1986.)

4. Schrifttext und literarischer Text

Dieser Hoffnungstext für die verfolgten Christen ist eine echte Zumutung für meinen Glauben. Daß auf die, die aus der „großen Bedrängnis“ kommen, einer wartet, der sie zu den Quellen, zum „Wasser des Lebens“ führt, daß er alle Tränen von ihren Augen abwischen wird, das gehört zu meinen tiefsten Hoffnungen. Gleichzeitig scheinen alltägliche Erfahrungen von Bedrängnis sowie die außerordentlichen Situationen von Not und Verfolgung die Berechtigung einer solchen Hoffnung ständig zu hinterfragen.
Der Bedrängte sieht nur noch den Graben, der ihn von der Quelle des Lebens trennt. Vielleicht hat er nicht einmal mehr die Kraft, sich mit seiner Sehnsucht nach dieser Quelle auszustrecken.
Daß es Menschen gibt, die in ihrem Leben, mitten in der größten Not, erfahren, daß der Graben geschlossen wird, hilft mir, die Sehnsucht wachzuhalten. Was uns am Ende der Tage erwartet, läßt sich weder beschreiben noch begreifen. Aber es gibt eine Ahnung davon, die uns hier auf dieser Erde und mitten in der Bedrängnis berühren kann. Es ist gut, wenn es Zeugnisse menschlicher Erfahrung gibt, in die Vorahnungen dessen hereinragen, was in seiner endgültigen Erfüllung noch aussteht.
Maxie Wanders Nähe zum Leben, ihre Wachsamkeit für die Intensität des Lebens angesichts ihres eigenen Todes, ist für mich Hinweis für jenes Siegel des lebendigen Gottes, der uns davor bewahrt, endgültig verlorenzugehen.

5. Predigtentwurf

Wenn es in mir keine Hoffnung mehr gibt, wenn Krankheit, Angst und Verzweiflung stärker sind als jede aufrichtende Hand, wenn die innere oder äußere Bedrängnis so groß wird, daß ich nur noch mit dem Rücken zur Wand stehe..., was läßt dann noch weiterleben?
Die Aussicht, daß es irgendwann wieder besser gehen *muß?*
Der Trost eines anderen, der versichert, Ähnliches schon durchgemacht zu haben?
Die dumpfe Vermutung, daß das alles wohl schon seinen Sinn haben wird?
Oder die Hoffnung, daß wenigstens nach dem Tod alles Leid sich verwandelt?
Die Antwort auf diese Fragen mag für jeden anders aussehen. Wahrscheinlich auch für jene Christen, die während der Christenverfolgung des römischen Staates unter Domitian zu leiden hatten.
Ob es ihnen Trost war, wenn Johannes in seiner Offenbarung zusicherte, daß sie eines Tages unter den Siegern sein werden, mit Palmzweigen in den Händen?
Ob sie es glauben konnten, daß Gott unter ihnen sein Zelt aufschlagen wird, um für immer in ihrer Nähe zu sein?
Ob ihre tränenüberströmten Gesichter etwas von dem Trost ahnen konnten, der ihnen zuteil wird, wenn Gott alle Tränen von ihren Gesichtern wischt?
Ob sie, eingesperrt, hungrig und durstig, auf jenen Moment warten wollten, an dem Gott sie an die nicht mehr versiegenden Quellen des Lebens führen wird?
Der Text läßt keine Kompromisse zu: Die Quellen des Lebens, der Trost, der alle Tränen abwischt, sind nur auf dem Weg zu finden, der durch die Bedrängnis hindurchgegangen ist. Es gibt keine Geheimwege, keine Schnellstraßen, die an der Bedrängnis vorbei direkt zu den Wassern des Lebens führen.
Der Text richtet sich deshalb an die, die aus der großen Bedrängnis kommen, die ihre Gewänder gewaschen und im Blut des Lammes weiß gemacht haben. Also an die, die der Bedrängnis nicht ausgewichen, sondern durch sie hindurchgegangen sind; an die, die dem Paradox von Tod und Auferstehung begegnet sind und im Blut Christi jene reinigende Kraft gefunden haben, die wirklich neues Leben schenkt. Ein Leben, das nur im Durchgang zu gewinnen ist.
Eine unbequeme Botschaft! Ungezählt all die Versuche, dieser Wahrheit auszuweichen und der Fülle des Lebens begegnen zu wollen, ohne den Preis des Schmerzes, der Ehrlichkeit, der Einsamkeit und der Verzweiflung bezahlt zu haben.
Menschen, die auf sehr einfache Weise sich mit ihrem Leben bemühen, den Preis zu bezahlen, der ihnen abverlangt ist, helfen, den Reichtum dieser so unbequemen Botschaft zu erahnen. Die Schriftstellerin Maxie Wander beschreibt in Tagebüchern und Briefen ihren Weg durch jene Bedrängnis, in die sie ihre Krebskrankheit geführt hat. Sie hat in den Zeiten der Angst, des Schmerzes, angesichts des bevorstehenden Todes jenen Augenblick erfahren, in dem sich alle Facetten des Lebens wie unter einem Brennglas verdichtet haben.

„Leben wär' eine prima Alternative" – eine Liebeserklärung an das Leben! Mitten in der Krankheit, angesichts des Todes hat sie begriffen, daß ihre Suche nach Leben nicht jenseits dieser bedrängenden Lebenssituation ans Ziel kommt, sondern jetzt, in diesem Augenblick. Sie hat begriffen, daß ihr keine Zeit mehr bleibt, auf das Ende der Krankheit zu warten. So schreibt sie in einem Brief an ihre Freundin:

▶ Was ich Dir eigentlich sagen wollte? Wie doch irgendwo in uns die Grenzen zwischen Schmerz, Verzweiflung und Genießen (bis in den Schmerz hinein) ineinanderfließen. Von tiefster Verlassenheit und Apathie falle ich fast ohne Übergang in euphorische Zustände. Alles Leben in mir ist in eine winzige Kammer meines Wesens gepreßt, bis diese Kammer ihre Wände sprengt, explodiert und sich ausbreitet. Ich zerbreche meine Schale und wandere von einem Pol zum andern, um mich wiederzufinden ...

Und ich freue mich wie ein Kind, freue mich über den Tag, die Sonne, die Wolken, den Regen, die Vögel auf dem Baumwipfel vor dem Fenster, die auf einen ruhigen Augenblick warten, um lautlos hereinzufliegen und sich Kuchenreste vom Nachtkästchen zu stiebitzen. Ich freu mich beim Anblick eines Sessels, eines Tisches, einer Tür, jedes Ding ist von Menschenhand gemacht, in alles, was sie gemacht haben, ist etwas von ihrem Leben geflossen, ihrer Pein, ihrem Schweigen, ihrer unendlichen Geduld, ihrem Witz, ihren Träumen... All das wahrnehmen bedeutet nämlich zu wissen, daß du lebst und atmest und dein Blut heftig pulsiert, daß in jedem Augenblick Erschütterungen unsere Welt zittern machen, Erdbeben, Feuersbrünste, viele in jedem Augenblick gestorbene Tode, und daß dies alles voller Wunder ist. Das ist das Leben, dieser Augenblick... das war es schon.

Lauschen an meinen Quellen.◀

(Aus: Maxie Wander, Leben wär' eine prima Alternative, Luchterhand Literaturverlag, Frankfurt am Main [25]1989, 200f.)

Daß es möglich ist, schon hier auf dieser Erde eine Ahnung zu bekommen von dem, was in seiner ganzen Fülle noch aussteht, hilft mir, mich der Provokation dieser biblischen Botschaft immer mehr zu stellen. Doch sie bleibt, auch mit ihrem Trost, eine unbequeme Botschaft. Aber für alle, die um Christi willen und um des lebendigen Gottes willen sich der Bedrängnis gestellt haben, für alle, die wirklich hindurchgegangen sind, auf sie wartet einer, der sie zu den Quellen des Lebens führt und alle Tränen von ihren Augen abwischt.

Und wenn sie wach sind für seine Berührungen, werden ihnen schon jetzt die Augenblicke geschenkt, an denen sie an den Quellen des Lebens lauschen dürfen.

Angelika Daiker

5. Sonntag der Osterzeit

Zu Joh 13, 31–33a. 34–35

1. Persönlicher Zugang zum Schrifttext

Zunächst fällt mir bei der Textstellenangabe die offensichtliche Auslassung eines Halbverses (V. 33b) auf, was mich in der Regel schon skeptisch macht. Daß hier durch diese Auslassung, wie übrigens auch durch den Schluß bei V. 35 statt möglicherweise bei V. 38, exegetisch Fragwürdiges geschieht, wird unter 3. näher erläutert.

Entgegen der thematischen Hauptlinie des weiter unten ausgeführten exegetischen Befundes fesselt mich aber gerade das Liebesgebot (V. 34–35) an diesem Evangelium und daran besonders das „Erkenntnis- bzw. Erkennensmotiv", das dem Liebeshandeln innewohnt. Es brauchte eigentlich nicht viele Worte, um deutlich zu machen, daß wir uns hier wieder einmal an einem Kernpunkt der christlichen Verkündigung befinden: Glaube und Hoffnung bleiben ohne greifbares, spürbares, sichtbares und damit irgendwie „objektives" Liebesbemühen unglaubwürdig und tot. Das ist es, was mir spontan zu dieser Stelle einfällt, und sicherlich klingt es recht plausibel.

Aber dann kommt doch ein Fragezeichen: Wie sieht sie eigentlich aus, die Liebe, mit der Jesus uns geliebt hat und mit der wir einander lieben sollen? Es gibt da eine Karikatur der kasuistisch und klischeehaft festgelegten „guten Taten": Eine alte Dame steht am Straßenrand, der „christliche Pfadfinder" sieht es und legt allen guten Willen, alle psychische und physische Kraft in den Versuch, sie über die Straße zu geleiten. Endlich gemeinsam drüben angekommen, läßt er die Dame erstmalig zu Wort kommen und erfährt: Sie wollte gar nicht über die Straße! Oft fallen unsere Liebesabsichten blind aktionistisch aus, versuchen andere zu ihrem Glück zu zwingen oder verkehren sich blitzschnell in Zorn, wenn sie nicht die erwünschte Resonanz finden.

Wie also hätte nach dem Zeugnis Jesu unsere Liebe auszusehen, an der man uns zweifelsfrei als seine Jünger erkennen könnte?

Eine Liebe, die als innere Haltung die Geliebten frei macht, glücklich leben zu können, die dem anderen und darin auch wieder mir positiv zu leben hilft, die möchte ich gerne verkündigen!

2. Persönlicher Zugang zur Geschichte

Meine Frau wollte in einem Urlaub das Jugendbuch „Krabat" von Otfried Preußler (Würzburg [12]1980) gerne mit mir gemeinsam lesen. Ich zeigte Widerstände und andere Leseinteressen. Auf ihr: „Höre doch nur mal kurz zu!" ließ ich mich ein, und es war um mich und die anderen Leseinteressen geschehen. Fast ohne abzusetzen (immerhin ca. 250 Seiten), haben wir uns „Krabat" „reingezogen". Es ist eine total fesselnde Liebesgeschichte im Kampf gegen die „Mächte des Bösen":

▶ Krabat ist ein vierzehnjähriger, ganz auf sich allein gestellter Junge, der sich für eine dreijährige Lehrzeit einem Müller und seiner Mühle verdingt, in der mysteriöse Dinge vorgehen: Er verliert seinen freien Willen und wird mit elf anderen Gesellen ein Schüler der „schwarzen Schule". Jedes Jahr kommt einer der Gesellen auf unerklärliche Weise zu Tode, und immer trifft es den, der sich besonders bemüht, sich selbst treu zu bleiben und dem Willen des „bösen Meisters" am stärksten Widerstand leistet. Jedesmal wird hinterher ein neuer Bursche angeworben, so daß das Dutzend wieder voll ist. Keiner der Gesellen hat die Macht, sich von selbst von Meister und Mühle zu befreien oder den Meister zu überwältigen. Wie Krabat mit der Zeit erfährt, gibt es nur eine Möglichkeit, dem Bann zu entrinnen. Es wird möglich durch die tiefe Liebe zu einer Frau, die ihren Liebsten unter den Gesellen herausfinden muß. Die besondere Schwierigkeit ist dabei, den Liebsten zu erkennen, wenn er wie seine Kollegen in einen Raben verwandelt ist, sich in nichts von den anderen unterscheidet und auch keine Macht und Möglichkeit hat, seiner Geliebten ein Zeichen zu geben.

Im zweiten Jahr auf der Mühle verliebt sich Krabat in eine junge Frau, die er einmal im Jahr in der Osternacht sieht, wenn sie das Osterlied singt. Im Traum begegnen sie einander und gestehen sich ihre Liebe. Um das Leben der jungen Frau nicht zu gefährden, muß er seine Liebe verheimlichen. Dennoch spüren alle auf der Mühle, daß eine Veränderung in ihm vorgegangen ist, und versuchen ihm – z. B. durch böse Träume – sein Geheimnis und den Namen, den es trägt, zu entlocken. Krabat beginnt mit Hilfe eines älteren Müllerburschen, zu dem er Vertrauen gefaßt hat, seinen Willen zu stärken und sich darin zu üben, dem Willen des Meisters zu widerstehen.

Nachdem er mit seiner Geliebten gesprochen hat, und sie ohne Zögern bereit ist, ihn zu befreien und dafür sogar ihr Leben einzusetzen, das verspielt ist, wenn sie ihn nicht auf Anhieb erkennt, verdoppelt sich auf wunderbare Weise die Kraft seiner Widerstandsfähigkeit. Es ist die Liebe der Frau in ihm, die das bewirkt.

Der Meister, dem die Veränderung Krabats nicht entgangen ist, bietet ihm kurz vor der Silvesternacht an, seine Nachfolge auf der Mühle anzutreten, doch Krabat schlägt aus, weil er nicht immer wieder schuldig werden möchte am Tod eines seiner Mitgesellen. Mit dieser Ablehnung ist sein Todesurteil besiegelt, wenn er nicht gerettet wird. Als letzte Aufgabe trägt der Meister ihm auf, sein eigenes Grab auszuheben.

Krabat bittet seinen Freund, seine Geliebte aufzusuchen und sie wissen zu lassen, daß es ihr ganz freisteht, ob sie die Gefahr seiner Befreiung auf sich nehmen möchte. Sein Freund kehrt mit der Nachricht zurück, daß sie kommen wird.

Am nächsten Abend, Silvester, findet sich Krabats Geliebte auf der Mühle ein und verlangt, den Meister zu sprechen. Dieser versucht sie einzuschüchtern und meint, ob sie den Geliebten denn wirklich gut genug kenne, um ihn

herauszufinden unter allen anderen. Er läßt alle Müllerburschen in Raben verwandeln, und Krabat spürt, daß er nicht genügend Kraft hat, dem Willen des Meisters zu widerstehen. Trotz härtesten Trainings und aller Anstrengung gelingt es ihm nicht, sich irgendwie zu erkennen zu geben. Eine große Angst übermannt ihn, und er fühlt, daß er sie beide ins Verderben stürzt.
Doch – wie durch ein Wunder – findet die junge Frau ihn mit großer Ruhe und Sicherheit unter den anderen heraus, und er ist damit befreit. Der böse Meister stirbt noch in der Silvesternacht, und der Spuk auf der Mühle hat ein Ende. Alle Müllerburschen sind befreit. Als Krabat mit seiner Geliebten die Mühle verläßt, fragt er sie, wie sie ihn denn habe erkennen können. Da antwortet sie: Weil er sie liebe, habe sie seine Sorge und Angst um sie und ihr Leben gespürt; daran habe sie ihn erkannt unter allen anderen. ◀

3. Exegetische Hinweise

Jürgen Becker erläutert unsere Textstelle gleich mit zwei ausführlichen Exkursen (10 und 11), die ich zur Lektüre sehr empfehle (Becker, 439–456). Zum einen schildert er die ab Joh 13 zur Anwendung gebrachte „Gattung des literarischen Testaments", die den Evangelisten einmal mehr als hauptsächlich theologischen Schriftsteller und nicht historischen Dokumentator ausweist. In schriftstellerischer Arbeit werden inhaltliche Anliegen, Zukunftsvisionen, Verheißungen, äußere und innere Ordnungen, die sich mit dem Leben und der Botschaft einer wichtigen Person verbinden, mit dem „moralischen Gewicht" des Abschieds von ihr, mit der „bindenden Funktion" dieser Inhalte als Abschiedsworte an einen Kreis Auserwählter verknüpft, um so dem Weiterleben der Botschaft größeres Gewicht und sicheren Bestand zu verleihen.
In der Exegese unserer Perikope sieht Becker stärker eine christologische Bedeutung in der Heraushebung des Fortgangs Jesu (V. 33 und dann V. 36 f). Das mehr ekklesiologisch orientierte Thema „Bruderliebe" ist für ihn sekundär und wohl von der sog. „kirchlichen Redaktion" (KR), von der neben solchen Einschüben im JohEv wohl auch der Nachtrag Joh 21 und die Johannesbriefe stammen, in die Arbeit des Evangelisten (E) eingefügt. Die nach Beckers Meinung eigentliche Texteinheit Joh 13, 31–33. 36–38 (ohne VV. 34–35) ist durch unsere Perikopenordnung zerrissen, wodurch für mich der homiletische Blick dann eben vom Abschieds- und Verherrlichungsmotiv stärker auf das eingeschobene Liebesgebot gerichtet wird.
Diesem Liebesgebot widmet Becker dann einen zweiten Exkurs innerhalb der Exegese unserer Perikope. In dessen Zusammenhang betont er, daß die Neuigkeit des Gebotes (V. 34a) sich nicht auf die Abgrenzung vom Judentum bezieht – von ihm erbt Jesus es nämlich (vgl. Lev 19, 18) – und auch nicht auf die Abgrenzung von der Umwelt (vgl. z. B. „Barmherziger Samariter" usw.), sondern darauf, daß es „seinen konkreten Inhalt und seine sachlich zwingende Autorität" (Becker, 451) von Jesus erhalten hat. Jesus erweiterte in seiner Botschaft den Horizont des ererbten Liebesgebotes von der Nächstenliebe auf die

Feindesliebe. Gerade diese Erweiterung (von der wir so gerne predigen!) tritt aber in der Theologie des JohEv wieder zurück, das Nächstenliebe und Sozialverhalten weniger thematisiert, weil Glaube und Unglaube gegenüber dem von Gott gesandten Sohn sein zentrales Thema ist (Becker, 455).
Und auch bei der „kirchlichen Redaktion", von der das Liebesgebot unserer Perikope und die eindrucksvolle Liebestheologie der Johannesbriefe stammen, sieht Becker nicht primär die Nächsten- und Feindesliebe angesprochen, sondern im Begriff Liebe mehr das innere Wesensprinzip christlicher Gemeinde geschildert. „Wie das Wechselverhältnis der Liebe zwischen Vater und Sohn Leben für die Gemeinde ist, so wird sie ihrem neuen Sein durch Bruderliebe, also durch gegenseitiges Lieben, gerecht (13, 14f. 34f; 15, 12.17; 1 Joh 3, 11. 23; 4, 7. 11f). Solches Lieben ist Leben (1 Joh 3, 14). Umgekehrt äußert sich Welt als Haß und Töten (15, 18–16,4 ...). Darum ist das Weltverhältnis der Gemeinde Abstand von diesen teuflischen Werken und Angst vor der Welt (15, 18–16, 4.33). Im Rahmen dieses verkirchlichten Dualismus fehlen Aussagen zu einem positiven Weltverhältnis. Alles ist auf die innergemeindliche Situation hin orientiert. Abkapselung nach außen und Erleiden der Welt dominieren" (Becker, 456).
Will man diesen exegetischen Erkenntnissen homiletisch Rechnung tragen, dürfte man die Perikope also nicht als Liebesgebot im Sinne „missionarischen Zeugnisses für die Welt" interpretieren, sondern mehr als Zeugnis vor der Welt und zur inneren Stärkung und Wesensvervollkommnung der Gemeinde, die sich dann für ihre Mitglieder heilsam von der „bösen" Welt abgrenzt. Da dies insgesamt weniger meinem allgemeinen Verkündigungsanliegen entspricht, das mehr zur „weltheilenden Dimension feindesliebender und damit offener Gemeinde" tendiert, soll meine Predigt weniger auf das allgemeine, bzw. gemeindeinterne Liebesgebot eingehen, als – von der „Krabat-Geschichte" ausgehend – die innerlich und äußerlich erfahrbare Liebe als Erkennungszeichen der (Liebes-)Gemeinschaft der Christen illustrieren. (Literaturhinweis: J. Bekker, Das Evangelium nach Johannes, ÖTK 4/1, 2, GTB Siebenstern 505–506.)

4. Schrifttext und Geschichte

„Weil er sie liebt, hat sie seine Sorge und Angst um ihr Leben gespürt, und daran hat sie ihn erkannt unter allen anderen." Innerlich zu spüren, daß jemand sich wirklich um mich sorgt, das macht mir seine Liebe erkennbar, auch ohne interpretierende Worte, sogar in Situationen, in denen ich die Liebe nicht konkret handelnd erlebe. Mit dieser Aussage konkretisiert die Krabatgeschichte für mich einen Kernpunkt der Jesusliebe (V. 34) und der besonderen Erkenntnisfähigkeit, in die sie die Liebenden versetzt (V. 35). Darin wird für mich sinnvoll und notwendig, ja sogar lebensrettend, die innere Haltung und der „Geist" der Liebe als das Wesentlichere und Entscheidendere gegenüber den in ihrer Motivation u. U. mißverständlich bleibenden „Liebestaten" herausgestellt. Wir waren in der kirchlichen Kasuistik unserer Katechismen, Beichtspiegel und

Bußübungen viel zu sehr auf einen „Katalog der guten Taten" festgelegt, der das viel umfassendere Bild der Liebe im Geist und Handeln Jesu, wie sein Leben und Sterben es zeichnet, in der Regel grob verkürzte. Zu welchen „wunderbaren" Rettungs- und Heilungstaten (schon) allein der „Geist der Liebe Gottes" befreit, möchte ich mit meiner Predigt darstellen. Die Krabatgeschichte ist sicherlich recht lang. Das Evangelium ist dafür sehr kurz und im von mir gewählten Schwerpunkt sehr klar (V. 34–35). Es wird nicht sehr viele Worte brauchen, Geschichte und Evangelium deutend zu verbinden.

5. *Predigtentwurf*

Wunderschön sind diese Sätze über die Liebe! Allenthalben haben wir solche und ähnliche Worte auf den Lippen. Die Schwierigkeiten fangen aber sofort an, wenn wir zu begreifen und dann zu leben versuchen, wie diese Liebe Jesu, mit der er uns liebt und zu der er uns aufruft, als innere und äußere Haltung konkret aussieht.

Wir haben zwar inzwischen vielleicht zu lernen versucht, daß es ein lieblos werdendes Zuviel vermeintlicher Liebe gibt: Überbehütung z. B. und wenn man versucht, andere Leute zu ihrem Glück bzw. zu unserer Vorstellung davon zu zwingen (vgl. das Beispiel unter 1.). Aber gerade wir Christen und unsere Kirche haben in diesem Punkt sicherlich in guter Liebesabsicht sehr viel Liebloses begangen. Wie könnte man sie schildern – die echte Liebe Jesu? Ich möchte Ihnen eine Geschichte erzählen, die für mich auf spannende Weise eine wesentliche „Tiefendimension" dieser Liebe, wie Jesus sie meint, illustriert (s. 2.).

So, liebe Gemeinde, stelle ich mir einen besonderen Wesenszug gerade auch der christlichen Liebe vor: daß ich mich so um meine Mitmenschen in unseren Lebensgemeinschaften zu sorgen weiß und daß ich innerlich so viel für sie empfinde, daß die anderen diese Liebe erkennen und spüren, und dies u. U. sogar auch ohne Taten, ohne deutende Worte, allein aus innerer Verbindung. Natürlich will ich Ihnen nicht die tatenlose, stumme Liebe preisen! Aber wie oft verschrecken wir andere, wenn unsere Gefühle „blinde Macht" ausüben? Wie oft engt unsere Liebe andere ein, statt sie zur Freiheit und Selbstverwirklichung ihrer Menschenwürde zu führen oder – religiös ausgedrückt – zur Freiheit der Kinder Gottes? Wir tun so vieles an ihnen, was wir für Liebe halten. Wir haben aber vielleicht gar nicht auf sie geschaut und gehört, welche Art Liebe sie von uns brauchen und wirklich annehmen können. Unsere Liebe – bzw. das, was wir dafür halten – kommt dann nicht an; an uns ist nichts zu entdecken, was zu Jesus paßte.

Die Liebe Krabats wird daran erkannt, daß man seine gute Sorge erspüren kann, daß man ihm anmerkt, daß es ihm ganz um die Geliebte geht und er sich um ihre Existenz sorgt. Und diese Erkenntnis seiner Liebe und Sorge gibt ihr die Sicherheit und Kraft und den Mut, ihn aus der großen Gefahr erretten zu können.

Krabat als Rabe oder Jesus am Kreuz: Bei beiden wird die Liebe vom Bösen zur Ohnmacht gezwungen und in ihrer Existenz bedroht. Bei beiden aber bleibt die Liebe und Sorge in aller Ohnmacht und Entstellung so erfahrbar, spürbar und bestärkend, daß sie die, die diese Liebe erkennen und sie beantworten, zu größtem Liebeseinsatz befreit und befähigt, so wie wir es bei Krabats Geliebter sehen können.
Der Inhalt der Osterbotschaft, die wir nun seit einigen Wochen wieder neu zu betrachten versuchen, kann sich uns erst dann erschließen, wenn unsere Herzen Augen bekommen für die große Liebe und Sorge Jesu auch und gerade in der absoluten Ohnmacht am Kreuz. Das Kreuz ist durch Ostern nicht einfach ungeschehen gemacht und erst recht nicht aus der Welt geschafft! Wenn wir diese Liebe – als seine Sorge um unsere Existenz, als sein Bemühen, uns bewahren und vom Tod erlösen zu wollen – durch alle Ohnmacht hindurch spüren und erkennen, wird sie in uns eine große österliche Kraft freisetzen, die diese erlösende und befreiende Liebe auch anderen Menschen weiterschenken kann.
Daran könnte man dann erkennen, daß wir seine Jünger sind.

6. Weitere Anregungen

Die Anfangsverse unserer Perikope (VV. 31 f) demonstrieren mir die sprachliche „Verschraubtheit" des Evangelisten, der stark mit literarisch-poetischen Elementen seiner Zeit arbeitet (Wortwiederholung, Stichwortanschluß usw.). Für uns heute wirken diese Elemente eher verschlüsselnd und behindern Hören und Verstehen mehr, als sie ihm dienen. Hier bauen sie mit der extremen Wiederholung des Wortes „verherrlichen" gerade eine „Verständnismauer" auf, die homiletisch zu durchdringen und dem Hörer als Begriff unseres Glaubens zu erschließen eine eigene Predigtaufgabe wäre.

Stefan Herok

6. Sonntag der Osterzeit

Zu Offb 21, 10–14. 22–23 (10 f. 22–25)

1. Persönlicher Zugang zum Schrifttext

Jerusalem – das ist für mich zunächst einmal die Hauptstadt des jetzigen Staates Israel. Die Wahrnehmung dieses politischen Macht- und Entscheidungszentrums steht in schmerzlichem Kontrast zu dem lichtumfluteten Verheißungsbild am Ende der Offenbarung des Johannes: Die heilige Stadt Jerusalem, wie sie von Gott her aus dem Himmel herabkam, glänzte wie ein kostbarer Edelstein, wie ein kristallklarer Jaspis (Offb 21, 10 f).

Werden wir es noch erleben, daß die Schatten der unversöhnlichen Konfrontation zwischen Juden und Arabern, die so unheimlich und bedrückend über dem heutigen irdischen Jerusalem liegen, aufgehellt und weggenommen werden? Aber hat es die Sonne der Gerechtigkeit nicht auch bei uns und in meinem eigenen Leben schwer aufzugehen? Wird der Lichtglanz des himmlischen Jerusalem sich durchsetzen, bestehen können angesichts der immer neu aufkommenden Springfluten der Verfinsterung, die alles unter sich begraben?

2. Persönlicher Zugang zum Gedicht

Das Gedicht von Christof Stählin hat mich doppelt überrascht. Es geht von einer einfachen Beobachtung aus, durchschaut sie aber gleich, gibt ihr Transparenz und Tiefe. Das würde ich auch gern können: Zuhörerinnen und Zuhörer in grundsätzliche Reflexionen verwickeln, ohne daß sie sich dazu mit einem gezielten Ruck und angestrengter Ernsthaftigkeit überwinden müssen. Stählin nimmt uns – das spricht mich an! – leichtfüßig-augenzwinkernd mit auf eine tieflotende Entdeckungsreise.
Die zweite Überraschung drängt sich mir als Frage auf: Weshalb sind mir die pfiffigen Beobachtungen und ihre verblüffende Deutung bisher entgangen, die Stählin so einfach und so einleuchtend ins Wort bringt?

3. Exegetische Hinweise

Weil die Aufmerksamkeit der hier vorliegenden Betrachtung sich auf das Motiv „Licht-Dunkelheit" richtet, wäre es angebracht, statt der in der kirchlichen Leseordnung vorgesehenen Abschnitte (Offb 21, 10–14. 22–23) die Verse 10–11. 22–25 vorzutragen. Damit würde eine wichtige Aussage nicht gekappt, die mit V. 24 in den Blick kommt. Dort nämlich wird ein Axiom der jesajanischen Prophetie (vgl. Jes 60, 3.11) aufgegriffen: Völker gehen im Licht des Neuen Jerusalem einher. Mit diesem Motiv ist die Universalität des Heiles angesagt und die ungehinderte, uneingeschränkte Zugänglichkeit dieses allumfassenden Angebotes Gottes. Die kraftvolle Souveränität dieser universellen Vollendung zeigt sich auch darin, daß sie sich nicht hinter Schutzmaßnahmen vor von außen eindringenden Gefahren in Sicherheit bringen muß: Die Stadttore können ständig geöffnet bleiben.
Der Seher der Offenbarung setzt sich bewußt und ausdrücklich von einer Tradition der jüdischen Apokalyptik ab, die im Anschluß an Ezechiel *den Tempel* als Mittelpunkt des Neuen Jerusalem sieht und ausführlich beschreibt. Das Motiv, daß die eschatologische Gottesstadt durch Gott selbst erleuchtet wird, ist als solches zwar Gemeingut der jüdischen Apokalyptik. Es bekommt hier aber eine neue Bedeutung: Die leuchtende Gegenwart Gottes erfüllt die ganze Stadt mit ihrem strahlenden Glanz; da wird der Tempel als besonderes Sinnbild und als ausgegrenzter Ort der göttlichen Gegenwart überflüssig.

(Literaturhinweis: J. A. Visser, De openbaring van Johannes, Nijkerk 1965, 258f; U. B. Müller, Die Offenbarung des Johannes, Gütersloh/Würzburg 1984, 354–361.)

4. Schrifttext und Gedicht

Ist es zulässig, wird es gelingen, zwei Texte miteinander ins Gespräch zu bringen, die so weit voneinander entfernt, so verschieden sind? Die alte Verheißungsvision des christlichen Apokalyptikers sieht eine Vollendung kommen, in der der strahlende Sieg des Lichtes gefeiert wird. Der zeitgenössische Dichter und Sänger beginnt alle fünf Strophen seines Liedes mit dem Kehrvers: „Im Menschen ist's zappenduster." Und in vier von fünf Strophen geht jeweils im letzten Vers nicht die Sonne auf, sondern das Gegenteil: stockfinstere Nacht.
Diese Beobachtung macht Stählin am Menschen: Das Licht ist nur eine äußerste Randerscheinung, unscheinbar klein gegenüber der großen Masse der Dunkelheit. Dieser Befund weitet sich unerhört aus, wenn wir ihn auf das Weltall beziehen und anwenden. Die unvorstellbaren interstellaren Wüsten der Dunkelheit im Universum – sie sind so unermeßlich. Selbst wenn wir sie mit den Siebenmeilenstiefeln der Lichtgeschwindigkeit durchmessen könnten, reichte unser Leben nicht aus, um auch nur anfanghaft die Dunkelheit zu durchforschen.
Was tun wir mit dem „Lichtzeichen" am Ende der Offenbarung des Johannes? Wie weit reicht Jesus, das Lichtzeichen Gottes?

5. Predigtentwurf

Licht ist nicht gleich Licht. So wie es verschiedenartige Menschen gibt, gibt es verschiedene Licht-Gestalten. Vincent van Gogh sieht und malt das Licht anders als Rembrandt; für August Macke, einen Maler am Anfang unseres Jahrhunderts, begann eine neue Schaffensperiode mit seiner Tunisreise; dort entdeckte er das Licht des Mittelmeerraums.
Wir dürfen gespannt sein. Wir sollen nämlich noch eine unerhört überwältigende Lichtqualität zu sehen bekommen, die alle bisherigen Lichtentdeckungen, so großartig sie auch waren, in den Schatten stellt. Jedenfalls behauptet dies die Lesung des sechsten Sonntags nach Ostern. Im Neuen Jerusalem, das vom Himmel her von Gott herniedersteigt, wird es ein ganz andersartiges, wunderbares Licht geben: „Die Stadt braucht weder Sonne noch Mond, die ihr leuchten. Denn die Herrlichkeit Gottes erleuchtet sie, und ihre Leuchte ist das Lamm. Die Völker werden in diesem Licht einhergehen, und die Könige der Erde werden ihre Pracht in die Stadt bringen" (Offb 21, 23 f).
Was dieses Verheißungsbild uns ankündigt, aber auch zumutet, wird vielleicht deutlich, wenn ich ihm als Kontrastmittel einen Text aus unserer Zeit gegenüberstelle. Er stammt von Christof Stählin, Schriftsteller und Liedermacher in Tübingen.

► Anatomie

Im Menschen ist's zappenduster.
Ein bißchen Licht in den Glaskörpern der Augen,
wie unter Wasser.
Aber hinter der Netzhaut
ist stockfinstere Nacht.

Im Menschen ist's zappenduster.
Ein bißchen Licht in der Mundhöhle,
Licht auf der Zunge.
Aber hinter dem Zäpfchen:
stockfinstre Nacht.

Im Menschen ist's zappenduster.
Ein bißchen Licht im Gehörgang,
wie tief im Tunnel.
Aber hinter dem Trommelfell:
stockfinstre Nacht.

Im Menschen ist's zappenduster.
Ein bißchen Licht dringt in die Haut,
wenn er nackt und es Tag ist.
Aber unter der Haut:
stockfinstre Nacht.

Im Menschen ist's zappenduster.
Man kann ihn durchleuchten:
Herz, Milz, Magen, Lungen, Knochen, Adern,
zuckende Bündel und Knoten,
grau in grau verschwimmende Schatten:
Landschaft im Morgengrauen. ◄

(Aus: Christof Stählin, Findelkinder, Nomen + Omen Verlag, Tübingen 1981, 70.)

Dieses Gedicht hat mir die Augen geöffnet für eine Beobachtung, die mir bisher entgangen war: Das Licht ist nur eine äußerste Randerscheinung am Menschen. Es dringt nicht ein, bleibt unscheinbar klein gegenüber den großen Dunkelheitsmassen. Diese sind offenbar in der erdrückenden Überzahl, ihre Überlegenheit unterliegt keinem Zweifel.
Wenn wir dieser Anatomiebetrachtung, die vom Leib des Menschen ausgeht, eine Anatomie unserer Seele folgen lassen, stoßen wir erst recht auf ein ähnlich drastisches Mißverhältnis. Wie übergewichtig türmen sich oft die dunklen Wolken auf: die finsteren Massen unserer Ängste, unserer Sorgen; die zuckenden Bündel und Knoten unseres Unvermögens, die Erde zu einem lichten Ort heiterer Hoffnung zu machen; die grau in grau verschwimmenden Schatten unserer Schuld! Stockfinstere Nacht, zappenduster: Stichworte wie Schnappschüsse, die uns ein nicht gerade erfreuliches Porträt liefern und vorhalten.

Eine Winzigkeit Licht gegenüber der unendlichen Masse der Dunkelheit: Dieses Mißverhältnis können wir auch wahrnehmen an Jesus, den das Johannesevangelium als Licht der Welt bezeichnet. Licht der Welt – erscheint Jesus uns nicht manchmal wie eine zwar ungemein anziehende, aber eben doch ohnmächtige Randfigur, viel zu schwach angesichts all der andrängenden Dunkelheit? Weist nicht bereits eine Notiz am Anfang des Johannesevangeliums in diese Richtung? Wir lesen da: Das Leben, das in Jesus war, war „das Licht der Menschen. Und das Licht leuchtet in der Finsternis, und die Finsternis hat es nicht erfaßt" (1,4 f). Aber: Gerade dieses Nichterfassen des göttlichen Lichtes in Jesus führt in der Sicht des Glaubens dazu, daß die Sonne der Gerechtigkeit neu aufgeht. Die Hinrichtung am Kreuz bricht den Blick Jesu; aber das Licht, das sein Leben ausstrahlt, geht im gebrochenen Blick des Ermordeten nicht unter. Seit die ersten Zeuginnen und Zeugen, erfüllt von diesem Licht, dies weitergaben, legte es einen weiten Weg zurück; es kam durch so viele Generationen bis zu uns, und es ist noch lange nicht erschöpft, noch längst nicht am Ende. Der Blick Christi ruht auf uns, sein Augenlicht, „das fließende Licht der Gottheit" (Mechthild von Magdeburg), umgibt uns.
Erinnern wir uns daran, wie Lukas die Bergpredigt einleitet. Bevor die Jünger die Worte Jesu *hören, schaut er sie* zunächst an. Lukas schreibt: „Er richtete seine Augen auf seine Jünger und sagte..." (6, 20). Das ist der schöpferische Augenblick, mit dem alles anfängt: Angeschautwerden von Augen, die das Heil Gottes geschaut haben; von Augen entdeckt werden, deren Sehkraft sich speist aus dem „selig!" des göttlichen Wohlgefallens. Diesen Augenblick versuchen wohl die Christus-Ikonen der Ostkirche einzufangen: Mittelpunkt der Darstellung sind die großen Augen, nicht der Mund Jesu.
Dieses Anschauen, dieses Angeschautwerden kann die Frage aufkommen lassen: Ist es überhaupt angemessen, das Verhältnis von Licht und Dunkelheit als Gegensatz, als Kampf, als Feindschaft auf Leben und Tod zu sehen? Ein apokryphes Jesuswort sagt: „Ihr sollt mit Feuer gesalzen werden." Dieses Bildwort legt uns nahe, daß Licht und Dunkelheit nicht als unversöhnliche Gegner aufeinanderprallen. Sie sind einander zugeordnet, sind empfänglich füreinander. Wie eine Prise Salz einen ganzen Topf mit Suppe schmackhaft macht, so genügt ein kleines Licht, um einen großen dunklen Raum zu erschließen. Es gibt nur wenig Licht – aber es verbreitet sich mit großer Geschwindigkeit, und es hat weitreichende Ausstrahlung. Das sind zwei Begabungen, zwei Stärken des Lichtes, die seine „Unterlegenheit" gegenüber der Dunkelheit kompensieren. Das kleine Licht am Fahrrad, das wir mit unserer eigenen kleinen Kraft zum Leuchten bringen: Es reicht nicht sehr weit – zwanzig, dreißig Meter. Aber es genügt, um zwanzig, dreißig Kilometer Nacht zu durchmessen.
Ich hoffe, daß das ängstliche und feindliche Verhältnis zu den Untiefen der Dunkelheit in mir sich immer mehr in ein freundliches und liebevolles verwandelt. Freundlich und liebevoll – so spricht auch Christof Stählin seinen Befund aus: stockfinstere Nacht, zappenduster. Ob wir von dem kleinen Licht, das uns mitgegeben ist, so weit geleitet werden, daß wir mit freundlicher und liebevoller Überzeugung die Worte des Psalms sprechen können: „Auch die

Finsternis wird dir nicht dunkel sein; wie der Tag wird die Nacht dir erstrahlen, und die Finstnis ist dir wie Licht“ (139, 11)? Hoffentlich.

6. Weitere Anregungen

- Momente und Motive aus dem bisher Dargelegten können im Gottesdienst wieder auftauchen: z. B. die Abbildung einer Christus-Ikone; die Sätze aus Psalm 139 (sie könnten als Kehrvers gesprochen oder gesungen werden). – Der Text von Stählin könnte zum Mitnehmen angeboten werden – aber erst am Ende des Gottesdienstes, beim Ausgang.
- Was vom Tempel gesagt wird, gilt auch von der Kirche: Sie ist ein vorläufiges Licht. Sie soll sich darauf einstellen, zu gegebener Zeit zu verlöschen. Sie muß aufbrechen zum Neuen Jerusalem, wo der Glanz Gottes so allgegenwärtig und so offensichtlich ist, daß Tempel und Kirche als besondere Sinnbilder und als ausgegrenzte Orte göttlicher Nähe überflüssig werden. Darf das Verschwinden bisheriger religiös-kirchlicher Formen und Instanzen auch unter dieser Perspektive gesehen werden? Oder war, was wir unter dem Vorzeichen bisherigen kirchlichen Lebens von Gott wahrgenommen haben, nicht überzeugend genug, um zu erwarten, daß sich im gegenwärtigen religiösen Umbruch eine neue Ankunft Gottes beim Menschen vorbereiten und ankündigen könnte?
- „Stockfinstere Nacht, zappenduster“ – die Zahl der Menschen steigt, die die Geschichte der Kirche vornehmlich mit solchen Wörtern und Bewertungen bedenken. Unter denen, die in der Kirche Predigten anhören, werden sie wohl keine Mehrheit bilden. Das macht aber die Frage um so dringlicher, wie wir unseren Glauben an das Licht der Welt gegenüber Menschen bezeugen können, die in der Kirche keine Aufmerksamkeit für ihre Fragen erwarten.
- Wie verhält sich die neue Lichtqualität unseres Jahrhunderts, der Atomblitz, zur Leuchte Gottes, dem Lamm?

Heinz-Georg Surmund

Christi Himmelfahrt

Zu Apg 1, 1–11

1. Persönlicher Zugang zum Schrifttext

Apostelgeschichte 1, 1–11 ist mir als „Fundamentaltext“ zu Christi Himmelfahrt von Kindesbeinen an vertraut. An seiner protokollarischen Historizität bestand für mich über lange Zeit hinweg kein Zweifel. Mich hat nur immer gestört, daß die Apostel von den beiden geheimnisvollen Männern im weißen

Gewand so hart abgekanzelt werden. Meine Einstellung änderte sich, als im Zug historisch-kritischer Exegese in der Mitte der sechziger Jahre die Ostertexte der Evangelien zumindest bei uns Katholiken erst so recht zur Diskussion standen. Wirkliches Fragen nach dem Sinn des Ganzen hat in mir damals aber eine kleine Episode ausgelöst: Einmal klopfte am Tag vor Christi Himmelfahrt ein Lehrer einer zweiten Volksschulklasse an die Tür meines Unterrichtsraums und fragte mich händeringend: „Herr Kaplan, was soll ich da für eine Antwort geben? Gerade hat doch so ein Bengel gesagt: Ein Raumfahrer braucht doch einen Raumanzug. Warum hat Jesus bei seiner Himmelfahrt keinen gebraucht?" Auf beiden Seiten zunächst betretenes Schweigen, dann der Versuch einer Antwort, nachdem ich kurz zuvor G. Lohfinks Buch über „Die Himmelfahrt Jesu" gelesen hatte. Von da an beschäftigte ich mich intensiv mit dem jeweiligen Schluß der Evangelien. Katechetisch versuchte ich zu vermitteln, daß die „Himmelfahrt" Christi „nur" eine lukanische Aussage ist, eine Vorstellung, die das Ausbleiben weiterer Erscheinungen des Auferstandenen erklären und zugleich dessen Einsetzung in die Herrschaft über die Welt zum Ausdruck bringen will.

2. *Persönlicher Zugang zum literarischen Text*

Fasziniert haben mich Texte von Friedrich Nietzsche schon immer. Vor allem sein „Also sprach Zarathustra" ist durchsetzt von vielen, sprachlich äußerst dichten, berechtigten wie unberechtigten „antichristlichen" Aphorismen. Zu ihnen zählt das hochkarätige Wort: „Ich beschwöre euch, meine Brüder, bleibt der Erde treu und glaubt denen nicht, welche euch von überirdischen Hoffnungen reden. Giftmischer sind es, ob sie es wissen oder nicht! – Verächter des Lebens sind es, Absterbende und selber Vergiftete, deren die Erde müde ist." In den frühen siebziger Jahren, in denen die Kirche ihre eigene, allzu einseitige Jenseitsausrichtung erkannte, hatte dieser und hatten ähnliche Texte Nietzsches für mich geradezu eine prophetische Bedeutung gewonnen, deren Wert für mein eigenes christliches Selbstverständnis sich eigentlich bis heute nicht geschmälert hat. Beim Thema „Christi Himmelfahrt" kam mir der Text wieder in den Sinn, weil gerade dieses Fest nicht selten in den Dienst dieser Denkrichtung gestellt wurde.

3. *Exegetische Hinweise*

Der erste Vers der Apg lädt ein, in das erste, an Theophilus gerichtete Buch zurückzublättern und insbesondere dessen Schluß näher zu betrachten. Der Vergleich läßt zum einen einen auffallenden Unterschied erkennen: Dort (vgl. Lk 24, 1. 13. 36. 50) erfolgt Jesu Aufnahme in den Himmel am Ostertag, hier wird ein Zeitraum von 40 Tagen zwischen Ostertag und Himmelfahrt angegeben (V. 3). Zum andern erweist sich aber die Aussage von der Aufnahme Christi in den Himmel als lukanisches Motiv (vgl. Lk 24, 51 mit V. 9 und dem jeweiligen

Schluß der anderen Evangelien). Dies relativiert die „Himmelfahrt" bzw. „Hinaufnahme" Jesu als beobachtbares Geschehen, begrenzt die Erscheinungen des Auferstandenen und weist diese für den Übergang von der Zeit Jesu zur Zeit der Kirche aus lukanischer Sicht insofern als konstitutiv aus, als sie die Kontinuität zwischen den beiden Zeiten deutlich machen. Durch die Ausgießung des Hl. Geistes wird die Kirche zur Trägerin einer universalen Evangelisierung (VV. 5. 8). Das Wort der „Deutemänner" (angeli interpretes) ist wohl weniger ein Tadel als vielmehr der literarische Versuch zu zeigen, daß das Wissen, wo der „Ort" Jesu jetzt ist, Mut und Entschlossenheit verleiht, „inzwischen" in seinem Namen zu evangelisieren.

4. Schrifttext und literarischer Text

Gerade der eben besprochene Vers 11 scheint mir inhaltlich ganz Ähnliches zu sagen wie Nietzsches beschwörendes Wort. Christsein in der Kirche kann nicht heißen, zum Himmel emporzustarren, sondern Evangelisierung in dieser Welt zu betreiben, und dies in Wort und Tat. Was im Zusammenhang mit der Himmelfahrt Christi gerne verkündigt wurde, daß die Heimat des Menschen „im Himmel" ist, trifft natürlich zu, aber allzu leicht und allzu schnell wird dabei vergessen, daß eben dieser Himmel gerade durch das geistliche und weltliche Engagement der Christen im immer wieder versuchten Vorentwurf auf dieser Erde zu bezeugen ist.

5. Predigtentwurf

► „Ich beschwöre euch, meine Brüder, bleibt der Erde treu und glaubt denen nicht, welche euch von überirdischen Hoffnungen reden. Giftmischer sind es, ob sie es wissen oder nicht! – Verächter des Lebens sind es, Absterbende und selber Vergiftete, deren die Erde müde ist!"◄
Dieses Wort Friedrich Nietzsches setzt einen Kontrapunkt zum Himmelfahrtstag. Denn dieses Fest scheint ja eher dazu angetan zu sein, das Christentum als eine Jenseitsreligion zu betrachten, die die Welt verachtet und den Himmel ersehnt. Scheint doch Christi Himmelfahrt zu unserem Leidwesen unsere tägliche Erfahrung zu bestätigen: Wir merken sehr wenig von der Gegenwart Christi in unserer Welt und in unserem Leben. Er scheint sich von dieser Welt verabschiedet, von ihr zurückgezogen zu haben. Wenn überhaupt, dann haben wir erst nach unserem Tod etwas von ihm zu erwarten. Dieser Festtag scheint in der Tat nichts für hier und heute zu sein, für diese Welt, für dieses unser Leben. Wer die biblischen Erzählungen über den auferstandenen Christus etwas genauer kennt, weiß zwar: Nur das Lukasevangelium und die Apostelgeschichte, die literarischen Werke ein- und desselben Verfassers, sprechen wider Erwarten überhaupt von einer Himmelfahrt Christi. Es ist seine Weise, das Aufhören der Erscheinungen des auferstandenen Jesus zu erklären. Aber propa-

giert nicht zumindest der Verfasser dieser beiden Schriften gerade mit diesem Bild vom Gang Jesu in den Himmel eine Jenseitsreligion? Und hat er mit dieser seiner Vorstellung die Christenheit nicht wesentlich geprägt?
Allzu leicht überhören wir Bemerkungen in diesen beiden Texten, die uns über die Meinung des Lukas Aufschluß geben könnten. Da wird den Jüngern gesagt: „Geht nicht weg von Jerusalem" (Apg 1, 4), „bleibt in der Stadt" (Lk 24, 49)! Sie werden gemahnt: „Was steht ihr da und schaut zum Himmel empor?" (Apg 1, 11), und es wird eigens erwähnt: „Sie kehrten ... nach Jerusalem zurück" (Lk 24, 52; Apg 1, 12). Das alles ist doch ein Verweis zurück auf die Erde. Christentum ist also auch nach der Ansicht des Lukas nicht bloß eine Jenseitsreligion. Christliche Hoffnung richtet sich nicht auf etwas, was noch ganz und gar aussteht, sondern auf etwas, was schon angebrochen oder im Anbrechen ist, was nur erst am Ende allgemein sichtbar und in seiner Vollendungsgestalt eindeutig wird.
Die „Himmelfahrt" Christi meint keineswegs einen Abstand Jesu von dieser Erde, sein Ganz-bei-und-in-Gott-Sein weckt keineswegs den Gedanken an eine Jenseitsvertröstung. Vielmehr verbindet sich damit eine neue Form seiner Anwesenheit bei den Menschen. Die Bibel meint dies, wenn sie von der offensichtlich sehr persönlich erfahrenen Kraft aus der Höhe bzw. dem Geist Gottes spricht.
Man kann gegen diese Sicht der sog. Himmelfahrt Christi einwenden: Das seien zwar schöne, aber eben doch leere Worte! Denn wo erfährt man etwas von der Anwesenheit Christi in dieser unserer Gegenwart, im eigenen Leben?
Ich denke: dort z. B., wo ganz unausrottbar in uns der Gedanke wiederkehrt, daß Gott so sein muß, wie Jesus ihn gezeigt hat – ein Gott also, der es möglich macht, sich täglich selbst neu zu akzeptieren mit seinen Fehlleistungen, mit seinen Häßlichkeiten, mit seinen Minderwertigkeitsgefühlen; dort also, wo ich erlebe, daß ich mit dem Glauben an den Gott Jesu Christi selbst als Mensch vorwärtskomme.
Ich denke: dort z. B., wo ich in mir oder bei anderen entdecke, daß mich diese oder jene Einstellung Jesu überzeugt, auch meine eigene geworden ist – auch wenn ich da und dort in seiner Kirche das Gegenteil davon erleben muß; wo ich also feststelle, daß mich dieser Jesus stärker sein läßt als alles, was gerade Mitchristen gegen ihn aufzubieten scheinen.
Ich denke: z. B. dort, wo der Blick auf diesen Jesus, das Gebet zu ihm, die Verbundenheit mit ihm Menschen in und außerhalb der Kirche in seinem Sinn für unsere Mitmenschen aktiv sein lassen. Himmelfahrt Christi meint also die neue Weise der Anwesenheit Christi in dieser Welt durch seinen Geist, vor allem in uns Menschen und Christen. Wir verleihen ihr sichtbare Gestalt, in die wir mit einbezogen sind. Darum trifft uns sein Wort: „Ihr werdet meine Zeugen sein ... bis an die Grenzen der Erde!"

6. Weitere Anregungen

Um den Sinn des Festes besser zu erfassen und allzu traditionelle Vorstellungen zu korrigieren, könnte man in kleineren Gottesdienstgruppen ein Schriftgespräch führen. Es würde sich empfehlen, den Gottesdienstteilnehmerinnen und -teilnehmern eine kleine Zusammenstellung auszuhändigen, die den jeweiligen Schluß der vier Evangelien, also Mt 28, 20; Mk 16, 7 f; Joh 20, 29; Lk 24, 51 und dazu Apg 1, 9–11 enthält. Die Teilnehmerinnen und Teilnehmer werden gebeten, die Texte zu vergleichen und ihre Gedanken mitzuteilen. Die sich ergebende Sicht der „Himmelfahrt" Christi ließe sich abschließend mit dem Wort Nietzsches und einem sich dahinter verbergenden Mißverständnis des christlichen Glaubens konfrontieren.

Heinz Geist

7. Sonntag der Osterzeit

Zu Joh 17, 20–26

1. Persönlicher Zugang zum Schrifttext

Ein vertrauter Text – immer wieder herangezogen, wenn es um Fragen der Ökumene geht. Aber trotz – oder besser: wegen – seiner Vertrautheit auch ein Text, über den man leicht hinwegliest, dessen Tiefendimension man nicht erkennt oder nicht erkennen will. *Für* die Einheit der christlichen Kirchen sind wir ja schließlich alle – eine andere Haltung wäre nicht up to date, wäre anachronistisch. Aber wenn es um den Grund dieser Einheit geht, wird es schwierig. Da werden dogmatische Formeln und kirchenrechtliche Positionen in den Mittelpunkt gerückt, da werden organisatorische Überlegungen angestellt. Das Evangelium aber sagt etwas ganz anderes. Da ist der Grund der Einheit der Christen allein die Einheit des Vaters mit dem Sohn. Von Menschen aufgestellte Barrieren werden hier gegenstandslos. Was das konkret bedeutet – etwa in der Frage der Abendmahlsgemeinschaft –, sich das auszudenken braucht nicht viel Phantasie.

2. Persönlicher Zugang zum Gedicht

Auf der Suche nach einem literarischen Text stieß ich auf ein Gedicht von Detlef Block: „Credo 72". Dieses Gedicht macht den eigentlichen Grund unseres Glaubens deutlich: Wir glauben nicht an Sachverhalte, sondern an ein personales Gegenüber, nicht an Vordergründiges, sondern an den Hintergrund, der alles trägt:

► Ich glaube nicht
an die Bibel –
aber an den,
den die Bibel
zu bezeugen versucht.

Ich glaube nicht an Ostern –
aber an den,
den die Osterbotschaft
lebendig nennt.

Ich glaube nicht
an die Kirche –
aber an den,
der in der Kirche, trotz der Kirche
Menschen verwandelt und eint.◀

(Aus: Detlev Block, Anhaltspunkte. Gesammelte Gedichte, Delp'sche Verlagsbuchhandlung, München 1978.)

3. Exegetische Hinweise

Die Perikope bringt den Abschluß des „hohenpriesterlichen Gebets" Jesu. Nachdem er für seine Jünger gebetet hat (17, 9–19), setzt nun die Fürbitte für die „spätere Gemeinde" ein. Erstes Anliegen ist die Einheit der Glaubenden. Diese wird unmittelbar mit dem göttlichen Urbild begründet. In diesem Zusammenhang begegnet die „johanneische Immanenzformel", die das Verhältnis von Vater und Sohn als gegenseitiges „Inne-Sein" bestimmt (V. 21a); das meint die intensivste Weise von Gemeinschaft, wie sie nur die Liebe ermöglichen kann (V. 23). Nur auf der Basis solcher Einheit kann die Gemeinde gegenüber der Welt zum bleibenden Jesus-Zeugnis werden (V. 21b).
J. Blank stellt mit Recht fest: „Die Einheit der Gemeinde, die eine Spiegelung der göttlichen Einheit in der Welt ist, ist keine moralische oder organisatorische ‚Leistung' der Gemeinde, sondern ganz und gar göttliche Gabe" (281 f). Die Einheit muß gewiß auch ihre „sichtbare" Seite haben; aber hier besteht die Gefahr, „die Einheit der Kirche nicht mehr aus ihrem geistlichen Grund, aus der Offenbarung heraus zu begreifen, sondern sie vorwiegend institutionell abzusichern" (283). Diese Einsicht führt zur Konsequenz, daß eine Wiedervereinigung der christlichen Kirchen in erster Linie verstanden werden muß „als die Frage der Kirchen nach dem wahren geistlichen Grund ihrer Existenz und als je neue Bewegung auf diese innerste Mitte hin" (287 f). (Literaturhinweis: J. Blank, Das Evangelium nach Johannes 2, Düsseldorf ²1986, 248–251. 275–298.)

4. Schrifttext und Gedicht

Schrifttext und Gedicht stimmen darin überein, daß sie nach dem letzten Grund fragen, nicht beim Vordergründigen stehenbleiben, sondern das Hintergründige aufdecken. Dies ist in einer Zeit von besonderer Aktualität, die so gerne das Heil in der Verbesserung organisatorischer Abläufe, in der Veränderung von Strukturen sucht. Dieses Verhaltensmuster findet sich auch in den Kirchen

Die Erfahrung gerade auch der letzten Jahrzehnte zeigt jedoch, daß alle noch so begrüßenswerten institutionellen und strukturellen Veränderungen ins Leere laufen, wenn die Rückbindung an die Mitte der christlichen Botschaft nicht gelingt. Erneuerung und Wiedervereinigung der Kirchen ist zuallererst ein theologisch-spiritueller Vorgang und hat erst in zweiter Linie auch eine institutionelle Dimension.

5. Predigtenwurf

Das Evangelium ist uns vertraut. Immer wieder begegnet es uns bei ökumenischen Gottesdiensten. Es weist uns eindringlich darauf hin, wie wichtig die Einheit der christlichen Kirchen für die Glaubwürdigkeit ihrer Botschaft vor dem Forum der Welt ist. Aber ist uns das nicht schon allzu geläufig? Gehört doch ökumenische Gesinnung heute – wenigstens in unseren Breiten – zum guten Ton.

Die Vertrautheit des Evangeliums bringt jedoch eine Gefahr mit sich. Wir bleiben zu leicht an seiner Oberfläche hängen und versäumen es, in seine Tiefe einzudringen. Wenn wir uns der aber stellen, können uns Einsichten aufgehen, die gar nicht geläufig sind, die in unserer auf das reibungslose Funktionieren organisierter Abläufe spezialisierten Zeit vielleicht gar befremdlich wirken.

Jesus bittet in diesem letzten Abschnitt seines „hohenpriesterlichen Gebets" für seine zukünftige Gemeinde, für die Kirche zu allen Zeiten und an allen Orten, nachdem er zuvor für seine gegenwärtige Jüngerschar gebetet hat: „Ich bitte nicht nur für diese hier, sondern auch für alle, die durch ihr Wort an mich glauben." Das entscheidende Anliegen, das ihn dabei bewegt, ist die Einheit seiner Gemeinde, die zur Entstehungszeit des Johannesevangeliums am Ende des ersten nachchristlichen Jahrhunderts bereits erheblichen Belastungen ausgesetzt war: „Alle sollen eins sein: Wie du, Vater, in mir bist und ich in dir bin, sollen auch sie in uns sein, damit die Welt glaubt, daß du mich gesandt hast."

Diese Bitte zeigt: Die Einheit der Kirche gründet in der Einheit von Vater und Sohn. Diese wiederum ist bestimmt als ein gegenseitiges „Inne-Sein", als ein „In-Eins-Sein" von Vater und Sohn, als eine nicht mehr überbietbare Gemeinschaft, wie sie nur von der Liebe bewirkt werden kann. Die Einheit der Kirche ist somit eine reine Gabe Gottes, und ihr innerstes Wesen ist die Liebe, die die Glaubenden zueinander haben.

Das aber bedeutet auf der anderen Seite: Die Einheit der Kirche ist nicht ein Ergebnis menschlicher Bemühungen, ist keine moralische oder organisatorische Leistung, läßt sich nicht erzwingen und rechtlich absichern. Die Einheit der Kirche ist nicht bedingt durch die Übereinstimmung in dogmatischen Formeln und kirchenrechtlichen Positionen, sie bedeutet nicht nach außen sichtbare Uniformität.

Vielmehr gilt: Wo immer Menschen an Jesus Christus als ihren Herrn glauben, sich an ihn als den Gesandten und Offenbarer des Vaters zurückbinden und von daher aus der Liebe leben, da ist die Einheit der Kirche da. Diese Art von Einheit gestattet eine Vielfalt geschichtlicher Verwirklichungen, eine Mehrstimmigkeit von Glaubensweisen, eine Pluralität von Theologien.

Eine so verstandene Einheit der Kirche kann nie endgültiger, unhinterfragbarer Besitz sein. Das bedeutete Erstarrung. Sie muß vielmehr offen sein auf Zukunft, auf neue Erfahrungen und Erkenntnisse hin. Denn ihr Grund – die Einheit von Vater und Sohn – ist ja nicht auslotbar, übersteigt jede geschichtliche Realisierung. Die Einheit der Kirche kann erst vollendet sein, wenn alle Glaubenden in der göttlichen Liebe vollendet sind. Solches kann nicht institutionell abgesichert werden; es begibt sich in den Herzen der Menschen, ist daher stets gefährdet und vom Scheitern bedroht.
Wo die Einheit der Kirche allein in der Einheit von Vater und Sohn gründet, werden von Menschen aufgestellte Barrieren gegenstandslos, da erscheint es beispielsweise unsinnig, am Verbot der Abendmahlsgemeinschaft festzuhalten. Wo sich Glaubende in der vom Vater und vom Sohn geschenkten Liebe zusammenfinden, da dürfen sie auch das Mahl des Herrn zusammen feiern. Denn dieses Mahl ist nicht nur Zeichen vollendeter Einheit, die es ohnehin nur als zukünftige Gabe Gottes gibt, sondern ebenso Zeichen des ständigen Bemühens, in der Einheit der Liebe zu wachsen.
Eine so verstandene Einheit der Kirche kann nicht das Ergebnis der Arbeit theologischer Kommissionen sein, auch nicht das Ergebnis von Verhandlungen der Kirchenleitungen. Auf diese Weise kann nur Vordergründiges erreicht werden; die Tiefe und die Mitte der Einheit werden dabei allzu leicht verfehlt. Daher rührt so mancher Leerlauf gutgemeinter ökumenischer Aktivitäten. Die Einheit der Kirche Jesu kann nur werden in der geistlichen Rückbesinnung auf ihren wesentlichen Grund, die Einheit der Liebe zwischen Vater und Sohn. Sie kann nicht organisiert werden wie ein Betriebsablauf, sie wird nur Gestalt gewinnen in der personalen Begegnung aller Glaubenden mit dem sie anredenden Gott, mit dem auferstandenen Herrn Jesus Christus, der durch seinen Geist in der Kirche wirkt. Worauf es ankommt, kann uns ein Gedicht von Detlev Block mit dem Titel „Credo 72“ sagen: ... (s. 2.)

6. Weitere Anregungen

„‚Sehet, wie sie einander lieben!‘, so sprachen in den ersten christlichen Jahrhunderten die Heiden im Blick auf die Liebesverbundenheit der ersten Christen. Sehet, wie wenig sie einander lieben, so dürfen und müssen die modernen Heiden spotten, wenn sie immer wieder wahrnehmen, wie zahlreich und tiefgehend die Spaltungen in der Christenheit sind ...
Soll das Vermächtnis des Herrn an seine Jünger, niedergelegt im Gebet vor dem Antlitz des Dreifaltigen Gottes, geweiht durch seinen messianischen Todes- und Opferwillen, für alle Zeiten ein ohnmächtiger Wunsch und ein totes Wort bleiben, das nicht nur uns, sondern auch das Christentum und Christus selbst diskreditiert?“ (Karl Adam, Una Sancta in katholischer Sicht, Düsseldorf 1948, 9 f).

Franz Josef Stendebach

Pfingsten – Am Tag

Thematisch

1. Persönlicher Zugang zur Thematik

Das Pfingstfest ist für mich eine Chance, das Thema „Heiliger Geist" wieder neu ins Bewußtsein zu rücken. Ich glaube, daß es für die Christen heute wichtig ist, einen Bezug zum Geist Gottes zu finden. Seine Präsenz und sein Wirken im eigenen Leben wahrzunehmen, sich diesem Geist zu öffnen – das scheint mir wesentlich für heutiges Christsein; und zwar aus mehreren Gründen:

– In meiner eigenen religiösen Erziehung – und sicher erging es vielen anderen ähnlich – spielte der Heilige Geist nur eine untergeordnete Rolle. Er kam als dritte Person in der Trinität vor – als etwas Rätselhaftes und Unverständliches. Er wurde bemüht, wenn auf den Gehorsam gegenüber der kirchlichen Hierarchie hingewiesen wurde: Da wurde betont, daß den Amtsträgern der Geist Gottes verliehen wurde. Vom Geist, der jedem Christen durch Taufe und Firmung geschenkt ist; vom Geist, der in mir wirkt und schafft; vom Heiligen Geist als einer heilenden Kraft im Menschen; vom Geist, der in uns betet, wo uns die Worte fehlen, war nur selten die Rede. Verglichen mit dem urchristlichen Bewußtsein von der Anwesenheit und Wirksamkeit des Geistes, stelle ich im Christentum der vergangenen Jahrzehnte eine „Geistvergessenheit" fest.

– Auf der anderen Seite fällt mir auf, daß manche charismatischen Gruppierungen in einer sehr unreflektierten und manchmal penetranten Weise vom Geist Gottes reden. Es wird einseitig der Geist, der weht, wo er will, betont. Die Art, wie hier vom Geist die Rede ist, hat oft etwas Schwärmerisches an sich.

– Ich habe oft mit Menschen zu tun, die mit postmoderner Religiosität (New Age, Esoterik) sympathisieren. Sie erheben dem Christentum gegenüber den Vorwurf, hier werde ein negatives Menschenbild vertreten: Der Mensch ist schwach und sündhaft. Mir erscheint zwar das optimistische Menschenbild der Vertreter des „positiven Denkens" sehr problematisch, aber dennoch liegt wohl in ihrer Kritik an der Kirche eine berechtigte Anfrage, die Anlaß zur Selbstkritik ist: Hat die traditionelle christliche Pädagogik zu sehr die Schwachheit des Menschen herausgestellt und zu wenig auf die positive, lebenschaffende Kraft im Menschen verwiesen: auf den Geist Gottes, der mir geschenkt ist, dem ich mich öffnen kann und der mich tiefer leben läßt?

Auf diesem Hintergrund scheint es mir nötig, Menschen einen Zugang zur Realität zu vermitteln, die wir den „Heiligen Geist" nennen. Für mich persönlich sind folgende Zugänge wichtig:

– Je mehr ich gelernt habe, „leibhaft" zu leben, desto wichtiger ist es mir geworden, auf den eigenen Atem zu achten. Mir ist bewußt geworden, wie sehr sich mein Inneres in meinem Atem ausdrückt. In der Beschäftigung mit Atemtherapie, mit östlichen Meditationstechniken, mit Stimmbildung und Gesangspädagogik habe ich erfahren: Atmen lernen heißt leben lernen. Der hebräische Begriff „ruach" und das griechische Wort „pneuma" bedeuten ursprünglich „Atem". Von daher gibt es für mich einen „leibhaften" Zugang zum Geheimnis des Geistes Gottes: Gottes Geist ist in mir, das heißt für mich: Gott schenkt mir seinen Atem, Gott atmet in mir.

– Die augustinische Deutung des Geistes als „Kuß der Liebe" zwischen Vater und Sohn ist für mich sehr wichtig. Der Heilige Geist ist mir geschenkt, das heißt dann: Ich bin in die Liebe zwischen Vater und Sohn hineingenommen. Ich bin in Gottes Liebe geborgen. Ich bin angenommen, so wie ich bin.

– Gottes Geist ist in mir, das heißt für mich zugleich: Ich bin nicht festgelegt auf die eigene Schwachheit. Es gibt eine Kraft in mir, der ich mich anvertrauen kann. Die Botschaft vom Geist Gottes sagt mir: Du hast mehr Möglichkeiten, als du denkst! Du bist stärker und fähiger, als du glaubst! Das liegt ganz auf der Linie des Epheserbriefs, der von der Kraft Gottes spricht, die in uns mehr bewirkt, als wir erbitten oder uns ausdenken können (Eph 3, 20).

2. u. 4. Persönlicher Zugang zur Kurzgeschichte

Ich komme immer mehr zur Überzeugung: Es wird in unserer Kirche zuviel geredet und zuwenig gelebt. Wenn es mehr Erfahrungsräume gäbe, in denen Menschen erleben können: Es ist schön, Christ zu sein, mein Leben wird tiefer und reicher – dann bräuchten wir nicht so viele verzweifelte Aktivitäten und verbale Überzeugungskünste. Ich kann mir die Pastoral der Zukunft nur noch so vorstellen: Menschen versuchen miteinander, im Sinne Jesu zu leben, und lassen andere an diesem Leben teilhaben. Die Erzählung des Frankfurter Pfarrers bestätigt mich in dieser Überzeugung. Sie macht mir deutlich: Genau das erwarten heute Menschen von der Kirche, daß zu spüren ist: da *atmen* Menschen, da *leben* Menschen! Ich bin sicher, daß sich da, wo das erlebbar ist, Gotteserfahrung, Geisterfahrung ereignet.

3. Exegetische Hinweise

Entfallen.

5. Predigtentwurf

► Ein Frankfurter Großstadtpfarrer erzählte mir: Ein Zwanzigjähriger sprach mich an und sagte: „Du bist dir doch hoffentlich im klaren: Den meisten meiner Alterskollegen ist es völlig schnuppe, ob es Gott gibt oder nicht. Gott ist für sie einfach keine Frage mehr!" Darauf fragte ich ihn: „Und was erwarten Deine Bekannten dann noch von einem Pfarrer? Was erwarten sie von der Kirche?" Er antwortete: „Sie wollen euch atmen sehen! Fangt ihr erst mal an zu atmen; vielleicht wird Gott dann wieder für sie zur Frage."◄

Mich hat diese Äußerung zunächst schockiert. Das ist also die Realität: Die Frage nach Gott, die mich zutiefst bewegt, ist für viele Menschen heute überhaupt kein Problem mehr ... Aber dann fühlte ich mich plötzlich diesen jungen Leuten sehr verbunden: Genau das ist es doch letzten Endes, was ich mir auch wünsche: eine Kirche, in der man Menschen atmen sehen kann! Ich möchte als Priester nicht gehetzt und überstrapaziert von Termin zu Termin rennen, bis mir die Luft ausgeht, sondern ich möchte durchatmen können, meines Lebens froh werden und andern davon mitteilen. Ich möchte, daß Menschen in unseren Gottesdiensten spüren: Hier kann ich atmen; hier darf ich vor Gott und vor den andern mit allem da sein, was mich bewegt. Ich wünschte mir, daß Menschen, die als Ratsuchende zu mir kommen, ein Stück freier und mit mehr Mut zum Leben hinausgehen. Und es belastet mich, wenn ich mit älteren Leuten zu tun habe, die durch ihre damalige religiöse Erziehung in Sündenangst und Skrupel getrieben wurden; es macht mich traurig, wenn ich spüre: Es gibt auch heute noch viele Menschen, die das Christentum vor allem als Pflichtenkatalog und Normensystem sehen und den Eindruck haben: Ein Christ hat es schwerer und lebt beladener als andere Menschen. Ich träume von einem Klima in unseren Gemeinden, das spüren läßt: Hier kann ich frei sein; ich darf Ich selbst sein; ich kann sagen, was ich denke; ich kann aussprechen, was ich fühle; ich darf alle Fragen stellen; nichts ist tabu, auch wenn die Anfragen auf den ersten Blick noch so unkonventionell, ja vielleicht sogar ketzerisch wirken. Ich träume von einer Gemeinde, in der man sich nicht dauernd gegenseitig beweisen muß, daß man ein ordentlicher Christ ist, in der man seine Schwächen nicht verstecken muß, sondern sich zeigen darf, wie man wirklich ist. Ich wünsche mir eine Gemeinde, in der die Aktiven sich nicht als Opferlämmer fühlen, denen immer mehr zugemutet wird, sondern sich ihres Lebens freuen können und aus dieser Freude heraus auf andere zugehen. Ich träume von einer Kirche, in der nicht so viel geredet, sondern mehr gelebt wird; in der nicht so viel vorgeschrieben wird, sondern zur eigenen Entscheidung ermutigt wird; von einer Kirche, in der Menschen erfahren können: Es ist schön, Christ zu sein; kurzum: von einer Kirche, in der man aufatmen, durchatmen kann.

Wir feiern heute das Pfingstfest, sozusagen das Geburtsfest der Kirche. Wir feiern das große Aufatmen, das am Beginn der Kirche steht: Eine Handvoll Leute, die sich nach Jesu Tod verängstigt zurückgezogen haben, die sich eingeschlossen haben, weil ihnen die Angst vor den Gegnern die Kehle zuschnürte – diese Menschen fangen auf einmal an durchzuatmen. Sie fühlen sich befreit und beginnen, wieder zu leben und aus sich herauszugehen. Sie gehen auf die Menschen zu mit neuem Schwung, mit neuem Atem; und sie sagen: Dieser neue Atem ist Gottes Atem. Er hat uns von der Angst befreit und uns lebendig gemacht. Sie sagen: In uns ist der Geist Gottes – und das Wort „Geist" bedeutet ja im Griechischen und im Hebräischen soviel wie „Atem".

Wenn wir Pfingsten feiern, dann dürfen wir uns sagen: Gottes Geist ist in mir; Gott schenkt mir seinen Geist. Und zwar nicht nur mir als einem Amtsträger der Kirche, sondern jedem von Ihnen. Wir haben oft so getan, als ob der Papst, die Bischöfe und die Priester den Geist gepachtet hätten. Wir haben manchmal

nicht mehr daran gedacht, daß jedem Christen in Taufe und Firmung der Geist Gottes geschenkt worden ist. Gott sendet mir seinen Geist – das könnte man auch so umschreiben: Gott erfüllt mich mit seinem Atem. Gott atmet in mir. Wo es mir die Kehle zuschnürt, da läßt Er mich wieder durchatmen. Wo mir der Atem ausgeht, schenkt Er mir seinen langen Atem.
Manchmal denke ich mir: Eigentlich bräuchten wir in der Kirche nichts anderes tun, als zu atmen. Wenn Menschen spüren, daß wir lebendig sind, dann könnten wir uns viele Bekehrungsversuche sparen. Wir könnten auf unsere oft kurzatmigen Aktivitäten und unser gezwungenes Einreden auf andere verzichten. Dann würden die jungen Leute, von denen der Frankfurter Pfarrer erzählt, merken: Hier sind Menschen, die atmen. Ohne über Gott diskutiert zu haben, ohne daß das Wort „Gott" irgendwo ausgesprochen worden wäre, könnten sie etwas erfahren von dem Gott, den wir verkünden – von dem Gott, der in uns atmet. Sie könnten etwas spüren von dem Atem Gottes, dem Geist Gottes, von dem wir im großen Glaubensbekenntnis behaupten: Er ist der Herr, der lebendig macht.

6. Weitere Anregungen

Die Predigt könnte auch bei den Erfahrungen ansetzen, die wir mit unserem Atem machen:
- Atem bedeutet Spannung und Entspannung. Wenn ich erschrecke, atme ich schnell und heftig ein; wenn mir ein Stein vom Herzen fällt, atme ich tief aus mit einem Seufzer der Erleichterung. Bewußtes, langes Ausatmen hilft, sich zu entspannen.
- Atmen bedeutet Geben und Nehmen: Ich kann den Atem nicht festhalten, muß ihn wieder hergeben; und nur wenn ich hergebe, kann ich neu Atem schöpfen – so wie auch gesundes Leben nur im Wechselspiel von Empfangen und Geben möglich ist: Ich kann nicht *nur* geben und nicht *nur* nehmen.
- Atmen hat zu tun mit Freiheit und Einengung, mit Kontakt und Abwehr: In der Gegenwart mancher Menschen kann ich nicht atmen, sie nehmen mir die Luft weg, schnüren mich ein; andere lassen mich aufatmen. Atmen bedeutet Kontakt zur Umwelt; ich *muß* Beziehung über den Atem aufnehmen, ob ich will oder nicht.
- Das Geheimnis des Atems ist das Geheimnis des Lebens: Ein Zueinander von Spannung und Entspannung, Geben und Nehmen. Atmen bedeutet Beziehung; Atmen heißt Leben.

Alle diese Aspekte spielen mit, wenn die jüdisch-christliche Tradition von Gottes „Atem", Gottes Geist spricht: Er macht lebendig, er befreit, er ist Beziehung (innertrinitarisch zwischen Vater und Sohn) und schafft Beziehung (Mensch – Gott, Menschen untereinander); er befähigt zum Empfangen und zum Schenken usw.
Diese Erfahrung machen die Jünger nach Ostern: Sie können wieder atmen, sei werden wieder lebendig, sie verlieren ihre Angst, werden frei, gehen auf die Menschen zu. Sie deuten diesen Neuanfang als Werk des Geistes Gottes.

Von da aus könnte die Predigt die Vision einer lebendigen Kirche entwerfen: einer Kirche, in der man atmen kann. Die Erzählung des Frankfurter Pfarrers könnte dann deutlich machen, daß die Sehnsucht der Menschen unserer Zeit – auch der Menschen, die der Kirche fernstehen und für die Gott keine Frage mehr ist – in diese Richtung geht.

Helmut Gabel

Die Zeit im Jahreskreis

2. Sonntag im Jahreskreis

Zu Joh 2, 1–11

1. Persönlicher Zugang zum Schrifttext

Das Evangelium von der Hochzeit in Kana gehört zu den klassischen Wundergeschichten Jesu, die mir von Kindheit an vertraut sind. Damals faszinierte mich die märchenhafte Szenerie: Jesus, der große Zauberer, überrascht die Hochzeitsgäste mit einer wunderbaren Verwandlung. Später, in kritischerem Alter, stellte ich mir die Frage nach dem Sinn des Wunders. Welches Motiv hat Jesus? Ein deutlich soziales Anliegen, wie bei den Krankenheilungen, ist nicht sichtbar, und auch zur zeichenhaften Manifestation der unaufhaltsam angebrochenen Gottesherrschaft eignet sich eine Dämonenaustreibung oder eine Sturmstillung besser als diese eher verspielt wirkende Geste der Weinverwandlung. Der Dialog Jesu mit seiner Mutter wirkt zusätzlich irritierend: Die Mitteilung, der Wein sei ausgegangen, versteht Jesus offensichtlich als indirekte Bitte, dagegen etwas zu unternehmen. Er weist dieses Ansinnen zunächst barsch zurück, doch wenig später ist seine Stunde offenbar doch gekommen, und er vollbringt das Wunder. Seine Mutter indessen – ganz Vorbild unerschütterlichen Glaubens – bereitet die Diener darauf vor, daß etwas in der Luft liegen könnte.
Unter mehreren Anknüpfungspunkten, die mich für eine Predigt reizen könnten, spricht mich zur Zeit das Motiv der Verwandlung am stärksten an: Mit Jesus werden Wandlungen möglich, die vorher undenkbar schienen. Ich ahne, daß Jesus auch mein Leben verwandeln könnte.

2. Persönlicher Zugang zur Geschichte

Die Parabel von der „chinesischen Hochzeit“ gehört zu den weit verbreiteten Predigtgeschichten und ist wohl schon auf vielen Kanzeln erzählt worden. Ich habe deshalb gezögert, sie ein weiteres Mal für einen Predigtentwurf heranzuziehen. Doch trotz der Befürchtung, sie könne schon zu abgenutzt sein, will ich an ihr festhalten, weil sie mir als Anti-Geschichte zum Weinwunder von Kana gut zu passen scheint.
► In China wollte ein Brautpaar Hochzeit feiern. Sie waren arm und konnten sich eigentlich kein großes Fest leisten, aber sie wollten doch ihre Freude mit ihren Verwandten und Freunden teilen und deshalb auf eine schöne Hochzeitsfeier nicht verzichten. So kamen sie auf den Gedanken, ihre Gäste zu bitten, jeder solle eine Flasche Wein mitbringen. Am Eingang würde ein großes Faß stehen, in das jeder seine Flasche Wein hineingießen könne. So sollte jeder von

der Gabe des anderen trinken, und alle zusammen könnten ein fröhliches Fest feiern. So geschah es schließlich auch: Die Gäste gossen den Inhalt ihrer Flaschen ins Faß, und als es voll war, schöpften die Kellner daraus und reichten die gefüllten Becher den Gästen. Doch groß war das Erschrecken aller, als sie merkten, daß es nur Wasser war. Schlagartig wurde allen klar, daß jeder heimlich dasselbe gedacht hatte: „Die eine Flasche Wasser, die ich in das Faß gieße, wird bei dem vielen Wein nicht auffallen." Jetzt war offenbar geworden, daß alle so gehandelt hatten. Jeder wollte auf Kosten des anderen feiern. Leider konnte nun, so schließt die Parabel, das Fest nicht stattfinden. ◀

3. Exegetische Hinweise

Die Perikope erzählt die erste von sieben johanneischen Wundergeschichten, die der dem Evangelisten vorliegenden „Zeichen-Quelle" entstammen dürften. Jesus hat bereits den Jüngerkreis gesammelt und ist mit diesem und mit seiner Mutter auf eine Hochzeit eingeladen, die üblicherweise eine ganze Woche lang gefeiert wurde. Die Zeitangabe „am dritten Tage" hat symbolische Bedeutung: Der dritte Tag gilt als der Tag, an dem Gott eingreift und hilft (vgl. Hos 6, 2). Das Wunder, das Jesus wirkt, ist ein sogenanntes „Geschenkwunder", das vergleichbare Parallelen in vielen Märchen und Sagen hat, im hellenistischen Bereich etwa auch in den Weinspenden des Gottes Dionysos. Johannes sieht in dem Wunder eine Zeichenhandlung, mit der Jesus die Offenbarung seiner Herrlichkeit eröffnete: „Und seine Jünger glaubten an ihn." Die Wunderzeichen, die Jesus wirkt, beglaubigen nach Johannes seine göttliche Sendung (vgl. Joh 10, 25. 37 f). Anklänge an die eucharistische Transsubstantiation, die manche Ausleger – schon bei den Kirchenvätern – wahrzunehmen meinen, dürften demgegenüber eher sekundär sein. (Literaturhinweis: J. Gnilka, Johannesevangelium, NEB 4, Würzburg ³1989, 22–24.)

4. Schrifttext und Geschichte

Beide Geschichten treffen sich im Motiv der Hochzeitsfeier. Die chinesische Parabel kann als Anti-Text, als Umkehrung des Kana-Wunders gedeutet werden: Statt der Verwandlung von Wasser in Wein ereignet sich eine „Verwandlung" von Wein zu Wasser. Dabei ist allerdings nichts „Übernatürliches" im Spiel. Die Parabel ist keine Wundergeschichte, aber die Motivgleichheit „Hochzeitsfest" und die Motivumkehrung der Wandlung von Wasser zu Wein bzw. Wein zu Wasser verlockt dazu, mit diesen Motiven zu spielen und über die Bedingungen „gelungener" Wandlung nachzudenken. Im Gegensatz zu den Gästen der chinesischen Hochzeit erscheint Jesus als einer, der sich selbst bis zur Ganzhingabe investiert und gerade dadurch „Wandlung" in Gang setzt. Die darin enthaltene christologische Aussage soll in der Predigt zwar zur Sprache kommen, der Schwerpunkt soll aber auf der Botschaft liegen: Jesus ermöglicht überraschende

Wandlungen, wenn wir uns dafür öffnen (die Bibel nennt das: „glauben"). Ziel der Predigt ist es, die Hörerinnen und Hörer zu sensibilisieren und zu motivieren, sich der verwandelnden Kraft Jesu zu öffnen.

5. Predigtentwurf

Wie Jesus in Kana Wasser zu Wein verwandelt, das ist eine der berühmtesten Hochzeitsgeschichten der Weltliteratur. Von einer anderen Hochzeit erzählt folgende chinesische Parabel... (s. 2.). Zwei Hochzeitsgeschichten. Zweimal wird von einer Wandlung erzählt: das eine Mal von Wasser zu Wein, das andere Mal von Wein zu Wasser. In beiden Fällen: große Überraschung. Dabei hat die chinesische Geschichte gar nichts Wunderbares an sich. Die clevere Taktik der Hochzeitsgäste ist uns nicht fremd. Wir kennen die Versuchung, heimlich auf Kosten anderer unseren Vorteil zu suchen. Statt selbst zu investieren, sich von den anderen mitschleppen lassen, noch dazu, wenn es keiner merkt! Nur peinlich, daß die Sache aufflog! Das Fest fand nicht statt. Es konnte nicht stattfinden, weil jeder seinen Einsatz verweigerte. Wo keiner seine Gabe einbringt, stehen alle vor dem Nichts. Wer sich heraushält, bestraft sich selbst. Er bringt sich um die Chance des Festes, zerstört die Gemeinschaft. Das Brautpaar bleibt enttäuscht zurück. Es war nicht gelungen, ihre Armut in ein Fest zu verwandeln. Die eingeladenen Freunde hatten sie um eine Hoffnung betrogen.
Ganz anders in Kana. Jesus hätte sich leicht heraushalten können. „Was willst du von mir, Frau? Was geht es mich an, daß sie keinen Wein mehr haben?" Kein Gastgeber hat ihn gebeten, etwas mitzubringen. Doch Jesus handelt. Schon das erste Wunder, das er wirkt, ist typisch für ihn: Da, wo er sich leicht hätte heraushalten können, bringt er sich ein. So ist er eben. Das gehört zu seinem Wesen. Ein alter Hymnus im Philipperbrief drückt es so aus: „Er war Gott gleich, hielt aber nicht daran fest, wie Gott zu sein, sondern entäußerte sich und wurde wie ein Sklave und den Menschen gleich" (Phil 2, 6 f). Jesus investierte sich ganz. Es blieb nicht beim Wein. Später war es das Blut, das er einsetzen mußte. Und dieser Blutwein, den er ins Faß der Menschengeschichte gegossen hat, ist stärker als alle Verwässerung. Eine andere Verwandlung hat er bewirkt: „Erlösung der Welt" nennt sie die Sprache der Theologen. Sein erstes Zeichen hat Jesus in Kana gewirkt, und es ist wohl kein Zufall, daß es ein Zeichen der Verwandlung war. Wo Menschen sich verschließen und ängstlich zu rechnen beginnen, wo sie keinen Einsatz wagen und sich dem Einladungsruf verweigern, da fällt die Hochzeit ins Wasser – das ist die Trauerbotschaft der chinesischen Parabel. Wo Jesus Menschen begegnet, da leuchtet die Herrlichkeit Gottes auf, und wunderbare Verwandlungen werden möglich – das ist die Frohbotschaft der Bibel. Und seit er damals begonnen hat, die Herzen der Menschen zu verwandeln, haben sich viele Wunder ereignet. Die Hochzeit, das Fest der Liebe, kann stattfinden. Von Lothar Zenetti stammt der Ausspruch: „Frag' hundert Katholiken, was das Wichtigste ist in der Kirche, und sie werden antworten: die Messe. Frag' hundert Katholiken, was das Wichtigste ist in der

Messe, und sie werden antworten: die Wandlung. Sag' hundert Katholiken, das Wichtigste in der Kirche ist die Wandlung, und sie werden empört sein: nein, alles soll so bleiben, wie es ist." Wenn alles so bleiben soll, wie es ist, dann wird das Wasser ewig Wasser bleiben. Wer aber riskiert, sich auf Jesus einzulassen, wer bereit ist, alles, was er hat, in das große Hochzeitsfaß der Liebe zu gießen, der kann eine wunderbare Verwandlung erleben. Dann kann passieren, was Lothar Zenetti in einem kleinen Gedicht zur Geschichte von Kana anmerkt:

Aus Wasser
Wein machen,
denke ich, schön und gut. –

Aber diesen
Haufen von Egoisten in so was wie
eine christliche Gemeinschaft verwandeln,

oder aus mir
einen halbwegs brauchbaren Christen machen,
das wäre ein Wunder!

(Aus: Lothar Zenetti, Die wunderbare Zeitvermehrung. Variationen zum Evangelium, J. Pfeiffer Verlag, München 1979, 44.)

6. Weitere Anregungen

Die Predigt könnte auch bei der Frage ansetzen, was es bedeuten mag, daß Jesus nach dem Johannesevangelium sein erstes Wunder ausgerechnet auf einer Hochzeit wirkt, und daß dieses Wunder in einer so profanen Handlung besteht, Wasser in Wein zu verwandeln, um die Fortsetzung des „Festes der Liebe" zu ermöglichen (vgl. K. Roos, Habt ihr keine Ohren, um zu hören? Reiz-Texte zur Bibel für Predigt und Gruppenarbeit, Mainz 1990, 96–98).

Klaus Roos

3. Sonntag im Jahreskreis

Zu Lk (1, 1–4) 4, 14–21

1. Persönlicher Zugang zum Schrifttext

Dieser Text begleitet mich seit meinem Primizgottesdienst; damals wurde er von der Schola gesungen. Wie dieser Text mir immer noch „im Ohr" klingt, ist er ein Text geworden, der in meinem Herzen lebt: Die Botschaft des „Heilands" wird verkündet: Armen eine gute Nachricht, Gefangenen Entlassung,

Blinden das Augenlicht, Zerschlagenen Freiheit zu bringen. Das ist das Programm Jesu, das er nicht nur verkündet, sondern vorgelebt hat.
Dieses „Programm“ Jesu ist auch für mich in meinem priesterlichen Dienst „Programm“ geworden. Viele Menschen warten heute auf die gute Nachricht. Viele sind „arm“, obwohl sie genügend Geld und Luxusgüter haben; sie brauchen die Nachricht, wo sie Sinn finden können. Viele sind gefangen vom Geld, von Drogen und Alkohol; sie warten auf Befreiung. Viele sind „blind“ für die eigentlichen Werte; sie warten auf das Licht der Erleuchtung. Viele sind gerädert und zerschlagen von Terminen, Hektik und übergroßen Sorgen; sie warten und hoffen auf die große Freiheit; sie sehnen sich nach einem, der sie aufrichtet.
So schenkt dieser Schrifttext mir selbst Hoffnung, ist aber zugleich Anlaß zu steter Gewissenserforschung, ob mein priesterlicher Dienst von dieser Grundeinstellung getragen ist.

2. *Persönlicher Zugang zur Kurzgeschichte*

Die Geschichte von Marie Luise Kaschnitz übersetzt mir den Schrifttext in die Gegenwart. Ist das nicht unsere Situation? Die Menschen arbeiten wie „verrückt“, haben „alles“ (Häuser, Wohnungen, Autos), aber das Entscheidende fehlt ihnen: der Sinn im Leben, die Kommunikation untereinander. Die „unheimliche Krankheit“ bringt Schweigen und Angst.
Da kommt einer, der den Menschen eine „schöne Geschichte“ erzählt, die „frohe Botschaft“ verkündet. Langsam ändert sich das Verhalten der Menschen; sie spüren plötzlich, wie sich ihre Krankheit verändert. „Die Kranken schauten einander an und gingen aufeinander zu.“ Auch als der Fremde tot war – oder vielleicht gerade deshalb –, war keiner mehr krank. Die Menschen hatten „wieder Zeit füreinander, sie redeten miteinander, lachten miteinander und freuten sich ihres Lebens. Alle waren sehr glücklich...“
Es ist eine lange Geschichte, die ich normalerweise in einer Predigt nicht so bringen würde; aber durch die präzise Schilderung und die Beziehung zu unserer Zeit kann sie den eigentlichen Inhalt der Schriftstelle gut verdeutlichen.

3. *Exegetische Hinweise*

Jesus nimmt den Text von Jesaja 61, 1 auf, um „sein Programm“ zu verkünden, „das nicht er selbst erwählt hat, sondern das ihm Gott vorgezeichnet hat. Jesus ist der Messias, der mit Geist gesalbt ist und in der Kraft des Geistes wirkt. Er ist von Gott gesandt, und durch ihn besucht Gott selbst die Menschen... Jesus wirkt durch Wort und Tat, durch Lehren und Heilen. Die Gnadenzeit ist für die *Armen,* die Gefangenen und Niedergebeugten angebrochen. Gerade der Jesus des Lukasevangeliums ist der Heiland dieser Gebeugten. Das große Geschenk, das Jesus bringt, ist Freiheit: Freiheit von der körperlichen und geistigen Blindheit, Freiheit von der Armut und Knechtung, Freiheit von der

Sünde" (Stöger). (Literaturhinweis: A. Stöger, Das Evangelium nach Lukas, Düsseldorf 1964; einige mir wichtige Gedanken für das Thema der Predigt finde ich bei K. Roos, „Damit Gemeinde lebt", Mainz 1990, 11 ff.)
In Verbindung mit dieser Stelle bringt K. Roos einige Thesen zum Kirchen- und Gemeindebild:

„1. Erster Auftrag von Kirche und Gemeinde ist es, die Praxis Jesu fortzusetzen...
2. Jesus trat mit prophetischem Anspruch auf... Kirche und Gemeinde dürfen diese prophetische Dimension nicht aufgeben, wenn sie in der Nachfolge des ‚Propheten aus Nazaret' bleiben wollen ...
3. Jesus führt sich und seine Sendung auf den Geist Gottes zurück (Lk 4, 18a). Auch die Kirche versteht sich als ‚Werk des Heiligen Geistes...' Gemeinden müssen deshalb Räume sein, in denen Menschen von diesem Geist angesteckt, be-geistert werden. Der weithin anzutreffende defensive Kommunikationsstil, das muffige Klima, die kleinkarierte Unbeweglichkeit in vielen Gemeinden widersprechen dem Wesen der Kirche, weil hier der Atem des Gottesgeistes erstickt wird...
4. Mit der Aufnahme des Jesaja-Zitats beschreibt Jesus seine Sendung als eine Praxis der Befreiung. Auch darin erweist sich der Geist, der auf ihm ruht... Wo Gott seine Herrschaft aufrichtet, da wird der Mensch frei (‚erlöst') von allen Pseudoherrschaften. Wo Gott selbst Herr ist, da hat die Herrschaft von Krankheit und Sünde, von Blindheit und Angst ein Ende. Wo Gott herrscht, können nicht mehr Menschen über Menschen herrschen... Die Konsequenz für Kirche und Gemeinden liegt auf der Hand: Sie müssen ‚Ort der Freiheit' sein, wo Menschen die ‚Freiheit der Kinder Gottes' (Röm 8, 21) erfahren und leben können... Es bleibt eine zentrale Aufgabe für Kirche und christliche Gemeinden, den Menschen wieder deutlich zu machen: ‚Zur Freiheit hat uns Christus befreit' (Gal 5, 1). Eine Kirche, eine Gemeinde, die Menschen ängstlicher, gehemmter, mutloser macht, die das Aufatmen schwermacht und die Lebensfreude lähmt, verdunkelt das Antlitz jenes Gottes, den die Psalmen als einen besingen, der ins Weite führt (Ps 18, 20)..." (Roos, 13 f).

4. Schrifttext und Kurzgeschichte

Es braucht wohl keine große Erörterung, die Geschichte mit dem Schrifttext in Beziehung zu bringen. Die Geschichte überträgt m. E. sehr anschaulich den Schrifttext in die heutige Zeit. Die „gute Nachricht" wird aufgenommen: Menschen, die gefangen sind in sich selbst, die nicht mehr aus sich heraus können, brauchen einen Arzt. Es herrscht „eisige Stille, Schweigen, Angst".
Da kam ein Fremder: „Es kam Bewegung in die sonst so starre, kalte Wartezimmeratmosphäre. Es wurde warm und hell dort." „Heute hat sich das Schriftwort, das ihr gehört habt, erfüllt" (V. 21). Von hier lade ich die Hörer ein, wie „der Fremde", wie „Jesus der Heiland" zu handeln; dann sind wir nicht mehr krank.

Dann sind „alle sehr glücklich“, lachen miteinander und freuen sich ihres Lebens. Dann wird man Gott danken, den man schon ganz vergessen hatte, und zu seiner Ehre singen.

5. Predigtentwurf

▶ Es war einmal eine Stadt, in der viele Menschen lebten. Sie arbeiteten tagein, tagaus, fuhren große Autos, besaßen schöne Häuser und Wohnungen und verdienten viel Geld. Abends waren sie müde, schauten noch ein wenig das Programm ihrer Super-Farbfernseher und schliefen dann ein, um morgens den Tagesablauf wieder beginnen zu können. Es lief alles gleichmäßig ab, bis eines Tages mehrere Menschen der Stadt krank wurden. Die Krankheit griff immer mehr um sich. Keiner wußte, was für eine Krankheit es war. Die Wartezimmer der Ärzte waren jeden Tag überfüllt. Doch kein Arzt konnte Hilfe geben, denn niemand wußte, von welcher Krankheit die Menschen befallen waren. Man wartete darauf, daß jemand starb, um ihn untersuchen zu können. Man hoffte, dann die Krankheitsursache zu finden. Doch keiner starb richtig, es gab nur immer mehr lebende Tote.

Bald waren fast alle Menschen der Stadt von der unheimlichen Krankheit befallen. Morgens gingen sie zu den Ärzten. In den Wartezimmern herrschte unheimliche Stille, eisiges Schweigen. Niemand mochte etwas sagen. Man saß und stand teilnahmslos nebeneinander. Abends gingen alle nach Hause und verbrachten unruhige Nächte in ihren schönen Wohnungen und großen Häusern. Auch dort herrschte Schweigen und Angst. Kein Lachen, nicht einmal das geringste Anzeichen eines Lächelns gab es dort. Am Morgen kamen die Menschen dann wieder in die Wartezimmer, in der Hoffnung, daß die Ärzte vielleicht ein Mittel zur Heilung gefunden hätten. Aber diese Hoffnung erfüllte sich nicht.

Eines Tages, die Wartezimmer waren wieder überfüllt, kam ein Fremder in die Stadt. Aufrecht, gerade schritt er durch das Stadttor und lenkte seine Schritte zu einem der Wartezimmer. Er trat durch die Tür und sprach einen lauten Gruß. Erschrocken sahen die Leute ihn an. So etwas waren sie nicht mehr gewohnt. Dann begann der Fremde zu reden. Er erzählte eine Geschichte. Die Menschen erschraken noch mehr. Sie wandten sich ab, schauten in die Luft oder zur Wand und benahmen sich so, als wenn der Fremde gar nicht da wäre. Doch wenn sie sich auch äußerlich abwandten, der Geschichte mußten sie doch wohl lauschen. Sie hörten sie und nahmen die Worte in sich auf. Schöne Worte, die Freude schenken konnten. Nach und nach, sehr sehr langsam und zögernd, drehten sich die Kranken wieder um und schauten auf den Fremden, der noch immer die Geschichte erzählte. Sie sprachen selber aber nicht. Alle lauschten sie der Geschichte. Am Abend ging der Fremde fort, und auch die Kranken kehrten in ihre Wohnungen zurück.

Am nächsten Morgen füllte das Wartezimmer sich wieder. Die Kranken waren sehr gespannt, ob der Fremde wohl wiederkommen würde, um die Geschichte

weiterzuerzählen. Und siehe: Es tat sich die Tür auf, und der Fremde kam. Er begann seine Geschichte zu erzählen. Alle hörten interessiert zu. Es war eine schöne Geschichte. Am Abend dieses zweiten Tages ging der Fremde wieder nach Hause, und am nächsten Morgen wiederholte sich die gleiche Situation. Alle warteten auf den Fremden, und er kam auch wieder, sprach seinen frohen Gruß und begann zu reden. Heute erzählte er aber nicht nur seine Geschichte, sondern er lud zu Gesprächen ein. Auch regte er zum Spielen miteinander an. Es kam Bewegung in die sonst so starre, kalte Wartezimmeratmosphäre. Es wurde warm und hell dort. Die Kranken schauten einander an und gingen aufeinander zu. Sie gaben sich nach langer Zeit wieder die Hände. Plötzlich passierte etwas Unerwartetes. Der Fremde fiel um und war tot.
Doch seltsam, seit diesem Tage war kein Mensch in der Stadt mehr krank. Es war, als wenn ein schrecklicher, unheilvoller Schleier sich von der Stadt hinweggehoben hätte.
Ab diesem Zeitpunkt hatten die Menschen wieder Zeit füreinander, sie redeten miteinander, lachten miteinander und freuten sich und feierten miteinander, was es früher gar nicht mehr gegeben hatte. Man dankte Gott, den man schon ganz vergessen hatte, und sang zu seiner Ehre. ◀ (Nach: Marie Luise Kaschnitz, Die Reise nach Jerusalem, aus: Eines Mittags, Mitte Juni. Erzählungen, 247–252. Copyright © 1983 by Claassen Verlag GmbH, Düsseldorf.)
Ist das nicht eine Geschichte, in der wir vorkommen? Unser Alltag: Aufstehen, Arbeit, Schule, Haushalt, Fernsehen, Schlafen... Merken wir, daß eine Krankheit umgeht? Die Krankheit der Lustlosigkeit, der Resignation, der Einsamkeit. Da leben Menschen zusammen, haben aber kaum Kontakt zueinander: Da leben Menschen in einem Betriebsklima, das im anderen nicht den Mitmenschen, sondern den Konkurrenten sieht, den es zu übertreffen gilt. Da leben Menschen, die es nicht wagen, ihre Fragen und Probleme in der eigenen Familie zu besprechen. Da leben Menschen in einer Gemeinde und kennen sich kaum.
Ja, wir sitzen „im Wartezimmer" und merken, daß manches nicht stimmt: Schweigen und Angst herrschen vor, kein Lachen, nicht einmal das geringste Anzeichen eines Lächelns.
Aber da kommt einer, er ist einfach da: Er erzählt „schöne Worte, die Freude schenken konnten". Es wird warm und hell. Die Menschen schauen einander an, gehen aufeinander zu und reichen sich die Hände.
Wir Christen brauchen nicht viel zu deuten: Der „Fremde" ist Jesus, der immer wieder in unsere Gemeinde tritt. Er erzählt die „schönste Geschichte", die Freude verbreitet, daß Gott uns alle liebt, daß er auf uns zugeht. Er lädt zum Gespräch miteinander ein. Und wieviele Menschen „wenden sich ab, schauen in die Luft oder zur Wand und benehmen sich so, als ob er nicht da wäre". Auch wenn sie sich äußerlich abwenden, hören sie doch hin und sehnen sich nach Frieden, nach Geborgenheit und Gemeinschaft.
Gerade durch seinen Tod hat Jesus die Gemeinschaft endgültig gestiftet, die wir weitertragen sollen.
Und damit geht es um uns. Jesus ermutigt uns, „Armen eine gute Nachricht" zu bringen, „Gefangenen die Entlassung" und „Blinden das Augenlicht" zu

verkünden und „Zerschlagene in Freiheit“ zu setzen, wie er es getan hat. Fangen wir an, einem Traurigen ein mitfühlendes Lächeln zu schenken. Fangen wir an, Freude auszustrahlen, um den in Resignation Gefangenen Entlassung zu ermöglichen! Fangen wir an, Verständnis und Entgegenkommen zu zeigen, wo einer sich zerschlagen fühlt in Mutlosigkeit und Verzagtheit! Fangen wir an, einem Einsamen und Isolierten ein „Licht“ aufzustecken mit einer Einladung! Fangen wir an, Vertrauen zu verschenken, wo Eifersucht und Vorurteile herrschen! Fangen wir an zu helfen, wo andere am Zerbrechen sind!

Fangen wir an, Begegnungen zu ermöglichen, wo „eisige Kälte herrscht“! Wenn einige wie Jesus handeln, wenn sie wieder Zeit füreinander haben, miteinander reden, miteinander lachen und sich ihres Lebens freuen; wenn sie miteinander glücklich sind, sich treffen und miteinander feiern; wenn sie Gott danken, den sie schon ganz vergessen hatten, und zu seiner Ehre singen – dann ist diese Geschichte kein Märchen, sondern Wirklichkeit; dann dürfen auch wir erleben: „Heute hat sich das Schriftwort, das ihr eben gehört habt, erfüllt“ (Lk 4, 21).

6. Weitere Anregungen

Diese Geschichte eignet sich gut als Ansprache für ein Pfarrfest. Gemeinschaft entsteht nur, wenn einige anfangen, Gemeinde zu bauen. Ein Haus wächst langsam; Stein für Stein ist aufzubauen. Jeder Stein ist wichtig. Gemeinde wird gebaut, wenn einige anfangen...

Karlheinz Buhleier

4. Sonntag im Jahreskreis

Zu 1 Kor 12, 31–13, 13

1. Persönlicher Zugang zum Schrifttext

„Liebe ist, ihr das Frühstück ans Bett zu bringen ... Liebe ist, das Bier für ihn kalt zu stellen ... Liebe ist, sich lieber mit ihr als mit dem Fernseher zu unterhalten ... Liebe ist“ ...

Eine große Boulevard-Zeitung versuchte eine Zeitlang, täglich neue „Ratschläge“ zu geben, damit die Menschen wissen, was „Liebe“ ist. Wissen sie es wirklich? Durch solche oberflächlichen und seichten „Rezepte“ wird den Menschen suggeriert, man brauche nur einige „ausgefallene“ Dinge zu tun, und die Liebe „klappt“.

Meist geht es hier um sexuelle Attraktivität, um eine Art „Gefallen“ oder Sympathie.

Trotz zahlloser Lieder, Gedichte und Texte ist es um die „Liebe“ nicht zum besten in der Welt von heute bestellt.

Wir alle machen in unserem Leben unterschiedliche Erfahrungen mit der Liebe: Das Kleinkind erfährt die Liebe seiner Eltern; im Kindergarten ist es die Liebe der Erzieherin; das Kind liebt seine Eltern. Da werden Kranke, ältere Menschen, Behinderte liebevoll betreut. Das Wort „Liebe" ist verbraucht und müßte neu buchstabiert werden. Dabei kann uns das „Hohelied der Liebe" des Apostels Paulus helfen.

Im Paulustext wird deutlich: Äußere Dinge sind völlig nebensächlich, entscheidend ist die innere Einstellung, sind die tieferen Werte. Nur durch Liebe kann die Welt bestehen, nur in Liebe können die Menschen „menschlich" und „christlich" miteinander umgehen.

2. Persönlicher Zugang zur Kurzgeschichte

Als Kontrasttext zu 1 Kor 13 hat mich ein Text von Dorothee Sölle angesprochen:

► Bertolt Brecht schreibt: „Es gibt viele Arten zu töten. Man kann einem ein Messer in den Bauch stechen, einem das Brot entziehen, einen von einer Krankheit nicht heilen, einen in eine schlechte Wohnung stecken, einen durch Arbeit zu Tode schinden, einen zum Selbstmord treiben, einen in den Krieg führen, und so weiter. Nur weniges davon ist in unserem Staat verboten."

Wir können die Liste dieser verschiedenen Arten zu töten beliebig verlängern: Man kann einem Kind die Kindheit nehmen, wenn man ihm verbietet, sich zu bewegen und Lärm zu machen; man kann es mit vierzig anderen einsperren und ihm die Freude zu lernen und die Neugier, etwas wissen zu wollen, für immer zerstören. Es gibt viele Arten zu töten. Man kann Wohnungen so bauen und Städte so planen, daß möglichst wenig Menschen auf möglichst engem Raum miteinander in Berührung kommen. Man kann an das Fließband für ausländische Arbeiterinnen immer eine Griechin neben eine Türkin, neben eine Jugoslawin setzen, damit keine Kommunikation entsteht und der Produktionsablauf nicht gestört wird.

Es gibt viele Arten zu töten. Man kann einen Ausländer bürokratisch so lange in Angst versetzen, bis er sich das Leben nimmt. Man kann die Verhältnisse in der Produktion, in der Verwaltung und in der Ausbildung so gestalten, daß Menschen möglichst reibungslos funktionieren und möglichst wenig Verhältnis zueinander entwickeln. ◄ (Aus: Dorothee Sölle, Die Hinreise. Zur religiösen Erfahrung. Texte und Überlegungen, Stuttgart 1975, 12 f.)

In einem Jugendgottesdienst habe ich diesen Text zum ersten Mal gehört. Es ging um das Thema: „Liebe in der heutigen Welt". Die Vorbereitungsgruppe hat diesen Text als Einstieg verwendet, um deutlich zu machen, welche Diskrepanz besteht zwischen dem „Reden von und über *Liebe*" und dem wirklichen Geschehen im Alltag. So hat dieser Anti-Text mich „pro-voziert" – „herausgerufen" aus dem Alltagstrott und mir neu die Augen geöffnet für die Wirklichkeit. So kann dieser Text gerade die Botschaft des „Hohenlieds" zum Leuchten bringen. Es genügt eben nicht, die Frohe Botschaft der *Liebe* zu verkünden, sondern entscheidend ist es, diese Botschaft jeden Tag neu zu leben, es wenigstens zu versuchen.

3. Exegetische Hinweise

„Das ‚Hohelied der Liebe' muß im Zusammenhang des Briefes interpretiert werden, so in sich geschlossen und deshalb in sich sinnvoll es auch erscheinen mag. Paulus will das die Gemeinde zerreißende Cliquenwesen, das sich in der Art späterer Gnosis auf die unterschiedliche Wertung der verschiedensten Gnadengaben stützt, entscheidend treffen: Alle Charismen verlieren die ihnen von Gott zugedachte Funktion für den Aufbau der Gemeinden und schlagen ins Gegenteil um, wenn sie sich aus der Liebe lösen, aus der sie hervorgangen sind und die sie ausbreiten sollen: aus der Agape..., die nichts anderes ist als die Gegenwart Gottes selbst, die auch dann bleibt, wenn die übrigen Charismen mit dieser Welt überfällig werden" (Schiwy, 191).
„Liebe kann man nicht an einem Tag erlernen, sondern nur im Umgang mit einem Liebenden erfahren. So ist letztlich die Person des Jesus von Nazaret der Schlüssel zum Text, auch wenn ihm die eigentliche Christologie fehlt. Bei Jesus standen und stehen die Menschen betroffen von der Kraft seiner Sprache, der Einfachheit und Tiefe seiner Botschaft, seiner vorbehaltlosen Hingabe. Seine Zuwendung zu den Kleinen und Armen offenbart mehr als alles andere, was ihn treibt: Die Macht der Liebe des Vaters, die ihn auf die Menschen zubewegt. An seinem Leben ist ferner zu lernen, wie Liebe in der Ohnmacht mächtig ist. Man kann die Güte und Menschenfreundlichkeit unseres Gottes, die in Christus erschienen ist, nicht totschlagen, auch nicht durch physischen Mord. Ebenso deutlich zeigt aber sein Leben auch, wie man sich in die Liebe hinein loslassen kann, wenn man sich selbst vorbehaltlos geliebt weiß. Nur der braucht nicht ängstlich besorgt zu sein um die eigene Existenz, der weiß, daß sie von ihrem Vater besorgt wird" (Hofmann). (Literaturhinweis: G. Schiwy, Weg ins Neue Testament, Bd. 3, Würzburg 1968; J. Hofmann, Die Episteln und Evangelien der Sonn- und Festtage, Frankfurt/M. 1971, 378 ff.)

4. Schrifttext und Kurzgeschichte

Der Text von 1 Kor 13 liest und hört sich gut an. Man kann ihm spontan zustimmen: „Ja, so könnte man gut miteinander leben. Wenn sich nur jeder daran halten würde!" Man kann sich an der Schönheit der Sprache berauschen und darüber die Realität vergessen, die eigene wie die der Welt. Liebe aber ist etwas anderes als ein ästhetischer Rausch.
Manchem werden bei der Betrachtung des Textes Lieblosigkeiten einfallen, erlitten von Menschen, von denen er anderes hätte erwarten dürfen. Paulus hat ihn ja auch geschrieben, „um sich mit der gewiß nicht idealen Gemeindepraxis auseinanderzusetzen" (Hofmann, aaO.).

Die Gemeinde in Korinth, die sich „christliche Gemeinde“ nennt, hat große Probleme: Verschiedene Gruppierungen bekämpfen sich; manche meinen, sich durch besondere „Begabungen“ über andere erheben zu können; Rücksichtslosigkeit gegenüber Schwachen und Unterlegenen ist an der Tagesordnung.
Ist es heute anders? Gerade in den christlichen Gemeinden wird viel von Liebe geredet, aber oft Lieblosigkeit gelebt. So ist der Text von Sölle als Kontrast-Text zum „Hohenlied der Liebe“ zu sehen: Ideal und Gegenteil (vielleicht sogar Wirklichkeit?) werden gegenübergestellt. Ohne Zweifel ist es „unchristlich“, jemandem „ein Messer in den Bauch zu stechen“ – aber ist es nicht genauso unmenschlich, daß Menschen „Brot entzogen...“, daß sie in eine „schlechte Wohnung“ gesteckt werden; daß Kindern die Kindheit weggenommen wird, wenn man verbietet, sich zu bewegen und Lärm zu machen? Ja, es gibt heute „viele Arten zu töten“. Dies ist nur zu verhindern, wenn man versucht, diesen Paulustext zu verwirklichen – in seinem Leben.
So könnte, von dem Anti-Text ausgehend, der Appell des „Hohenliedes“ neue Dringlichkeit bekommen.
J. Hofmann sagt es treffend: „Über die Liebe wird viel geredet. Weniger oft wird dabei bedacht, daß Liebe eine Leerformel ist. Man kann mit ihr nur formal – nicht inhaltlich – bestimmen, wie menschliche Beziehungen konkret zu gestalten sind. Was heißt z. B. Liebe am Arbeitsplatz? Heißt das gegen unmenschliche Normen kämpfen? Heißt: sein Kind lieben, ihm alles durchgehen lassen oder im gegebenen Fall auch einmal hart zu sein?“ (Hofmann, aaO.).
Liebe kann man eben nicht definieren, Liebe ist nur zu praktizieren.

5. Predigtentwurf

„Bertolt Brecht schreibt: ‚Es gibt viele Arten zu töten...‘“ (s. 2.)
Dieser Text von Dorothee Sölle führt uns in den Alltag unserer Welt, in der wir leben. Ja, es gibt viele Arten zu töten – und sie werden praktiziert. Aber sind das Wege, wie wir in dieser Welt bestehen können? Wohl kaum! Im Gegenteil: So werden wir uns und unsere Welt selbst zerstören. Gibt es keinen anderen Weg?
Um diese Frage geht es in der heutigen Lesung. Paulus zeigt einen Weg. Man schreibt das Jahr 57; wir befinden uns in Korinth. Parteien und Gruppierungen haben sich gebildet, die sich heftig bekämpfen; jeder meint, er habe den richtigen Wegeleiter gefunden, sei es nun Paulus, Apollo, Kephas oder Christus. Andere meinen, sie könnten mit ihrem Wissen den Weg finden, und demütigen diejenigen, die anderer Meinung sind. Die Korinther tun, was sie wollen, und benutzen die sog. Freiheit als Deckmantel für ihre Rücksichtslosigkeit gegenüber Schwachen und Unterlegenen; sie berufen sich auf eine besondere Begabung, wenn sie sich über andere erheben. Das Ganze nennt sich „christliche Gemeinde“.
Dieser Gemeinde zeigt Paulus die Lösung aus ihrer Verstricktheit. Er macht ihr klar, daß jeder seine besondere Begabung und seine besondere Aufgabe hat.

Aber es gibt nur einen einzigen Weg, den Weg der Liebe, den er in diesem Hohenlied der Liebe beschreibt.
Paulus schreibt dies nicht, weil er ein Schwärmer ist, sondern weil er an Gott glaubt; an einen Gott, der sich um die Menschen kümmert. Paulus schreibt dies, weil er am eigenen Leib erfahren hat, daß Gott am Menschen interessiert ist; er schreibt dies, weil er Gottes Erwählten erkannt hat, der dieses ausweglos scheinende Leben, in dem einer den anderen haßt, gelebt hat. Paulus schreibt dies, weil er die Überzeugung gewonnen hat, daß Jesus Christus die Antwort des Menschen an Gott vorgelebt hat: die Antwort der Liebe. Darum beschwört Paulus die Gemeinde von Korinth: Jedes christliche Leben ohne Liebe ist sinnlos und ausweglos. Die Liebe schließt aus, was die Gemeinde von Korinth kennzeichnet: „Sie ereifert sich nicht, sie prahlt nicht, sie bläht sich nicht auf..., sucht nicht ihren Vorteil..."
Diese Liebe ist kein allgemeines Gefühl, sie schielt nicht nach Lohn oder Gegenliebe. Die Forderung, „gütig, langmütig" zu sein, „alles zu ertragen", verlangt nach der alltäglichen Gestalt. In der Gestalt des tagtäglich abgerungenen, vertragenden und vertrauenden Füreinander bezeugt sie ihre eigentliche Herkunft in der Tat Jesu, der in aussichtsloser Lage ein Leben der Liebe lebte und dafür in den Tod ging. Dieser menschgewordene Christus gibt uns die Gewähr, daß der Mensch zu dieser Liebe fähig ist.
Diese Botschaft verkündet die Kirche in der heutigen Welt, in der das Wort Liebe „zu Tode geredet", aber Haß gelebt wird; sie verkündet es in einer Welt, in der Menschen ihre Freude haben, andere zu quälen und sie auf „viele Arten zu töten"; in einer Welt, in der man Kindern die Kindheit und Erwachsenen die Begegnungsmöglichkeiten nimmt.
Diese Botschaft verkündet die Kirche seit 2000 Jahren; eine Kirche, die ehrlich zugeben muß, daß sie selbst zu wenig diese Liebe vorgelebt hat; eine Kirche, die sich selbst immer wieder an dieser Botschaft messen muß. Diese Botschaft verkündet die Kirche uns, die wir uns Christen nennen; uns, die Sonntag für Sonntag die Kirchen füllen; uns, denen kritische junge Menschen vorwerfen: „Wo ist denn eure Liebe?"
Die Kirche verkündet diese Botschaft immer und immer wieder; sie muß es sogar tun, selbst wenn wir ihrer überdrüssig wären. Machen wir es uns nicht zu leicht, wenn wir diese Botschaft als längst bekannt, als nicht mehr faszinierend abtun?
Lassen wir uns persönlich treffen? Oder suchen wir Schuldige: Papst, reiche Kirche, Pfarrer, die Alten, die Jungen – um unsere Lieblosigkeit zu maskieren? Das ist nicht der Weg! Zurück zu Paulus. Schlagen wir das Hohelied der Liebe auf, meditieren es und überlegen uns, wo *wir* im konkreten Alltag *unser* Leben ändern müssen; nicht nur einmal, sondern immer und immer wieder, selbst wenn es uns auf die Nerven geht.
„Es gibt viele Arten zu töten" – und sie werden heute reichlich angewendet. Aber dieser Weg führt zum Tod. Es gibt nur einen einzigen Weg zum Leben: Es ist die *Liebe.*

Karlheinz Buhleier

5. Sonntag im Jahreskreis

Zu Jes 6, 1–2a. 3–8

1. Persönlicher Zugang zum Schrifttext

Ich erinnere mich noch gut an meine erste Lektüre der „Selbstbekenntnisse" des Augustinus, in denen Augustinus den Weg seiner religiösen Entwicklung bis hin zu seinem Bekehrungserlebnis – der Stimme im Garten mit der Aufforderung „Nimm, lies" – in Form sehr persönlicher Gespräche mit Gott schildert. Das Buch beeindruckte mich von der ersten Seite an. Hier sprach einer, der etwas erfahren, der sich mit allen Fasern seiner Person und seines Gemüts auf die Sache Gottes eingelassen hatte. Auch Jes 6, 1–8 handelt von einer Berufung. Auch diesem Text eignet – ähnlich wie den Selbstbekenntnissen des Augustinus – ein hohes Maß an Authentizität. In ihm schildert der große alttestamentliche Prophet Jesaja das „Schlüsselerlebnis" seines Lebens: daß er in einer Vision Gott auf einem erhabenen Thron schaute. Beflügelte Serafim umringten den Thron und riefen einander ein dreimaliges, mächtiges „Heilig" zu. Vieles an dieser Vision ist uns heute fremd und entstammt einer längst vergangenen Vorstellungs- und Erlebniswelt. Der Kern des Erlebnisses jedoch – das unmittelbare Berührtwerden von Gottes Heiligkeit und die Entschlossenheit des Jesaja, sich fortan ganz an diesem heiligen Gott zu orientieren – ist ähnlich beeindrukkend wie bei Augustinus. Auch hier hat sich einer aus der Bahn werfen lassen, und ist das Wort „Gott" mit sehr persönlichen Erschütterungen verbunden. Ähnliches gilt für Paulus und sein „Damaskuserlebnis" oder auch für die Jüngerberufungen, von denen in den weiteren Schrifttexten des 5. Sonntags im Jahreskreis die Rede ist.
Schaue ich von diesen großen biblischen Berufungstexten auf mein eigenes religiöses Leben, so verläuft dieses erheblich weniger dramatisch, ohne aufsehenerregende Einbrüche und Kehrtwendungen. Auf die Taufe folgten religiöse Unterweisung in Familie und Schule, Studium, Beruf usw. Wie sind die großen Berufungstexte und dieses eigene Leben zusammenzubringen? Was meint das Neue Testament, wenn es betont, daß wir alle „berufen" sind und „Berufung" gerade nicht exklusiv auf nur wenige herausragende Menschen bezogen werden darf?

2. Persönlicher Zugang zur Geschichte

Unter den von Martin Buber gesammelten chassidischen Erzählungen findet sich unter der Überschrift „Die Frage der Fragen" folgende kleine Geschichte: ► Vor dem Ende sprach Rabbi Sussja: „In der kommenden Welt wird man mich nicht fragen: Warum bist du nicht Mose gewesen? Man wird mich fragen: Warum bist du nicht Sussja gewesen?" ◄ (Aus: Martin Buber, Die Erzählungen der Chassidim, Manesse Verlag, Zürich 1949, 394.) Diese kleine Geschichte hilft m. E., die großen Berufungstexte der Bibel mit dem eigenen Leben in Verbindung zu bringen, indem sie ohne Griesgram und mit einem Schuß Humor die Dinge ins rechte Lot rückt. Wir brauchen nicht Mose, Jesaja, Paulus oder Augustinus zu werden. Keiner zwingt uns, ihr Leben oder ihre Berufung zum Maßstab für unser Leben zu machen. Ich muß „Ich" werden. Das ist eine Entlastung und Herausforderung zugleich. Denn „Ich werden" heißt in diesem Zusammenhang, eine eigene persönliche Auseinandersetzung mit Gott und der Welt zu wagen und daraus die notwendigen Konsequenzen zu ziehen.

3. Exegetische Hinweise

Alle für den 5. Sonntag im Jahreskreis vorgesehenen Schrifttexte beziehen sich auf Berufungen: Jes 6, 1–8 auf die Berufung des Jesaja, 1 Kor 15, 1–11 auf die Berufung des Paulus und Lk 5, 1–11 auf die Berufung der ersten Jünger Jesu. Im folgenden soll vorrangig der Jesajatext exegetisch erläutert werden; es sollen aber auch kurz – wegen des thematischen Zusammenhangs, auf den die Predigt anspielt – die beiden anderen Schrifttexte gestreift werden.
Zunächst zu Jes 6, 1–8: Die Darstellung des Berufungserlebnisses in Jes 6 geht nach Auffassung vieler Exegeten auf Jesaja selbst zurück. „Jes 6 trägt alle Zeichen der Echtheit auf der Stirn, es ist ein Bericht genuiner Erfahrung, der von Jesaja selbst verfaßt oder diktiert sein muß" (Wildberger, 239). Allerdings ließ sich Jesaja bei der sprachlichen Ausgestaltung seines Berufungserlebnisses von traditionellen Vorbildern beeinflussen, so vor allem von der Gattung der sog. „Thronratsvisionen", zu deren typischen Elementen der sich öffnende Himmel sowie die Schau des göttlichen Thrones und der himmlischen Ratsversammlung gehörten (vgl. 1 Kön 22, 19 ff). Durch diese „typisierte" Form der Darstellung ist das unmittelbare Berufungserlebnis des Jesaja verdeckt und läßt sich nicht mehr voll rekonstruieren. Seraphen (V. 2) waren schlangenähnliche Mischwesen, die damals vor allem in der ägyptischen Kultur eine Rolle spielten. Daß sie hier innerhalb der Vision des Jesaja erscheinen, läßt erkennen, daß Visionen nie nur „Tat Gottes", sondern immer auch „Tat des Menschen" (G. Lohfink) sind und von der Kultur und der Vorstellungswelt des betreffenden Menschen stark mitgeprägt werden. Ort des Berufungserlebnisses des Jesaja war vermutlich der Tempel in Jerusalem (vgl. VV. 1 und 4). Wahrscheinlich befand sich Jesaja während einer liturgischen Feier im Vorraum des Tempels und sah durch den Weihrauch, der den Tempel füllte (V. 4), hindurch auf das Allerheiligste mit der Bundeslade. Plötzlich weitete sich für ihn der Raum, und er schaute Jahwe in ungeahnter Größe und Heiligkeit. Eben diese unmittelbare Erfahrung der Heiligkeit Jahwes wird für Jesaja grundlegend. Immer wieder kommt er in seiner späteren Verkündigung auf diesen „heiligen" Gott zu sprechen, wobei er „heilig" stark ethisch versteht und in Gott vor allem den leidenschaftlichen Verfechter und obersten Garanten von Gerechtigkeit und Wahrheit sieht. Um vor diesem heiligen Gott bestehen zu können, müssen Jesajas „unreine Lippen" gereinigt werden. Nach dem Entsündigungsakt (V. 6 f), der wohl einen inneren

Läuterungsprozeß versinnbildlichen soll, willigt Jesaja – im Gegensatz zu Jeremia – sofort und ohne Einwände in seine Berufung und Sendung ein.
Nun noch einige Hinweise zu 1 Kor 15, 1–11 und Lk 5, 1–11: In 1 Kor 15, 1–11 ordnet Paulus sein „Damaskuserlebnis“ den Ostererscheinungen der Jünger Jesu zu. Auch er hat den Auferstandenen „gesehen“. Im Gegensatz zur späteren dramatischen Ausgestaltung des Damaskuserlebnisses in der Apostelgeschichte (Apg 9, 1 ff) bleibt Paulus allerdings hier und an anderen Stellen seiner Briefe bei der Beschreibung seiner Berufung sehr zurückhaltend.
Lk 5, 1–11 – die Berufung der ersten Jünger – ist traditionsgeschichtlich gesehen keine einheitliche Erzählung, sondern Lk hat hier eine Geschichte vom überreichen Fischfang, die auch das Johannesevangelium kennt (Joh 21, 1 ff), mit der Jüngerberufung in Mk 1, 16–20 verbunden. Dadurch ergibt sich, daß nach dem Verständnis des Lukasevangeliums die Berufung des Petrus ähnlich wie bei Jesaja durch eine außergewöhnliche Offenbarung ausgelöst wurde. (Literaturhinweis: H. Wildberger, Jesaja, BKAT X/1, ²1980; F. Bovon, Das Evangelium nach Lukas, EKKNT III/1, 1989.)

4. Schrifttext und Geschichte

„Berufung“ ist kein Wort unserer Alltagssprache. Wir gebrauchen es meist nur mehr in Zusammenhang mit Außergewöhnlichem: der Wahl des Priesterberufs, dem Eintritt in einen Orden oder im Kontext herausragender religiöser Schlüsselerlebnisse wie der Berufung des Jesaja, des Paulus usw. Biblisch gesehen, läßt sich „Berufung“ jedoch nicht auf außergewöhnliche Erfahrungen und Berufswege einschränken, sondern alle Menschen sind zum Heil „berufen“ (vgl. Jes 43, 1 oder das Gleichnis vom großen Festmahl Lk 14, 15–24). Anliegen der Predigt ist es, auf dieses weitere Verständnis von Berufung hinzuführen. Der Geschichte vom Rabbi Sussja kommt dabei eine Brückenfunktion zu. Sie soll zwischen den großen biblischen Berufungstexten und dem Leben des einzelnen Christen vermitteln und Anreiz geben, über die eigene Person bzw. die eigene „Berufung“ neu nachzudenken.

5. Predigtentwurf

Wenn wir auf unser Christsein schauen, so verläuft es meist wenig dramatisch: Taufe in den ersten Lebenswochen, Gebet und religiöse Unterweisung ab dem 3. und 4. Lebensjahr, dann Beichte, Kommunion, Firmung sowie ein mehr oder weniger gläubiges Erwachsenenleben mit den üblichen Festtagen und Jubiläen. Alles in allem wenig aufsehenerregend. „Es währet siebzig und wenn es hoch kommt achtzig Jahre, und das Beste daran“ – so der Psalmist – „ist Mühsal und Arbeit gewesen“ (Ps 90, 10).
Im Kontext dieses normalen christlichen Werdegangs fallen die großen Berufungen, von denen in den heutigen Lesungen und im heutigen Evangelium die

Rede ist, erheblich aus dem Rahmen. Der alttestamentliche Prophet Jesaja erlebt im Tempel von Jerusalem – wohl während einer liturgischen Feier – eine eindrucksvolle Vision: Er sieht plötzlich den Himmel geöffnet und wird von Gottes Heiligkeit ergriffen. Ähnlich wie Jesaja wurden auch Paulus und die ersten Jünger Jesu von „Offenbarungen" überrascht, die in ihr Leben einbrachen und sie veranlaßten, alles stehen und liegen zu lassen und diesem Jesus von Nazaret nachzufolgen.

Sicherlich ist das, was uns die Bibel von diesen großen Berufungen berichtet, nicht einfach als historisches Protokoll zu nehmen. Die Texte sind zum Teil erst Jahre und Jahrzehnte nach den Ereignissen niedergeschrieben und im nachhinein überarbeitet worden. Trotz dieser Einschränkung geben die biblischen Berufungstexte ein eindrucksvolles Zeugnis von Menschen, deren Leben nicht in gewohnten Bahnen verlief, sondern markante Einbrüche und Kehrtwendungen aufweist. Jene Menschen waren bereit, sich von tiefen Erfahrungen ergreifen zu lassen und auf diese Erfahrungen ihr Leben zu setzen. Was aber haben diese außergewöhnlichen Berufungen mit unserem normalen Christenleben zu tun? Zeigt sich nicht gerade an ihnen besonders deutlich, daß „Berufung" etwas ganz Außergewöhnliches ist, das nur wenigen gilt, für unser alltägliches Christenleben jedoch ohne Bedeutung ist? Eine kleine rabbinische Geschichte lautet: ... (s. 2.).

Diese kleine Geschichte macht auf sehr treffende Weise deutlich, daß wir alle „berufen" sind, allerdings nicht, um Mose, Jesaja oder Paulus, sondern „wir selbst" zu werden. Das ist eine Entlastung und Herausforderung zugleich; eine Entlastung, weil wir nichts Außergewöhnliches zu leisten brauchen; und eine Herausforderung, weil es gilt, nicht einfach dahinzuleben, sondern als Mensch und Christ Konturen zu gewinnen und den Namen zu entdecken, bei dem wir ganz persönlich gerufen sind (Jes 43, 1).

Die großen Berufungstexte der Bibel können uns dabei Mut machen, Gewohntes zu durchbrechen und ein Stück mehr der Stimme des eigenen Herzens zu folgen.

6. Weitere Anregungen

- Ausgehend von der Schlüsselerfahrung des Jesaja, daß Gott ein „heiliger" Gott ist (Jes 6, 3), kann auf die Notwendigkeit hingewiesen werden, daß jede Zeit Gott neu entdecken und benennen muß. Es reicht nicht aus, die Erfahrungen früherer Zeiten und Personen zu konservieren.
- Die Darstellung der Berufung des Jesaja in Jes 6 zeigt, daß die Verkündigung des Jesaja auf persönlichen Erfahrungen beruht. Die enge Verbindung von Theologie, Glaube und Erfahrung ist auch für unser Leben und unser Christsein wichtig. Wir müssen allerdings dafür einiges investieren.

Hanneliese Steichele

6. Sonntag im Jahreskreis

Zu Lk 6, 17. 20–26

1. Persönlicher Zugang zum Schrifttext

Die Seligpreisungen des Lukasevangeliums und vor allem die Weherufe sind für mich immer wieder provozierend, ja sogar schockierend und drohend. Die Unausweichlichkeit der Unheilsdrohung an die Reichen löst Angst aus angesichts unseres materiellen Wohlergehens.
Es drängen sich Fragen auf: An wen richtet sich der Text? Gilt er nur für einen engen Jüngerkreis oder für die gesamte Kirche? Sind die Forderungen der Feldrede/Bergpredigt erfüllbar oder nur Orientierungshilfen mit Modellcharakter? Beziehen sich die Seligpreisungen auf *diese* Welt oder skizzieren sie die Gegebenheiten in einer endzeitlichen Ordnung der Zukunft?

2. Persönlicher Zugang zum lyrischen Text

In dem Gedicht „An die Nachgeborenen", das im dänischen Exil 1939 entstand, drückt Bertolt Brecht im ersten Teil sein Leiden an Not, Ungerechtigkeit und Unterdrückung seiner Zeit aus. Es folgt eine Schilderung seines Verhaltens und seines Ungenügens, die Zustände zu ändern: „... so verging meine Zeit, die auf Erden mir gegeben war." Im dritten und letzten Teil richtet er das Wort an die „Nachgeborenen", denen er erklärt, daß sie, wenn sie der „finsteren Zeit" entronnen sind, ihren Vorfahren verzeihen mögen, daß die Herstellung gerechter Strukturen nur durch Gewalt möglich war. „Ach wir, die wir den Boden bereiten wollten für Freundlichkeit, konnten selbst nicht freundlich sein."
Der erste Teil spricht mich direkt an, da hier eine Auseinandersetzung mit den Normen der Bibel anklingt. Zudem betrifft mich das erkennbare Leiden an der Not sowie das Ringen um den richtigen Weg zur Gerechtigkeit. Die marxistische Grundüberzeugung, die in Brechts Schlußfolgerungen transparent wird, fordert das christliche Zeugnis zur Auseinandersetzung heraus, zumal Brecht diese selbst anregt. Abgedruckt seien hier der erste Teil sowie die Schlußzeilen des Gedichts:

► An die Nachgeborenen

I
Wirklich, ich lebe in finsteren Zeiten!
Das arglose Wort ist töricht. Eine glatte Stirn
Deutet auf Unempfindlichkeit hin. Der Lachende
Hat die furchtbare Nachricht
Nur noch nicht empfangen.

Was sind das für Zeiten, wo
Ein Gespräch über Bäume fast ein Verbrechen ist
Weil es ein Schweigen über so viele Untaten einschließt!
Der dort ruhig über die Straße geht
Ist wohl nicht mehr erreichbar für seine Freunde
Die in Not sind?

Es ist wahr: ich verdiene meinen Unterhalt
Aber glaubt mir: das ist nur ein Zufall. Nichts
Von dem, was ich tue, berechtigt mich dazu, mich sattzuessen.
Zufällig bin ich verschont. (Wenn mein Glück aussetzt, bin ich verloren.)

Man sagt mir: Iß und trink du! Sei froh, daß du hast!
Aber wie kann ich essen und trinken, wenn
Ich dem Hungernden entreiße, was ich esse, und
Mein Glas Wasser einem Verdurstenden fehlt?
Und doch esse und trinke ich.

Ich wäre gerne auch weise.
In den alten Büchern steht, was weise ist:
Sich aus dem Streit der Welt halten und die kurze Zeit
Ohne Furcht verbringen
Auch ohne Gewalt auskommen
Böses mit Gutem vergelten
Seine Wünsche nicht erfüllen, sondern vergessen
Gilt für weise.
Alles das kann ich nicht:
Wirklich, ich lebe in finsteren Zeiten!
...

III
...
Ihr aber, wenn es so weit sein wird
Daß der Mensch dem Menschen ein Helfer ist
Gedenkt unsrer
Mit Nachsicht. ◄

(Aus: Bertolt Brecht, Gesammelte Werke. Die Gedichte. © Suhrkamp Verlag, Frankfurt am Main 1967.)

3. Exegetische Hinweise

Der vorliegende Schrifttext entstammt der sogenannten Feldrede des Lukasevangeliums (Lk 6, 20–49), die in wesentlichen Teilen Material aus der Logienquelle Q verarbeitet und die Jesu programmatische Rede über Gestalt und Anspruch wahrer Jüngerschaft zusammenfaßt.

Es handelt sich bei diesem Textabschnitt um vier Seligpreisungen, denen vier parallel gebaute Weherufe folgen, eine Komposition, die in Form und Umfang der Q-Vorlage entspricht, während Matthäus innerhalb seiner Bergpredigt (Mt 5–7) die Weherufe wegläßt und den Text durch fünf Makarismen ergänzt. Innerhalb der vorlukanischen Tradition bildeten die ersten drei Seligpreisungen eine Einheit (evtl. auf Jesus zurückgehend), denen die vierte Seligpreisung sekundär zugewachsen ist. Die Weherufe wurden offensichtlich nach Jes 61, 2 formuliert als parallelistische Zusatzbildung.
Inhaltlich verdeutlicht der synoptische Vergleich beider Reden, daß Lukas im konkreten Sinne von Armen, Hungernden, Weinenden und Verfolgten spricht, während Matthäus in seinen hinzugefügten Seligpreisungen sittlichen Haltungen Lohn verspricht, was ihn offensichtlich bewog, auch die Armen usw. stärker in ihrer sittlich-geistigen Einstellung zu verstehen (vgl. Schürmann, 336).
Aufschlußreich für das Verständnis der Perikope bei Lukas ist ihre Stellung innerhalb des Evangeliums: Der Verfasser fügt hier ursprünglich separate Überlieferungen zusammen, nämlich das Gebet auf dem Berg (Lk 6, 12), die Auswahl der Apostel aus der Jüngerschaft und den Abstieg vom Berg mit der sich anschließenden Rede. Theologischer Hintergrund dieser Komposition ist der, zu betonen, daß die Wahl der Zwölf und die Feldrede im Einklang mit dem Willen des Vaters stehen (vgl. Kremer, 70 f). Wie in Apg 1, 24 ist die Apostelwahl Jesu erbetet und daher von Gott bestimmt. Dieses Verhalten soll nach Lukas auch für die Ämterverleihung in der Zeit der Kirche richtungweisend sein. Mit der Wahl durch Jesus betont Lukas, daß die Apostel bereits vorösterliche Zeugen des Erdenlebens Jesu sind, nicht nur authentische Zeugen der Auferstehung.
Programmatische Bedeutung erhält die Rede zudem durch den genannten Hörerkreis: In der Einteilung in Apostel, eine große Schar von Jüngern und die Menge des Volkes (V. 17) sehen viele Exegeten die Struktur der späteren Kirche gespiegelt.
Wesentlich für die Interpretation des Sonntagsevangeliums ist die Adressatenfrage. V. 20 macht deutlich die Jünger zu den Angesprochenen; der obigen Deutung folgend sind damit alle gemeint, die hören wollen: Amtsträger, Kirchenvolk und interessierte Nichtchristen (vgl. Müller, 74). Die Situationsbeschreibung (Jesus steigt zum Volk hinab) drängt den Vergleich zur Offenbarung am Sinai/Horeb auf. Die geographischen Angaben zur Herkunft der Menschen (V. 17) betonen, daß – wie am Sinai – das gesamte Gottesvolk das Wort vernahm und daß der Ruf Jesu bereits die Grenzen Palästinas überschritten hat (für Lukas Zeichen der zukünftigen Heidenmission). Der Text des Sonntagsevangeliums läßt die Verse 18 und 19 aus, die von Heilungen berichten und so Heilswort und Heilstat verknüpfen.
Die Form des Makarismus findet sich auch in der religiösen Weisheit und hatte ihren Ort eventuell in der Tempelliturgie zur Begrüßung von Wallfahrern (vgl. Schürmann, 329). Kremer ordnet die Seligpreisungen gattungsmäßig nicht dem weisheitlichen Lob eines moralischen Verhaltens zu, sondern den aufgrund einer Offenbarung geäußerten (apokalyptischen) Heilszusagen (vgl. Schürmann, 73).

Zu den Seligpreisungen im einzelnen: Die ersten drei Makarismen (VV. 20bf) heben sich inhaltlich und formal vom vierten ab (V. 22). Hier werden die Jünger direkt angesprochen; Lukas zeigt, daß irdische Not und Verfolgung die Jüngerexistenz bestimmen, die Teilhabe an der Lebensweise Jesu jedoch das Reich Gottes verheißt. Nicht den Armen, Hungernden, Weinenden und Verfolgten als solchen, sondern den Jüngern, die dieses Schicksal trifft, gilt die Heilszusage, die für die Armen sogar im Präsens, für die zwei folgenden Gruppen im Futur formuliert ist. Der Zeitpunkt der vierten Seligpreisung bezieht sich eindeutig auf eine drohende Verfolgung in der Zukunft („an jenem Tag"). Lukas denkt wohl an einen Synagogenausschluß, nicht an bürgerliche Ächtung. V. 23 nimmt die Seligpreisung in Form einer Mahnung auf, sich schon jetzt zu freuen angesichts der eschatologischen Wende. Der Vergleich mit dem Prophetenschicksal betont die heilsgeschichtlich bedeutsame Stellung eines Jüngers Jesu. Lukas weiß aus Erfahrung von Christenverfolgungen in apostolischer Zeit, die von Juden ausgingen.

Auf dem Hintergrund der parallel gebauten Wehrufe (nur V. 23 bleibt ohne Entsprechung) wird den Jüngern deutlich, welchem Schicksal sie entgehen: ein dem augenblicklichen Wohlergehen entgegengesetztes Los zu erleiden. V. 26 droht den Geschmeichelten keine ausdrückliche Strafe an; die Zurechnung zu den Lügenpropheten zeigt, daß die Wahrheit bei den Verfolgten, nicht bei den öffentlich Anerkannten zu finden ist.

Lukas hat bei den Unheilsandrohungen wohl primär Falschlehrer im Auge, wobei der Vorwurf der Hab- und Genußsucht eine Rolle in der frühchristlichen Auseinandersetzung spielt.

Es geht Lukas darum, die Entscheidungssituation zu verdeutlichen, die das Heil vom persönlichen Zeugnis abhängig macht; dies sagt der Schluß der Feldrede (Lk 6, 46–49) unmißverständlich aus. (Literaturhinweis: H. Schürmann, Das Lukasevangelium, HThKNT 3/1, Freiburg 1969; J. Kremer, Lukasevangelium, NEB 3, Würzburg 1988; P. G. Müller, Lukas-Evangelium, SKKNT 3, Stuttgart 1984.)

4. Schrifttext und Kurzgeschichte

Der Schrifttext aus der Feldrede macht in seinem Kern eine Aussage zum Reich Gottes, dessen Deutung immer wieder Schwierigkeiten bereitet. Das Brecht-Gedicht nimmt wie der Bibeltext Stellung zu Not und Armut, lehnt aber bestimmte Wege aus der Krise ab. Auf dem Hintergrund des literarischen Textes ließe sich die neutestamentliche Botschaft entfalten und das häufige Mißverständnis klären, die Seligpreisungen seien Jenseitsvertröstung.

„Selig, ihr Armen, denn euch gehört das Reich Gottes“ – so die Worte des heutigen Evangeliums. Und was ist mit uns, die wir reich sind? Haben wir da überhaupt eine Chance auf endzeitliches Heil? Wie sind die Forderungen der Feldrede realisierbar? Und klingt die Seligsprechung der Armen, Hungernden, Weinenden und Verfolgten nicht zynisch angesichts des Elends, das wir täglich in aller Welt wahrnehmen können?

Die Seligpreisungen und Weherufe des Lukasevangeliums provozieren und rufen zu Widerspruch heraus. Einer, der widersprochen hat, ist Bertolt Brecht. In seinem Gedicht „An die Nachgeborenen“ schreibt er: ... (s. 2.). In diesen Zeilen spricht Brecht materielle Not und „Untaten“ seiner Zeit an. Das Gedicht entstand während des Exils, als Brecht in den dreißiger Jahren vor den Nazis aus Deutschland fliehen mußte.

Brecht kritisiert diejenigen, die die Bedrohungen nicht wahrnehmen oder verschweigen, mit banalem Reden überdecken oder die gewissenlos genießen. Brecht fragt weiter nach alternativen Entwürfen der Daseinsbewältigung: „Ich wäre gern auch weise.“ Offensichtlich findet er keine Hilfe in den genannten Ratschlägen. Die Bibel als Orientierungshilfe wird angedeutet: „In den alten Büchern steht, was weise ist.“ Das Gebot der Gewaltlosigkeit, welches wir in der Feldrede/Bergpredigt finden, und das Jesuswort, Böses mit Gutem zu vergelten, weisen eindeutig einen biblischen Bezug auf. Brecht setzt sich hier von den Weisungen des Evangeliums ab; sie scheinen ihm zur Lösung der Probleme nichts ausrichten zu können: „Alles das kann ich nicht: Wirklich, ich lebe in finsteren Zeiten.“ Brecht sieht die Ungerechtigkeit und Armut als Herausforderung an, die gegenwärtigen Strukturen zu ändern. In der vom Evangelium geforderten Haltung sieht er jedoch keine Bewältigungsmöglichkeit, da ihr Anspruch mit der Realität unvereinbar sei.

Hier ist nun zu fragen, ob die Seligpreisungen wirklich im Gegensatz zu einer Überwindung des Elends stehen. Häufig werden sie mißverstanden als Jenseitsvertröstung, Billigung ungerechter Sozialstrukturen.

Zunächst ist zu bedenken, daß ein Appell zur Hilfe für den Notleidenden das gesamte Neue Testament durchzieht. Das heutige Evangelium ist eher so zu verstehen, daß der Christ sein Verhältnis zum Materiellen überdenken muß angesichts der Verheißung des Gottesreiches.

Betrachten wir die vier Seligpreisungen und Weherufe genauer. Jesus spricht zu Beginn dieser Rede, die man sich als Eröffnungspredigt bei seinem ersten öffentlichen Auftreten vorstellen muß, die Jünger direkt an: „Selig, *ihr* Armen, denn *euch* gehört das Reich Gottes.“ Er geht also davon aus, daß seine Jünger arm, hungernd und verfolgt sind; dies gehört zu ihrer Situation in der Nachfolge des Herrn und eröffnet ihnen Teilhabe am Gottesreich. Die Entscheidung für den Lebensweg Jesu bringt diese verzichtende Lebensweise mit sich. Daraus darf heute nicht geschlossen werden, daß die Armut, etwa wie wir sie in der Massenverelendung der sog. Dritten Welt finden, ein erstrebenswerter Zustand sei. Vielmehr spricht daraus die Erfahrung, daß Besitz und Ehre in der Entscheidung für Jesu Botschaft hinderlich sind. Die Weherufe betonen in drastischer Weise, daß eine ausgleichende Gerechtigkeit die Reichen, Satten und Lachenden bestrafen wird, nicht weil es verwerflich ist zu lachen, sondern weil die Genannten auf dem falschen Weg sind (s. Vergleich mit Lügenpropheten in V. 26).

Dies heißt für die Auslegung der Textstelle, daß Lukas den Christen keine Armutsforderung auferlegen will, sondern jeden unerbittlich aufruft zur Entscheidung für oder gegen die Gottesherrschaft. Nicht der Zustand der Not ist das Ziel, sondern das Reich Gottes, für das Armut und Anfeindung in Kauf genommen werden müssen.

In der Frage der Überwindung des Elends kann zwischen Brecht und dem Neuen Testament Übereinstimmung gesehen werden. Jedoch der Weg dorthin wie auch das Ziel unterscheiden beide Auffassungen.

Der Schlüssel zum Verständnis des Brecht-Textes liegt in den letzten Zeilen: „Ihr aber..." Hier wird deutlich, daß Brecht eine Abschaffung der von ihm kritisierten Zustände für möglich hält, allerdings nicht mit den Mitteln von Gewaltlosigkeit und Sanftmut, die das Evangelium (in der Matthäus-Fassung) selig preist. Brecht kann sich vorstellen, daß „der Mensch dem Menschen ein Helfer ist", aber nicht, daß der Weg dorthin schuldlos beschritten werden kann. Daher bittet er die „Nachgeborenen" um Nachsicht. Der im Gedicht angestrebte Idealzustand unterscheidet sich als innerweltliche Utopie von der Vorstellung des Reiches Gottes, das letztlich als nur von Gott her realisierbar geglaubt wird und universalen Charakter hat.

Es hat immer wieder Diskussionen gegeben, ob das Gottesreich zu verwirklichen ist und ob die ethischen Forderungen der Bergpredigt/Feldrede in dieser Welt durchzuführen sind. Als von Menschenhand allein geschaffen, bleibt das Reich Gottes sicher Wunschdenken, aber als von Gott geschenkt und in Jesus Christus angebrochen, hat die Umkehrung der Werte, haben die Armen, Hungernden, Verfolgten und – wie Matthäus ergänzt – die Sanftmütigen, Barmherzigen und Friedfertigen eine Zukunft.

6. *Weitere Anregungen*

- Der Brecht-Text könnte noch stärker gekürzt oder in seiner vollen Länge bearbeitet werden.
- Als literarische Texte bieten sich auch Umformulierungen der Seligpreisungen an, die das Evangelium entweder aktualisieren oder im Kontrast dazu stehen. Es sei darauf hingewiesen, daß diese Texte allerdings meist die Matthäus-Fassung betreffen (z. B. H. R. Hilty, Freilegen, was uns bewegt, in: Ph. Dätwyler (Hg.), Not-wendigkeiten. Auf der Suche nach einer neuen Spiritualität, Zürich 1985, 149 f; W. Trutwin u. a., Zeit der Freude, Düsseldorf 1987, 51). Eine Bearbeitung des Lukas-Textes, die zeigen will, daß in unserer Welt genau konträre Werte gelten, findet sich bei F. Mahr, Die satanischen Seligpreisungen, in: Bibel verfremdet, Stuttgart 1972, 14–16.

– Die Predigt könnte stärker den exegetischen Befund in den Blick nehmen und beispielsweise einen Vergleich mit der Parallele bei Matthäus ausführen.

Hildegard Glees-zur Bonsen

7. Sonntag im Jahreskreis

Zu Lk 6, 27–38

1. Persönlicher Zugang zum Schrifttext

Der Text Lk 6, 27–38 – ein Abschnitt aus der „Feldrede" des Lukasevangeliums – weckt in mir zwiespältige Gefühle. „Tut denen Gutes, die euch hassen. Betet für die, die euch verfluchen." Diese Forderungen setzen mich unter Druck – sie *überfordern* mich, ehrlich gesagt, denn es fällt mir sehr schwer, Menschen, die mir übelwollen, freundlich zu begegnen. Nicht, daß ich Gleiches mit Gleichem vergelte – doch wenn mich einer, bildlich gesprochen, auf die rechte Wange schlägt, wenn mir zum Beispiel im Beruf ein Knüppel zwischen die Beine geworfen wird, laufe ich nicht hinter meinem „Feind" her und präsentiere ihm auch noch die linke Backe.
Ein Stück Überforderung steckt in diesen Ermahnungen Jesu; und gleichzeitig beschleicht mich ein ungutes Gefühl, wenn ich lese: „Was ihr von anderen erwartet, das tut ebenso auch ihnen. Ihr sollt eure Feinde lieben und sollt Gutes tun und leihen, auch wo ihr nichts dafür erhoffen könnt. Dann wird euer Lohn groß sein." Also ist alles nur kühle Berechnung? „Gebt, dann wird euch gegeben. Nach dem Maß, mit dem ihr meßt und zuteilt, wird auch euch zugeteilt werden." Ich spüre: Da stimmt etwas nicht. Wenn ich meinen Mitmenschen Gutes tun soll, dann doch sicher nicht aus eigennützigen Motiven – um mir das Himmelreich zu verdienen, wie es früher hieß! Es stimmt etwas nicht mit diesem Text – oder ich habe ihn falsch verstanden. Es lohnt sich, dieser Frage genauer nachzugehen.

2. Persönlicher Zugang zum Gedicht

► Vergeßt nicht Ihr seid auch
aus Erde seid einer des anderen
Schoß und Geburt: und getrennt
seid Ihr Eis ◄

(Aus: Richard Exner, Ein halber Himmel. Gedichte, Schneekluth Verlag, München 1988)

„...getrennt seid Ihr Eis." Dieser letzte Satz hat für mich Signalwirkung. Menschen haben nur dann eine Chance zu überleben, wenn sie zusammenstehen.

Das Eingebunden-Sein in die Natur, die Wünsche, Sehnsüchte und Begrenzungen, vor allem die Angewiesenheit auf menschliche Nähe und Wärme – das alles ist ihnen gemeinsam. Jean-Paul Sartre hat sich geirrt: Nicht „die anderen" sind die Hölle – die Selbstisolierung des einzelnen, die Gleichgültigkeit gegenüber Menschen, die meine Hilfe brauchen und vielleicht nicht mehr da sind, wenn ich selbst Hilfe suche, der Ellenbogenkampf aller gegen alle, die vorschnelle Verurteilung der Andersdenkenden, das ist die Hölle! Wenn Menschen einander in Freundschaft verbunden sind, wenn Geben und Nehmen ineinander übergehen, dann und nur dann kommt jeder der Partner zu seinem Lebensrecht.

3. Exegetische Hinweise

Die „Feldrede" im Lukasevangelium und die „Bergpredigt" im Matthäusevangelium gehen größtenteils auf die gleiche Quelle zurück: die Spruchsammlung, die von den Exegeten „Q" genannt wird. Die Lukasfassung ist, aufs Ganze gesehen, die ältere, ursprünglichere. Am bekanntesten sind neben dem Aufruf zur Feindesliebe sicher die Seligpreisungen der Armen, Hungernden, Betrübten und Verfolgten (Lk 6, 20b–23), die Lukas mit Weherufen über die Reichen, Satten und Selbstzufriedenen kontrastiert (VV. 24 ff). Die Seligpreisungen widersprechen unseren landläufigen Erfahrungen: Das Los der Armen, Ausgebeuteten und Unterdrückten ist normalerweise alles andere als heiter; es erscheint zynisch, Not und Leiden als Glücksfall zu bezeichnen. Die Armen haben keine Stimme; überall auf der Welt sind sie dazu verurteilt, ihr Schicksal stumm und ohne Aufbegehren zu ertragen. Und nun beginnt Jesus seine programmatische Gottesreich-Predigt ausgerechnet mit der Seligpreisung der Armen und Schwachen! Ulrich Wilckens verweist auf das Magnificat: Daß Gott die Niedrigen erhebt und die Hohen vom Thron ihrer Selbstsicherheit stürzt, davon handelt schon der Lobgesang Mariens, der auf die Ankunft des Messias vorbereitet; und Jesus kündigt nun die Erfüllung dieser Verheißung an. „Die folgenden Sprüche (VV. 27–36) zeigen, daß nach demselben Maßstab auch das Tun der Jünger bemessen wird: die Feinde zu lieben...; Gutes zu tun, ohne dafür Gutes zu ernten; barmherzig zu sein und darin dem Tun Gottes, der Gottesherrschaft, zu entsprechen. Auch die Sprüche über das Richten der Menschen untereinander (VV. 37–42) weisen in dieselbe Richtung: Es entspricht nicht der Liebe Gottes, über den Nächsten zu Gericht zu sitzen. Jesu Jünger müssen vielmehr handeln wie Jesus selbst. Sie müssen gut *sein* und Gutes *tun*" (Wilckens, 229).

Wenn sie nach der „goldenen Regel" (V. 31) handeln sollen, dann nicht, um für sich selbst einen Vorteil herauszuschlagen, sondern weil Gott ihnen längst barmherzig, nachsichtig, tröstlich und liebevoll entgegengekommen ist. Dieselbe Barmherzigkeit, dieselbe Großzügigkeit soll nun die zwischenmenschlichen Beziehungen bestimmen. Im griechischen Original heißt es nicht etwa: „Richtet nicht, *damit* ihr nicht gerichtet werdet." Vielmehr wird einfach fest-

gestellt: „Richtet nicht, und ihr werdet nicht gerichtet werden." Ein feiner, aber wesentlicher Bedeutungsunterschied: Angesprochen ist nicht ein zielgerichtetes, im Grunde egoistisches Tun, sondern eine Grundhaltung, die allen anempfohlen wird: den Zuhörern Jesu, aber auch ihren Partnern, wer immer diese in Zukunft sein werden. Jesus will zu einem Verhalten ermutigen, das nach menschlichen Begriffen unvernünftig ist – so wie es auch paradox erscheint, die Armen seligzupreisen. „Verurteilt nicht, dann werdet auch ihr nicht verurteilt werden" – dann werdet ihr sehen, daß viel mehr Gutes in den Menschen steckt, als ihr jetzt für möglich haltet.
Entscheidend ist, daß Gott sich ganz genauso verhält: gütig selbst gegen die Undankbaren und Ungerechten, unbeirrbar in seinem Glauben an die Menschen. Matthäus hat das von Lukas in V. 36 überlieferte Wort abgewandelt. Bei ihm heißt es: „Ihr sollt vollkommen sein, wie es auch euer himmlischer Vater ist" (Mt 5, 48). Gottes Vollkommenheit besteht eben in der „bedingungs- und schrankenlosen Güte, die für die Bösen wie für die Gerechten das Gute will" (Wilckens, 33) – es gibt nichts Größeres, nichts Vollkommeneres als die Liebe, die sich nicht durch versperrte Türen und vermauerte Fenster entmutigen läßt. (Literaturhinweis: U. Wilckens, Das Neue Testament übersetzt und kommentiert, Hamburg/Zürich 1970.)

4. Schrifttext und Gedicht

Nur auf den ersten Blick haben sie wenig miteinander zu tun, die Aufforderung zur Feindesliebe und das Gedicht, das in ganz knappe Worte faßt, was Menschsein ausmacht. Nicht das nüchterne Kalkül, nicht die rechnerische Frage: „Was habe ich davon?" macht einen flüchtigen Kontakt zur lebendigen und fruchtbaren Beziehung. Erst recht töten Revanchedenken und Rachsucht alle Menschlichkeit. Wir brauchen Beziehungen, in denen der eine dem anderen wohl will, in denen er dem anderen „zuvorkommt". Das wird in den wenigen Zeilen sehr klar ausgesprochen. Wenn wir vergessen, daß wir nur für andere und mit anderen Mensch sein können, sind wir kalt und tot, wir erstarren zu Eis.

5. Predigtentwurf

Worin unterschied sich Jesus von den anderen Wanderpredigern, die damals durch das Land zogen? Der eine versprach dem Volk den Himmel auf Erden, der andere rief zum bewaffneten Kampf gegen die römische Besatzungsmacht auf. Mehr als einer behauptete, der lange erwartete Messias zu sein. Johannes trat auf wie ein alttestamentlicher „Rufer in der Wüste", der dem Herrn den Weg bahnt (Mk 1, 2 f; vgl. Mal 3, 1; Jes 40, 3 G). Jesus unterschied sich von den Scharlatanen durch seine Ehrlichkeit und „Echtheit": Das, was er sagte, setzte er auch selbst in die Tat um. Er unterschied sich von Johannes durch seine Menschlichkeit: Den Geplagten versprach er „Ruhe für ihre Seelen"

(Mt 11, 29). Deshalb strömten die Menschen in Scharen herbei, um ihn zu hören und seine Hilfe zu erbitten.
Er stellte überkommene Verhaltensweisen und erstarrte religiöse Formen in Frage, er deckte die Selbstgerechtigkeit der Hohenpriester und die Heuchelei der selbsternannten „Frommen" auf. Den Gesetzeslehrern warf er vor: „Ihr bürdet den Menschen Lasten auf, die sie kaum tragen können, rührt aber selbst keinen Finger" (Lk 11, 46). Er verlangte viel von seinen Anhängern – aber nichts, was er nicht durch sein eigenes Leben und Handeln beglaubigte. Wer seine Worte ernst nahm, merkte bald, daß sein „einziges Gebot", die Forderung der Liebe, so einfach nicht zu erfüllen war. Jesus war kein Sektenprediger, der den Leuten nach dem Mund redete, um sie für sich zu gewinnen. Mit seinen Mahnungen zur Feindesliebe und zum Verzicht auf Vorurteile gibt er uns eine Richtschnur für unser Tun und Lassen an die Hand. Trotzdem tun wir uns oft schwer damit, eben nicht zu verurteilen, keine Vergeltung zu üben, nicht auf den eigenen Vorteil zu schauen. Wenn uns jemand den Mantel wegnimmt, sollen wir ihm auch noch das Hemd überlassen? Schulden sollen wir nicht zurückfordern? Wenn das alle täten... wie sähe es dann wohl aus in der Welt? Die es nicht so genau nehmen mit Treue und Redlichkeit, die sich auf unsere Kosten gesundstoßen, die Karrieristen, die jede Schwäche des Gegners ausnutzen – die würden sich ins Fäustchen lachen!
Ist es wirklich so? Die Ethik Jesu hat etwas Utopisches an sich. Wenn alle danach handelten, ginge es tatsächlich menschenfreundlicher zu auf der Welt. Vielleicht wird sich sein Traum von einem Reich des Friedens und der Gerechtigkeit in einer fernen Zeit tatsächlich erfüllen; doch hier und jetzt wird mit harten Bandagen gekämpft. Und die Erfahrungen, die wir Menschen mit unseresgleichen machen, sind entsprechend: Wir enttäuschen, entmutigen, verletzen einander; wir behindern uns gegenseitig, statt daß einer dem anderen weiterhilft. Vielleicht kämen wir einander ein Stück näher, wenn wir an der einen oder anderen Stelle versuchten, Jesu Vorstellungen von Friedfertigkeit und Menschenliebe zu befolgen.
Zwischenmenschliche Nähe, die Kälte des Getrennt-Seins – das sind auch die Themen eines Gedichtes von Richard Exner (s. 2.). Jesus baut auf dieser Erkenntnis auf: Durch ihre gemeinsame Herkunft von der Erde sind die Menschen miteinander verbunden und aufeinander angewiesen. Im Alten Testament fragt Gott Kain nach seinem Bruder Abel. Wir kennen die Antwort Kains; er weist die Verantwortung, die er für seinen Bruder hat, weit von sich. Gott hat uns aber wirklich dazu bestimmt, einander zu behüten, zu schützen und zu fördern. Wir können unseren Weg nicht allein gehen. Einer soll für den anderen „Schoß und Geburt" werden – Hoffnung, Kraft und Zukunft.
Was wäre denn, wenn jeder unserer Fehler unbarmherzig verfolgt, jede Schwäche gnadenlos aufgespießt würde? Wenn wir nur anerkannt und akzeptiert würden, solange wir – etwa am Arbeitsplatz – wie eine Maschine reibungslos funktionieren? Was wäre, wenn wir nie auf die uneigennützige Hilfe eines anderen Menschen bauen könnten, weil jeder nur an sich selbst denkt?

„Verurteilt nicht, dann werdet ihr nicht verurteilt werden." Die Medaille hat zwei Seiten. Oft sind wir die Empfangenden, nicht die Geber. In Menschen, die uns ihren Rat und Beistand anbieten, wenn wir allein nicht mehr weiterkommen, und unüberbietbar in Jesus, dem Freund der Außenseiter, der Kleinen, der Versager und Ausgestoßenen, kommt uns Gottes Barmherzigkeit entgegen. Das ist der „Lohn", von dem im Evangelium die Rede ist. Im 1. Johannesbrief heißt es: „Wenn Gott uns so sehr geliebt hat, müssen auch wir einander lieben" (1 Joh 4, 11): Wir sollen „die Gerechtigkeit tun" (1 Joh 3, 7) – Jesus hat uns gelehrt, daß Gerechtigkeit, menschlich verstanden, immer auch Erbarmen sein muß.
Das Evangelium, das wir heute gehört haben, ist mehr als eine „goldene Regel" („Was ihr von anderen erwartet, das tut ebenso auch ihnen"). Es ist auch mehr als ein Katalog von Forderungen, die so extrem sind, daß kaum jemand sie erfüllen kann. Es ist vor allem Frohe Botschaft: Gott kommt uns – gleichgültig, ob wir es „verdienen" – mit seiner Liebe zuvor; er läßt uns Menschen begegnen, die für uns „Schoß und Geburt" sind, und er läßt uns Jesus begegnen, der als Menschenbruder den Weg mit uns geht.

Petra Gaidetzka

8. Sonntag im Jahreskreis

Zu Lk 6, 39–45

1. Persönlicher Zugang zum Schrifttext

Die in Lk 6, 39–45 gesammelten Sprüche zum Thema Menschenkenntnis und -beurteilung stoßen bei uns auf Widerspruch: Die Rede vom Splitter im Auge des Bruders und dem Balken im eigenen Auge löst uns die Spannung zwischen Anmaßung und Selbstzweifel zu einseitig auf. Solche Formulierungen, die den Blick auf eigene Schwächen lenken, sind Gift für Menschen mit einer depressiven Persönlichkeitsstruktur. Und oft werden solche Sprüche mißbraucht, um berechtigte und notwendige Kritik – auch in der Kirche – abzuwehren. Die Verse 43–45 klingen auf den ersten Blick so schön logisch. Bei näherem Hinsehen erscheinen die botanischen Bilder in V. 43 f heutigem Verständnis der Ökologie unangemessen. Was ist denn ein „guter" Baum? Nicht die Verwertbarkeit für den Menschen, die Früchte, entscheiden über die Güte eines Baumes. Und was sind „gute" Früchte? Für den einen sind dies die makellosen, dicken Äpfel, die unter hohem Pestizideinsatz hochgezüchtet wurden, für den anderen sind es die kleinen, schrumpeligen Äpfel aus dem Biogarten. Statt der armen Distel, die ihre eigenen Vorzüge hat, ist der zu schelten, der an einer Distel nur nach Feigen sucht, d. h. die Maßstäbe eines Feigenbaums anwendet.
Diese Schwächen des botanischen Bildes finden wir auch im angewandten Vergleich auf die Menschen wieder: Die Taten der Menschen in „gut" und

„böse" zu unterscheiden ist schon eine sehr vereinfachende und unchristliche Darstellung. Die Wirklichkeit ist von einem „mehr oder weniger" geprägt. Wir kennen die Folgen, wenn Menschen einfach aufgrund einer oder mehrerer Taten als „böse" bezeichnet werden: „ab hinter Gitter", „hoffnungsloser Fall". Das kann nicht die Meinung Jesu sein! Wir haben uns deshalb entschlossen, die Perikope mit einem Anti-Text zu konfrontieren.

2. Persönlicher Zugang zum Gedicht

Vgl. 5. Predigtentwurf; letzter Abschnitt

3. Exegetische Hinweise

Die vorliegende lockere Zusammenstellung von Einzelsprüchen der Logienquelle Q ist der lukanischen Feldrede entnommen. Vorangehen u. a. das Gebot der Feindesliebe (V. 27) und der Barmherzigkeit (V. 36), die ein Richten über andere ausschließt. Auf diesem Hintergrund will Lukas die Worte Jesu – adressiert an die JüngerInnen und an die spätere Gemeinde – verstanden wissen. Sie rufen zur Sensibilität im Umgang miteinander auf, machen auf die Gefahr der Projektion eigener Schatten auf andere aufmerksam und werben dafür, Konflikte im Geiste Jesu anzugehen. Abgrenzung ja, Ausgrenzung nein. Vers 39 läßt in Mt 15, 14 noch die antipharisäische Polemik erkennen, mit der Jesus vor den blinden Blindenführern warnt.
Das Bildwort vom Splitter im Auge (V. 41 f) steht auch in der matthäischen Parallele im Kontext der Mahnung, nicht zu richten.
Das Bildwort vom Baum und seinen Früchten (VV. 43. 44a) finden wir bei Mt gleich zweimal: Es dient Jesus zur Unterscheidung der Geister, d. h. zur Abgrenzung gegenüber falschen Propheten. In Mt 7, 16.18 ist es um das Negativbild Disteln (Lk 6, 44b) ergänzt, in Mt 12, 33–35 kombiniert mit dem Weisheitswort „Wovon das Herz voll ist..." (V. 45).

4. Schrifttext und Gedicht

Vgl. 5. Predigtentwurf; letzter Abschnitt

5. Predigtentwurf

Ein guter Baum bringt gute Früchte, ein schlechter Baum bringt schlechte Früchte hervor. Ein guter Mensch tut Gutes, ein böser Mensch tut Böses. Die Bösen sollen bestraft, die Guten belohnt werden. So einfach ist das. Die guten Bäume werden gedüngt, und die schlechten werden abgehackt. Disteln, Dornsträucher und anderes Unkraut werden ausgerissen und verbrannt, oder: Unkraut-Ex und weg damit! So ging es jahrelang in unseren Gärten und auf unseren Äckern zu. Bis wir auf einmal hörten, daß solche Landwirtschaft der Natur erheblich schadet. Für das ökologische Gleichgewicht braucht es nämlich mehr als nur die Bäume, Kräuter und Tiere, die für den Menschen direkt nützlich sind. Wir mußten lernen, daß die Disteln, Hecken und Unkräuter – obwohl sie uns nichts Eßbares liefern – für unsere Umwelt und damit für uns nützlich und notwendig sind. Wir mußten lernen, daß die guten Früchte nicht die makellosen, dicken Äpfel sind, die unter hohem Pestizideinsatz angebaut werden. Wir lernten den Wert der kleinen Äpfel mit ihren äußeren Macken aus dem Biogarten wieder schätzen.

Deshalb können wir beim heutigen Evangelium die Rede von den guten und schlechten Früchten nicht so einfach durchgehen lassen. Wir müssen genauer hinschauen, erst recht, wenn daraus Folgerungen auf Menschen gezogen werden. Denn was heißt schon: Ein guter Mensch bringt Gutes hervor? Wir beurteilen Menschen sehr schnell danach, was sie uns bringen, welche Leistung sie bringen, wie „gut" sie für uns sind und wie „schlecht" für unsere Interessen, Pläne und Vorhaben.

Sind wir bereit zu fragen, was eine bestimmte Tat für den Täter selbst bedeutet? Was drückt sich in dieser Tat aus von ihm und seiner Lebensgeschichte? Oder: Ist die Leistung, die nach allgemeinen Maßstäben nur schwach oder mittelmäßig ist, für den, der sie vollbracht hat, vielleicht eine Höchstleistung? Ist das, was wir bei einem Menschen Trägheit nennen, vielleicht für ihn eine wichtige Regenerationsphase oder der stille Protest gegen falsche und überfordernde Ansprüche anderer? Und ist das, was wir bei einem anderen als Frechheit wahrnehmen, für ihn vielleicht der letzte ungeschickte Versuch, seine Verletzungen deutlich zu machen und ein klärendes Gespräch herbeizuführen? Ich muß Ihnen gestehen: Ich mache mir nicht die Mühe, genauer hinzuschauen, obwohl ich weiß, daß auch das Stachelige, Faule, Unbequeme vor Gott ein Lebensrecht hat und einen Sinn, den ich für mich erschließen muß.

Mich beeindruckt, wieviel leichter dieses Hinschauen den Menschen fällt, die an sich selbst Macken und Normabweichungen feststellen und damit leben. Gerade die körperlich oder sozial behinderten Menschen haben ein waches Gespür dafür, wie schnell und voreilig in unserer Gesellschaft – nicht nur in bezug auf Bäume und Früchte – nach gut oder schlecht aussortiert wird. Da kann dann im folgenden Gedicht eines jungen Behinderten eine besondere Solidarität und Vertrautheit wachsen:

▶ Krüppelkiefer,
symbol meines lebens,
ich liebe dich ...

nicht um meinetwillen,
nicht der liebe wegen,
nicht aus trotz ...

symbol meines lebens,
ich liebe dich ...

deiner haltgebietenden wurzeln wegen,
deines hartnäckigen, zähen widerstandes wegen,
deiner buschigen, hoffnungsgrünen nadeln wegen,
deiner bescheidenen alltäglichkeit wegen,
deiner erdverbundenen freude wegen,

weil du eine krüppelkiefer bist. ◀

(Michael Köttgen)

Ich wünsche uns, daß wir nicht zu schnell mit unseren Vorstellungen von gut und schlecht auf die Natur und auf Menschen losgehen. Der Blick auf die eigenen Macken, Schwächen und Behinderungen kann uns dabei hilfreich sein. Oder in der Sprache des Evangeliums: Die Wahrnehmung des Balkens im eigenen Auge, der eigenen Verwundung also, läßt uns feinfühliger werden für die Macken, für den Splitter im Auge des anderen.

6. Weitere Anregung

In der erfahrungsorientierten Arbeit mit Gruppen läßt man manchmal die TeilnehmerInnen ihre Person im Bild eines Baumes darstellen. Man könnte – je nach Situation – auch im Rahmen der Predigt die HörerInnen dazu einladen, sich einen für ihre Person charakteristischen Baum auszuwählen und einmal dessen Eigenheiten nachzugehen. Der Vergleich des Menschen mit einem konkreten Baum regt dazu an, die Individualität eines Menschen schätzen zu lernen und sie vor vorschnellen moralischen Beurteilungen zu schützen.

Hanno Heil/Franz-Josef Knist

9. Sonntag im Jahreskreis

Zu Lk 7, 1–10

1. Persönlicher Zugang zum Schrifttext

Jesus war zwar kein weichlicher Typ, aber er war ganz und gar kein militärischer Mensch. Er kennt sich in der Terminologie des Militärs aus und verwendet sie auch in seiner Predigt; aber er lehnt ganz entschieden den Krieg und das Kriegführen ab. Wie Johannes der Täufer unterscheidet er zwischen denen, die den Soldatenberuf ausüben müssen, und der ungerechten Gewalt der Machthaber dieser Welt. Deswegen kann er dem Hauptmann von Kafarnaum und seinem Anliegen unbefangen gegenübertreten, obwohl sie sich nicht persönlich kennenlernen, weil die Kontakte über die Abgesandten des Hauptmanns laufen.

In der Regel wird das glaubende Vertrauen des Hauptmanns in die Heilkraft Jesu hervorgehoben; für mich ist besonders das liebende Interesse auffällig, das der Kriegsmann für seinen todkranken Diener zeigt. Immerhin galten Sklaven damals als eine Ware, durch deren Verlust einer höchstens materiell getroffen wurde. Der Hauptmann zeigt mehr: Sein fürsorgliches Interesse ist Liebe zu einem vom Tod bedrohten Menschen.

2. *Persönlicher Zugang zur Kurzgeschichte*

Diese Auffälligkeit brachte mich zu der Geschichte, die auf den kürzesten Nenner bringt, was alle Taten der Menschen brauchen, wenn sie recht getan werden wollen: „Zeit und Liebe".

▶ Zwei Mönche hatten in der Küche den Dienst für das Kloster übernommen, und der ältere wunderte sich, daß der jüngere mit großem Ernst bei der Küchenarbeit war. Er beobachtete ihn einige Zeit und lobte ihn dann für seinen Einsatz. Der jüngere Mönch sagte darauf: „Hast du mich nicht selber gelehrt, daß auch die einfachsten Taten Liebe und Zeit nötig haben?" ◀ (Aus: Roland Breitenbach, Der Schlüssel zum Himmel. Kleine Weisheiten der Mönche, Echter-Verlag, Würzburg 1990.)

3. *Exegetische Hinweise*

Zweimal gehen die Boten (jüdische Ortsvorsteher und Freunde) vom Hauptmann zu Jesus und umgekehrt. Das gibt die Gelegenheit, das gläubige Vertrauen des Hauptmanns, der eine wichtige Station zwischen Obergaliläa und dem See mit seinen Soldaten bewacht, herauszuarbeiten. Für die Leser der frühchristlichen Zeit, vor allem für judenchristliche Ohren, ist doch erstaunlich, daß ein Heide solchen Glauben hat. Obwohl von Jesus des öfteren festgestellt werden muß, er habe „nicht einmal in Israel einen solchen Glauben gefunden" (vgl. auch Mt 8, 10), sind die Juden von ihrer Glaubensstärke überzeugt. Doch nicht die Bluts- oder Rassenzugehörigkeit entscheidet über den Glauben, sondern die Stellung zu Jesus und zu seinem Wort. Die demütige Unterordnung des Hauptmanns, der es nicht einmal wagt, Jesus in sein Haus zu bemühen, zeigt, wenn auch versteckt, was der Befehlshaber aus Liebe zu seinem Knecht alles auf sich nimmt. Es wird durch die Heilstat Jesu also nicht nur der Glaube des Hauptmanns bestätigt; auch seine Liebe hat über Krankheit und Todesgefahr gesiegt.

4. Schrifttext und Kurzgeschichte

Glaube und Liebe, das sind Geschwister, die bei allem Tun nicht auseinandergenommen werden dürfen. Ob es sich um die einfache Küchenarbeit der beiden Mönche handelt oder um ein großes Werk („wenn ich alle Glaubenskraft besäße und Berge damit versetzen könnte, hätte aber die Liebe nicht, wäre ich nichts", 1 Kor 13, 2b), ohne Vertrauen und Liebe könnte nichts wirklich gelingen. Wir können uns sehr gut vorstellen, daß die beiden Gesandtschaften hin und her mindestens einen Tag beanspruchten. Das heißt auch: Liebe braucht Zeit, um sich zu entfalten und zu ihrer Wirkung zu kommen. Durch die menschliche Ungeduld wird dieser Zusammenhang oft vergessen. Manchmal ist das Verschenken der Zeit schon Liebe; manchmal kann einer gar nichts anderes geben als Zeit. Es wäre gut, einmal darüber nachzudenken, wieviel Zeit Jesus an jeden einzelnen hilfesuchenden Menschen verschenkt hat. Bevor Jesus einen Menschen heil macht, schenkt er ihm Zeit.

5. Predigtentwurf

Zeit und Liebe

In der letzten Zeit ist es besonders auffällig: Wenn über das Christsein nachgedacht wird, ist oft von wesentlichen Forderungen, von großem Einsatz, von dauerndem Engagement die Rede. Es wird zugleich darüber geklagt, daß immer weniger Leute in den Gemeinden immer mehr tun müßten. Zum anderen muß oft festgestellt werden, wie erfolglos viele Aktionen und Einsätze versanden. Die Folgen: Überarbeitung, Streß und Zeitmangel bei den einen; Enttäuschung und Resignation bei den anderen. Warum ist das so? Statt einer vorschnellen Antwort möchte ich eine kleine Geschichte erzählen: Zwei Mönche hatten in der Küche... (s. 2.).

Was zählt?

Wenn wir im Evangelium Geschichten hören, die uns von Kindesbeinen an vertraut sind, wissen wir sofort auch die Lösung. In unserem Falle: Der Knecht des Hauptmanns wird selbstverständlich gesund. Warum also noch über die Hintergründe nachdenken? Der Glaube und das Vertrauen des Hauptmanns von Kafarnaum haben seinem Untergebenen das Leben gerettet. Können wir aber nicht auch weiterfragen: Warum setzt sich der Hauptmann so für seinen Diener ein? Sklaven waren für die Römer in der Regel lediglich Sachen, die man sich auf dem Markt kaufen konnte. Der Befehlshaber über eine wichtige Militärstation am Nordufer des Sees Gennesaret mußte mehr sein als ein Soldat. Hinter seiner militärischen Sprache verbirgt sich ein Mensch: Einer, der für einen todkranken Untergebenen mehr zeigt als bloßes Interesse. Wie die beiden Mönche in unserer kleinen Geschichte verfügte der Hauptmann über zwei wichtige Dinge, die unser Menschsein so wertvoll und die Begegnungen mit anderen Menschen so erfüllend machen können: über Liebe und Zeit. Denn nur Zeit und Liebe zählen wirklich in unserem Leben.

Der Glaube versetzt Berge

Eine Volksweisheit, die übrigens auch aus der Bibel stammt (vgl. Mk 11, 23), sagt: Der Glaube kann Berge versetzen. Die Bestätigung dafür finden wir auch im heutigen Evangelium. Der Glaube des Hauptmanns ist sogar so groß, daß Jesus feststellt: „Nicht einmal in Israel habe ich einen solchen Glauben gefunden" (Lk 7, 9). Das war zugleich auch ein massiver Vorwurf gegen seine jüdischen Zuhörer, die in ihrer religiösen Überheblichkeit der Überzeugung waren, richtigen Glauben könne man nur in Israel finden.
Aber es ist die Frage zu stellen: Was gibt dem Vertrauen des heidnischen Hauptmanns jene Kraft, die ihn in dieser auffällig demütigen Form für seinen todkranken Knecht eintreten läßt? Er schickt zweimal Abgesandte als Bittsteller aus, zuerst gläubige Juden von der Synagoge Kafarnaums, dann Freunde, um Jesus um den entscheidenden Heilungsbefehl zu bitten. Nur die Liebe gibt einem Menschen die Fähigkeit, sich in Demut unter einen anderen zu beugen; nur die Liebe gibt die Ausdauer, ein Anliegen auf längere Zeit durchzustehen. Die Liebe ist es, die dem Glauben den Anstoß gibt, und der Glaube gibt der Liebe recht.

Liebe zeigen durch die Tat

In unserem Text wird das Wort Liebe kein einziges Mal verwendet. Aber das ist ja gerade das Geheimnis der Liebe, daß es nicht um große Worte geht, sondern um die innere Einstellung. Die Liebe läßt sich nicht nur durch Worte zeigen – wie „ich liebe dich": Sie zeigt sich vor allem in der Haltung und im Tun. Das Christentum wäre sicher erfolgreicher, wenn die Menschen um uns herum feststellen könnten: Was wir hören, sind nicht nur wertvolle Worte, sondern was da geschieht, geschieht wirklich aus Liebe und nicht aus Besserwisserei, aus Ehrgeiz oder Machtstreben. Ist es nicht das, was wir oft in kirchlichen Verlautbarungen, angefangen bei den Hirtenbriefen, so sehr vermissen?
Es werden unter uns noch immer zu viele Prinzipien gepredigt, Forderungen aufgestellt, Gesetzestexte veröffentlicht, so daß die Liebe auf der Strecke bleiben muß. Liebe findet sich in den Verlautbarungen und Aufrufen meist nur noch in der besonderen Form einer Nächstenliebe, die lediglich Forderungen an unseren Geldbeutel stellt.
Wir müssen noch einmal auf die beiden Mönche zurückkommen: Sie haben in ihrem Klosterleben gelernt, daß alles, was zu tun ist, Zeit und Liebe braucht, wenn es recht getan sein will. Der Hauptmann von Kafarnaum hat das auf seine Weise gelebt und ist von Jesus in seinem Glauben und in seiner Liebe bestätigt worden. Wenn unser Glaube so wenig Bestätigung findet und so wenig Wirkung zeigt, könnte es sein, daß uns ganz einfach Zeit und Liebe fehlen.

6. Weitere Anregungen

Der Hauptmann von Kafarnaum geht einen unüblichen Weg, um seinen Knecht zu retten. Dieses Außergewöhnliche regt zum Staunen an. Was ist also mit unserem Glauben, wenn er niemanden überrascht, weil er zu sehr gewöhnlich, üblich geworden ist?
Das demütige Wort des Hauptmanns „... ich bin es nicht wert, daß du mein Haus betrittst", das Eingang in die Liturgie der Messe gefunden hat, läßt uns über die rechte Einstellung beim Kommunionempfang nachdenken: Wenn es auf die Würdigkeit ankäme, hätten wir nie das Recht, das Brot des Lebens zu nehmen. Deswegen bitten wir „Sprich nur ein Wort..."

Roland Breitenbach

10. Sonntag im Jahreskreis

Zu 1 Kön 17, 17–24 (in Verbindung mit Lk 7, 11–17)

1. Persönlicher Zugang zum Schrifttext

Ohnmacht und Verzweiflung – wer in einer tiefen Not steckt, der weiß, daß irgendwann der Punkt kommt, wo einem die Worte ausgehen, wo man allenfalls noch laut klagen, schreien und anklagen kann. Meist bleiben am Schluß nur noch resigniertes Schweigen, stumme Trauer, Sprachlosigkeit. Und auch der Mensch, der trösten und beistehen will, spürt, wie hilflos Worte wirken können, wie nichtssagend, wie hohl. Meist handelt man dann ganz intuitiv, indem man schweigend neben jemandem sitzt, aber eben doch sitzen bleibt, indem man wortlos den anderen in den Arm nimmt, aber doch Nähe schenkt. Wie gut, daß es solche Zeichen gibt, daß es nicht immer Worte braucht. Jeder von uns kennt wohl solche Augenblicke. Und auch Elija redet nicht, sondern handelt: Er streckt sich über den Knaben hin – eine eigenartige Geschichte; er scheint den Knaben zu berühren mit seinem ganzen Körper, und diese Berührung schenkt Leben... Wo Menschen kraftlos sind, da braucht es starke Arme, die zugreifen und tragen können. Wo Menschen der Atem ausgeht, da muß ich ihnen meinen Atem leihen, ihnen etwas von meiner Lebenskraft abgeben. Wo Menschen wieder Kraft gewonnen haben, da soll man sie wieder auf die eigenen Füße stellen und sie selbst gehen lassen. Fast ohne Worte kommen Lebensprozesse in Gang... Dies kenne ich aus meinem Leben: sowohl als Handelnder und Heilender, wie auch als Behandelter und Geheilter.

2. *Persönlicher Zugang zur Geschichte*

Eine ganz andere Stimmung in dieser Geschichte: freudig, überschwenglich, lustig, aber genauso leibhaftig und sinnlich. Auch das kenne ich aus meinem Leben: Es gibt Augenblicke, da sind die Freude und das Glück so groß, daß ich nicht nur singen, sondern tanzen möchte – mitten auf der Straße, vor allen Menschen; da höre ich gleichsam Musik in meinen Ohren, und schon beginnen die Augen zu leuchten, das Gesicht zu strahlen, und meine Körpergröße nimmt um ein paar Zentimeter zu. Jeder kann es in diesem Moment spüren, ohne daß ich ein Wort sage: So glücklich bin ich! Wie leibhaftig kann Freude sein; der Gaukler traut sich und wird von den anderen anerkannt. Wie leibhaftig könnte auch unser Beten sein, und wie wenig leibhaftig bleibt es doch: unsere Gottesdienste – meistens Worte, Worte, Worte, kaum etwas zu fühlen; das meiste Gefühl bleibt im Kopf stecken (ganz anderes als in einem jüdischen oder charismatischen Gottesdienst). Wir hören und reden und erspüren so wenig. Wir bewundern die Südländer mit ihrem Temperament und begnügen uns mit dem Satz: Wir sind halt kühler. Als ob wir nicht, wie der Abt in der Geschichte, lernfähig wären. Von der Sprachlosigkeit des Körpers zur lebendigen Leibhaftigkeit zu finden, das wäre ein Ziel – für unser Leben und damit auch für unseren Glauben!

3. *Exegetische Hinweise*

3.1. Hinweise zum Schrifttext

Die wohl erst später in die Elijageschichte eingefügte Erzählung von der Erwekkung des Knaben ist der Höhepunkt der Wundergeschichten um den Propheten geworden. Elija scheint selbst betroffen zu sein vom Tod dieses Knaben; er wirkt sprachlos. Erst in der Intimität mit Gott gewinnt er die Sprache wieder und vergißt dennoch nicht zu handeln. Das dreimalige Hinstrecken über den toten Jungen erinnert an alte magische Beschwörungsriten, wie sie auch von Elischa (2 Kön 4, 34) oder Paulus (Apg 20, 10) bekannt sind. Durch das Gebet und die Tat Gottes wird die Erweckung jedoch der Magie enthoben. Festzuhalten bleibt das Zusammenspiel von Wort und Tat, von Sprache und Leibhaftigkeit. Auch bei Jesus kommt dies in der Erweckung des Jünglings von Nain zum Ausdruck: Jesus faßt die Bahre an und spricht den Toten an.

3.2. Hinweise zur Geschichte

Diese Geschichte nach einer französischen Legende stammt wohl aus dem kirchlichen Bereich, erzählt sie doch eine Begebenheit aus dem Kloster. Ein berühmt gewordener Puppenfilm illustriert sie nochmals mit farbenprächtiger Einmaligkeit. Die Spitze dieser Erzählung liegt im Bekenntnis des Abtes: „In deinem Tanze hast du Gott mit Leib und Seele geehrt."

4. Schrifttext und Geschichte

Zugegeben: Es ist etwas gewagt, zwei Texte mit so unterschiedlichen Stimmungen miteinander zu verknüpfen. Könnten doch bei dem Verlesen von Lesung und Evangelium manche Zuhörer an Sterbefälle aus der Familie oder dem Freundeskreis erinnert werden, noch nicht verheilte Wunden könnten aufreißen – und dann eine solch fröhliche Geschichte. Die behutsame und zärtliche Sprache der Kurzgeschichte aber ermutigt mich dennoch, den Versuch zu wagen. Beide Texte haben ein gemeinsames Thema: Wir Menschen haben nicht nur unsere (mehr oder weniger klugen) Worte, wir haben auch noch unseren Leib, unseren Körper, um uns auszudrücken, um mit anderen Menschen und auch mit Gott in Beziehung zu treten. Nach einer kurzen einleitenden Passage möchte ich gleich die Geschichte vorlesen und anhand ihrer Aussage „mit Leib und Seele..." die Sprachlosigkeit bestimmter Situationen unseres Lebens aufzubrechen versuchen. Die Beispiele möchte ich, indem ich Schrifttext und Kurzgeschichte parallelisiere, sowohl aus dem Licht- als auch aus dem Schattenbereich unseres Lebens nehmen. Traurigkeit und Freude – beides hat mit unseren Worten zu tun und mit unserem Körper.

5. Predigtentwurf

„Was soll ich da noch sagen...?" – Sprachlosigkeit, wenn Worte nichts mehr vermögen, keinen mehr erreichen. Ich kann mir diese Frau so gut vorstellen: wie sie dasitzt, stumm, den toten Sohn in ihrem Schoß, sprachloser Schmerz. Was soll sie da auch noch sagen, wo sie nichts mehr tun kann. Und auch der Prophet steht sprachlos da, auch ihm sind die Worte ausgegangen, auch er findet keine Erklärung. Jetzt gibt es nur noch eines: Wo man nichts mehr zu sagen weiß, kann man nur noch etwas tun! Er nimmt den Toten aus dem Schoß der Witwe, nimmt ihn auf die Arme, trägt ihn ins Obergemach und legt ihn aufs Bett – ohne ein einziges Wort. Erst als er mit dem Jungen und mit seinem Gott allein ist, beginnt er zu reden, nur ein paar Worte, kein großes Gespräch, viel eher eine kurze, knappe Anklage. Und dann geschieht etwas Eigenartiges: Elija beugt sich der Länge nach dreimal über den leblosen Knaben, noch einmal ein kurzes Gebet und siehe: Der Junge lebt wieder. Ein Glück, daß Elija angepackt und zugegriffen hat, sein Einsatz wird belohnt: Die Berührung ermöglicht neues Leben.

Wir alle kennen solche Augenblicke, wo einem die Worte ausgehen und wo man dann dennoch irgend etwas sagt, um nicht ganz schweigen zu müssen. Und doch spüren wir dann auch: Es kommt gar nicht so sehr darauf an, was wir sagen, sondern eher darauf, daß wir da sind und aushalten. Das ist schon eigenartig: Da haben wir Menschen unsere Sprache, haben sie über viele Jahrtausende entwickelt und kultiviert, versuchen möglichst genau und präzise auszudrücken, was wir meinen – und gerade dann, wenn wir unsere Sprache am meisten bräuchten, gehen uns die Worte aus, nicht nur in der Trauer, im

Schmerz, sondern oft auch im Glück, in der Freude. Wie sprachlos sind wir dann – vielleicht dürfen wir es ja auch sein. Es gibt zum Glück auch noch andere Möglichkeiten als die Sprache, um sich auszudrücken. Eine französische Legende erzählt davon. Sie handelt von schöneren und glücklicheren Tagen und heißt: Der Gaukler und der liebe Gott.

▶ Es war einmal ein Gaukler, der tanzend und springend von Ort zu Ort zog, bis er des unsteten Lebens müde war. Da gab er alle seine Habe hin und trat in das Kloster zu Clairvaux ein. Aber weil er sein Leben bis dahin mit Springen, Tanzen und Radschlagen zugebracht hatte, war ihm das Leben der Mönche fremd, und er wußte weder ein Gebet zu sprechen noch einen Psalter zu singen. So ging er stumm umher, und wenn er sah, wie jedermann des Gebetes kundig schien, aus frommen Büchern las und mit im Chor die Messe sang, stand er beschämt dabei: Ach, er allein, er konnte nichts. „Was tu ich hier?" sprach er zu sich, „ich weiß nicht zu beten und kann mein Wort nicht machen. Ich bin hier unnütz und der Kutte nicht wert, in die man mich kleidete."

In seinem Gram flüchtete er eines Tages, als die Glocke zum Chorgebet rief, in eine abgelegene Kapelle. „Wenn ich schon nicht mitbeten kann im Konvent der Mönche", sagte er vor sich hin, „so will ich doch tun, was *ich* kann." Rasch streifte er das Mönchsgewand ab und stand in seinem bunten Röckchen, in dem er als Gaukler umhergezogen war. Und während vom hohen Chor die Psalmgesänge herüberwehen, beginnt er mit Leib und Seele zu tanzen, vor- und rückwärts, links herum und rechts herum. Mal geht er auf seinen Händen durch die Kapelle, mal überschlägt er sich in der Luft und springt die kühnsten Tänze, um Gott zu loben. Wie lange auch das Chorgebet der Mönche dauerte, er tanzt ununterbrochen, bis ihm der Atem verschlägt und die Glieder ihren Dienst versagen.

Ein Mönch war ihm aber gefolgt und hatte durch ein Fenster seine Tanzsprünge mitangesehen und heimlich den Abt geholt. Am anderen Tag ließ dieser den Bruder zu sich rufen. Der Arme erschrak zutiefst und glaubte, er solle des verpaßten Gebetes wegen gestraft werden.

Also fiel er vor dem Abt nieder und sprach: „Ich weiß, Herr, daß hier meines Bleibens nicht ist. So will ich aus freien Stücken ausziehen und in Geduld die Unrast der Straße wieder ertragen." Doch der Abt neigte sich vor ihm, küßte ihn und bat ihn, für ihn und alle Mönche bei Gott einzustehen: „In deinem Tanze hast du Gott mit Leib und Seele geehrt. Uns aber möge er alle wohlfeilen Worte verzeihen, die über die Lippen kommen, ohne daß unser Herz sie sendet." ◀

„In deinem Tanze hast du Gott mit Leib und Seele geehrt!" – es gibt nicht nur die wohlfeilen Worte, die wir uns zurechtlegen und mit denen wir es gut meinen, es gibt noch andere Möglichkeiten, miteinander und damit auch mit Gott in Kontakt zu kommen. Jeder von uns kennt da genügend Beispiele aus dem eigenen Leben. Wer in Trauer und Schmerz fast zu versinken droht, wem der Boden unter den Füßen wegrutscht, wer nicht mehr aus noch ein weiß, der braucht keinen, der viele Worte macht, der braucht einen Menschen, der den Schmerz mit aushält, der die Trauer mit austrauert, der leise seine Hand auf meine legt, mich in den Arm nimmt oder einfach neben mir sitzt – zu all dem braucht es vielleicht kein einziges Wort, höchstens, nach einer ganzen Weile, nur das eine: Keine Angst, ich bleibe bei dir! Das genügt schon. Oder: Wer verwirrt ist und nicht mehr weiß, wo ihm der Kopf steht, der braucht keine klugen Worte, die er in diesem Augenblick doch nur abprallen ließe; da braucht es eher ein geduldiges und aufmerksames Zuhören, vielleicht einmal eine Frage oder eine Bestätigung, vor allem ist dann eines nötig: Zeit für den anderen. Und wie schön sind andererseits die Zeichen, mit denen wir unser Glück, unsere Freude, unsere Zuneigung, Freundschaft und Liebe zum Ausdruck bringen: eine Rose oder ein kleines Blümchen von der Wiese, ein Mitbringsel aus der Stadt oder vom Ausflug, ein freundlicher Händedruck, eine zärtliche Umarmung oder ein ganz großer und dicker Kuß. Und in jedem Zeichen schwingt ungesagt und doch mitgesprochen das Wort mit: Ich mag dich. Es ist schön, daß es dich in meinem Leben gibt. Oder auch in unseren Gottesdiensten: Wie gut ist es, daß wir noch manche alten Zeichen und Haltungen haben und andere dazugewinnen, die noch eine andere Dimension unseres Lebens ansprechen und ausdrücken: Stehen, Sitzen, Knien, das Uns-an-die-Brust-Schlagen, unsere gefalteten oder ausgestreckten Hände, der Friedensgruß, Orgel und Weihrauch. Hier werden unsere Sinne angesprochen und nicht nur unser Kopf. Und vielleicht wird irgendwann auch einmal, wie in anderen Religionen, sogar der Tanz einziehen, mit dem wir Gott loben könnten. Der tanzende Gaukler und sein fröhliches Bekenntnis zu seiner Leiblichkeit jedenfalls machen mir Mut, nicht nur Worte zu gebrauchen, sondern viel öfter auch mit Leib und Seele zu glauben, zu reden, zu leben. Denn Gott hat uns nicht nur Worte geschenkt, sondern viel mehr...

6. Weitere Anregungen

Man könnte auch gleich mit der Geschichte beginnen, zuerst die Möglichkeiten aufzeigen, die wir Menschen außer unseren Worten noch haben, und wie diese Möglichkeiten Menschen nicht nur in frohen Augenblicken erreichen, sondern auch noch dann, wenn alle Worte versagen.

Georg Klar

11. Sonntag im Jahreskreis

Zu Lk 7, 36–50 (8, 1–3)

1. Persönlicher Zugang zum Schrifttext

Obwohl die namenlose Sünderin in der Erzählung nicht näher charakterisiert wird, dürfte sie doch eine stadtbekannte Prostituierte sein, deren Dienste die

Männergesellschaft der Stadt stillschweigend in Anspruch nimmt. Während diese aber weiter uneingeschränkt am öffentlichen Leben teilnimmt, ist sie als Dirne nicht gesellschaftsfähig, und ihr Auftreten in der Öffentlichkeit wird als Skandal gewertet.
Als sie hört, daß Jesus im Haus des Pharisäers Simon zu Gast ist, bringt sie allen Mut auf, dort einzutreten. Ihr Glaube gibt ihr die Gewißheit, von Jesus anders behandelt zu werden als von der Männergesellschaft ihrer Stadt. Allen Diffamierungen zum Trotz ist sie ihm gegenüber zu einem Handeln voller Emotionalität fähig. Dieser namenlosen Frau gehört meine ganze Sympathie.

2. *Persönlicher Zugang zur Kurzgeschichte*

▶ Werner Bergengruen erzählt von einer eigenartigen Gewohnheit, die unter den Bewohnern einer kleinen Fischerinsel herrschte. War eine Frau des Ehebruchs schuldig geworden, wurde sie ohne Gerichtsverhandlung vor Sonnenaufgang vom sogenannten Schwarzen Felsen ins Meer hinabgestoßen. Eine Frau der Insel war schuldig geworden, während ihr Mann mit seinem Boot zum Fischen aufs Meer hinausgefahren war. An dieser Frau sollte ein Urteil der geschilderten Art vollstreckt werden. Vom Fischen heimgekehrt, berichtete man dem Mann vom Vergehen seiner Frau. Wortlos ging der Mann fort. Keiner sah ihn mehr an diesem Abend, und er fehlte auch, als die Männer im Morgengrauen seine Frau vom Felsen herab ins Meer stießen. Doch in den späten Vormittagsstunden verbreitete sich im Ort die Neuigkeit, man habe den Fischer und seine Ehefrau gesehen; sie befänden sich in ihrer Behausung. Und tatsächlich fand man das Ehepaar, als sei wenig passiert, in seiner Hütte. Sie hinkte ein wenig und trug an Armen und Gesicht Spuren blutiger Abschürfungen, sonst aber schien sie wohlbehalten. Was war geschehen? Die ganze Nacht über hatte der Mann gearbeitet, hatte Netze geflickt und verstärkt, Seile verknüpft und Säcke und Bettzeug mit Heu und Stroh und Moos gestopft. In der Morgendämmerung war er dann in den Schwarzen Felsen gestiegen und hatte die Netze gespannt, um damit seine Frau vor dem Tod zu bewahren. ◀
Die Erzählung veranschaulicht einprägsam, welche Kräfte frei werden, wenn Menschen aus Liebe einander vergeben können.
Das Netz in der Geschichte fängt nicht ein, es fängt auf. In diesem Sinn erinnert es mich an die Szene der Berufung der ersten Jünger (Mk 1, 16–20), die Jesus zu Menschenfischern macht. Ihr Netz, mit dem sie Menschen auffangen, ist die Botschaft vom Reich Gottes. Es gibt die Chance zu einem neuen, gelingenden Leben.

3. *Exegetische Hinweise*

Lk 7, 36–50 gehört zum lukanischen Sondergut und darin zu einer Reihe von Texten, deren Hauptpersonen Frauen sind: Lk 7, 11–17; 7, 36–50; 8, 1–3. Ver-

wandt mit der Erzählung ist die Salbungsgeschichte Mk 14, 3–9 zu Beginn der Passion. Dort übergeht Lukas den Markustext, um wegen der Ähnlichkeit der Erzählungen eine Dublette zu vermeiden. Beiden Texten liegt vermutlich dieselbe Erzählung zugrunde, aus der sich zwei Textvarianten entwickelt haben. Während sich das Interesse in Mk 14, 3–9 auf die Deutung des Todesschicksals Jesu konzentriert, liegt es im lukanischen Sondergut ganz auf der Frau.
Literarisch auffällig sind die Verse 41 f. Das Gleichnis ist nicht notwendig auf den Erzählzusammenhang angewiesen. Die Hauptperson des Gleichnisses ist ein professioneller Geldverleiher. Einer seiner Schuldner schuldet ihm 500 Denare (das entsprach fast zwei Jahresverdiensten), ein anderer 50. Beiden wird die Schuld erlassen, weil sie zahlungsunfähig sind. Hier liegt die zentrale Aussage des Gleichnisses – ein solcher Schuldenerlaß hat keinen Anhaltspunkt in der Realität. Ein Geldverleiher, der von der Eintreibung der Schulden mit Zins und Zinseszins lebt, kann sich einen Schuldenerlaß in dieser Höhe kaum erlauben. Hier wird das überraschende Handeln Gottes im Gleichnis transparent. VV. 44–47 wendet Jesus das Gleichnis auf Simon und die Sünderin an, um die überschwengliche Liebe der Frau zu rechtfertigen. Dem korrekten Verhalten des Pharisäers wird das Verhalten der Frau gegenübergestellt, das Simons Gastfreundschaft bei weitem übersteigt. „Anlaß zur Quellenscheidung bzw. Vermutung sekundärer Bearbeitung ist meist die offensichtliche Diskrepanz zwischen dem Gleichnis von den beiden Schuldnern (VV. 41–43) und V. 48. Im Gleichnis wird die größere Liebe dem zugetraut, dem am meisten erlassen wurde, während der Zuspruch der Sündenvergebung in V. 48 den Erlaß als Lohn für die Liebestat an Jesus erscheinen läßt“ (Schneider, 175–179, hier 176). Vers 48 stammt aus der Feder des Evangelisten. Lukas interpretiert: Erst nachträglich wird Sündenvergebung zugesprochen (vgl. auch Lk 5, 20). (Literaturhinweis: G. Schneider, Das Evangelium nach Lukas, Kapitel 1–10, ÖTK 3/1, Gütersloh 1977.)

4. Schrifttext und Kurzgeschichte

Vers 49 des Evangelientextes gleicht dem Abschluß der Seesturmerzählung (Lk 9, 22–25), und Vers 50 entspricht wörtlich Lk 8, 48 in der Perikope über die Heilung der blutflüssigen Frau. Es ist offensichtlich die Absicht des Evangelisten, die Geschichte der Form einer Wundererzählung anzugleichen, um die Vergebung der Sünden durch Gott als ein Wunder darzustellen. Die Sünderin in Lk 7, 36–50 wird – im Sinne der ursprünglichen Erzählung – durch die Vergebung zu übergroßer Liebe fähig. Durch die Vergebung ihrer Sünden kommt sie zu neuem Leben.
Auch der Frau in der Geschichte Werner Bergengruens wird ein neues Leben geschenkt. Auch sie wird durch die Vergebung ihrer Schuld auf wundersame Weise gerettet.

5. Predigtentwurf

Werner Bergengruen erzählt... (s. 2.). Es ist nicht zuallererst das im unwegsamen Gelände der Felsen verspannte Netz, das der Frau das Leben rettet. Es ist die Liebe des Ehemannes, die ihn angesichts der zu erwartenden Vollstreckung des Urteils keinen Moment zögern läßt, alles für die Rettung seiner Frau zu tun. Er erhebt seine Stimme nicht wie die anderen gegen sie, macht aber auch keine großen Worte darüber, daß er ihr vergebe – der Ausgang der Erzählung zeigt, daß seine Vergebung keiner Worte bedarf.

Auch die Sünderin, von der im Evangelium die Rede ist, erfährt auf unkonventionelle Weise Vergebung. Es wird nicht gesagt, wessen sie sich schuldig gemacht hat, doch jeder weiß es, „was für eine Frau das ist", vermutlich ist sie die Dirne der Stadt. Die Szene des Eintretens der Frau in das Haus des Pharisäers und ihre erste Begegnung mit Jesus beschreibt der Evangelist außerordentlich feinsinnig. Scheinbar nur zögerlich nähert sich die Frau „von hinten", wie es im Text heißt. Sie weint, ihre Tränen fallen auf Jesu Füße, die sie mit ihrem geöffneten Haar trocknet, unaufhörlich küßt und mit kostbarem Myrrhe-Öl salbt.

Jesus weist sie nicht zurück. Für Simon, den Pharisäer, scheint damit alles klar zu sein: Jesus kann nicht der sein, für den ihn die Leute halten. Wäre er ein Prophet, wüßte er, wer ihn da anrührt. Doch Jesus weiß nicht nur, wer die Frau ist, er kennt auch die Gedanken Simons und antwortet darauf mit der kurzen Gleichniserzählung. Zwei Schuldner treten darin auf. Der eine hat einen Zahlungsverzug von 500 Denaren. Das waren fast zwei Jahresverdienste. Der Schuldner befand sich also in einer völlig aussichtslosen Lage. Dagegen stand der zweite Schuldner mit 50 Denaren verhältnismäßig gut da. Übertragen auf die Personen der Erzählung, wäre die Frau die große Schuldnerin mit erdrükkend hoher Schuldenlast, Simon kommt dagegen zehnmal besser weg. Der springende Punkt aber ist das Verhalten des Gläubigers. Es ist sein Geschäft, Geld einzutreiben. Er lebt davon, daß er die ausgeliehenen Summen mit Zins und Zinseszins zurückerhält. Daß ein Geldverleiher Schulden erläßt, sprengt jede Alltagserfahrung. Hier wird mit Vorsatz Unmögliches erzählt. Der Gläubiger im Gleichnis steht für Gott, vor dem alle Menschen zahlungsunfähig sind.

Wenn wir nach unserer eigenen Rolle in dieser Erzählung suchen, dann werden wir gut daran tun, es erst einmal mit dem Pharisäer Simon zu versuchen. Wieviel von seinem Denken ist auch in uns vorhanden? Wie sehr neigen wir dazu, Menschen fein säuberlich in Gruppen einzuteilen: in gut und böse, rechts und links, schuldig und nicht schuldig?

Der Ehemann in der Erzählung Werner Bergengruens löst sich von solchen Schablonen, überwindet seine persönliche Verletztheit und vergibt seiner Frau. Und seine Vergebung rettet ihr das Leben. Auch die namenlose Frau im Evangelium kommt zu neuem Leben, weil Gott ihr vergeben hat. Jesus stößt sie nicht weg, sondern fängt sie auf, bevor sie in den Wellen der Vorurteile und Beschuldigungen um ihr Leben gekommen wäre.

Im Wissen um Gottes bedingungslosen Schuldenerlaß fordert uns das Evangelium heraus, auch dann, wenn es unmöglich erscheint, einander zu vergeben, um damit lebensrettende Netze zu knüpfen.

Ulrike Sommer-Franke

12. Sonntag im Jahreskreis

Zu Lk 9, 18–24

1. Persönlicher Zugang zum Schrifttext

Meine Einstellung zu der Perikope Lukas 9, 18–24 hat sich im Laufe der Jahre sehr geändert. Als Kind übernahm ich die damals gängige Auslegung: Jesus weiß für sich selbst natürlich (übernatürlich!) ganz genau, bis auf den letzten Punkt und das letzte Komma der Katechismus-Weisheiten, wie die richtige Antwort auf die Frage lauten muß, die er seinen Jüngern stellt: „Für wen halten mich die Menschen?" Jesus legt also eine Frage vor, wie der Lehrer uns Schulkindern Aufgaben gibt. Er weiß die Lösung selbst perfekt und wartet darauf, daß wir möglichst bald und möglichst präzis die einzig mögliche korrekte Auskunft geben.
Heute sehe ich in dem Text immer deutlicher, wie sehr die Frage „Wer bin ich?" auch für Jesus selbst eine wirkliche Frage war; wie sehr er es nötig hatte, andere um Mithilfe, um Mitwirkung zu bitten, damit die Wahrheit seiner Person, die Wahrheit seines Lebens zum Vorschein kommt. In diesem strapazierenden Suchen bleibt ihm auch die schmerzliche Enttäuschung nicht erspart, daß das, was andere in ihm erkennen, für ihn weitgehend ein Verkannt-Werden bedeutet. Zu den Vorstellungen, die „die Menschen" von ihm haben, sagt er nichts. Den Jüngern verbietet er streng, ihre Antwort weiterzusagen. Dann konfrontiert er sie mit einem Selbstporträt, das wiederum sie, die Freunde, als Zumutung empfinden müssen: Er sieht sich als Leidenden, unterwegs zur Hinrichtung – so daß das Stichwort „Einsamkeit" (im ersten Vers unseres Textes) am Ende der Perikope sich als ihre Überschrift anzubieten scheint.

2. Persönlicher Zugang zum literarischen Text

Ein gut funktionierender Geheimdienst in der Hand eines allmächtigen Regierungschefs: Diesen Alptraum, von dem gleichzeitig auch eine unheimliche Faszination ausgeht, beschreibt Christoph Ransmayr in einer Passage seines Romans „Die letze Welt" meisterlich. Geheimdienste alten Stils konnten wegen ihrer begrenzten Kapazität ihre Aufmerksamkeit bisher nur einer relativ kleinen Zahl mehr oder weniger prominenter Abweichler „schenken". Jetzt, im Zeitalter elektronischer Datenverarbeitung, sind die technischen Voraussetzungen dafür gegeben, alle zig Millionen Bürgerinnen und Bürger eines Volkes transparent zu machen. Jeder Untertan kann radikal erfaßt und zum „gläsernen Menschen“ gemacht werden – bis in die geheimsten Verästelungen seiner Gene hinein. Von einer derartig absoluten Unterwerfung konnten Potentaten früherer Epochen nur träumen. Es gehört viel Mut dazu zu glauben, daß die Gefahren beherrscht werden können, die sich aus diesen Möglichkeiten zu totaler Ausspähung ergeben.

3. Exegetische Hinweise

In „katholischen Ohren“ klingt immer der volle Akkord mit, den das Messiasbekenntnis des Petrus in der Fassung des Matthäus und in der darauf aufbauenden theologischen Begründung des Papstamtes bekommen hat. Da kann es einem leicht entgehen, die sparsamer orchestrierte Eigenart des Lukastextes zu erfassen. Er ist nämlich nicht nur kürzer als seine beiden synoptischen Referenztexte, sondern setzt auch andere Akzente. So fehlt bei Lukas (wie auch bei Markus) das gewichtige Wort, mit dem Jesus dem Felsenmann Petrus die Schlüssel des Himmelreiches gibt.

Wir können hier weder einen genaueren synoptischen Vergleich vornehmen noch wichtige theologische Grundsatzfragen erörtern, die sich aus unserem Text ergeben – etwa das Problem, inwieweit das nachösterliche Bekenntnis zu Jesus als dem Messias vorösterliche Wurzeln hat. Gerade die unterschiedlichen Akzentuierungen der drei synoptischen Texte zum Messiasbekenntnis zeigen aber, wie intensiv in den Jahren und Jahrzehnten nach dem Tod Jesu die Auseinandersetzung um seine Person geführt wurde. Unterschiedliche theologische Motive hatten ihren Platz noch nicht gefunden; die Ausbildung des Bekenntnisses war noch in vollem Gang, es war alles noch in Bewegung. Diese Dynamik setzte aber auch Impulse frei, wirkte sich aus als eine Art Herzschrittmacher des Glaubens. Es ist nicht leicht, heute, nach langer dogmatischer Fixierung und Erstarrung, davon noch etwas zu spüren und zu vermitteln.

4. Schrifttext und literarischer Text

Der prophetische Widerspruch, der sich nicht durch die verordnete Sprachregelung des Machtapparates bevormunden läßt, wird als Anschlag auf die herrschende Ordnung geahndet: Diesen gemeinsamen Nenner höre ich aus den beiden so unterschiedlichen Texten von Lukas und Christoph Ransmayr heraus. Auch die Reden Jesu und so vieler Menschen in seiner Nachfolge, aber auch der Einsatz ungezählter nichtchristlicher „Bekenner“, haben die Gegenreaktionen „des hellhörigen, vielstimmigen und unendlich fein übersetzten Staatsapparates“ (Ransmayr) ausgelöst. Wird die tödlich bedrohte Bewegung, die durch das freie Wort in Gang kommt, stark genug sein, um die Abrichtung der Menschen zu beherrschbaren, willenlosen Massen zu durchkreuzen? Wird die identitätsbildende Dynamik, die die biblische Tradition, aber auch andere Weltanschauungen beseelt, in dem Totentanz der Katastrophen bestehen können, der über die Erde hinzieht? Oder wird uns dieser Totentanz immer näher an die Leichenstarre „der letzten Welt“ heranführen, in der alles Leben erstirbt? Richtet die subtile Sympathie noch etwas aus, mit der Christoph Ransmayr den Aufstand seines gebrochenen, gescheiterten Helden Naso inszeniert? Können wir die Frage „Wer ist Jesus?“ so nachdrücklich und vielversprechend stellen, daß wir damit der Selbstzerstörung des Menschen Einhalt gebieten?

5. *Predigtentwurf*

Die folgende Szene aus dem Roman „Die letzte Welt“ von Christoph Ransmayr spielt sich, so scheint es zumindest auf den ersten Blick, im alten Rom des Kaisers Augustus ab. Aber nicht nur der Gebrauch von Lautsprecheranlagen und Telefonen weist in unsere Zeit. Der Imperator Augustus läßt das Stadion „Zu den sieben Zufluchten“ mit einem riesigen nächtlichen Volksfest eröffnen. Elf ausgewählte Redner sollen die Größe des Augustus herausstellen, der sein Volk mit unerhörten Wohltaten beschenkt hat. Auch der Schriftsteller Naso gehört zu den Auserwählten, denen das Wort erteilt wird. Als er aber als achter Redner vor einen Strauß schimmernder Mikrophone tritt, liefert er nicht die erwarteten Lobsprüche ab. Er stellt die Politik des Augustus vielmehr als einen gigantischen Umerziehungsprozeß dar, in dem die Menschen zu willenlosen Massen werden. Ohne zu fragen, folgen sie ihrem Herrscher „in die Triumphe wie in das Elend der Zeit, ohne Murren durch das Eis der Alpen, über die Meere und durch Wüsten, in Kriege, Eroberungszüge und selbst ins Feuer; es war ein genügsames, starkes Volk, das zu einem Heer von Arbeitern wurde, wo Gräben zu ziehen, Mauern zu schleifen und Brücken zu schlagen waren; in den Zeiten des Kampfes wurde dieses Volk zu Kriegern, in denen der Niederlage zu Sklaven und im Sieg zu Herren und blieb durch alle Verwandlungen doch beherrschbar wie kein anderes Geschlecht“ (64).
Obwohl Naso mit dieser vernichtenden Kritik alle Spielregeln seines hohen Auftraggebers mißachtet hat, kommt es an diesem Volksfestabend im Stadion „Zu den sieben Zufluchten“ zu keinem Eklat – noch nicht. Aber am folgenden Tag schon werden von den zuständigen Stellen Maßnahmen eingeleitet, die schließlich dazu führen, daß der unbotmäßige Schriftsteller durch kaiserliches Dekret zur Strafe der Verbannung verurteilt wird.
▶ „Am Hof des Imperators kam an diesem Morgen ... ein ebenso vielgliedriger wie nahezu unsichtbarer Mechanismus in Bewegung, ein Werk aus Flüsterstimmen, Aktenvermerken, Hinweisen und Empfehlungen, das unter seinen vielen Funktionen auch die Bestimmung hatte, Augustus nach und nach zu Bewußtsein zu bringen, was er in den Nächten wie zu anderen Zeiten überhörte, übersah und verschlief. Nasos Rede gehörte nun mit zu dem Material, aus dem der Apparat seinem obersten Herrn das Bild der Wirklichkeit wie an jedem Morgen zusammenzufügen und zu deuten begann.

Was den Redner Nummer acht der Eröffnungsfeierlichkeiten im Stadion anbelangte, erinnerte sich der Apparat aber nicht nur an vergessene Huldigungen, unterlassene Kniefälle und die Verweigerung der Demut, sondern rief sich alles ins Gedächtnis, was an Naso im Lauf der Jahre jemals auffällig geworden war, Gedichte und Haartrachten, Seereisen, Wohnungswechsel und die Bravos irgendeines Theaterpublikums ebenso wie die schwarzen Balken der Zensur. ... Schon an diesem ersten Tag nach seinem Auftritt zeigte sich, daß alles, was er mit seiner Rede zu bewegen vermocht hatte, der hellhörige, vielstimmige und unendlich fein übersetzte Staatsapparat war: ... Bewegt hatte er einen Amtsvorsteher, der seine Journalblätter ausfertigte und weiterreichte; eine Stimme am Telefon, die von Gedichten und Hymnen wie von Pamphleten sprach ..., und auch einige Boten, die Laufzettel zu überbringen hatten, Briefe, die nun von irgendeinem vielbeschäftigten General in Zivil nur deswegen gelesen wurden, weil vor dem Aktenzeichen der Name des achten Redners stand. Über die Zerstörung dieses Namens, soviel hatte man in den Schreibstuben rasch begriffen, führte ... möglicherweise der eigene Weg nach oben.
Gewiß, die Bewegungen des Apparates waren langsam, leidenschaftslos und frei von jener Wut, die sich in den Gesichtern des Hofes gespiegelt hatte. Aber anders als diese Wut, die vielleicht zu besänftigen war und verrauchte, war der Apparat weder zu besänftigen noch zum Stillstand zu bringen" (67–69). ◀ (Aus: Christoph Ransmayr, Die letzte Welt, Eichborn Verlag, Frankfurt am Main.)
Mit beklemmender Eindringlichkeit beschreibt Ransmayr, wie es zugeht, wenn ein mißliebiger Abweichler von einem argwöhnischen und ungnädigen Sicherheitsapparat eingekreist, erfaßt, ausgeschaltet wird. Mit enormem Aufwand wird er erkennungsdienstlich behandelt.
Erkennungsdienstliche Behandlung – ein seltsames Wort, das auf Prozeduren auf Polizeirevieren verweist, auf Vernehmungen und Verhöre; erkennungsdienstliche Behandlung – ob man dieser amtlich klingenden Formel etwas von ihrer beklemmenden Ausstrahlung nehmen könnte, wenn man sie ganz anders verstünde? Nicht nur müßte man es anders verstehen, sondern auch anders praktizieren – etwa so, daß man sagte: Einen anderen Menschen erkennungsdienstlich behandeln, das ist eine ganz wesentliche Aufgabe von Christen. Über Jesus würde heute niemand mehr reden, wenn es nicht diesen Raum der Freundschaft gegeben hätte – einen Raum der Freundschaft, in dem Jesus erkennungsdienstlich behandelt wurde, bis ganz deutlich war, wer er ist. Der Raum der Freundschaft, in dem Jesus sich bewegte, war das Laboratorium, in dem seine Identität festgestellt wurde. Auch in diesem Laboratorium der Freundschaft war es nicht leicht, die Arbeit der erkennungsdienstlichen Behandlung zu verrichten. Es gab Spannungen, Konflikte, Unverständnis, Enttäuschungen im Kreis um Jesus; die Gruppe, die mit ihm unterwegs war, geriet – je länger, je mehr – unter einen mörderischen Druck von außen. Trotz all dieser Probleme sind Mitarbeiterinnen und Mitarbeiter in diesem Laboratorium der Freundschaft zu tiefen Einsichten gekommen; sie haben damit ein Erkennen, ein Dienen, ein Gemeinsam-Handeln in Gang gesetzt, das bis zu uns gekommen ist und weit über uns hinausgeht.

Jeder Mensch hat es nötig, mühsam und geduldig entziffert, identifiziert zu werden. Das galt und gilt auch für Jesus. Seine Botschaft, seine Identität bilden sich im Kontakt, im Lebensraum der Freundschaft. Und umgekehrt: Hier kommen auch die Jünger, Frauen und Männer und Kinder, zu sich selbst. Sie lernen Jesus kennen, kommen schließlich dazu, sogar Schwer-Verständliches, eigentlich Unannehmbares zu bejahen, als Frohe Botschaft anzuerkennen: die Ankündigung Jesu, daß er vieles erleiden, daß er verworfen und getötet werden müsse; seine beim ersten Hören doch eigentlich haarsträubende Einladung: „Wer mir nachfolgen will, verleugne sich selbst und nehme täglich sein Kreuz auf sich; so folge er mir nach: Denn wer sein Leben retten will, wird es verlieren; wer aber sein Leben um meinetwillen verliert, wird es retten."
Seitdem haben unzählig viele Menschen entdeckt: Sich mit Jesus identifizieren – das bildet eigene Identität, für den einzelnen und für die Gruppe. Sich zu einer Gemeinschaft zusammentun, die von seinem Geist lebt – damit entsteht ein Lebensraum, in dem erkennungsdienstliche Wahrnehmungen, erkennungsdienstliches Handeln von unerhörter Tiefe und Aussagekraft möglich sind.
Wenn wir im Lebensraum der Liebe Gottes zu Hause sind, werden wir uns nicht mehr abfinden mit einem Wahn, der viele Menschen in seinem Bann hält: dem Wahn, der den anderen immerzu von seinen Schwächen her sehen muß, ihn überführen, festnehmen, fertigmachen will. Jeder Mensch ist Träger des göttlichen Geheimnisses, einmalige Selbstoffenbarung des Schöpfers, der alles und alle ins Dasein ruft – nicht im Kommandoton, sondern mit ermutigenden Worten der Liebe. Es gehört zu den großen Belastungen der christlichen Geschichte, daß Menschen gleichzeitig das Messiasgeheimnis Jesu, wie es zum ersten Mal von Petrus formuliert worden ist, anerkannten und anerkennen, das Geheimnis anderer Kinder Gottes aber übersehen, nicht wahrnehmen wollen, sogar verächtlich behandeln. Vor dem Geheimnis Jesu in die Knie gehen und das Geheimnis anderer mit Füßen treten – das paßt nicht zusammen.
Jesus war bestimmt von der Heilkraft göttlicher Liebe; angeschlagene, verunstaltete Menschen veränderte er zur Kenntlichkeit. In seiner Kraft können wir diesen Dienst erlernen, uns in diesem Dienst vervollkommnen. In seiner Kraft können wir mithelfen, daß jemand, der sich bisher mit einem kümmerlichen Zerrbild seiner selbst begnügte, einen Schritt weiter geht – auf sein wahres Selbst zu.
Mit einer solchen Haltung begegnen wir den zerstörerischen Tendenzen in Gesellschaft und Politik, die den Menschen abbauen, zerlegen, ihn zwischen Gehässigkeit und Gleichgültigkeit aufreiben. Wir haben noch die Möglichkeit, solchen Tendenzen mit einer einfachen und befreienden Haltung zu begegnen – einer Haltung, die ein jüdischer Weiser so in Worte gefaßt hat:
„Rabbi Pinchas sprach: ‚Wenn ein Mensch singt und kann die Stimme nicht erheben, und es kommt ein andrer mit ihm singen und erhebt die Stimme, dann kann auch er die Stimme erheben. Das ist das Geheimnis des Haftens von Geist an Geist.'" (Aus: Martin Buber, Die Erzählungen der Chassidim, Zürich 1949, 229.)

6. Weitere Anregungen

- Nachdem bisherige totalitäre politische Systeme zusammengebrochen oder in Auflösung begriffen sind, wäre im einzelnen zu fragen und zu überlegen (allerdings wohl nicht nur in der Predigt, sondern vor allem auch im Gespräch): Worin besteht und bewährt sich die besondere Wachsamkeit von Christen gegenüber den totalitären Machtkonzentrationen, die unsere Welt beherrschen und bedrohen?
- Als Scharnierbegriffe zwischen literarischem und biblischem Text könnten die Motive „Zerstörung des Namens" (Ransmayr) und „Verleihung des Messiastitels an Jesus" dienen. Dann wäre zu bedenken: Jesus hat den Messiastitel nicht als persönliche Auszeichnung empfangen und getragen. Christliche Glaubenspraxis müßte demnach deutlich machen: Gott hat Jesus den Namen verliehen, der größer ist als alle Namen (Phil 2, 9), damit die massenhafte Vernichtung namenloser Opfer endlich aufhört.
  Die beste Methode, der Zerstörung des Namens zu begegnen, wäre wohl, daran mitzuwirken, daß Menschen namhaft sein können.
- Nicht nur dieser oder jener Textauszug, sondern der ganze Roman von Christoph Ransmayr ist für jede Predigerin, jeden Prediger aufschlußreich. Wer biblische Texte für Menschen von heute auslegt, steht vor einer Aufgabe, die Ransmayr großartig gelöst hat: ein antikes Szenario derart zum Leben zu erwecken, daß nicht nur seine damalige Essenz faßbar wird, sondern darin auch aktuelle Probleme und Zukunftsfragen formuliert werden.

Heinz-Georg Surmund

13. Sonntag im Jahreskreis

Zu Lk 9, 51–62

1. Persönlicher Zugang zum Schrifttext

Wieder ein „Text für Radikale"! Spontan kommt mir der Satz in den Sinn, den die Jünger Jesu in einem anderen Zusammenhang über seine Äußerungen sagten: „Seine Worte sind hart; wer kann sie hören?" (Joh 6, 60). Ich habe eine kleine Diaspora-Gemeinde vor mir; alte Kirchgänger, die sich sicher alle redlich darum bemühen, „gute Christen" zu sein und in traditionellen Schemata denken. Aber genau hier könnte der Schlüssel zu meinem Predigtansatz verborgen sein! Menschen, die in der Diaspora aufgewachsen sind und ihren Glauben treu von ihren Vätern „geerbt" haben, sehen ja andererseits auch, daß die Jungen bzw. die, die gerade das „Mittelalter" erreicht haben, fast ganz in der Gottesdienstgemeinde fehlen. „Was habe ich falsch gemacht, daß mein Sohn/meine Tochter heutzutage nicht mehr in die Messe geht?" – diese Frage bekomme ich immer wieder gestellt. Vielleicht habe ich hier einen Ansatz?

Aber der Text des Evangeliums löst noch etwas anderes in mir aus, etwas, das wirklich mich in meiner „priesterlichen Identität“ betrifft: Was mache ich denn falsch, daß die Botschaft vom menschenfreundlichen Gott, die ich doch voller Begeisterung verkünden will, nicht mehr „anzukommen“ scheint? Die Frage des „priesterlichen Lebensstils“ drängt sich mir wieder auf: Habe ich nicht einfach zu viel? Bin ich nicht genauso besorgt um mein eigenes Wohlergehen wie viele „Weltliche“? Die Aufgabe, mich in meinen Verkündigungsauftrag anläßlich des kommenden Sonntags mit einzubringen, fordert mich heraus.

2. Persönlicher Zugang zum Text eines Kirchenvaters

Die Situation der frühen Christenheit hat mich immer schon fasziniert; die Glaubenskraft der Märtyrer ebenso wie die der Wanderprediger der ersten Jahrhunderte. Bei der Lektüre des Werkes von Gustave Bardy (Menschen werden Christen. Das Drama der Bekehrung in den ersten Jahrhunderten, hg. von Josef Blank, Freiburg 1988, 277 f) fand ich einen Text von Origenes († um 254) gegen Kelsos (III, 9), den ich gerne im Wortlaut in die Predigt integrieren möchte:
▶ Die Christen, soviel an ihnen liegt, sind eifrig bemüht, ihre Lehre über die ganze Erde zu verbreiten. Daher machen es sich einige förmlich zu ihrer Lebensaufgabe, nicht nur von Stadt zu Stadt, sondern auch von Dorf zu Dorf und von Gehöft zu Gehöft zu wandern, um auch andere für den Glauben an Gott zu gewinnen. Und man wird nicht sagen können, daß sie dies des Gewinnes wegen täten, da sie bisweilen nicht einmal so viel annehmen wollen, wie sie zur Nahrung brauchen; und wenn der Mangel daran sie einmal zwingt, etwas anzunehmen, so begnügen sie sich mit der Befriedigung der dringendsten Bedürfnisse, wenn man sie auch mehr genießen lassen und über ihre Bedürfnisse hinaus versorgen will. Jetzt nun, wo bei der großen Anzahl der Personen, die zum christlichen Glauben übertreten, einige reiche und hochgestellte Männer und zartfühlende und edle Frauen den Glaubensboten gastliche Aufnahme gewähren, wird vielleicht jemand zu behaupten wagen, daß einige aus Verlangen nach eitlem Ruhm die Unterweisung im Christentum besorgten. In den ersten Zeiten freilich, wo gerade den Predigern des Glaubens große Gefahr drohte, konnte man einen solchen Argwohn nicht mit Grund hegen. Und heutzutage ist die Geringschätzung, mit welcher ihnen Andersgläubige begegnen, größer als die übliche Ehre, die ihnen die Glaubensgenossen – und nicht einmal alle! – erweisen.◀
Wanderprediger – wie in den ersten Zeiten des Christentums – gibt es heute nicht mehr; zumindest würden sie innerhalb der kirchlich strukturierten Christenheit beider Konfessionen zuallererst nach ihren Auftraggebern (welche Kirche, welche Gruppe, von welchem Bischof? usw.) befragt. Doch genau so waren wohl die Prediger, die Lukas in seiner Perikope (zumindest in dem nur bei Lukas auftauchenden Vers 60!) nennt. (Vgl. hierzu auch W. Radl, Das Lukas-Evangelium, EdF 261, Darmstadt 1988, 116–118. 121–125.)

Zuinnerst möchte ich auch so ein „Vagabund des Evangeliums" sein – vielleicht kann ich meine Hörerinnen und Hörer dazu bringen, die Dynamik der Verkündigung auch heute noch deutlicher zu erfassen.

3. Exegetische Hinweise

Mit Lk 9, 51 nimmt der sog. „lukanische Reisebericht" seinen Anfang. Bis zum 30. Sonntag im Jahreskreis werden Perikopen aus dieser „großen Einschaltung" (9, 51–18, 14) gelesen. Thematik des Gesamttextes, der mit großer Wahrscheinlichkeit auf die literarische Tätigkeit des Evangelisten selbst zurückgeht, ist der Weg Jesu nach Jerusalem zu seiner „Hinaufnahme" (Vgl. 9, 51); in gleicher Weise ist jedoch auch immer wieder von den Jüngern die Rede, die hinter Jesus den gleichen Weg gehen müssen. „Jüngerschaft ist ... als Weg mit Jesus und Nachfolge Jesu beschrieben. Näherhin geht es um das Nachvollziehen eben des Weges, den Jesus bewußt und gehorsam gegangen ist, des Weges durch Leiden hindurch in die ‚Herrlichkeit' (24, 26). Der Weg Jesu ist dem des Jüngers vorgeordnet. Als Weg zum Leiden und durch das Leiden hindurch (13, 33; 22, 22) verpflichtet er den Jünger zur täglichen Kreuzesnachfolge (9, 23; 14, 27). Der lukanische Jesus befiehlt ‚hinzugehen' (5, 24; 7, 50; 8, 48; 10, 37; 17, 19; vgl. 21, 8). Wahrscheinlich ist dieser Befehl Jesu an die Menschen, die von ihm geheilt wurden oder denen er anders helfend begegnete, als Aufforderung zum Vollzug der Jüngerexistenz zu verstehen. Denn vom ‚Gehen' (Wandel) des Menschen spricht Lukas sowohl im positiven (1, 6; 22, 33) wie im negativen (8, 14; 14, 19) Sinn. Der Reisebericht unterweist primär über die notwendige Leidensnachfolge. Da aber Nachfolge und Jüngerschaft ihrem Wesen nach auf missionarische Verkündigung ausgerichtet sind (9, 60), enthält der Reisebericht ebenfalls Weisungen Jesu für seine Missionare (10, 1–17; 14, 15–24). Wie Jesu Weg aufgrund heilsgeschichtlicher Notwendigkeit *nach* Jerusalem führte, so führt der Weg der Zeugen Jesu *von* Jerusalem weg ‚bis ans Ende der Erde' (Apg 1, 8). Weltmission ist nur möglich von der Tatsache der ‚Hinaufnahme' Jesu aus (Apg 1, 8–11). Die Wanderung der ersten christlichen Missionare setzt den ‚Weg' Jesu insofern fort" (Schneider, 227 f).

Die liturgische Evangeliumslesung faßt *zwei* Perikopen zusammen: Nach dem durch Lk gebildeten Überleitungsvers 9, 51 folgt die wiederum aus lukanischem Eigengut stammende kurze Notiz von der Ablehnung Jesu in Samaria. Jakobus und Johannes (die „Donnersöhne", vgl. Mk 3, 17) sehen in ihrem Herrn zumindest soviel wie den Elija, auf dessen Geheiß Feuer vom Himmel gefallen war (vgl. 2 Kön 1, 1–12). Im Kontext der Jüngerbelehrung wird Lukas die Haltung Jesu („... er ... wies sie zurecht", 9, 52) ganz bewußt formuliert haben; Jesus wird noch weitaus größere Ablehnung ertragen müssen, sein Weg *beginnt* erst, seine Jünger werden dies lernen müssen. Die *zweite* Perikope (9, 57–62) hat eine Parallele in Mt 8, 18–22, erfährt jedoch bei Lukas vier wesentliche Veränderungen:

- Nicht ein „Schriftgelehrter" (Mt 8, 19) erklärt sich zur Nachfolge bereit, sondern ein Jesus (zufällig) Begegnender.

- Bei der zweiten Begegnung übernimmt Jesus bei Lukas selbst die Initiative; der Einwand (Mt 8, 21 parr; 9, 59) bleibt sinngemäß gleich.
- Die Aufforderung „Folge mir nach“ in Mt 8, 22 wird durch Lk semantisch ins Gegenteil gekehrt: „Du aber *geh* und verkünde das Reich Gottes“ (9, 60). Nicht nur durch die Aufforderung allein, sondern auch durch den Gebrauch des seltenen „di-angello“ (weit und breit bekanntmachen, vgl. „Evangelium“) weist sich die Stelle als ausdrückliche Jünger-Verkündigerberufung aus.
- In 9, 61–62 können wir wieder Lukas selbst hören. Wiederum steht eine alttestamentliche Elija-Perikope Pate (1 Kön 19, 19–21); Elischa ben Schafat darf freilich noch von seinen Eltern Abschied nehmen, ja er bereitet ihnen noch ein Abschiedsmahl und erfüllt somit die Sohnespflicht (Ex 20, 12; Dtn 5, 16) gegenüber den Eltern. Doch „für die Arbeit mit Jesus eignet sich nur, wer den Blick unverwandt auf das Ziel richtet“ (Rengstorf, 131).

Zusammenfassend: Jünger Jesu sein bedeutet alles auf den Meister setzen, keine „Vorsorge“ treffen, ihm auf seinem Leidensweg bedingungslos folgen. Wie soll ich das meiner Gemeinde klarmachen? (Literaturhinweis: G. Schneider, Das Evangelium nach Lukas. Kapitel 1–10, ÖTKNT 3/1, hg. von E. Gräßer und K. Kertelge, Gütersloh/Würzburg 1977; K. H. Rengstorf, Das Evangelium nach Lukas, ATD 3, Göttingen [16]1975.)

4. Schrifttext und frühchristlicher Text

Noch deutlicher als der Schrifttext berichtet der Text des Origenes von Christen, die wirklich alles verlassen haben, von Ort zu Ort gehen und sich keinesfalls bereichern wollen, sondern nur das Evangelium predigen. Was Origenes berichtet, könnte die „Fortsetzung“ des Evangelientextes sein. Ich möchte den Origenestext nutzen, um meinen Zuhörern zu zeigen, daß es in der ersten Christenheit wirklich Menschen gab, die – ohne besonderen Auftrag und ohne ein kirchlich institutionalisiertes Amt zu haben – Mitarbeiter in der Verkündigung waren. „Andersgläubige begegnen ihnen heutzutage mit Geringschätzung“ – diesen letzten Satz könnte ich ohne Umstände auf die heutige Zeit übertragen. Wenn ein Familienvater (natürlich auch eine Familienmutter!) am Arbeitsplatz treu nicht nur den Glauben bekennt, sondern auch bewußt davon erzählt, kann er/sie sich nicht der Gefahr entziehen, lächerlich gemacht zu werden. Aber der Blick auf die ersten Christen gibt Mut, das dennoch zu versuchen.

5. Predigtentwurf

Jesus geht mit seiner kleinen Jüngerschar nach Jerusalem. Uns Heutigen ist klar: Er geht seinem Tod entgegen. Anders seine Freunde, die überzeugt sind, daß er der Messias ist, der eine gewaltige Revolution entfachen wird. Wer sich ihm entgegenstellt, ja wer noch nicht einmal bereit ist, ihn aufzunehmen, ihn

übernachten zu lassen auf dem Weg nach Jerusalem, muß bedingungslos vernichtet werden. „Nein!" hält ihnen Jesus entgegen. Jünger sind nicht dazu gerufen, Feuer auf die Erde zu schicken. Jünger sind gerufen, zu gehen und das Reich Gottes zu verkünden.
Von heute ab lesen wir über viele Sonntage hin Abschnitte aus dem Lukas-Evangelium, die allesamt vom großen Weg Jesu und seiner Jünger nach Jerusalem berichten. Gehen wir also mit ihm! Aber: Wir müssen immer neu gerufen werden und unsere Bereitschaft bekennen.
Doch welche Bedingungen knüpft Jesus an die Jüngerschaft! Drei Menschen begegnet Jesus. Dem einen macht er klar: Wenn du mit mir ziehst, wirst du keinen Ruheplatz, keine Heimat mehr haben. Dem Zweiten ruft er zu: Es ist keine Zeit mehr, pietätvolle Pflichten zu erfüllen; vielmehr geh' und verkündige das Reich Gottes! Und dem Dritten gesteht er noch nicht einmal zu, seine einfachsten Kindespflichten zu erfüllen und sich von seinen Eltern zu verabschieden.
Ist dies wirklich der „gütige Jesus", wie wir ihn uns vorstellen? „Wer angefangen hat, den Acker zu pflügen, und dabei nochmals zurückschaut, der zieht krumme Furchen!" so hören wir Jesus auch uns zurufen.
„So etwas können wir nicht erfüllen! – Das ist ja ‚Weltflucht'; wir müssen doch dafür sorgen, daß diese Welt durch uns erhalten und gepflegt wird, daß unsere Welt menschlicher wird! – Wir müssen doch für unsere Familien sorgen und sie nicht einfach im Stich lassen! – Herr Pfarrer, was Sie uns jetzt gesagt haben, läuft darauf hinaus, daß wir allesamt ins Kloster gehen müßten; Sie nehmen ja den Weltauftrag des Christen überhaupt nicht ernst!" Solche Äußerungen muß ich in der Schule sowohl von Schülerinnen und Schülern, aber auch von so manchem engagierten Kollegen hören. Jünger Jesu sein, das scheint heute immer nur zu bedeuten, diese Welt in einem wie auch immer begründeten „christlichen" Sinne „human" zu gestalten. Und dazu gehört auch die große Sorge um das materielle Wohlergehen. Wir können doch nicht einfach alles verlassen und nur auf Gott vertrauen!
Oft sind wir durch unser eigenes Engagement im vermeintlich christlichen Tun so gefangen, daß wir nicht mehr über unseren eigenen Horizont hinauszusehen vermögen.
Daß Jüngerschaft aber tatsächlich Verzicht auf Wohlstand und gutes Auskommen, Verzicht auf Ruhm und Heimat bedeutet, können wir aus einem Bericht des bedeutendsten Lehrers der frühen griechischen Kirche, Origenes aus Alexandria in Ägypten, hören, den er wohl nach 218 n. Chr. verfaßt hat: (s. 2.).
Das waren noch Zeugen des Glaubens! In der Ungebundenheit verkündeten sie, daß es da einen gibt, auf den sein volles Vertrauen zu setzen sich wirklich lohnt. „Eine große Anzahl von Personen tritt zum christlichen Glauben über" – schreibt Origenes sinngemäß. Heute sehen wir, daß die Kirchen immer leerer werden, fragen uns, wie wir die Jugendlichen motivieren könnten, wieder am Gemeindeleben teilzunehmen, machen uns Sorgen um die Zukunft der Kirche. Und auch ich, als Priester vielleicht einer, der „es besser wissen sollte", mache mir Sorgen, überlege, wie ich selbst und wie diese Kirche überleben soll!

„Wer die Hand an den Pflug gelegt hat und nochmals zurückblickt, taugt nicht für das Reich Gottes!" – Vielleicht sind das, mit all unseren Sorgen und Ängsten, wir selbst? Vielleicht sind wir immer noch zu sehr gebunden an innerweltliche Überlebensstrategien, die wir auch auf die Kirche Jesu Christi anwenden wollen?
Jünger Jesu zu sein, das bedeutete den frühen Christen, radikal mit den alten Gewohnheiten zu brechen, keine Sorge um materielle Versorgung zu haben und ganz aus der Liebe zu Jesus und seinem Vater zu leben. Und es bedeutete zu wissen, daß dieser Weg auch ein Weg der Heimatlosigkeit, der Hilflosigkeit, ja manchmal auch der anscheinenden Sinnlosigkeit ist. Aber im Lichte Jesu wird diese Sinnlosigkeit zum tiefsten Sinn: Wir gehen mit Christus nach Jerusalem, auch wenn dort das Kreuz auf uns wartet; denn wir wissen, daß wir mit ihm auch auferstehen werden.
„Du aber geh und verkünde, daß die Herrschaft über diese Welt nicht in der Hand der Welt, sondern in Gottes Hand ist!" – das sagt Jesus demjenigen, der Jünger sein will. Laßt uns doch den Mut aufbringen, außerhalb, aber auch innerhalb dieser Kirche „Geringschätzung zu ertragen". Es ist ja nichts Neues: Unsere Schwestern und Brüder des dritten Jahrhunderts haben ähnliches erlebt. Unser Zeugenmut könnte diese Welt heil machen; unsere Freude bei der radikalen Nachfolge Jesu könnte auch heute noch der Welt ein Licht aufstecken. Vielleicht ist es das, was heute viele Jugendliche vermissen: unser grenzenloses Vertrauen auf *Seine* Führung.
Du also, Christ, geh und verkündige, daß Gott selbst sich um dich sorgt!

6. Weitere Anregungen

- Eine Predigtreihe zum Thema „Jüngerschaft" ist gerade an diesen Sonntagen sehr naheliegend. Ausgehend von der Verkündigung des 13. Sonntags im Jahreskreis mit dem Beginn des lukanischen Reiseberichts und der Beschreibung, was und wie ein Jünger ist, kann am folgenden Sonntag von der innerweltlichen Gefährdung der Jünger gesprochen (Lk 10, 1–12. 17–20) und dieser Sonntag auch für die Bitte um Priester- und Ordensnachwuchs genutzt werden. Der darauf folgende 15. Sonntag läßt durch die Perikope vom barmherzigen Samariter die Jüngeraufgabe auf alle Christen gedeutet sein (Lk 10, 25–37). Eine über drei Sonntage sich erstreckende Predigtreihe überfordert auch die Zuhörer kaum und ist dennoch geeignet, einmal einen größeren Zusammenhang deutlich zu machen.
- Die Textpassage Lk 9, 51–56 könnte auch gesondert zu einer Darstellung des „Übereifers" in einer Gemeinde benutzt werden (dann vielleicht nur diese Verse als Verkündigungsperikope?).

Joachim Schroedel

14. Sonntag im Jahreskreis

Zu Lk 10, 1–12. 17–20

1. Persönlicher Zugang zum Schrifttext

„...wie Schafe mitten unter die Wölfe" – ich brauche mir gar nicht vorzustellen, welche Menschen eventuell mit den Wölfen gemeint sein könnten (tagtäglich erfahre ich durch die Medien von kleinen und großen Wölfen, die über andere als Schafe herfallen, zu allen Zeiten, in allen Völkern!). Es gibt in meinem Leben und im Leben meiner Mitmenschen genügend Situationen, die sind wie Wölfe, die uns bedrohen: die Angst vor einer neuen Aufgabe, von der ich noch gar nicht weiß, was sie mir abverlangen wird; die Furcht vor dem nächsten Tag, an dem alles auf mich einströmt und mich zu zerdrücken scheint; der Streit mit einem lieben Menschen, der sich immer wieder neu entzündet und es mir unmöglich macht, zahm zu bleiben wie ein Lamm; die Sorgen um die Zukunft, die mich und andere belasten. Und dann gibt es natürlich auch Menschen, die vielleicht gar keine Wölfe sind, mir aber dennoch so vorkommen: mein Arbeitskollege, der nur darauf wartet, daß ich mir einen Fehler erlaube, dann wird er nämlich gleich besser dastehen; die Mitschülerin, die nur darauf wartet, mich bei der Lehrerin anzuschwärzen, um Pluspunkte zu sammeln; die Nachbarin, die mich beäugt, ob sie nicht irgend etwas entdeckt, was sie hinter vorgehaltener Hand anderen weitererzählen kann. Kleine und große Wölfe – jeder hat sie in seiner Umgebung, jeder kennt ihre List und Tücke. Wie kann man da noch gelassen bleiben? Wie kann man da noch an das Wort Jesu glauben: „Nichts wird euch schaden können"?

2. Persönlicher Zugang zur Geschichte

Eine faszinierende Geschichte – mit einem überraschenden Ausgang, der mich schmunzeln läßt und doch auch nachdenklich macht. Wie weit reicht eigentlich mein Vertrauen – in die Menschen, in mich und in Gott? Was traue ich ihm eigentlich zu? Wieviel, glaube ich, bin ich ihm wert? Vertraue ich tatsächlich darauf, daß er sich um mich kümmert, wenn es darauf ankommt? Wie leicht lasse ich mich unterkriegen? Bei all diesen Fragen merke ich, daß mir doch viel Gelassenheit fehlt und ich deshalb jenes Gottvertrauen, das der Zimmermann aufbringt, bewundere. Was mir diesen Mann so sympathisch macht, ist die Tatsache, daß auch er erst zu diesem großen Vertrauen geführt wird; er hat es nicht gleich von Anfang an. Denn auch er war zu Beginn verzweifelt und niedergeschlagen. Was es anscheinend braucht, sind Freunde, gute Freunde, die zu einem halten und einen Weg in die Zukunft zeigen. Es braucht Menschen, die in einem das Vertrauen wachhalten oder wieder neu wachrufen. Wie gut, daß ich solche Freunde habe. Und wehe dem Menschen, der auf solche Freunde ganz verzichten müßte!

3. Exegetische Hinweise

3.1. Hinweise zur Schriftstelle

Die Aussendung der Siebzig beginnt mit einem scharfen Wort: „Geht! Ich sende euch wie Schafe mitten unter die Wölfe." Die Radikalität dieser Sendung wird sofort unterstrichen, gefolgt von weiteren Anweisungen zu Armut und Bedürfnislosigkeit (VV. 3 f). Auf die fast verwunderliche Aussage bei der Rückkehr, daß alles gut gelaufen sei, folgt in Vers 19 die Erklärung: „Nichts wird euch schaden können." Dahinter steckt die Überzeugung, daß die Macht des Bösen bereits gebrochen ist. Was von Bedeutung für den Predigtentwurf sein wird, ist der ausdrückliche Hinweis darauf, daß die Jünger jeweils zu zweit ausgesandt werden. Die Kameradschaft unter Gefährten und Gesandten hilft, mit der Unsicherheit und eventuell auftretenden Schwierigkeiten fertig zu werden. Auch Jesus weiß um die Gefährdung durch die Einsamkeit.

3.2. Hinweise zur Geschichte

Diese Geschichte gehört zu einer Reihe von armenischen Fabeln, die William Saroyan zusammengetragen hat. Vertrauen hat etwas mit Erfahrung zu tun und mit der Erinnerung an früher Erlebtes. Dies zeigt auch der Vorspann zur eigentlichen Zimmermanngeschichte. Es braucht Menschen, die Vertrauen wekken können.

4. Schrifttext und Geschichte

In beiden Texten geht es um das Bestehen einer nicht ganz einfachen, in jedem Fall neuen Situation. Aber während in der Schriftstelle die Jünger einen klaren und sinnvollen Auftrag erhalten, ist der Befehl an den Zimmermann in der Geschichte sinnlos und nicht zu verwirklichen. Schwierigkeit also zum einen, Ausweglosigkeit zum anderen. In beiden Geschichten aber haben sich Menschen zu bewähren. Was hilft, ist die Weggemeinschaft mit anderen, mit Menschen, die keine Wölfe sind, sondern vielmehr Freunde, die es gut mit einem meinen. Wie solche Weggemeinschaft aussehen könnte, wird in der Kurzgeschichte eindrucksvoll dargestellt. Somit könnte die Geschichte dazu dienen, diesen einen Aspekt in der Sendungssituation der Christen zu illustrieren und einladend (ohne den erhobenen Zeigefinger) die Bedeutung von Weggemeinschaften hervorzuheben. Umgekehrt könnte das Evangelium deutlich machen, daß hinter christlicher Gelassenheit nicht nur ein menschliches Wort steht, sondern Jesus selbst, der die Macht des Bösen besiegt hat. Es gibt keinen Grund mehr für eine übertriebene Verzweiflung oder eine verzweifelte Angst. Beides hilft, wenn man sich wie unter Wölfen fühlt: Freunde und der größte Freund, nämlich Gott...

"...wie Schafe mitten unter die Wölfe" – was für ein erschreckendes und doch wahres Bild; denn Wölfe gibt es genügend in unserer Welt und in unserem Leben: Menschen, die ganze Völker unterjochen, die Minderheiten unterdrükken; Menschen, die anderen nach dem Leben trachten, die vor keiner Unmenschlichkeit Halt machen; Menschen, die sich oft noch ein frommes Deckmäntelchen umhängen, Wölfe im Schafspelz. Tagtäglich erfahren wir von kleinen und großen Wölfen, es gibt sie zu allen Zeiten und in allen Völkern.

„...wie Schafe mitten unter die Wölfe" – aber es sind nicht nur die Wölfe im großen, es sind oft die Wölfe im kleinen, die uns den Alltag zur Hölle machen können. Da ist die Mitschülerin, die nur darauf wartet, mich bei der Lehrerin anzuschwärzen, um selbst Pluspunkte zu sammeln; da ist der Arbeitskollege, der immer so freundlich tut und doch nur darauf schaut, daß mir ein Fehler unterläuft, um selbst besser dazustehen; da ist die Nachbarin, die mich beäugt, ob sie nicht irgend etwas entdeckt, was sie dann hinter vorgehaltener Hand anderen weitererzählen kann. Jeder hat sie in seiner Umgebung, die kleinen und großen Wölfe, jeder kennt ihre List und Tücke.

„...wie Schafe mitten unter die Wölfe" – schließlich sind diese Wölfe oft auch gar keine Menschen, sondern Situationen, die genauso bedrohlich auf mich wirken. Da gibt es diese neue Aufgabe, von der ich noch gar nicht weiß, was sie mir abverlangen wird, ich bin unsicher, ja ich habe richtig Angst davor; da ist die Furcht vor dem morgigen Tag, an dem alles auf mich einströmen wird und mich zu zerdrücken scheint; da ist der ewige Streit, ausgerechnet mit so einem lieben Menschen: Er entzündet sich immer wieder am gleichen Punkt und macht es mir jedesmal unmöglich, zahm zu bleiben. Da sind die vielen kleinen und großen Sorgen, die mich und andere belasten.

„...wie Schafe mitten unter die Wölfe" – wie gut, daß Jesus diesen Satz gesprochen hat, er scheint also meine und unsere menschliche Situation gut zu kennen. Gott weiß, wie es uns geht! Ich frage mich: Wie könnte es besser gelingen, gelassen zu bleiben angesichts der Wölfe, die mir so viel Kraft abverlangen? Wie sagt Jesus den zurückkehrenden Jüngern, die sich wundern, daß sie nicht nur ungeschoren davongekommen sind, sondern daß sogar alles viel besser lief als erwartet? „Nichts wird euch schaden können!" Was steckt da für ein Vertrauen drin, Vertrauen vor allem in Gott ...

Eine Geschichte aus Armenien trägt den Titel „Parabel von der Lieblichkeit des Gottvertrauens":

▶ Zur Erläuterung der ehrfurchtgebietenden Lieblichkeit des Vertrauens in Gott und der Sinnlosigkeit jeglicher Verzweiflung berichtet meine Großmutter Luci die vielhundertjährige Geschichte des Zimmermanns, den eines Abends auf seinem Heimweg ein Freund anhielt und fragte: „Mein Bruder, warum bist du so traurig?"

„Wärst du in meiner Lage, du empfändest wie ich", sagte der Zimmermann.
„Erkläre dich", sprach der Freund.

„Bis morgen früh“, sagte der Zimmermann, „muß ich elftausendelfhundertundelf Pfund Sägemehl aus Hartholz für den König bereit haben, oder ich werde enthauptet.“
Der Freund des Zimmermanns lächelte und legte ihm den Arm um die Schultern. „Mein Freund“, sagte er, „sei leichten Herzens. Laß uns essen und trinken und den morgigen Tag vergessen. Der allmächtige Gott wird, während wir ihm Anbetung zollen, statt unserer des Kommenden eingedenk sein.“
Sie gingen also zum Hause des Zimmermanns, wo sie Weib und Kind in Tränen fanden. Den Tränen ward Einhalt getan durch Essen, Trinken, Reden, Singen, Tanzen und allsonstige Art und Weise von Gottvertrauen und Güte. Inmitten des Gelächters fing des Zimmermanns Weib zu weinen an und sagte: „So sollst du denn, mein lieber Mann, in der Morgenfrühe enthauptet werden, und wir alle vergnügen uns indessen und freuen uns an der Güte des Lebens. So steht es also.“
„Denke an Gott“, sprach der Zimmermann, und der Gottesdienst ging weiter. Die ganze Nacht hindurch feierten sie. Als Licht das Dunkel durchdrang und der Tag anbrach, wurde ein jeglicher schweigsam und von Angst und Kummer befallen. Die Diener des Königs kamen und klopften sacht an des Zimmermanns Haustür, und der Zimmermann sprach: „Jetzt werde ich sterben“ und öffnete. „Zimmermann“, sagten sie, „der König ist tot. Mache ihm einen Sarg.“◀
(Aus: William Saroyan, Armenische Fabeln, © 1959 by Sanssouci Verlags AG, Zürich.)
Was für ein unmöglicher Auftrag: elftausendelfhundertundelf Pfund Sägemehl zu machen, in einer Nacht. Kein Wunder, daß der Zimmermann verzweifelt ist. Was hätte er wohl gemacht, wenn er nicht seinen Freund getroffen hätte. Der läßt ihn nicht allein, sondern geht mit ihm. Er erklärt nichts, aber fordert dennoch zu Gelassenheit auf und zu – Vertrauen. Da, wo menschliche Macht ans Ende kommt und nur noch Ohnmacht übrigbleibt, verweist er auf den allmächtigen Gott, der wohl auch dort noch Möglichkeiten hat, wo Menschen nicht mehr weitersehen. Und so kommt es tatsächlich zur überraschenden Wende und zum glücklichen Ausgang. Was für ein Glück!
Ob mir das nicht auch helfen könnte bei der Begegnung mit den Wölfen? Eines hilft ja wohl nicht: sich in diesen Teufelskreis aus Furcht und Angst hineinziehen zu lassen oder wie ein geblendetes Reh nur auf die Lichter zu starren, anstatt davonzulaufen. Warum es also nicht probieren: mich in Gelassenheit üben, aus dem Vertrauen heraus, daß da noch jemand ist, der mein Leben in seinen guten Händen hält, wie wir in einem modernen Kirchenlied singen...
Es hilft, wenn man solche Freunde hat wie in der Parabel, die im entscheidenden Moment da sind, einem ein Stück der Sicherheit geben, die notwendig ist, um Gelassenheit zu gewinnen, die mit einem gehen, durch dick und dünn. Nicht umsonst werden die Jünger von Jesus immer zu zweit ausgesandt (auch Jesus kennt die Gefahren der Einsamkeit und der Vereinsamung, er weiß, daß es dann ungleich schwerer wird). Weggemeinschaft, Schicksalsgemeinschaft und dann vielleicht auch – durch die Angst vor den Wölfen hindurch – Hoffnungsgemeinschaft. Was kann uns denn passieren – *Ihm* an der Seite? Er hat es doch versprochen: „Seht, ich bin bei euch alle Tage bis ans Ende der Welt!“

Christus wird zu seinem Wort stehen – zumindest darauf können wir uns verlassen. Don't worry – be happy! Etwas Gelassenheit stünde uns Christen ganz gut an, meinen Sie nicht auch?

6. Weitere Anregungen

- Man könnte die Überwindung von Angst auch an einem einzigen konkreten Beispiel aufzeigen, mit größerer Beachtung der einzelnen Prozesse, die sich auf der Suche nach Gelassenheit abspielen.
- Oder man stellt die Bedürfnislosigkeit der Jünger Jesu in den Vordergrund, die nicht mehr so viel zu verlieren haben und deswegen nicht soviel von den Wölfen abgenommen bekommen können. Es sind oft die ganz Armen, die in den nächsten Tag hineinleben können, ohne zu wissen, wovon sie morgen leben sollen. Wieweit kann Einfachheit befreien?

Georg Klar

15. Sonntag im Jahreskreis

Zu Lk 10, 25–37

1. Persönlicher Zugang zum Schrifttext

Als Pfarrer sehe ich mich in der Rolle des Priesters. Als Primizgeschenk wurde mir ein „barmherziger Samariter" überreicht. Dieses Motiv war auch auf meinem Primizbild. Der „barmherzige Samariter" stellt mir immer die Frage: Wo gehe ich – wie der Tempelpriester, von dem Jesus erzählt – an der Not von Menschen „vorüber"?

2. Eine persönliche Geschichte

Es handelt sich um ein persönliches Erlebnis, das mir die Parabel erschlossen hat und das mich sie nachempfinden läßt. Um die Übernahme des Erlebnisses durch einen fremden Prediger zu ermöglichen, ist sie gleich in die dritte Person transformiert.

3. Exegetische Hinweise

Die innere Dramatik der Parabel beruht auf dem dreimaligen Erzählen des gleichen Vorgangs: Not sehen und die Reaktion darauf. Sprachlich sind die Sätze jeweils gleich gebaut: „Er sah ihn – und ging vorüber" bzw. „er sah ihn – und bekam Mitleid". Das Argument, der Priester hätte Angst vor einer möglichen kultischen Verunreinigung, die ihn für den Tempeldienst disqualifiziert hätte, erübrigt sich; denn es heißt ausdrücklich: „Er ging den gleichen Weg *hinab*". Er war also auf dem Heimweg vom Tempeldienst. Auch vom jüdischen Ethos her wäre er verpflichtet gewesen zu helfen. Das griechische Wort für sein „Vorübergehen" müßte sogar noch schärfer eigentlich mit „er wich auf die andere Straßenseite aus" übersetzt werden. Er will also so tun, als hätte er das Opfer nicht gesehen.

4. *Schrifttext und Geschichte*

Hätte ich die Geschichte Jesu vom „barmherzigen Samariter" nicht gekannt, so hätte ich wahrscheinlich das Erlebnis von der Reifenpanne schon längst vergessen und die Gewissensbisse nicht durchgemacht. Das ist die Vitalität, die in den jesuanischen Gleichnissen steckt, daß sie Deutemuster sind für heutige Erlebnisse.

5. *Predigtentwurf*

Die Gleichnisse und Parabeln Jesu sind deshalb so beliebt, weil sie vom Leben erzählen.
▶ Faszinierend an dem Gleichnis vom „barmherzigen Samariter" ist, daß ich von dem Weg nach Jericho erzählen höre und dabei an die B 26 nach Arnstein denke; daß ich von dem Tempelpriester und dem Leviten höre, wie sie vom Tempeldienst heimgehen – und dabei an den Pfarrer denke, wie er mit seinem Auto heimfährt. Er war mit seinen Gedanken schon ganz daheim. Da bemerkte er, kurz vor Arnstein, einen gelben VW-Golf an einer Feldwegeinfahrt. Ein Mädchen stand daneben. Sie schien etwas ratlos zu sein. Er huschte vorbei, warf einen Blick in den Rückspiegel: Das Mädchen stand da und schaute auf den Vorderreifen. Es kam ihm vor, als wäre er platt. Da schoß ihm durch den Kopf: Sollst du anhalten und zurückfahren? Vielleicht hat sie noch nie einen Reifen gewechselt? Vielleicht weiß sie überhaupt nicht, wie sie sich jetzt anstellen soll? Aber wenn's so wäre, hätte sie sicher ein Zeichen gegeben. Und überhaupt: 100 Meter weiter ist ja ein Gasthaus ... Da vorne wäre ein Feldweg, um noch einmal wenden zu können ... Ach, vielleicht hast du dich nur verschaut ... Und überhaupt, die B 26, so eine belebte Straße, da kommt jede halbe Minute ein Auto vorbei ... Vielleicht hätte das Mädchen meine Hilfe als anbiedernd empfunden ... Und schließlich bist du sowieso nur ein paar Stunden daheim ... Wenn du dich hier lange aufhältst, kannst du gleich umdrehen und wieder nach Aschaffenburg zurückfahren. Und er fuhr weiter ... Aber das Mädchen ging ihm den ganzen Tag nicht aus dem Kopf. Seine ganze Stimmung war ihm verdorben.◀
Liebe Zuhörer, vielleicht hätte der Pfarrer gar kein schlechtes Gewissen bekommen, wenn ihm nicht die Geschichte vom barmherzigen Samariter von Kind

auf vertraut gewesen wäre: „Da kam ein Priester denselben Weg herab. Er sah ihn und ging weiter."
Wie gut, daß die alten Geschichten Jesu auch heute noch unruhig machen!

Martin Ebner/Stefan Mai

16. Sonntag im Jahreskreis

Zu Gen 18, 1–10a

1. Persönlicher Zugang zum Schrifttext

Die Erzählung Gen 18, 1–10a beschreibt die ganz gewöhnliche Begebenheit nomadischer Gastfreundschaft. Eigentlich nichts Besonderes, das erwähnenswert wäre – gäbe es nicht die Verheißung der Geburt eines Sohnes.
Versuche ich mir den ganzen Handlungsablauf genauer vorzustellen, so fällt mir auf, wie sehr die drei Männer Abraham aus der Ruhe bringen. Sie schlägt augenblicklich um in fast hektische Geschäftigkeit. Alles wird in Bewegung gesetzt, um die Gäste zu bewirten. Der gewohnte Tagesrhythmus ist gestört. Ein solches Verhalten ist mir sehr vertraut. Ich kenne selbst sehr gut, welche Unruhe es auslösen kann, wenn Besuch erwartet wird. Man will sich schließlich von der besten Seite zeigen. Dafür nimmt man Streß und Hektik gern in Kauf. Wird Abraham in unserer Erzählung für dieses Verhalten von Gott belohnt? Übrigens: Wieso von Gott? Zunächst ist doch nur die Rede von drei Männern. Woher weiß Abraham, daß Gott ihm hier begegnet, oder ist dies eine spätere Interpretation des Textautors? Die Frage bleibt bei mir hängen: Woran wird deutlich, daß Abraham in dieser alltäglichen Begebenheit Gott begegnet?

2. Persönlicher Zugang zur Kurzgeschichte

Die Kurzgeschichte erzählt von einer ungewöhnlichen Begegnung, nachts auf der Fahrt zu einem Krankenbesuch. Das zunächst etwas zähe Gespräch mit dem Fremden bekommt plötzlich eine beängstigende Dramatik. Die sich vorsichtig entwickelnde Beziehung bricht jäh ab. Blitzartig ändert sich die Szenerie. Der gerade noch hilflose und Mitleid erweckende Fahrgast entpuppt sich als Dieb. Dr. Brendow droht ihm unmißverständlich und erhält widerstandslos seine Taschenuhr zurück. Daß er ihn daraufhin rausschmeißt, ist wohl mehr als selbstverständlich. Dr. Brendow hat wirklich Glück gehabt – es ist gerade noch mal gutgegangen.
Was dann passiert, wirft die ganze Geschichte nochmals um. Der Dieb wird der Bestohlene, der vermeintlich Bestohlene selbst zum Straßenräuber. Im nachhinein erkennt Dr. Brendow, daß der Täter nicht nur unschuldig war, sondern durch falschen Verdacht zum Opfer wurde.

Die Geschichte fasziniert mich – vor allem die Ehrlichkeit des Arztes, der sein Verhalten hinterher schonungslos als Unrecht bekennt und sich selbst anzeigt. So etwas ist keineswegs selbstverständlich – ebenso wie der Mut von Dr. Brendow, mitten in der Nacht einen Fremden im Auto mitzunehmen. Auch bei mir sitzt noch sehr tief, was ich als Kind gelernt habe: Traue keinem Fremden!

3. Exegetische Hinweise

Das Textcorpus Gen 18, 1–10a war ursprünglich eine erst mit V. 16a endende, „in sich geschlossene Erzählung, bestehend aus der Einleitung, dem Besuch der drei Männer bei Abraham VV. 1–8 und der Verheißung eines Sohnes VV. 9–16a. Das Ziel der Erzählung ist die Ankündigung des Kindes V. 10a" (Westermann, 331). In seiner jetzigen Form steht der Text jedoch im größeren Zusammenhang des jahwistischen Erzählkomplexes Gen 18–19.

Auffällig ist in Gen 18, 1–10a der häufige Wechsel von Singular und Plural der Erzählung. Die Verse 1, 3 und 10a sprechen von einem Gast, die Verse 2. 4. 5, 8 und 9 verweisen auf eine Mehrzahl von Gästen. Wenn es auch naheliegen mag, dies wie J. Scharbert als einen Hinweis darauf zu verstehen, „daß einer der drei ein ganz besonderer Gast ist" (Scharbert, 148), so sprechen gewichtigere Argumente doch dafür, diese Besonderheiten mit C. Westermann als Überlagerung von zwei Motiven zu verstehen, „die einmal je selbständige Erzählungen bildeten" (Westermann, 334). „Die Erklärung liegt im Zusammenwachsen zweier Varianten der Erzählung, bei deren einer das Gewicht auf dem Besuch der drei, der anderen auf der Verheißung eines Kindes durch einen Boten Gottes liegt" (Westermann, 337).

Es handelt sich in Gen 18, 1–10a auch keineswegs um eine Theophanie. Die Überschrift V. 1 ist eine redaktionelle Ergänzung, die aus späterer Sicht den „Unterschied zwischen der Begegnung eines Gottesboten und einer Gotteserscheinung nivelliert" (Westermann, 333). Dies belegen sowohl innerbiblische Vergleiche wie Parallelen in vor- und außerbiblischen Zeugnissen (vgl. Westermann, 335). Die drei Fremden dürfen daher nicht als Götter in Menschengestalt, sondern allenfalls als Boten Gottes verstanden werden.

Im Leben der Nomaden war der Besuch von Fremden immer etwas Wichtiges. Sie kommen aus einer anderen Welt, und nicht selten löst ihr Kommen in der Bibel ein besonderes Geschehen aus (vgl. auch Apg 14, 11 und die eine solche Erfahrung widerspiegelnde Mahnung in Hebr 13, 2). Abraham weiß zwar (V. 2) nicht, wer die Fremden sind, aber „er will nicht ausschließen, daß sie der Ehrerbietung würdig sind. Der aus der Fremde begegnende Mensch wird, ohne daß es dazu eines äußeren Kennzeichens bedürfte, in seiner möglichen Hoheit gewürdigt" (Westermann, 366).

Die gastfreundliche Einladung V. 3 wird in VV. 4 und 5 entfaltet. Die Untertreibungen „etwas Wasser" und „einen Bissen Brot" sind wohl Sprache der Höflichkeit, die die Mühe des Bewirtens gering erscheinen lassen soll. Die Szene schlägt in VV. 6 und 7 in fast hektische Geschäftigkeit um. Alles wird in Bewegung

gesetzt, um die Gäste zu bewirten und ein reichliches Beduinenmahl zu servieren.
Mit V. 9 beginnt nun die eigentliche Verheißungsgeschichte VV. 10–15. Obwohl es in der nomadischen Lebenswelt höchst unschicklich ist, sich nach der Frau des Gastgebers zu erkundigen, bildet dies die Überleitung zur Ankündigung der Geburt Isaaks. Aus der Parallele zu 2 Kön 4, 16 f wird deutlich, daß es sich bei V. 10a um einen festen Erzähltypus handelt. Nimmt man den Vergleich mit 1 Sam 1 und Ri 13 hinzu, so erhärtet sich die Vermutung, daß es im Motiv der Verheißungsgeschichte auch nicht Gott selbst ist, der die Ankündigung der Geburt ausspricht, sondern ein Mensch, ein Gottesbote oder Gottesmann. Daß schließlich die Geburt Isaaks genuines Handeln Gottes war, daran läßt die biblische Geschichte jedoch keinen Zweifel. (Literaturhinweis: J. Scharbert, Genesis 12–50, Würzburg 1986; C. Westermann, Genesis 12–36, Neukirchen-Vluyn 1981).

4. Schrifttext und Kurzgeschichte

Dr. Brendow wird, ähnlich wie in der Abrahamsgeschichte, erst im nachhinein klar, wer sein Fahrgast eigentlich war – nicht der vermeintliche Dieb, sondern ein Lebensretter. Ihm wird schlagartig bewußt, wie schnell er sich durch scheinbar auf der Hand liegende Vorurteile zu einem falschen Verhalten hat verleiten lassen. Der Fremde war ein wertvoller Gast, vielleicht ein Engel. So, wie uns die Kurzgeschichte im negativen Sinne mahnt, ermutigt uns die Abrahamsgeschichte im positiven Sinn zur Gastfreundschaft gegenüber Fremden; denn, wie Hebr 13, 2 sagt, „durch sie haben einige, ohne es zu ahnen, Engel beherbergt“. Was beide Texte ebenfalls verbindet, ist die Tatsache, daß das Entscheidende erst im nachhinein deutlich wird. Ist es in Gen 18, 1–10a – Ergebnis exegetischer Forschungen – daß die drei Männer, die bei Abraham zu Gast sind, Gottesboten sind, so ist es in der Kurzgeschichte direkt thematisiert, wie Dr. Brendow erst hinterher ein Licht aufgeht und er seinen nächtlichen Fahrgast als Lebensretter erkennt. Vielleicht ist es eine tiefe Weisheit, was Martin Buber von seiner Großmutter zitiert: „Einen Engel erkennt man erst, wenn er vorübergegangen ist.“

5. Predigtentwurf

Obwohl mir die Abrahamsgeschichte vertraut ist, irritiert sie mich doch auch. Da ist zunächst die Rede von drei Männern, die zu Abraham kommen. Dann ist plötzlich nur von einem die Rede, vor dem sich Abraham niederwirft und den er mit „Herr“ anspricht. Im weiteren redet Abraham dann aber wieder ganz unvermittelt so, als ob mehrere Männer bei ihm zu Gast sind: „Ihr könnt nach einer Stärkung weitergehen.“ In der Mehrzahl heißt es auch: „Sie fragten ihn: ‚Wo ist deine Frau Sara?‘“ Danach springt die Erzählung jedoch gleich wieder in die Einzahl: „Da sprach der Herr: ‚In einem Jahr ... wird deine Frau Sara einen Sohn haben.'"

Vielleicht sind Ihnen diese Ungereimtheiten beim Hören der Lesung auch aufgefallen. Bibelexperten sind sie schon lange ein Grund, nach einer Erklärung zu suchen, die es verständlich macht, daß in dieser Begebenheit einerseits von drei Männern und andererseits vom Herrn die Rede ist. So sehr man sich aber auch mühte, beides wollte nicht zusammenpassen. Auch die naheliegende Annahme, es könnte durchaus sein, daß Abraham von den drei Männern nur einen, gewissermaßen den Wortführer, anspricht, vermag den mehrfachen willkürlichen Wechsel von der Einzahl zur Mehrzahl der Personen nicht aufzuklären. So bleibt nur eine auch theologisch haltbare Erklärung: Es handelt sich um zwei ursprünglich unabhängige Begebenheiten, die später zusammengewachsen sind. Zwei verschiedene Begebenheiten aus dem Leben Abrahams sind hier ineinander verschränkt: Die Erzählung vom Besuch der drei Männer und die andere von der Verheißung des Sohnes durch einen Boten Gottes. Beide Begebenheiten haben sich aber nicht zufällig ineinander verheddert, sondern es ist wohl eher daran zu denken, daß sie im nachhinein bewußt miteinander kombiniert wurden. Aufgrund der völlig unerwarteten Geburt seines Sohnes Isaak durch Sara, die bei weitem zu alt war, um noch ein Kind zu erwarten, wird später der Besuch der drei fremden Männer als Besuch Gottes selbst gedeutet. Was zunächst als eine ganz alltägliche Begebenheit des nomadischen Lebens erscheint, wird rückblickend als Verheißungssituation verstanden. Erst im nachhinein mag Abraham ein Licht aufgegangen sein, wer die drei Männer wirklich waren. Jedenfalls läßt der biblische Erzähler keinen Zweifel: Hier ist auf verborgene Weise Gott selbst bei Abraham zu Gast gewesen. Und dann wird wohl auch erst die eigentliche Absicht dieses Besuches deutlich geworden sein, die Verheißung der wundersamen Geburt eines Sohnes, einer Geburt, die nur als ein Wirken Gottes selbst verständlich ist.

Daß jemandem etwas erst hinterher bewußt wird, daß man erst gewissermaßen rückblickend erkennt, was sich eigentlich zugetragen hat, ist im Leben nicht ungewöhnlich. In einer Kurzgeschichte erzählt Günther Klein davon:

▶ Es war zwei Uhr nachts, als Dr. Brendow nach dem schrillen Telefon tastete. Er lauschte der aufgeregten Frauenstimme und sagte: „Gut, ich komme ... ja, sofort." Er zog sich an und nahm seinen Arztkoffer. Mißmutig trat er in die helle Mondnacht hinaus, holte den Wagen aus der Garage und war bald auf der Landstraße.

Dr. Brendow fand nach einer Weile fast Gefallen an der nächtlichen Fahrt. Sicher war das auch der Grund dafür, daß er, entgegen seinem Prinzip, auf die Bremse trat, als er den Mann bemerkte, der rechts auf der Straße dahintrottete. Dr. Brendow hielt an und öffnete die Tür. „Richtung Nordenau? Na, dann kommen Sie ein Stück mit!"

Der Mann stieg mit etwas mühsamen Bewegungen ein. Ungeschickt hielt er sich an Dr. Brendows Mantel fest, bis er im Wagen war. Dr. Brendow reichte an ihm vorbei und schloß die Wagentür. „Vielen Dank, daß Sie gehalten haben. Ich habe den Zug in Seeberg verpaßt, da bin ich halt zu Fuß weiter."

Dr. Brendow brummelte: „Wie weit wollten Sie denn noch laufen?" „Nur bis Löhnberg. Der Zug geht dort um fünf. Will durchs Wildbachtal nach Herrnheim zum Gutshof. Es ist schon schwer, heutzutage eine Stellung zu finden. Leider ausgerechnet in dieser Gegend", fügte er mit einem Seufzer hinzu. „Wieso leider? Gefällt sie Ihnen nicht?" Der Mann winkte ab. „Ach, nur so. Ich hatte da mal ..." Er sprach den Satz nicht zu Ende. „Übrigens, ich heiße Braun, Josef Braun und bin gelernter Gärtner." Der Arzt murmelte flüchtig seinen Namen, und dann hörten beide auf das gleichmäßige Brummen des Motors.

Wie spät mag es sein? Dr. Brendow griff in die Westentasche, da die Uhr am Armaturenbrett defekt war. Verdammt: Die Uhr war weg, beide Westentaschen leer? Seine goldene Uhr! Er faßte rasch in die Jacke: Die Brieftasche war gottseidank noch da. Himmel, wie leichtsinnig, nachts jemanden mitzunehmen. So ein Kerl war das also: Der faule Zauber beim Einsteigen mit Festhalten und sich hilflos stellen ... Rasch ein geschickter Griff nach Uhr oder Brieftasche ... Warte, nicht mit mir!

Dr. Brendow griff vorsichtig zwischen die Sitzpolster und zog den für Notfälle dort versteckten Browning heraus. Dann trat er so fest auf die Bremse, daß der Wagen mit quietschenden Reifen hielt. Der Arzt schwenkte die Pistole und stieß dem Mann den Lauf recht unsanft in die Seite. „Her mit der Uhr, Freundchen, aber schnell! Kein Theaterspielen mehr! Los! Los!" „Aber, Herr ... bitte ... was ist ...", wimmerte der Mann. „Keine Widerrede, die Uhr hier in meinen Mantel, Tür auf und raus!" Der Fremde wühlte in seiner Hosentasche, steckte dann die Uhr mit zitternden Fingern in Dr. Brendows Mantel. „So, mein Freund, sei froh, daß es noch so abgeht." Der Mann taumelte hinaus. Sekunden später schoß der Wagen in die Dunkelheit. Das war noch mal gutgegangen, dachte der Arzt aufatmend.

Als Dr. Brendow nach seinem Krankenbesuch daheim wieder in sein Schlafzimmer trat, fiel sein Blick auf den Nachttisch. Da lag ... das war doch nicht möglich ... seine goldene Uhr. Dr. Brendows rechte Hand fuhr in die Manteltasche und brachte die Uhr hervor, die er den Mann hatte hineinstecken lassen. Der verzierte Deckel sprang auf. Der Arzt las die eingravierten Worte: „Josef Braun in ewiger Dankbarkeit für Lebensrettung trotz schwerer eigener Verletzung beim Autounfall im Wildbachtal. Fred Neubert, Oktober 1980."

Am Morgen ging Dr. Brendow zur Polizei, legte die Taschenuhr auf den Tisch und bezichtigte sich des nächtlichen Straßenraubs ...◄ (G. Klein, Ein schöner Weg – aber gefährlich; Fundort unbekannt. Für die Predigtfassung stark gekürzt.)

Dr. Brendow wird im nachhinein klar, wer sein nächtlicher Fahrgast eigentlich war. Erst zu Hause wird ihm schlagartig bewußt: Der Fremde war nicht der vermeintliche Straßendieb, sondern ein Lebensretter, der sein eigenes Leben für andere riskiert hat. Im nachhinein gehen Dr. Brendow die Augen auf, und sein eigenes Verhalten steht ihm beschämend vor Augen.

Gegenüber der Abrahamserzählung ist die Geschichte von Dr. Brendow wohl eine Kontrastgeschichte, ein Gegenbeispiel zur überschwenglichen Gastfreundschaft Abrahams. Doch hier wie dort wird das Entscheidende erst hinterher

deutlich und bewußt. Im nachhinein erkennt Abraham in den drei Fremden Gott selbst, im nachhinein begreift Dr. Brendow, daß der fremde Fahrgast ein Lebensretter war. Zwei Nachhinein-Geschichten, wie es für jeden in seinem Leben vermutlich viele solcher Nachhinein-Geschichten gibt.
Mir selbst ist eine solche Begebenheit zu einer wichtigen Lebenserfahrung geworden: Zum Abschluß jahrelanger wissenschaftlicher Forschungsarbeiten bekam ich neben vielen Glückwünschen eine Karte, auf der geschrieben stand: „Wer nach oben will, muß Federn lassen. Deshalb überleg Dir gut, wie weit Du gehen willst!" Schlagartig wurde mir rückblickend klar, wie viele Federn ich trotz oder gerade wegen allem Erfolg bereits gelassen hatte, Federn, mit denen ich an Unbeschwertheit, spontaner Lebensfreude und Unbefangenheit verloren habe. Mir wurde klar, wie hoch der Preis von Erfolg und Karriere ist. Für mich war dies eine Nachhinein-Geschichte, eine besorgte Anteilnahme, die mir die Augen geöffnet und mich auf Gefahren aufmerksam gemacht hat. Es war für mich wie die segensreiche Botschaft eines Engels, der mich hinterher, aus einer gewissen Distanz, erkennen ließ, wie viele Entbehrungen ich mir lange Zeit abverlangt hatte.
Der jüdische Gelehrte Martin Buber erinnerte gern an einen Ausspruch seiner Großmutter: „Einen Engel erkennt man erst, wenn er vorübergegangen ist." Darin kommt genau diese Erfahrung von Nachhinein-Geschichten zum Ausdruck. Die Begegnung Abrahams mit den drei Männern wie auch die nächtliche Begegnung Dr. Brendows mit dem fremden Fahrgast sind eindrucksvolle Beispiele dafür. Und jeder von uns könnte wahrscheinlich noch weitere Beispiele aus dem eigenen Lebensalltag hinzufügen. Ich wünsche Ihnen jedenfalls, daß Sie noch häufig im nachhinein erkennen mögen, welch wertvollen Menschen Sie begegnet sind, und daß Sie wie Abraham, ohne es zu ahnen, Engel als Gäste beherbergt haben.

6. Weitere Anregungen

Da das Thema Gastfreundschaft in Gen 18, 1–10a so sehr im Mittelpunkt steht, erscheint es auch möglich, dies deutlicher zu thematisieren. Ein polnisches Sprichwort sagt: „Gast im Haus, Gott im Haus." Dies läßt sich auch gut auf die Kurzgeschichte beziehen; denn auch der Fahrgast ist jemand, in dem ich möglicherweise Gott begegnen kann. In diesem Zusammenhang ist der für die Predigt ausgelassene Schluß der Kurzgeschichte vielleicht interessant: „Übrigens: Falls Sie einmal bei Dr. Brendow klingeln, wird Ihnen der Gärtner, ein kleiner, schüchterner Mann, aufmachen. Erschrecken Sie nicht: Sein Gesicht ist von zwei großen Narben entstellt, und das linke Auge blickt seltsam starr..." Naheliegend ist es dabei, auch auf die grundsätzliche Problematik des Umgangs mit Fremden in unserer Gesellschaft einzugehen.

Karin Hofmann/Berthold Uphoff

17. Sonntag im Jahreskreis

Zu Lk 11, 1–13

1. Persönlicher Zugang zum Schrifttext

Unter den schönsten Gebeten der Welt gebührt dem „Vater unser" meines Erachtens gestern, heute und morgen der erste Rang. Denn es ist ganz – von seiner ersten bis zu seiner letzten Zeile – sprechender Glaube, den es sprachhandeld ins Wort hebt. Deshalb ist jedes Wort im Gebet des Herrn von Gewicht, und nichts ist da eigentlich weniger am Platz, als es in liturgischer oder sonstiger Routine einfach nur so mit den Lippen und nicht mit dem Herzen zu beten. Zuweilen frage ich mich am Sonntag während der Eucharistiefeier, wenn die Gemeinde das Gebet des Herrn spricht, ob das nicht zu glatt, zu eilig, zu routinehaft vonstatten geht. Ich frage mich: Merken wir Christen noch, was in diesem Gebet des „Vater unser" an spirituellem Gehalt steckt, der sich um unseres Glaubens willen nicht verflüchtigen darf?
Doch wie dahin kommen, das Gebet des Herrn nicht nur „verbal", sondern „kardial" zu beten, so daß es nicht nur die Lippen, sondern das Herz des Menschen bewegt? Der Text des heutigen sonntäglichen Evangeliums kann, ja muß da ein Anlaß sein, sich so eine Art Gretchen-Frage vorzulegen: „Und wie hältst du es mit dem Gebet des Herrn?" Darauf nämlich eine Antwort zu finden, tut immer wieder not, doch auch immer wieder gut.

2. Persönlicher Zugang zur Kurzgeschichte

Einen Roman oder eine Story von Ernest Hemingway habe ich schon auf der Mittelstufe des Gymnasiums mit Begeisterung gelesen. Da verstand es ein Schriftsteller, von dessen Biographie ich damals so gut wie nichts wußte, spannend und fesselnd zu erzählen. Warum seine Bücher nicht im Original statt in deutscher Übersetzung lesen, sagte ich mir damals, und habe so über Ernest Hemingway eine Fremdsprache gelernt. Ungefähr 15 Jahre später – ich habe inzwischen eine Filmreportage über Ernest Hemingways Leben und auch einen Spielfilm über ihn gesehen – hatte ich Lust, wieder einmal in seinen Werken zu lesen.
Meine „relecture" begann ich mit der Kurzgeschichten-Sammlung „*Winner take nothing*", zu deutsch „*Der Sieger geht leer aus*", die Ernest Hemingway am 27. Oktober 1933 veröffentlichte. Ernest Hemingway zählte zeitlebens diese Stories zu seinen besten, las ich in einer Monographie über ihn, und das sind sie meinem Eindruck nach auch tatsächlich. Vor allem eine Story mit dem Titel „Ein sauberes, gutbeleuchtetes Café" ist – so klein wie sie ist – fraglos eines seiner Meisterstücke. Denn in ihr steckt der ganze Ernest Hemingway; es gibt kein anderes Werk von ihm, das seine „Lebensphilosophie" so dicht, so knapp auf den Punkt bringt. Was als „Leitmotiv" in seinem Erzählen wieder und

wieder kehrt, das Motiv des *„Der Sieger geht leer aus“*, und fraglos einen mächtigen nihilistischen Geist atmet, meist jedoch nur da ist wie das Wasserzeichen in schwerem Papier, in dieser Story schlägt es voll durch, schiebt sich gnadenlos und direkt in den Vordergrund, beklemmend und herausfordernd zugleich. „Nada“ – „Nichts“ könnte diese Story Ernest Hemingways auch überschrieben sein, denn um diesen unheimlichsten aller Gäste im menschlichen Dasein, das Nichts, geht es in dieser Geschichte, von der ersten bis zur letzten Zeile. Zeile für Zeile stellt diese Story aus der Feder Ernest Hemingways eine ernste, bange Frage. Ich spüre, je öfter ich sie lese: Eine solche Story kann wohl nur dem eine Antwort sein, der diese Antwort selber findet, nicht intellektuell, sondern existentiell.

▶ Ein sauberes, gutbeleuchtetes Café

Es war spät, und alle hatten das Café verlassen bis auf einen alten Mann, der in dem Schatten saß, den die Blätter des Baumes vor dem elektrischen Licht warfen. Bei Tag war die Straße staubig, aber nachts hielt der Tau den Staub nieder, und der alte Mann saß gern spät hier, denn er war taub, und jetzt in der Nacht war es still, und er spürte den Unterschied. Die beiden Kellner drinnen im Café wußten, daß er, obschon er ein guter Kunde war, ohne zu zahlen wegging, wenn er zuviel getrunken hatte, darum behielten sie ihn im Auge.
„Letzte Woche hat er einen Selbstmordversuch gemacht“, sagte der eine Kellner.
„Warum?“
„Aus Verzweiflung.“
„Worüber?“
„Über nichts.“
„Woher weißt du, daß es nichts war?“
„Er hat 'ne Masse Geld.“
Sie saßen zusammen an einem Tisch dicht an der Wand neben dem Eingang des Cafés und sahen hinaus auf die Terrasse, wo alle Tische leer waren bis auf den einen, an dem der alte Mann im Schatten der Blätter des Baumes saß, die sich leicht im Wind bewegten. Ein Mädchen und ein Soldat gingen auf der Straße vorüber. Das Laternenlicht fiel auf die Messingnummer auf seinem Kragen. Das Mädchen trug keine Kopfbedeckung und eilte neben ihm her.
„Die Wache wird ihn festnehmen“, sagte der eine Kellner.
„Was macht's, wenn er das bekommt, worauf er aus ist?“
„Er sollte lieber jetzt von der Straße verschwinden. Die Wache wird ihn festnehmen. Vor fünf Minuten sind sie vorbeigekommen.“
Der alte Mann, der im Schatten saß, klopfte mit seinem Glas auf die Untertasse. Der jüngere Kellner ging zu ihm hinüber.
„Sie wünschen?“
Der alte Mann sah ihn an. „Noch einen Schnaps“, sagte er.
„Sie werden sich betrinken“, sagte der Kellner. Der alte Mann blickte ihn an. Der Kellner ging fort.

„Der bleibt die ganze Nacht“, sagte er zu seinem Kollegen. „Ich bin schläfrig. Ich komme nie vor drei ins Bett. Er hätte sich letzte Woche umbringen sollen.“

Der Kellner nahm drinnen im Café die Schnapsflasche und eine neue Untertasse vom Büfett und schlenderte hinaus an den Tisch des alten Mannes. Er stellte die Untertasse hin und goß das Glas voll Schnaps.

„Sie hätten sich vergangene Woche umbringen sollen“, sagte er zu dem tauben Mann. Der alte Mann zeigte mit dem Finger. „Ein bißchen mehr“, sagte er. Der Kellner goß weiter ein, so daß der Schnaps überfloß und am Stiel des Glases bis auf die obere Untertasse des Stapels hinunterlief. „Danke“, sagte der alte Mann. Der Kellner nahm die Flasche ins Café zurück. Er setzte sich wieder zu seinem Kollegen an den Tisch.

„Er ist bereits betrunken“, sagte er.

„Er ist jeden Abend betrunken.“

„Warum wollte er sich umbringen?“

„Woher soll ich das wissen?“

„Wie hat er's denn angefangen?“

„Er hat sich mit einem Strick aufgehängt.“

„Wer hat ihn abgeschnitten?“

„Seine Nichte.“

„Warum hat sie es getan?“

„Angst um sein Seelenheil.“

„Wieviel Geld hat er?“

„'ne Masse.“

„Er muß an die achtzig sein.“

„Für achtzig halte ich ihn bestimmt.“

„Ich wünschte, er ginge nach Hause. Ich komme nie vor drei ins Bett. Ist das eine Zeit, um ins Bett zu gehen?“

„Er bleibt auf, weil er's mag.“

„Er ist einsam. Ich bin nicht einsam. Ich habe eine Frau, die im Bett auf mich wartet.“

„Er hatte auch mal eine Frau.“

„Von einer Frau würde er jetzt nicht viel haben.“

„Das weiß man nicht. Vielleicht ging's ihm besser mit einer Frau.“

„Seine Nichte kümmert sich um ihn.“

„Ich weiß. Du hast gesagt, daß sie ihn abgeschnitten hat.“

„Ich möchte nicht so alt werden. Ein alter Mann ist etwas Ekelhaftes.“

„Nicht immer. Der Alte da ist sauber. Er trinkt, ohne was zu verschütten. Sogar jetzt, betrunken. Sieh ihn dir an.“

„Ich will ihn nicht ansehen. Ich wünschte nur, er ginge nach Hause. Er nimmt keine Rücksicht auf Leute, die arbeiten müssen.“

Der alte Mann sah von seinem Glas auf über den Platz und dann hinüber zu den Kellnern.

„Noch einen Schnaps“, sagte er und zeigte auf sein Glas.

Der Kellner, der es eilig hatte, ging hinüber.

„Schluß", sagte er, und dann, unter Umgehung aller Syntax, wie's dumme Leute tun, wenn sie mit Betrunkenen und Ausländern sprechen: „Nichts mehr heute. Schließen jetzt."
„Noch einen", sagte der alte Mann.
„Nein, Schluß." Der Kellner wischte mit einer Serviette über den Tischrand und schüttelte den Kopf.
Der alte Mann stand auf, zählte langsam die Untertassen, zog ein ledernes Portemonnaie aus der Tasche, zahlte für die Getränke und ließ eine halbe Peseta Trinkgeld liegen.
Der Kellner sah ihm nach, als er die Straße entlangging, ein sehr alter Mann, schwankenden Schritts, aber voll Würde.
„Warum hast du ihn nicht sitzen und trinken lassen?" fragte der Kellner, der es nicht eilig hatte. Sie ließen die Rolläden herunter. „Es ist noch nicht halb drei."
„Ich will nach Hause, ins Bett."
„Was ist schon eine Stunde?"
„Für mich mehr als für ihn."
„Eine Stunde ist eine Stunde."
„Du redest selbst wie ein alter Mann. Er kann sich eine Flasche kaufen und zu Hause trinken."
„Das ist nicht dasselbe."
„Nein, das stimmt", gab der Kellner, der eine Frau hatte, zu. Er wollte nicht ungerecht sein. Er hatte es nur eilig.
„Und du? Du hast keine Angst, wenn du früher als gewöhnlich nach Hause kommst?"
„Willst du mich beleidigen?"
„Nein, *hombre,* ich mach nur Spaß."
„Nein", sagte der Kellner, der es eilig hatte, und richtete sich auf; er hatte gerade die eisernen Rolladen heruntergelassen. „Ich habe Vertrauen, vollstes Vertrauen."
„Du hast Jugend, Vertrauen und Arbeit", sagte der ältere Kellner. „Du hast alles."
„Und was fehlt dir?"
„Alles, bis auf Arbeit."
„Du hast alles, was ich habe."
„Nein. Ich hab nie Vertrauen gehabt, und ich bin nicht jung."
„Los, komm! Red keinen Unsinn und schließ zu."
„Ich bin einer von denen, die gern lange im Café bleiben", sagte der ältere Kellner. „Mit all denen, die nicht ins Bett gehen wollen. Mit all denen, die nachts Licht brauchen."
„Ich will nach Hause und ins Bett."
„Wir beide sind ganz verschiedene Naturen", sagte der ältere Kellner. Er war jetzt angezogen, um nach Hause zu gehen. „Es ist nicht nur eine Frage von Jugend und Vertrauen, obwohl beides wunderbar ist. Nur mit Widerstreben mach ich jede Nacht zu, weil vielleicht jemand das Café braucht."
„*Hombre,* es gibt *bodegas*, die die ganze Nacht offen sind."

„Du verstehst das nicht. Dies ist ein sauberes und angenehmes Café. Es ist gut beleuchtet. Das Licht ist sehr gut, und jetzt sind auch noch die Schatten der Blätter da."
„Gute Nacht", sagte der jüngere Kellner.
„Gute Nacht", sagte der andere. Er drehte das elektrische Licht aus und setzte die Unterhaltung mit sich selbst fort. Es ist natürlich das Licht, aber außerdem muß der Raum sauber und angenehm sein. Man will keine Musik haben. Man kann auch nicht mit Würde an der Bar stehen, obwohl das alles ist, was für diese Zeit vorgesehen ist. Wovor hatte er Angst? Es war nicht Angst oder Furcht. Es war ein Nichts, das er nur zu gut kannte. Es war alles ein Nichts, und der Mensch war auch ein Nichts. Es war nur das, und Licht war alles, was man brauchte und eine gewisse Sauberkeit und Ordnung. Manche lebten dahin und fühlten es gar nicht, aber er wußte, es war alles *nada y pues nada y pues nada. Nada* unser, der du bist im *nada, nada* sei Dein Name, Dein Reich *nada,* Dein Wille *nada,* wie im *nada* also auch auf *nada.* Unser täglich *nada* gib uns *nada,* und *nada* uns unsere *nada,* wie wir *nadan* unsern *nadan. Nada* uns nicht in *nada,* sondern erlöse uns von dem *nada; pues nada.* Heil dem Nichts, voll von Nichts. Nichts ist mit dir. Er lächelte und stand vor einer Theke mit einer glänzenden Kaffee-Espressomaschine.
„Was bekommen Sie?" fragte der Mann hinter der Theke.
„*Nada.*"
„*Otro loco mas*", sagte der Mann und wandte sich ab.
„Eine kleine Tasse", sagte der Kellner.
Der Mann schenkte sie ihm ein.
„Das Licht ist sehr hell und angenehm, aber die Theke ist nicht poliert", sagte der Kellner.
Der Mann sah ihn an, antwortete aber nicht. Es war zu spät in der Nacht, um sich zu unterhalten.
„Wollen Sie noch eine *copita?*" fragte der Mann.
„Nein, danke", sagte der Kellner und ging hinaus. Er konnte Bars und *bodegas* nicht leiden. Ein sauberes, gutbeleuchtetes Café war etwas ganz anderes. Jetzt würde er, ohne weiter zu grübeln, nach Hause in sein Zimmer gehen. Er würde in seinem Bett liegen und endlich bei Tageslicht einschlafen. Schließlich, sagte er zu sich, ist es wahrscheinlich nur Schlaflosigkeit. Sicher haben das viele.◀
(Aus: Ernest Hemingway, 49 Stories, deutsch Annemarie Horschitz-Horst. Copyright © 1950 by Rowohlt Verlag, Hamburg.)

3. Exegetische Hinweise

Der Passus Lk 11, 1–3 ist vom Evangelisten (oder bereits schon in einer von diesem benutzten Vorlage) als Gebetsparänese gestaltet. Die Quellenlage für die einzelnen Stücke dieses Textabschnitts sieht im einzelnen folgendermaßen aus. Die Fassung des „Vater unser" (Lk 11, 2–4) entspricht bei Lukas der Logienquelle Q. Das Gleichnis vom bittenden Freund (Lk 11, 5–8) ist Sondergut des dritten Evangeliums. Eventuell handelt es sich dabei um Stoff aus der Logienquelle Q, den der Evangelist Matthäus weggelassen hat. Die Textpassage Lk 11, 9–13, die „Vom Vertrauen beim Beten“ handelt, wird von Lukas im wesentlichen in der Fassung der Logienquelle Q geboten.

Das „Vater unser“ (Lk 11, 2–4) ist der erste von drei Teilen innerhalb der Texteinheit Lk 11, 1–13, die vom Bittgebet handelt. Die Anrede „Vater“ (Lk 11, 2b) entspricht dem aramäischen „abba“. Daß Jesus Gott im Gebet so anredete, ist historisch gewiß. Diese Anrede sollen auch die Jünger gebrauchen. Die erste Bitte an den Vater ist eine Doppelbitte. Gott wird um etwas gebeten, das nach der Überzeugung Jesu und der seiner Jünger seinem eigensten Wesen und Willen entspricht. Die drei sich anschließenden Bitten wenden sich den irdischen Belangen der Jünger Jesu zu. Die Brotbitte meint die Bitte um das, was der Mensch zum täglichen Leben braucht; nicht mehr, aber auch nicht weniger.

Darum zu bitten heißt, sich der Fürsorge Gottes anzuvertrauen ganz so, wie es auch in Ex 16, 4. 16. 18. 21 in der Schilderung des Manna-Wunders anklingt, wo auch die Beschränkung auf den Tagesbedarf hervorgehoben wird. Die Vergebungsbitte unterscheidet sich von den früheren und späteren Bitten durch einen eigenen Nachsatz, der den Beter zu einem entsprechenden Handeln verpflichtet. Die Bitte um Sündenvergebung ist mit der sich anschließenden Bitte um Bewahrung vor der Versuchung engstens verbunden. Versuchungen sind auch für die Jünger Jesu eine reale Möglichkeit. Darum gilt es zu beten, nicht „in Versuchung zu fallen“.

Die sich anschließende Gleichniserzählung (Lk 11, 5–8) kann als Fortsetzung und Weiterführung der Gebetsparänese gelten, die besonders die Berechtigung der Zuversicht bittenden Betens hervorhebt. Das Gleichnis ist wie das vom ungerechten Richter (Lk 18, 2–7) auf den Schluß vom Kleineren zum Größeren angelegt. Die erzählte hypothetische Begebenheit ist so angelegt, daß ihre Aussageintention in klarer Eindeutigkeit zum Tragen kommt und sich dem Hörer des Gleichnisses ohne auch nur die leiseste Möglichkeit eines Mißverständnisses mitteilt. Der „Erfolg“ des nachhaltigen und eindringlichen Gebetes steht somit außer Frage. Es lohnt sich, Gott wieder und wieder ohne Verzagen zu bitten. Gott hört und erhört den Betenden und hilft ihm.

Auch im sich anschließenden Textpassus Lk 11, 9–13 wird – dem inneren Duktus der zur Debatte stehenden Materie des Bittgebetes folgend – gemäß dem bei den Rabbinern üblichen Schluß a minori ad maius die Argumentationsfigur theologisch zugespitzt und damit ein gewisser Schlußstrich unter den ganzen Passus Lk 11, 1–13 gezogen. Das Fazit lautet: Gott weiß besser als der bittend-betende Mensch, was dieser wirklich braucht, und wird ihm das schon geben. (Literaturhinweis: Das Evangelium nach Lukas. Übersetzt und erklärt von J. Ernst, Regensburger Neues Testament, Regensburg 1977, 356–368; G. Schneider, Das Evangelium nach Lukas. Kapitel 11–24, ÖTKNT 3/2, hg. von E. Gräßer und K. Kertelge, Gütersloh und Würzburg 1977, 255–262; The Gospel According to Luke [X-XXIV]. Introduction, Translation and Notes by Joseph A. Fitzmyer S. J. [The Anchor Bible; Vol. 28A], Garden City/New York 1985, 896-916.)

4. Schrifttext und Kurzgeschichte

Beten ist Handeln, genauer gesagt, es ist ein Sprachhandeln. Daß Beten sehr leicht zu einem gedankenlosen Plappern verkommen kann, ist eine bekannte Tatsache. Offenkundig sind solche Gebete wie etwa das „Vater unser" besonders gefährdet, statt ausdrücklich und bewußt als „Sprechakt" des Glaubens vollzogen, einfach „abgespult" und „heruntergeleiert" zu werden. Das Gebet des Herrn verdient ein solches Schicksal wahrlich nicht. Die Predigt sollte die Gelegenheit nutzen, deutlich zu machen, welch große und großartige Worte wir da in den Mund nehmen dürfen, wenn wir betend sprechen: *„Vater unser im Himmel...*".

Ernest Hemingways „Version" des Gebets des Herrn bietet sich als „Kontrastmittel" förmlich an; gewiß ein „Mittel", das wachrüttelt und an alle die, die da beten „Vater unser im Himmel", die Frage stellt, was sie da tun und wie sie es tun. Ernest Hemingways Story gestattet es, sie in der Predigt sozusagen als „V-Effekt" (B. Brecht) einzusetzen, der seine Wirkung gewiß nicht verfehlen wird. Verfremdung eröffnet in der Regel neue Zugänge. Warum sollte es sich in Sachen „Gebet" anders verhalten? Auf einen Versuch käme es an. Der folgende Predigtentwurf möchte sich selbst jedenfalls so und nicht anders verstehen.

[Anmerkung: Nicht ohne Bedacht findet sich die Geschichte hier im Wortlaut der deutschen Übersetzung des amerikanischen Originals. Absichtlich hat sie der Verfasser dieses Beitrags nicht nacherzählt. Erzählen ist ein lebendiges Geschehen, und Geschichten leben nur, wenn sie im Erzählen lebendig werden. Jeder Erzähler muß sie in seinem Erzählen wieder neu lebendig werden lassen, und das kann keiner für den anderen tun.]

5. Predigtentwurf

Das Klügste, was man tun kann, um sich einem Text aus der Heiligen Schrift zu nähern, ist es immer noch, sich zu fragen, was für eine Überschrift man ihm geben könnte. Wenn Sie sich einmal an Ihren schulischen Religionsunterricht zurückerinnern, kommt Ihnen dieser Vorschlag sehr wahrscheinlich einigermaßen bekannt vor. Da hat man in der Religionsstunde einen Text aus der Bibel gelesen, und der Religionslehrer hat gefragt: „Na – welche Überschrift könnte denn zu der zur Debatte stehenden biblischen Perikope passen?" Mal war die Antwort darauf leicht, mal war sie schwierig. Doch unerläßlich ist es allemal, jeweils nach der „Botschaft" der biblischen „Frohbotschaft" zu fragen, also danach, welche ganz konkrete frohe Kunde, welche ganz konkrete gute Nachricht uns da im Wort Gottes zugesagt ist. Nach der passenden Überschrift für eine biblische Textpassage zu suchen, kann da in jedem Fall eine nützliche Hilfe sein, dem Aussagekern eines Stückes biblischer Frohbotschaft auf die Spur zu kommen.

Mich jedenfalls hat es gelockt, das bei dem Text des heutigen sonntäglichen Evangeliums – Lk 11, 1–13 – wieder einmal zu versuchen. Mir ist da nach einigem Hin und Her eine Überschrift eingefallen, die mir ziemlich genau die „Frohbotschaft" des heutigen Evangeliums zu spiegeln scheint. Sie lautet: *„Der Beter geht nicht leer aus."* Das ist wohl die „Botschaft", die der Evangelist, um es einmal salopp zu sagen, „rüberbringen" wollte. Daß sie „rüberkommt", ist ihm ein echtes Anliegen, dafür will er werben.

Für eine andere Einsicht, die allerdings nichts von einer frohmachenden Botschaft an sich hat, hat der Schriftsteller Ernest Hemingway mit seinem erzählerischen Schrifttum geworben. Sie lautet: *„Der Sieger geht leer aus"*. So der Titel einer Sammlung von Stories, die Ernest Hemingway 1933 veröffentlichte und zeitlebens zu seinen besten zählte, und das sind sie nach dem Urteil der Fachwelt nach auch. In jeder einzelnen Story dieser Sammlung steckt der ganze Ernest Hemingway mitsamt seiner „Lebensphilosophie", die er auf die Formel gebracht hat: „Der Sieger geht leer aus".

Eine der Stories, die Hemingway in seine Sammlung „Der Sieger geht leer aus" aufnahm, trägt die Überschrift *„Ein sauberes, gutbeleuchtetes Café"* (s. 2.) und ist eine Geschichte über das Gebet, das wir als das Gebet des Herrn eben in der Version des Lukas-Evangeliums gehört haben.

Ort des Geschehens ist, wie der Titel zu verstehen gibt, ein „sauberes, gutbeleuchtetes Café". In einem solchen Café sitzt spät in der Nacht nur noch ein Gast. Es ist ein alter Mann, der vor einer Woche einen Selbstmordversuch unternommen hat. Außer ihm sind nur noch die beiden Kellner des Cafés anwesend. Der alte Mann bestellt sich – längst schon betrunken – einen Schnaps und bald darauf noch einen. Der eine der beiden Kellner hat es eilig, nach Hause zu seiner Frau zu kommen, und möchte den alten Mann, in dem er lediglich einen lästigen Gast sieht, so schnell wie möglich loswerden. Der andere Kellner, der ältere von beiden, bleibt des Nachts gern lange im Café, hat es gar nicht eilig, nach Haus zu kommen. Er möchte am liebsten das Café nachts gar nicht schließen, denn er weiß nur zu gut: Es gibt Menschen, wie er seinem Kollegen zu verstehen gibt, „die nicht ins Bett gehen wollen," „die nachts Licht brauchen". „Nur mit Widerstreben" macht er jede Nacht zu, „weil vielleicht jemand", so denkt er, „das Café braucht".

Der alte betrunkene Mann hat inzwischen – es ist schon bald drei Uhr früh – seine Zeche gezahlt und sich auf den Weg aus dem gutbeleuchteten Café in die dunkle Nacht gemacht, und der jüngere der beiden Kellner verabschiedet sich schließlich mit einem „Gute Nacht" von seinem älteren Kollegen. Der bleibt noch allein zurück, löscht im Café das elektrische Licht, und dann kommen ihm Gedanken, die er in der Dunkelheit der Nacht so vor sich hinspricht. Es sind dies Gedanken, die man wohl nur mit Beklemmung und Bestürzung zur Kenntnis nehmen kann, denn sie nehmen keinerlei Rücksicht auf wen oder was auch immer, muten sich in ihrer Härte schlicht und einfach zu. Hier sind sie die Gedanken des Kellners, die diesem in der Dunkelheit der Nacht durch den Kopf schießen.

„Wovor hatte er Angst? (...) Es war ein Nichts, das er nur zu gut kannte. Es war alles ein Nichts, und der Mensch war auch ein Nichts. Es war nur das, und Licht war alles, was man brauchte und eine gewisse Sauberheit und Ordnung (...) Nada unser, der du bist im nada, nada sei Dein Name, Dein Reich nada, Dein Wille nada, wie im Nada also auch auf nada. Unser täglich nada gib uns nada, und nada uns unsere nada, wie wir nadan unsern nadan. Nada uns nicht in nada, sondern erlöse uns von dem nada; ... Heil dem Nichts, voll von Nichts."

„Nada" – *„Nichts"* – könnte diese Story von Ernest Hemingway auch überschrieben sein, denn um diesen unheimlichsten aller Gäste im menschlichen Dasein geht es in dem Erzählten von der ersten bis zur letzten Zeile. Leere und Nichts – das paßt zueinander, denn wo das Nichts Einzug hält in die Wohnungen der Menschen, da gehen selbst die Sieger leer aus. Das, was noch die allerletzte Zufluchtsstätte vor der drohenden Macht und Gewalt des Nichts sein könnte, das Gebet – ist bereits von den bösen Mächten des Nichts besetzt. Der Beter in Ernest Hemingways Story findet das göttliche Du nicht mehr. An dessen Stelle ist längst das blanke, leere Nichts getreten im Raum einer Welt, die keine guten Mächte mehr zu kennen scheint.

„Ein sauberes, gutbeleuchtetes Café", selbst wenn es die ganze Nacht durch geöffnet hätte, eine Stätte der Zuflucht vor einer gottverlassenen Welt, welche den Geist des Nichts atmet, kann es nicht sein. Wie muß es da in der Seele eines Menschen aussehen, fragt man sich mit bangem Ernst, der ein ihm aus Kindertagen bekanntes Gebet wie das „Vater unser" in der Weise des monoton wiederkehrenden „Nada", „Nada", „Nada" ... zu sprechen anfängt?

„Nada unser, der du bis im nada, nada sei Dein Name, Dein Reich nada, Dein Wille nada" und so weiter und so fort – das können und das dürfen nicht Worte sein, die Menschen von den Lippen kommen. Eher sollten Menschen mit ihren Lippen Worte formen wie die einer Sentenz der großen spanischen Mystikerin Teresa von Avila, in der das kleine Wort „nada" zwar auch eine wichtige Rolle spielt, aber in seiner Sinnaussage etwas der Ernest Hemingways diametral Entgegengesetztes meint. Die meisten unter Ihnen werden dieses selig-schöne Wort der in jeder Hinsicht außergewöhnlichen spanischen Mystikerin in seinem Wortlaut kennen. „Nada te turbe, nada te espante: quien a Dios tienne nada le falta. Nada te turbe, nada te espante: sólo Dios basta." Auf deutsch heißt das: „Nichts beunruhige dich, nichts ängstige dich. Wer Gott hat, dem fehlt nichts. Gott allein genügt."

Ganz aus dem Geist eines solchen urwüchsigen Vertrauens heraus dürfen wir es wagen, Gott in kindlicher Zutraulichkeit unseren „abba", unseren himmlischen „Vater", zu nennen und ihm dann betend alles zu sagen, was unser Herz bewegt. Mehr braucht es nicht, allerdings auch nicht weniger. Dieser Vater läßt keines seiner Kinder jemals leer ausgehen, sondern gibt ihm, was es zum Leben braucht. Das ist in der „Frohbotschaft" des heutigen sonntäglichen Evangeliums der eigentliche Kern: Wir Menschen, die wir zu Gott, unserem „abba" im Himmel, beten, so wie Jesus es uns selbst gelehrt hat, sollen wissen: Wir werden nie und nimmer leer ausgehen. Gott, der Geber alles Guten, wird uns gute Gaben zu geben wissen.

Wo und wann Menschen so beten können, wird es hell in ihrem Leben werden. Da brauchen sie kein „sauberes, gutbeleuchtetes Café" als Asylstätte auf der

Flucht vor dem Nichts, vor dem es nirgends auf der Welt eine Stätte der Zuflucht gibt, es sei denn, man weiß sich geborgen in der Hand des Abba-Gottes. Denn nichts braucht uns zu beunruhigen, nichts zu ängstigen, weil *Er* unser *„abba“* ist, und deshalb tut es immer wieder not und auch immer wieder gut, bittend-betend zu sprechen: *„Vater unser...“*

Bernhard Sill

18. Sonntag im Jahreskreis

Zu Lk 12, 13–21

1. Persönlicher Zugang zum Schrifttext

Versicherungen sind ein Produkt von Wohlstandsländern. Sie wachsen und wachsen, immer neue Möglichkeiten, sich zu versichern, werden entdeckt. Bald gibt es fast keinen Lebensbereich mehr, der nicht finanziell abgesichert werden könnte. Zugegeben, auch ich habe für unsere Familie und für mich eine ganze Reihe von Versicherungen abgeschlossen. Es ist, denke ich, im Rahmen unserer Möglichkeiten eine legitime Form, Not vorzubeugen. Doch beim Nachsinnen über möglicherweise eintretende Versicherungsfälle wird mir auch deutlich, wie klein der Lebenssektor doch ist, der mit Kalkül und guter Planung „abgesichert“ werden kann. Den wechselhaften Wegen eines Menschenlebens bietet keine Gesellschaft sicheren Halt. Niemand ist da, der eine Garantie übernehmen könnte für die Dauer einer Partnerschaft. Keiner, der mir für viele Jahre inneres Glück und Zufriedenheit zusichern könnte. Und keiner, der mir anstelle einer Versicherungsprämie im Todesfall ein paar Tage mehr Leben zur Verfügung stellte...

Mit all unseren Absicherungen und Garantien, mit unseren Planungen, Prognosen und Programmen stehen wir Menschen auf einer ganz dünnen Eisdecke. Jederzeit können all unsere Luftschlösser und all unsere Sicherheiten zunichte werden. Für diesen Fall taucht am Horizont meines Bewußtseins die bange Frage auf: Muß ich mir auch sagen (lassen) „du Narr“? Oder bleibt da irgendwo in meinem Leben und in meinem Tod ein Schatz, der vor Gott zählt? Das Beispiel vom reichen Kornbauern zeigt mir, daß der selbstherrliche Griff nach der Unendlichkeit (hier symbolisiert durch das rundum versorgte und unbesorgte Leben) den Menschen nur zu der Erkenntnis seiner Begrenztheit und Angewiesenheit führen kann. Das Eigentliche, Göttliche, Unendliche ist kein Ding, das sich aus dieser Schöpfung saugen, schaffen oder züchten läßt. Es bleibt Geschenk Gottes an den, der ihm vertraut und seine Gelassenheit und Versichertheit in ihm sucht.

2. Persönlicher Zugang zur Kurzgeschichte

Vielleicht gehört es zum Ureigensten des menschlichen Wesens, dem Leben, der Natur, Gott, ja sich selbst so viel wie möglich abzutrotzen. Doch in der Gegenwart scheint sich der Eroberungsdrang des menschlichen Geistes fast zu überschlagen. Was ist nicht alles machbar – vielleicht...! Zerstörungen an der Natur werden „repariert", der physische Tod von Menschen hinausgeschoben, sogar die Gestaltung des Lebens im Mutterleib soll durch die Manipulation der Genstruktur beeinflußt werden. Steckt dahinter nicht der Wunschtraum, aus dem scheinbar unerschöpflichen Reservoir der Schöpfung die Unendlichkeit zu schöpfen? In einer Mischung aus Humor und Tragik zeichnet die Fabel von der Hündin Jennie ein Bild von demjenigen, der solcher Sehnsucht nach Unbegrenztheit verfallen ist.

▶ Es muß im Leben mehr als alles geben – von der Hündin Jennie

Einst hatte Jennie alles. Sie schlief auf einem runden Kissen im oberen und auf einem viereckigen Kissen im unteren Stockwerk. Sie hatte einen eigenen Kamm, eine Bürste, zwei verschiedene Pillenfläschchen, Augentropfen, Ohrentropfen, ein Thermometer und einen roten Wollpullover für kaltes Wetter. Sie hatte zwei Fenster zum Hinausschauen und zwei Schüsseln für ihr Futter. Und sie hatte einen Herrn, der sie liebte.
Doch das kümmerte Jennie wenig. Um Mitternacht packte sie alles, was sie besaß, in eine schwarze Ledertasche mit einer goldenen Schnalle und blickte zum letztenmal zu ihrem Lieblingsfenster hinaus.
„Du hast alles", sagte die Topfpflanze, die zum selben Fenster hinaussah. Jennie knabberte an einem Blatt.
„Du hast zwei Fenster", sagte die Topfpflanze. „Ich habe nur eines." Jennie seufzte und biß ein weiteres Blatt ab. Die Pflanze fuhr fort: „Zwei Kissen, zwei Schüsseln, einen roten Wollpullover, Augentropfen, Ohrentropfen, zwei verschiedene Fläschchen mit Pillen und ein Thermometer. Vor allem aber liebt er dich."
„Das ist wahr", sagte Jennie und kaute noch mehr Blätter.
„Du hast alles", wiederholte die Pflanze.
Jennie nickte nur, die Schnauze voller Blätter.
„Warum gehst du dann fort?"
„Weil ich unzufrieden bin", sagte Jennie und biß den Stengel mit der Blüte ab. „Ich wünsche mir etwas, was ich nicht habe. Es muß im Leben noch mehr als alles geben!" Die Pflanze sagte nichts mehr.
Es war ihr kein Blatt geblieben, mit dem sie etwas hätte sagen können.◀
(Nach: In Geschichten uns wiederfinden, Teil 2, Werkbrief für die Landjugend 1/1980, hg. von der Landesstelle der Katholischen Landjugend Bayerns, München.)

3. Schrifttext und Kurzgeschichte

Die Sehnsucht, zu nehmen und zu haben, verbindet beide Texte. Sie sprechen damit eine Sorge an, die wohl viele unserer Zeitgenossen beschäftigt. Zum einen: Wie schaffe ich das für das tägliche Leben Notwendige heran? Zum zweiten: Wie sorge ich vor, damit ich morgen weniger schaffen muß? Und zum dritten: Wie gelange ich zu einer größtmöglichen Sicherheit, die mich in absehbarer Zukunft von mancherlei Sorgen befreit (mietfrei ... schuldenfrei ... Kinder versorgt ... in guten menschlichen Beziehungen ... eins mit mir und Gott...?)

4. Exegetische Hinweise

Die Perikope ist eingebettet in die allgemeine Thematik des „Sich-Sorgens". Während es vorher um die Sorge der von der Verurteilung bedrohten Verkünder geht, ob sie die richtigen Worte besitzen werden (12, 12), greift Lukas hinterher die Sorge um die Güter des täglichen Lebensbedarfs auf (12, 22 f). In beiden Fällen ermutigt er zur Gelassenheit und verspricht, daß alles Erforderliche von Gott gegeben wird.

Auch Lk 12, 13–21 streift eine sehr wesentliche Sorge des Menschen: die Sorge um das „Weiterkommen" auf Erden. Von der Tendenz her wird eine analoge Ermahnung wie in den anderen beiden Fällen ausgesprochen: Das enge menschliche Sorgen wird für unnötig, ja an dieser Stelle sogar für töricht erklärt. Zwischen den Zeilen tut sich die Perspektive auf, daß Gott ganz andere Pläne hat (und dementsprechend dem Menschen sicherlich dafür das Richtige zukommen lassen wird).

Eingeleitet wird die Beispielgeschichte des lukanischen Sondergutes durch einen alltäglichen Fall. Dieser dient nur dazu, die Thematik der „Habgier" anzuschneiden. Er wird im Anschluß nicht weiterverfolgt.

Wie auch sonst im Lukasevangelium wird die grundsätzlich kritische Position des Evangelisten zum Reichtum spürbar. Lukas ist der Evangelist der Armen und Kranken. Daher klingt bereits im ersten Satz der Beispielerzählung unausgesprochene Kritik an. Solange es Arme gibt, ist ein „reicher Mann" fragwürdig. Inhaltlich greift die Geschichte weisheitliche Lehre aus dem Alten Testament auf (Ps 39, 7; Koh 8, 15; Sir 11, 81 f). Daß irdische Güter dem Menschen nach seinem Tod nichts nützen, war auch sonst in der frühen Christenheit eine öfter zitierte Mahnung (1 Tim 6, 7). Der Zielpunkt der Geschichte ist aber nicht die Kritik am Reichtum schlechthin, sondern an der doppelten Blindheit, die solcher Wohlstand bewirken kann: Zum einen an der Blindheit des Reichen gegenüber den Armen und zum anderen an der Blindheit des reichen Mannes gegenüber seiner eigenen Situation. Er wähnt sich seines Lebens so sicher wie seiner Güter. Zusammengefaßt wird diese Kritik in der eingangs angesprochenen Warnung: Hütet euch vor jeder Art von Habgier!

Das kann doch nicht alles sein!? Haben Sie diesen Gedanken auch schon einmal gedacht oder ausgesprochen? Das kann doch nicht alles sein: diese Arbeitsstelle mit immer denselben Aufgaben, Gesichtern, ohne große Aufstiegsmöglichkeiten... Bin ich am Ende angelangt? Das kann doch nicht alles sein: diese Partnerschaft, die mit soviel Liebe und Romantik begann und sich nach einigen Jahren schon mit dem Grau des Alltags überzogen hat? Das kann doch nicht alles sein: dieses mein Leben, das nun 60 Jahre währt und dem Ruhestand entgegendrängt...? Wo sind die großen Ziele? Nein, es muß noch mehr geben: eine Beförderung, neues Liebesglück, eine Promotion als Rentner, die das nachholt, was ich vor 40 Jahren immer schon wollte... Und wenn ich das dann alles geschafft habe, dann sind die Sorgen endlich vorbei. Dann fühle ich mich gut, dann kann ich endlich richtig leben...
Zugegeben – ein schöner Traum. Sicher einer, den viele Menschen träumen. Ein Traum von totaler Erfüllung, ein Traum von Sicherheit, ohne Angst, ohne Mühe, ohne Grenzen! Maurice Sendak erzählt uns von einer Hündin, die ebenfalls so einen Traum träumt: ... (s. 2.).
Leicht wäre es nun, sich über die Dummheit der Hündin zu äußern. Aber – und das machte mich beim ersten Lesen der Geschichte sehr betroffen – die Karikatur der dummen Hündin trägt ein schlimmes Stück Wahrheit in sich. Äußerlich gesehen, bekam Jennie sicherlich mehr: Sie fraß die Pflanze, Blatt für Blatt, und der Hundebauch füllte sich allmählich mit den Blättern und Blüten, mit Dingen, die eigentlich gar nicht für diesen Hundebauch bestimmt waren. Und das Schlimme dabei ist, daß diese Blätter und Blüten sich vorher sogar unterhalten konnten mit Jennie. Jennie hat das Leben aufgefressen. Aber dieser merkwürdige Zugewinn hat Jennie nicht weitergebracht. Sie ist ärmer als vorher. Denn nun spricht keine Blume sie mehr an. Die Situation mag ein Bild für bestimmtes menschliches Verhalten sein. Es steckt darin die Erfahrung, daß ich beim Streben nach „mehr“ plötzlich ärmer und einsamer dastehe als vorher. Das, was ich mir im Laufe meines Lebens alles „einverleibe“, all das Geld, all die Geschenke, all die Titel, all die Auszeichnungen..., bedeutet letztlich gar nichts. All das wird mich bei der Suche nach dem unbegrenzten Leben nicht weiterbringen. Ja, es kann mir sogar passieren, daß ich auf dem Weg meiner Suche, auf der Leiter nach oben, menschliche Beziehungen opfere. Ich habe vor lauter wichtiger Arbeit einfach keine Zeit mehr für Freunde, für unsere Kinder, für meine Frau, für mich selbst... Wenn das passiert, dann ist die dumme Hündin Jennie ein Bild für mich geworden. Ich habe das Leben – und was es zu geben hat – aufgefressen. Ob es mich stärker macht oder mir eher Magenschmerzen bereitet, sei noch dahingestellt. Dauerhaft bringt es mich jedenfalls nicht weiter. Drastisch im Bild gesprochen: Jennie wird die biologischen Reste ihres „Zugewinns“ an irgendeinem Baum ablegen. Was geschieht mit den Errungenschaften unseres Strebens? Stellen Sie sich doch gelegentlich in einer ruhigen Stunde die Frage: Wie lange sättigt mich das, was ich für so ungeheuer erstrebenswert hielt? Und wenn es verbraucht ist – was geschieht damit, wem nützt es?

Die bildhaften Gedanken aus der Kurzgeschichte führen uns direkt zum Schluß des heutigen Evangeliums. Da wird zu einem Menschen gesagt: „Du Narr!" Solch ein Resümee hätte auch für die Hündin gepaßt und vielleicht gelegentlich für uns alle. Der erfolgreiche Großbauer wird ob seiner guten Planung und seiner fantastischen Produktivität beschimpft? Nein, die Beispielgeschichte vom reichen Kornbauern darf nicht mißverstanden werden. Sie ist keineswegs ein Plädoyer gegen vernünftige menschliche Planung oder gegen das Mühen, mit seiner Arbeitskraft möglichst viel zu erreichen. Jesus zeigt dem selbstzufriedenen Menschen nur, daß er sich gründlich geirrt hat. Zwar glaubt dieser, nun endlich kurz vor dem unbegrenzten Leben als Mensch zu stehen, frei von allen Sorgen und Ängsten. Doch er hat übersehen, daß die materielle Ebene den Kern seines Menschseins gar nicht berührt. Und er hat übersehen, daß die Grundlagen des Lebens nicht „erwirtschaftet" werden können. Der Kornbauer wird nicht von einem Geschäftspartner angesprochen, sondern von seinem Schöpfer!
Der Name „Schöpfer" sollte uns hellhörig machen. Der Raum, in dem wir leben, wurde aus etwas „ge-schöpft", geschaffen. Er ist begrenzt wie wir selbst. Vieles läßt sich aus dieser Schöpfung heraus-schöpfen – auch aus uns selbst, aus unserer Schaffenskraft, unserer Zeit... Das Leben ausschöpfen – es ist schon ein Schlagwort in romantischen Denkerkreisen geworden, seit der Film „Der Club der toten Dichter" die Leinwände unserer Kinos überschwemmte. Aber irgendwann tritt überall die „Er-schöpfung" ein, und dieser andauernde Prozeß des Gewinnens, Herausholens, Verbesserns wird zur Karikatur, sinnlos, weil niemand mehr da ist, der die geschöpfte Suppe des Lebens auslöffeln oder gar genießen könnte. Der abgeschöpfte Rahm eines angestrengten Lebens – er landet allzuoft in den Mülleimern. Fast scheint es, als spiele der Mensch beim Umgang mit sich und seiner Umwelt wie mit einem Gummiband. Es läßt sich dehnen, größer und länger machen ... – und schnellt dann doch wieder zurück. Es kann nicht mehr als alles geben.
Jeder Mensch hat sein Leben, es ist geschöpft aus der großen Lebenskraft Gottes. Innerhalb dieses Lebens ist unendlich vieles angelegt, was wachsen und reifen kann. Aber es ist begrenzt. Es ist dir möglich, aus deinem Leben alles herauszuholen – hinterher ist es aber leer! Es ist dir möglich, dein Leben erschöpfend zu leben – hinterher bist du aber er-schöpft. Was bleibt, ist die Erfahrung, daß ich beim Streben nach „Mehr" plötzlich ärmer und einsamer dastehe als vorher. Es ist unmöglich, den Himmel auf Erden zu schaffen. Gott allein kann den Menschen in die absolute Freiheit führen. Der Reiche hat, obwohl er es nicht weiß, solch ein unbegrenztes Leben vor sich, aber nicht aufgrund seiner errungenen Güter, sondern, weil Gott es ihm schenken kann.
Die beiden Beispielgeschichten von der Hündin Jennie und vom reichen Kornbauern können uns in doppelter Hinsicht befreien: Zum einen entreißen sie uns die Illusion, es gäbe Menschen, die durch ihren konsequenten Lebensstil, durch ihre Beziehungen, ihr Geld, ihre Fähigkeiten bereits in eine Art „himmlisches Leben" vorgedrungen seien. Es gibt sie nicht. Selbst Jesus war mit seiner begrenzten Menschlichkeit konfrontiert. Er saß wie wir alle wohl manchmal

da und fragte sich: War das wirklich alles? Wenn wir erst einmal begriffen haben, daß wir uns das „immer-noch-viel-bessere-Leben“ gar nicht erwirtschaften können, wird der Zwang zu solchem Mühen von unseren Schultern gleiten. Gelassenheit bezüglich unserer Ziele wäre eine Frucht aus der Beschäftigung mit diesen Texten.
Zum anderen befreien sie uns aus der Angst, daß es überhaupt nichts anderes gäbe als das, was wir erarbeitet haben. So wie uns ohne unser Zutun das Leben gegeben wurde, so wie ohne unser Verdienst eine Schöpfung da ist, so wird Gott auch die Unvollkommenheit und Begrenztheit unseres Daseins beenden. Diese Erkenntnis könnte eine zweite Frucht unseres Nachdenkens sein: Es gibt mehr als all das, worum wir täglich kämpfen, mehr als das, wovor wir Angst haben, mehr als all unsere kühnsten Ziele.
Ja, es gibt doch wesentlich mehr als alles!

6. Weitere Anregungen

Einen Zugang zu der Thematik des „immer weiter Aufsteigens“ und der Folgen solchen Strebens bis zur Veränderung des Menschen zum Tier und schließlich zum Stein vermittelt der faszinierende Roman „Stein und Flöte, und das ist noch nicht alles“ von Hans Bemann.

Wolfang Baur

19. Sonntag im Jahreskreis

Zu Hebr 11, 1–2. 8–19

1. Persönlicher Zugang zum Schrifttext

In der Perikope Hebr 11, 1–2. 8–19 wird uns Abraham als leuchtendes Glaubensvorbild vorgestellt. Sein „ruhmvolles Zeugnis“ (V. 2) wird als eindrucksvolles Beispiel geschildert. Was er tat, tat er „aufgrund des Glaubens“, wie es immer wieder stereotyp heißt. Mir ist es fast ein wenig zu massiv, und beinahe gerät Abraham für mich in die Sphäre eines unerreichbaren Ideals, dessen Vorbildfunktion sich leicht zu verflüchtigen droht.
Ich bleibe deshalb bei der einleitenden Definition (V. 1) hängen: „Glaube ist: Feststehen in dem, was man erhofft, Überzeugtsein von Dingen, die man nicht sieht.“ Mir klingt dies als Frage im Ohr. Ist es wirklich so, daß Glaube eine Überzeugung von Dingen ist, die man nicht sieht? Mit Jesus von Nazaret ist Gott doch Mensch geworden, sichtbar, greifbar, erfahrbar. Aber daß dieser Mensch Gottes Sohn ist, war schon damals nur zu leicht übersehbar. Vielleicht war Jesus selbst im Sinne von Hebr 11, 1 der Prototyp des Glaubenden schlechthin, und vielleicht ist nur in diesem Zusammenhang sein Leben wirklich versteh-

bar. Mir klingt die Feststellung Joh 20, 29 im Ohr. „Selig, die nicht sehen und doch glauben."

2. Persönlicher Zugang zur Geschichte

Die Kindergeschichte „Oh, wie schön ist Panama" erzählt in Form einer Fabel, wie eine Vision, nämlich die vom Traumland Panama, den Blick für die Wirklichkeit derart verändern kann, daß die Wirklichkeit selbst als eine neue, größere und schönere erscheint. Der kleine Bär und der kleine Tiger finden nach einer langen Reise ihr Traumland, indem sie auf einen Baum steigen und die Welt von oben, aus einer anderen Perspektive betrachten. Was sie sehen, ist aber das Land, in dem sie immer schon zu Hause sind. Die neue Perspektive läßt in ihnen die anfängliche Faszination zur Gewißheit werden: Dies ist das ersehnte Traumland.
Mich beeindruckt an dieser Erzählung, wie sich der Bär und der Tiger von ihrer Vision fesseln lassen, wie sie sich bewegen lassen und aufbrechen, überzeugt davon, daß ihre Träume Wirklichkeit werden können. Sie gelangen schließlich zum Ziel ihrer Träume, weil sie den Mut haben, gewohnte Bahnen zu verlassen und die Wirklichkeit aus einer anderen Perspektive anzuschauen. Hier kann ich mich mit eigenen Erfahrungen einfinden. Manche Probleme lassen sich eben erst lösen, wenn ich bereit bin, meine Lebenswelt auch mal aus einem anderen Blickwinkel zu betrachten. Es bleibt dieselbe Wirklichkeit, aber mit anderen Augen sieht sie eben anders aus. Das macht sie immer neu interessant und erlebenswert.

3. Exegetische Hinweise

Der Text Hebr 11, 1–2. 8–19 greift aus dem weitgespannten heilsgeschichtlichen Bogen der Glaubensvorbilder, der von Abel (V. 4) bis zu Jesus (Hebr 12, 2) reicht, das einmalige Glaubenszeugnis Abrahams heraus. Zentrale Begebenheiten aus seinem Leben werden hervorgehoben und in den Zusammenhang seines Glaubens, genauer gesagt, seiner Glaubenstreue und seines Vertrauens gestellt. Ausgangspunkt dieser als Vertiefung der Mahnung zur Ausdauer in Hebr 10, 32–39 verstehbaren Perikope ist die grundlegende Glaubensdefinition in V. 1. Glaube ist Feststehen, d. h. Ausharren in der Hoffnung und Überzeugtsein – oder besser übersetzt: „‚Überführtsein' von unsichtbaren Dingen, also Ergriffen- und Bewegtsein von der ... Welt Gottes" (März, 68). Der V. 2 verweist auf die „Väter" des alten Bundes als Zeugen des in V. 1 definierten Glaubens. In den VV. 8–19 werden genauso wie bereits in VV. 4–7 „durch litaneiartige Wiederholung des Stichwortes ‚Glauben'" (März, 67) die heilsgeschichtlichen Ereignisse auf die Grundsatzaussage V. 1 hingeordnet. An Abraham „zeigt sich der Glaube als festes Vertrauen auf Gottes Verheißung und Bindung an das noch nicht Erreichte" (März, 69; vgl. vor allem V. 13). Er ist der Vater des

Glaubens schlechthin (vgl. Röm 4). (Literaturhinweis: C.-P. März, Hebräerbrief, Würzburg 1989.)

4. Schrifttext und Geschichte

Aus dem Schrifttext möchte ich für die Predigt nur den V. 1 herausnehmen, gewissermaßen als auf den Punkt gebrachte Grundaussage dessen, was in VV. 8–19 am Glaubensbeispiel Abrahams entfaltet wird. Vor allem V. 1b scheint haargenau zu benennen, worum es in der Geschichte „Oh, wie schön ist Panama" geht. Sie erzählt in der Form der Fabel, was es bedeuten kann, überzeugt zu sein von Dingen, die man nicht sieht. Der kleine Bär und der kleine Tiger lassen sich im wahrsten Sinne des Wortes bewegen von etwas, was sie bestenfalls erträumen können. Mehr als einen vagen Hinweis haben sie nicht. Doch das genügt. Wie Abraham aufbrach und dabei im Vertrauen auf Gott alles aufs Spiel setzte, vertrauen der Bär und der Tiger in der Geschichte ganz auf ihre Vision. Sie verlassen Gewohntes, um es schließlich mit anderen Augen neu zu entdecken. So gesehen führt der Glaube schließlich dazu, über das Überzeugtsein von Dingen, die man nicht sieht, hinaus, daß sich die Dinge selbst verändern, weil ich sie in einem anderen Licht sehe, im Licht des Glaubens.

5. Predigtentwurf

Die Lesung erzählt uns vom Glauben Abrahams. In beispielhaften Lebenssituationen wird uns Abraham als Vorbild, als Stammvater aller Glaubenden vorgestellt. An ihm wird deutlich, was Glaube ist: „Feststehen in dem, was man erhofft, Überzeugtsein von Dingen, die man nicht sieht." In dieser prägnanten Formel bringt der Hebräerbrief auf den Punkt, was mit dem Wort „Glaube" gemeint ist. „Überzeugtsein von Dingen, die man nicht sieht", das ist auch exakt das Thema einer bekannten Geschichte des Kinderbuchautors Janosch: „Oh, wie schön ist Panama". ▶ Ein kleiner Bär und ein kleiner Tiger lebten zufrieden in ihrem kleinen Haus unten am Fluß. Eines Tages kam eine Kiste geschwommen, die nach Bananen roch. „Pa-na-ma" war auf der Kiste zu lesen. Der kleine Bär und der kleine Tiger malten sich in ihrer Phantasie aus, daß Panama ein Land sein müsse, in dem alles nach Bananen riecht. Panama, das war fortan ihr Traumland. Ja, dort wollten sie hin. So bauten sie aus der Kiste einen Wegweiser, denn Wegweiser braucht man, und dann zogen sie los.
Vielen erzählten sie unterwegs von ihrem Traumland. Als sie schließlich auch eine Krähe nach dem Weg fragten, flog sie auf einen hohen Baum. Die beiden kletterten zu ihr hinauf, und die Krähe zeigte ihnen von oben ihr Traumland. Das Land, das sie unter sich sahen, erschien ihnen schöner als alles, was sie bisher gesehen hatten. Es war aber das Land, wo sie schon immer gewohnt hatten. Sie hatten es nur noch nie von oben gesehen. Der kleine Bär und der kleine Tiger waren begeistert. Ja, hier wollten sie bleiben.

Sie stiegen vom Baum und liefen eilig zum Fluß, den sie von oben gesehen hatten. Dort fanden sie bald auch einen Wegweiser, doch sie erkannten nicht, daß es der selbe war, den sie selbst gebaut hatten. „Panama" stand auf dem Wegweiser. Sie waren tatsächlich in Panama. Und in der Nähe entdeckten sie ein verlassenes Haus. Es war ihr eigenes kleines Haus, nur erschien es ihnen jetzt viel größer und schöner, denn es war ja ihr Traumland, und dort ist alles viel größer und schöner. Sie richteten das Haus wieder ein wenig her, und so lebten sie dort, überglücklich, ihr Traumland gefunden zu haben.◀ (Frei nacherzählt nach: Janosch, Oh, wie schön ist Panama, Weinheim/Basel 1978 – für die Predigt wäre eine etwas ausführlichere Erzählung der Geschichte, vor allem des letzten Drittels, wünschenswert!)

Die beiden haben Panama also gefunden, das Land ihrer Träume. Sie haben den Mut gehabt aufzubrechen, sich auf den Weg zu machen, überzeugt von etwas, das sie nicht gesehen haben – nicht sehen konnten. Nur eine alte Kiste ist ihnen Hinweis, daß es noch mehr gibt als ihre bisherige kleine Welt. Dieser Hinweis genügt. Sie werden im wahrsten Sinne des Wortes bewegt von etwas, das sie nicht sehen, von der Vision eines Landes, das von oben bis unten nach Bananen riecht, wie der Bär sagt. Mir fällt dabei unwillkürlich die Vision der Israeliten ein, die aus Ägypten auszogen, in der Hoffnung auf ein Land, das von Milch und Honig fließt.

Glaube ist tatsächlich Überzeugtsein von Dingen, die man nicht sieht. Glaube bedeutet aber zugleich, sich begeistern zu lassen und in dieser Begeisterung aufzubrechen – so wie der Bär und der Tiger in der Geschichte, wie die Israeliten aus Ägypten, wie Abraham aus seinem Land, seiner Verwandtschaft und seinem Vaterhaus.

In der Kindergeschichte finden der Bär und der Tiger schließlich das Land ihrer Träume. Sie mußten erst auf einen Baum klettern und die Welt aus einer anderen Perspektive betrachten. Hätten sie die Welt nicht von oben gesehen, sie wären wohl noch lange umhergewandert, ohne Panama je gefunden zu haben. Panama ist das gleiche Land, der gleiche Fluß, die gleiche Welt, in der sie schon immer zu Hause waren, nur aus einem anderen Blickwinkel gesehen. Und dieser Blickwinkel läßt sie die Welt mit anderen Augen sehen. Ja, diese neue Perspektive verändert die Welt sogar – sie ist jetzt viel größer und schöner, wie es heißt.

Glaube ist letztlich diese andere Perspektive der Welt: Eine Sichtweise, die mich, von der Vision getrieben, aufbrechen und einen neuen Blickwinkel auf unser Leben suchen läßt. Für Jesus ist dies die Perspektive der Sünder, der Armen und gesellschaftlichen Randgruppen. Seine Perspektive kehrt herkömmliche Wertordnungen um. Mit den Augen des Glaubens sind die Schwachen die Starken, die Ohnmächtigen die Mächtigen. Vor Gott sind die Kleinen groß, die Armen reich und die Letzten werden die Ersten sein. Die Perspektive des Glaubens ist die Sichtweise einer geschwisterlichen, solidarischen Welt. Wer Augen hat zu sehen, der sehe.

So verstanden, erinnert mich der Glaube an ein altes Kinderspiel. Ich sehe was, was du nicht siehst. Ein Spiel, mit dem Kinder den Blick für ihre Welt schärfen und so ihre Welt entdecken. Vielleicht kann Glaube auch so eine Art Spiel sein,

ein Spiel von Christen, die sich gegenseitig aufmerksam machen auf das, was man auf den ersten Blick nicht direkt sieht, auf das Reich Gottes, das in Jesus Christus Wirklichkeit geworden ist. Glaube kann ein gegenseitiges Entdekkungsspiel sein: Ich sehe was, was du nicht siehst.

Karin Hofmann/Berthold Uphoff

20. Sonntag im Jahreskreis

Zu Lk 12, 49–53

1. Persönlicher Zugang zum Schrifttext

Mich trifft der Text in einer besonders schwierigen Situation: An meiner Arbeitsstelle (einer katholischen Schule, in der mir besonders auch die Verantwortung für die Gottesdienste und die Schulseelsorge übertragen ist) kam es in letzter Zeit immer wieder zu Auseinandersetzungen mit den Religionslehrerkollegen: Wie gewinnen wir die Schüler, zum Gottesdienst zu kommen? Sollen wir die Gottesdienste und alle anderen religiösen „Angebote" noch attraktiver machen? Auf welche Weise? Ich fühlte mich in einer ständigen Zerreißprobe; nicht zuletzt auch gegenüber der Direktion. Warum müssen solche Auseinandersetzungen sein? Wenn wir doch alle den Anspruch haben, die Botschaft Jesu frohmachend in diese Welt zu tragen, müßte doch Einigkeit herrschen. Aber nicht nur ich habe dieses Problem, das oft innerhalb (und außerhalb) der Kirche mit den Begriffen „konservativ gegen progressiv", „aufgeschlossen gegen engherzig", „mutig gegen ängstlich" und so fort beschrieben wird; auch in vielen Gemeinden herrschen eher Streit und Mißgunst als das vielbeschworene und so oft gelesene „Die Gemeinde der Gläubigen war ein Herz und eine Seele" (paradoxerweise ja auch von Lukas: Apg 4, 32!).
Völlig unglaubwürdig klingen mir die Sätze: „Jesus bringt die Nächstenliebe." – „Alle Menschen sollen Brüder und Schwestern Jesu werden." – Äußerungen, die, wenn sie aus Schülermund kommen, als Pseudodefinition dessen, was sie unter Christentum verstehen, von mir immer schon als oberflächlich angesehen wurden.
„An der Person Jesu scheiden sich die Geister." Auch heute noch? Und wer kann mir garantieren, daß *ich* und nicht *der andere* recht hat? Vielleicht lasse ich (im Lichte des Evangeliums) dem Streit und der Auseinandersetzung zu wenig Raum? Vielleicht kann ich eine nur vermeintliche Ruhe (die dann oft auch nur Grabesruhe ist) durch eine „Kultur des Streitens" letztlich besser korrigieren?

2. Persönlicher Zugang zu einem modernen Gedicht

Als „Kontrasttext" zur Evangeliumsperikope fällt mir das Gedicht von Kurt Marti (* 1921) ein:

▶ Der ungebetene Hochzeitsgast

Die Glocken dröhnen ihren vollsten Ton
und Photographen stehen knipsend krumm.
Es braust der Hochzeitsmarsch von Mendelssohn.
Der Pfarrer kommt! Mit ihm das Christentum.

Die Damen knien im Dome schulternackt,
noch im Gebet kokett und photogen,
indes die Herren, konjunkturbefrackt,
diskret auf ihre Armbanduhren sehn.

Sanft wie im Kino surrt die Liturgie
zum Fest von Kapital und Eleganz.
Nur einer flüstert leise „Blasphemie!"
Der Herr. Allein. Ihn überhört man ganz.◀

(Aus: Kurt Marti, Für eine Welt ohne Angst. Berichte – Geschichten – Gedichte, Peter Hammer Verlag, Wuppertal.)

Ich konnte eigentlich nie einen begeisterten Zugang zu den Texten Martis finden; langsam erst wurde mir klar, daß er dies wohl auch kaum beabsichtigt. Mit dem Text „Der ungebetene Hochzeitsgast" will er – wie mit vielen anderen Texten auch – provozieren und nachdenklich machen. Bei diesem Text muß ich – zumindest zunächst – schmunzeln. Tatsächlich: Solche Trauungen habe ich selbst schon gehalten, mit allem Pomp, aber mit spürbar großer „Gottlosigkeit". Und auch wohl wissend, daß die „Gottesdienstgemeinde" nicht immer „Schwestern und Brüder" waren, sondern in ihren religiösen, sittlichen oder weltanschaulichen Überzeugungen meilenweit voneinander entfernt und zutiefst getrennt. Und durch meine „surrende Liturgie" gebe ich dem Ganzen noch einen frommen Anstrich! Davon sollte ich eigentlich weg.

3. Exegetische Hinweise zum Schrifttext

Die liturgische Perikope steht in eindeutig eschatologischem Kontext. Den Jüngern wird deutlich gemacht, daß eine Entscheidung für Jesus mit innerweltlichen Gefahren verbunden ist, die sogar zum Tod führen können (Lk 12, 11–12); einem einzelnen Reichen wird verdeutlicht, daß alles Planen und Vorsorgen vergeblich sein kann, denn der Tod kann jederzeit sein Leben beenden (Lk 12, 20); wiederum wird allen Jüngern gesagt, daß die Sorge um das materielle Überleben hinsichtlich der kommenden Erlösung völlig zweitrangig, ja gefährlich ist (Lk 12, 32) und alle bereit sein sollen, das Kommen des „Hochzeiters"

Jesus zu jeder Stunde zu erwarten (Lk 12, 35–38.43). Auch nach unserer Perikope ruft Lukas deutlich zur Wachsamkeit (Lk 12, 54–57) und zur Umkehr (Lk 13, 1–9) auf.

Unsere Perikope selbst weist einige bemerkenswerte und exegetisch wichtige Besonderheiten auf, die jeweils auch einzeln homiletisch erschlossen werden könnten (s. 6.). Ich beschränke mich auf den Vergleich mit der Mt-Parallele und einige Beobachtungen zur lukanischen Theologie.

a) Lk 12, 49–53 hat eine Parallele in Mt 10, 34–36. Dabei sind die lukanischen Verse 49. 50 mit großer Sicherheit nicht Eigengut des Verfassers. Der Vergleich mit der Ankündigung Jesu durch Johannes: „Er wird euch mit dem Heiligen Geist und mit Feuer taufen" (Lk 3, 16 // Mt 3, 11 = Q) zeigt, daß Lukas den Grundgedanken auch in seiner Darstellung der Person Jesu (als Selbstoffenbarung) weiterführt, hier aber noch drastischer in einer metaphorischen Weise vom „Feuer werfen" spricht: Das Brennen des Heiligen Geistes (vgl. Apg 2, 3!) bewirkt bei allen Menschen, also auch bei Jesus, eine „Feuertaufe", in der sich trennendes Gericht ereignet. Bezüglich der genannten Doppelüberlieferung Lk 3, 16 // Mt 3, 11 ist noch die Anmerkung zu machen, daß mit der Möglichkeit einer semitischen Konstruktion (waw – explicativum: „mit Heiligem Geist, *nämlich* mit Feuer" bzw. „mit Heiligem Geist, *also ähnlich wie mit Feuer")* zu rechnen ist. Das Verb „taufen" (griech.: baptizein) wird im übrigen hier in metaphorischem Sinn Verwendung gefunden haben im Sinne von: „überschüttet werden" bzw. „eingetaucht werden". Dieser Gebrauch ist in griechischer Profanliteratur sowie in Übersetzungen des Alten Testaments *nach* der Septuaginta durchaus geläufig (vgl. H. Marshall, The Gospel of Luke. A Commentary on the Greek Text, The New International Greek Testament Commentary, Exeter ²1979, 587; in diesem Sinn vgl. auch Ps 11, 6).

Die Grundthematik von VV. 51–53 ist ebenfalls aus der Logienquelle übernommen und weist somit auf ein besonders frühes schriftliches Überlieferungsstadium, wobei unter Berücksichtigung der Zitation von Micha 7, 6 für die Verse 52. 53 eine Gemeindebildung (vielleicht Q, bearbeitet durch Lukas) angenommen werden muß.

b) Jesu Frage in V. 51 entspricht inhaltlich der Aufforderung Jesu in der Mt-Parallele. Eine wichtige Veränderung liegt bei Lk vor: Der Gegensatz von Frieden ist für ihn nicht „Schwert", sondern „Spaltung" (diamerismos); auch in den folgenden Sätzen benutzt Lk zweimal das Verb (diamerizein). Der Friede, den Jesus bringen wird (vgl. schon Lk 2, 14!), ist nicht Verharmlosung, sondern reinigende Verdeutlichung der Gerechtigkeit und somit auch nicht ohne den Preis der Auseinandersetzung oder gar Spaltung zu erreichen.

c) Im Gegensatz zu Mt, der das Zitat aus Micha fast ohne eigene Eingriffe übernimmt und mit einem einfachen (und wohl nicht jesuanischen) „ich bin gekommen, um..." einleitet, schaut Lk auf die eschatologische Bedeutung Jesu („von nun an", vgl. Lk 22, 69), in dessen Kommen die Endzeit mit der notwendigen Auseinandersetzung bereits begonnen hat.

d) Lukas sprengt das Micha-Zitat auf und nimmt ihm die Einseitigkeit: Nicht nur werden die Jungen gegen die Alten rebellieren (und damit einen altbekannten Generationskonflikt fortsetzen), sondern in einer typisch orientalischen Familie (mit Vater, Mutter, Tochter, Sohn und dessen Frau) wird die Spaltung kreuz und quer gehen.

4. Schrifttext und Gedicht

Der „Entzweiung", wie sie im Schrifttext angesagt ist, steht eine „Vereinung", eine Hochzeit gegenüber. Die Atmosphäre ist „wie üblich": Glocken, Photographen, Hochzeitsmarsch, Pfarrer, elegant gekleidete Damen, reiche Herren, eine „gelungene" Liturgie. Marti fragt, was das alles noch mit Christentum zu tun hat, was die eigentliche Botschaft des Herrn ist. Ich möchte mit dem Text in der Predigt einen Kontrastpunkt setzen: Christentum zeigt sich nicht in der prächtigen äußeren Fassade, auch wenn sie im „kirchlichen Rahmen" liegt, sondern im wirklichen Hinhören auf manchmal sehr unbequeme Wahrheiten. Christsein ernst nehmen heißt nicht, den schönen kulturellen Rahmen zu Beginn eines wichtigen Lebensabschnitts zu benutzen; es heißt auch nicht, nur zu bestimmen „Hoch-Zeiten" ein rituell-frommes Gebet zu sprechen, sondern die Radikalität der Nachfolge Jesu täglich zu versuchen und sie bis hinein in die Familie zu leben. Dann ist es gerade nicht richtig, unter dem Deckmäntelchen des Christentums vermeintliche „Toleranz" zu üben („Heute kann ja doch jeder machen und glauben, was ihm richtig erscheint"), sondern es kann geradezu notwendig sein, einer Auseinandersetzung um die Wahrheit nicht auszuweichen.

5. Predigtentwurf

„In der letzten Pfarrgemeinderatssitzung hat es wieder furchtbaren Streit gegeben; schrecklich, eigentlich dürfte das doch in einer Christengemeinde nicht sein!"
Gerne machen wir uns ein Bild davon, wie es in einer christkatholischen Gemeinde auszusehen habe: Jeder respektiert den anderen, keiner versucht, dem anderen „eins auszuwischen", alle sollen sie, wie die erste Gemeinde der Christen, „ein Herz und eine Seele" sein.
Wie schön ist eine gute Harmonie, wie sie leider so selten vorkommt! Wie schön ist es, in Ruhe gelassen zu werden; wie froh bin ich, wenn keiner mich stört!
„Ich bin ein durchschnittlich frommer Christ, versuche, meine Kinder fromm zu erziehen, halt so, wie es immer schon war. Christ sein? – Na ja, dem anderen eben nichts Böses tun und immer schön alles so lassen, wie es halt mal ist. Alles muß so ablaufen, wie ich es gewohnt bin; ich bin ja schließlich Christ!"
Hören wir einen Text von Kurt Marti, einem evangelischen Pfarrer und Schriftsteller aus der Schweiz: ... (s. 2.).
Das schöne, erbauliche, fromme Ritual einer Hochzeit soll Blasphemie, Gotteslästerung sein? Mich rüttelt dieser Text immer wieder auf, und er führt mich lückenlos zu unserem heutigen Evangelium.

„Nicht Frieden, sondern Spaltung!" – An Jesus *müssen* sich die Geister scheiden! Wenn wahrhaft ernst gemacht wird mit der Botschaft Jesu, dann sind eben gerade nicht alle einer Meinung. Die Botschaft, die Jesus uns bringen will, ist kein süßes Wort, keine sofort einsichtige Botschaft. Nachfolge Jesu, so haben wir am vergangenen Sonntag gehört, verlangt von uns sehr viel: „Verkauft eure Habe, und gebt den Erlös den Armen!" (Lk 12, 33), „Seid wie Menschen, die auf die Rückkehr ihres Herrn warten" (Lk 12, 36), „Haltet ... euch bereit" (Lk 12, 40).

„Nicht Frieden, sondern Spaltung!" – Jesus weiß, daß er es ernst meint mit seiner Botschaft; er selbst, ganz Mensch, muß durch das Feuer des Heiligen Geistes geprüft werden; er selbst will sich als der Entschiedene, der Gott, seinem Vater, Vertrauende erweisen lassen. Das fromme Ritual eines Gottesdienstes birgt in sich die Gefahr der Täuschung; täuschen lassen wir uns, oder wir täuschen uns selbst! Jesu Botschaft ist wesentlich radikal, bis zur Wurzel reichend, auch bis hinein in unsere Familien. Nicht die Zahl der besuchten Gottesdienste, nicht die frommen Andachten und religiösen Übungen werden im letzten zählen, sondern die Entschiedenheit gegenüber allen, die lau und gleichgültig geworden sind.

„Nicht Frieden, sondern Spaltung!" – Freilich müssen wir wissen, über was wir streiten. Viel zu oft geraten wir innerhalb unserer Pfarrfamilie über Dinge in Streit, die geradezu lächerlich sind. Der Streit, den Jesus selbst im Auge hat, wird nicht darum gehen, ob und wie viele Würstchen es beim Pfarrfest geben wird. Auch nicht darum, welchen Tabernakel sich die Gemeinde anschaffen soll oder zu welchen Zeiten Gottesdienst ist. Streiten müssen wir aber um die Fragen, die Jesus uns selbst durch sein Wort, mehr aber noch durch sein Leben stellt:

Glaubst du, daß Gott, der Vater, seine liebevolle Hand über dich hält?

Glaubst du, daß nichts in deinem Leben größere Bedeutung hat als *Er?*

Glaubst du, daß mein Tod nicht sinnlos war, sondern dich erlöst hat?

Glaubst du, daß deine Sünde, wenn du nur willst, von dir weggenommen wird?

Glaubst du, daß dein Vertrauen auf mich allein, dein Glaube an die Allmacht des Vaters, dein Leben rettet?

„Nicht Frieden, sondern Spaltung!" – Wenn wir genauer hinsehen, werden wir merken, wie sehr selbst unsere alltäglichen Streitereien in den eben genannten Fragen Platz finden. Christen sollten erlöst aussehen! – Diese alte Forderung wird so selten von uns erfüllt. Immer und immer wieder sorgen wir uns um die Dinge dieser Welt, als ob es an uns läge, sie zu retten. Die Botschaft aber ist eine andere: Diese Welt ist schon gerettet, wenn du glauben willst, wenn du dein Vertrauen in mich, den Heiland der Welt, zu setzen vermagst.

„Nicht Frieden, sondern Spaltung!" – Es lohnt sich, über die Wahrheit der Liebe Jesu zu streiten; es lohnt sich, die Botschaft der Liebe Jesu in diese Welt zu rufen, ob man sie hören will oder nicht. Aber wenn wir antreten, dies zu unternehmen, müssen wir immer wieder damit rechnen, daß wir abgelehnt, mißverstanden, verlästert und verspottet werden. Warum sollte es uns denn anders ergehen als *Ihm?* Doch er ist an unserer Seite, und wir finden bestätigt, was er uns zugesagt hat: Die Wahrheit wird euch freimachen.

6. Weitere Anregungen

Der exegetische Befund liefert eine Fülle weiterer Ansätze zur homiletischen Bearbeitung; durch etwas ausführlichere Überschriften möchte ich einige dieser Möglichkeiten nennen:

- „Taufe mit Geist und Feuer – der Getaufte als Teilhaber am Schicksal des Herrn";
- „Spaltung, nicht Schwert – christlicher Streit geht nicht mit militärischer oder brachialer Gewalt!";
- „Der Generationenkonflikt – für Christen eine Auseinandersetzung unter Gleichberechtigten".

Eine letzte Möglichkeit möchte ich nicht unerwähnt lassen: Vielleicht könnte der Prediger am Ende des Gottesdienstes den kurzen Text der Perikope unter Berücksichtigung der Matthäus-Parallele, also *synoptisch,* austeilen lassen. Ich habe damit des öfteren gute Erfahrungen machen können!

Joachim Schroedel

21. Sonntag im Jahreskreis

Zu Lk 13, 22–30

1. Persönlicher Zugang zum Schrifttext

Ein strenger Text – so recht geeignet, einem Alpträume zu verursachen! Nicht selten hat die Kirche in früheren Zeiten aus der Angst der Menschen, vor Gott mit ihrem Leben nicht bestehen zu können, Kapital geschlagen. Das ist – hoffentlich – vorbei. Aber der Text bleibt für mich, wenigstens auf den ersten Blick, eher eine Drohbotschaft als eine Frohbotschaft. Allerdings frage ich mich beim Lesen: Wofür steht denn „Reich Gottes" in diesem Zusammenhang, und wer sind die Menschen, die ihm zugerechnet werden – die aus allen Himmelsrichtungen kommen, um am Festmahl teilzunehmen? Wen meint Jesus, wenn er von den Ersten und den Letzten spricht? Das Reich Gottes beginnt schon hier und jetzt (vgl. Lk 17, 20f); ob wir dazugehören wollen oder nicht, ob wir letztendlich Einlaß finden, das hängt auch davon ab, wie ernst wir die Gottesreich-Predigt Jesu nehmen. So verstanden, ist der Text weniger Androhung der Verdammung als Zielvorgabe; freilich enthält er eine ernste Mahnung an alle, die glauben, ihren Platz an der Festtafel schon gepachtet zu haben.

2. Persönlicher Zugang zum Gedicht

Was wir auch tun oder nicht tun – „wir formen die Welt". Das ist die Kernaussage des Gedichtes von Ulrich Schaffer (s. 5.). Ein hoher Anspruch! Ist es nicht vielmehr so, daß wir – nur Sandkörner im Meer der Menschen, die jetzt und in Zukunft die Erde bevölkern – überhaupt nichts „bewegen“ können? Wenn wir von der Bühne abtreten, wird es auch ohne uns weitergehen. Andere haben das Sagen: mächtige, gewiefte Politiker, Drahtzieher der Wirtschaft, allenfalls noch begabte Wissenschaftler und Künstler. *Die* verändern das Gesicht der Welt. Aber was Ulrich Schaffer so anschaulich beschreibt, leuchtet mir ein: Mit unserer ansteckenden Freude können wir den Alltag eines Menschen zum Festtag machen, mit unserer Gleichgültigkeit oder schlechten Laune können wir ihn verdunkeln. Wir sollten unsere Kräfte nicht zu gering achten. Vielleicht liegt es wirklich an uns – wenigstens ein Stück weit –, wie es in der Welt aussieht, in der wir mit anderen Menschen leben.

3. Exegetische Hinweise

Die Perikope Lk 13, 22–30 ist im großen Rahmen der Gottesreich–Predigt Jesu zu sehen. Wie so oft wählt er das Bild vom Festmahl, um die Wirklichkeit der Gottesherrschaft zu beschreiben. Mit der Erwähnung der Patriarchen und Propheten schlägt er den Bogen vom Alten Testament, der Glaubensvergangenheit Israels, zur Endzeit, in der Gottes Herrschaft ganz und gar Realität wird. Doch zwischen Vergangenheit und Zukunft ist die Gegenwart als Zeit der Bewährung geschaltet. „Bemüht euch *jetzt*“ – dieser Imperativ zielt auf die Gegenwart, in der sich entscheidet, wer zum Gottesreich gehört und wer nicht.
V. 29: Mit dem Ausblick auf das endzeitliche Gottesreich knüpft Jesus an die alttestamentliche Vision der Völkerwallfahrt an (vgl. Ps 72, 10; Jes 60, 1–22). Das Gottesreich steht zwar nahe bevor (Mk 1, 14f), es beginnt schon in den Herzen der Menschen – nämlich überall dort, wo sich verhärtete Herzen auftun –, es ist in der Person Jesu, der als Bevollmächtigter des Vaters heilt, was verwundet ist (Lk 4, 16–21), schon angebrochen. Die Erfüllung ist jedoch Sache Gottes: Er bestimmt, wer letztlich mit Abraham, Isaak, Jakob und den Propheten „im Reich Gottes zu Tisch sitzen“ wird.
Die Gottesherrschaft ist zugleich Aufgabe und Gabe. Wer sich nicht einsetzt, um das Gesetz der Liebe zu verwirklichen, das im Gottesreich allein Geltung hat (vgl. Lk 6, 20–36), der hat keine Chance, durch die Tür zu gelangen. Es ist aber auch falsch zu glauben, man könne sich durch „Leistungen“ den Schlüssel zum Gottesreich erwerben. Der Hausherr lädt zum Fest ein; von ihm hängt ab, wer eingelassen oder ausgeschlossen wird. In V. 23 ist von „Rettung“ die Rede; Rettung ist immer unverdient und ungeschuldet, ein Geschenk der Gnade Gottes. Die Spannung ist also eine doppelte – es ist die Spannung zwischen dem „Schon – noch nicht“ der Gottesherrschaft und dem „Sowohl – als auch“ von Geben und Nehmen, Engagiert–Sein und Beschenkt–Werden.

4. Schrifttext und Gedicht

Die Jünger fragen Jesus, wer gerettet wird, und er antwortet: „Müht euch nach Kräften, durch die enge Tür zu gelangen." Es geht nicht an, die Hände in den Schoß zu legen. Wer nur Zuschauer bleibt, wer in Jesus einen Guru sieht, dem man fasziniert nachläuft, ohne Konsequenzen für das eigene Leben zu ziehen, dem wird am Ende mit den Worten: „Du hast Unrecht getan" die Tür versperrt. Alles, was wir tun oder unterlassen, hat Auswirkungen. „Wir schlagen Kreise, wenn wir handeln", heißt es im Gedicht, „wir schlagen Kreise, wenn wir nichts tun". Deshalb ist es eben nicht gleichgültig, wie wir uns entscheiden. Schrifttext und Gedicht weisen beide in dieselbe Richtung, sie appellieren an uns, unsere ganze Kraft einzusetzen, um die Welt menschengerecht, wohnlich, auf Zukunft hin zu gestalten.

5. Predigtentwurf

„Wie ein Stein, der ins Wasser fällt" ist ein Gedicht von Ulrich Schaffer überschrieben. Ein Stein, der ins Wasser fällt, zieht Kreise. Und so verändern auch wir das Leben unserer Mitmenschen und unser eigenes Leben durch das, was wir tun oder lassen.

▶ Wie ein Stein, der ins Wasser fällt

wir schlagen kreise
wenn wir handeln
wir schlagen kreise wenn wir nichts tun

was wir getan haben
können wir nicht ableugnen
was wir unterlassen haben wird sichtbar

meine freude breitet sich aus
wie die ringe um den stein im wasser
berührt menschen und verändert ihren tag

mein ärger schlägt einen kreis
und seine feinen wellen sind unsichtbare ketten
für meinen freund und mich

meine ruhe läßt dich aufatmen
mein hochmut läßt dich ersticken
meine demut gibt dir neue hoffnung
meine gleichgültigkeit läßt dich leiden
meine selbstdisziplin verändert dein leben
meine ungeduld raubt dir die ruhe
mein glaube hilft deinem glauben

wir formen die welt
wir tragen bei
es liegt an uns ◀

(Aus: Ulrich Schaffer, Kreise schlagen, Oncken Verlag, Wuppertal und Kassel.)

Im Gedicht tauchen immer wieder Begriffe auf, die für Freiheit oder Unfreiheit stehen: Ich kann einem Menschen Raum zum Atmen verschaffen, ich kann ihm diesen Raum aber auch nehmen. Ich kann ihn und mich selbst fesseln, so daß wir uns nicht mehr aufeinander zubewegen können. Ich kann ihm auch neue Hoffnung geben, Hoffnung, die Leben ermöglicht – und mit meinem Glauben dazu beitragen, daß ein anderer Mensch neu glauben lernt.

Wir Christen sollen hoffen und Hoffnung sein in einer oft ungerechten Welt, einer bedrohten Umwelt. Das meint Jesus, wenn er uns das Idealbild – sagen wir ruhig: die Utopie – des Gottesreiches vor Augen stellt. Das Ziel, die Menschen- und Gottesgemeinschaft, in der nur das „Gesetz der Liebe" regiert, werden wir nicht aus eigenen Kräften erreichen. Aber wir sollen mit allen Mitteln darauf hinwirken. Jesus sagt über das Gottesreich: „Es kommt nicht so, daß man es an äußeren Zeichen erkennen könnte. Man kann auch nicht sagen: Seht, hier ist es! oder: Dort ist es! Denn das Reich Gottes ist mitten unter euch" (Lk 17, 20f). Die Herrschaft des Friedens und der Gerechtigkeit beginnt in den Herzen der Menschen. Sie ist schon da – und doch noch nicht voll verwirklicht.

Immer wieder beschreibt Jesus die vollendete Gottesherrschaft in Bildern vom Festmahl, vom königlichen Hochzeitsmahl. Der Bräutigam, der König laden dazu ein, aber manche entziehen sich mit fadenscheinigen Begründungen. Andere kommen zu spät; wieder andere, die geglaubt hatten, die „Ersten" zu sein, werden abgewiesen. Von ihnen ist im heutigen Evangelium die Rede. Das sind die Menschen, die meinen, auf ihr Tun und Unterlassen käme es nicht an, die am Rande stehenbleiben, als applaudierendes, konsumierendes Publikum, und die sich nun vom Hausherrn sagen lassen müssen: „Ihr habt Unrecht getan – gerade dadurch, daß ihr eben *nichts getan*, euch nicht um das Gute bemüht habt."

Die meisten von uns werden das Wort von der falschen und der rechten Sorge kennen. „Fragt nicht, was ihr essen und was ihr trinken sollt, und ängstigt euch nicht", sagt Jesus. „Euer Vater weiß, daß ihr das braucht. Euch jedoch muß es um sein Reich gehen; dann wird euch das andere dazugegeben." Und Jesus setzt noch hinzu: „Euer Vater hat beschlossen, euch das Reich zu geben" (Lk 12, 29–32). *Euch muß es um sein Reich gehen.* Bemüht euch mit allen Kräften, durch die enge Tür in die neue Welt des Friedens und der Gerechtigkeit zu gelangen! Das Gedicht von Ulrich Schaffer endet mit der Feststellung: „Es liegt an uns." Es liegt an uns, wie es in der Welt aussieht; es liegt an uns, ob das „Reich", das Gott uns zugesagt hat, Wirklichkeit werden kann. Eine zu große Zumutung? Können wir mit dem Gedanken, daß alles von uns abhängt, überhaupt leben? „Es liegt an uns" – unsere alltägliche Erfahrung spricht dagegen. Nicht nur auf der großen politischen Bühne, auch in den überschaubaren

Zusammenhängen unserer allernächsten Umwelt können wir oft recht wenig ausrichten.
Wer einmal in einer Bürgerinitiative mitgearbeitet hat, weiß, wie wenig ein einzelner bewegen und verändern kann; er weiß aber auch, daß Menschen, die das gleiche Ziel verfolgen und zusammenstehen, als Gemeinschaft stark sind. „Ihr seid das Salz der Erde, ihr seid das Licht der Welt", schärft Jesus seinen Jüngern ein (Mt 5, 13f). Ein einziges Salzkorn hat wenig Wirkung; aber das Salz besteht aus vielen Körnern. Eine einzige Lichtquelle kann die Nacht nicht vertreiben, aber viele Kerzen schaffen einen Raum der Helligkeit und Wärme. Unterschätzen wir nicht, was wir als Gemeinde, als Gruppe innerhalb der Gemeinde, als Kirche bewirken können! Ebensowenig sollten wir aber auch unterschätzen, was wir in unserer ganz konkreten Lebensumwelt für andere Menschen und uns selbst tun können. „Meine Freude ... berührt Menschen." Und sogar: „Mein Glaube hilft deinem Glauben." Ist das nichts wert? Tragen wir, wenn wir uns im kleinen um mehr Wärme, Aufrichtigkeit und Verständnis füreinander bemühen, nicht dazu bei, daß die neue Gottes- und Menschengemeinschaft Stück für Stück Realität wird? Max Horkheimer hat einmal gesagt: „Sei mißtrauisch gegen den, der behauptet, daß man entweder nur dem großen Ganzen oder überhaupt nicht helfen könne. Es ist die Lebenslüge aller, die in Wirklichkeit nicht helfen wollen."
Keinem von uns wird es gelingen, die Welt umzuprägen – aber wir können unseren Beitrag dazu leisten, sie allmählich zur „neuen Welt", zur neuen Gemeinschaft zwischen Gott und seiner Schöpfung zu formen, in der Frieden und Gerechtigkeit regieren, nicht Habsucht, Härte und Gleichgültigkeit der Herzen.

Petra Gaidetzka

22. Sonntag im Jahreskreis

Zu Hebr 12, 18–19.22–24a

1. Persönlicher Zugang zum Schrifttext

Wenn ein Leser und Hörer wie ich selbst aus unserem rationalen und von der technisch-industriellen Zivilisation geprägten Vorverständnis an diesen Lesungstext herantritt, dann wird er zunächst von einer ganzen Fülle von Bildworten und Symbolbegriffen überrannt, die ihm allesamt wenig sagen und ihm im Grunde unverständlich bleiben. Das waren wohl alles sehr wichtige und höchst eindrucksvolle Erscheinungsformen von Naturerlebnissen und religiösen Erfahrungen wandernder Wüstennomaden im Exodusgeschehen Israels, aber uns Menschen von heute lassen diese Phänomene und Töne wohl eher kalt und unberührt; sie kommen in unserer modernen Erfahrungswelt so nicht mehr vor.

Was bedeutet für den Ingenieur, die Ärztin, den Finanzbeamten, die Hausfrau, den Friseurlehrling oder den Baggerfahrer von heute ein Hinzutreten zu greifbarem, loderndem Feuer und zu dunklem Gewölk, zu Finsternis und Sturmwind, ganz zu schweigen von dem uns absolut unbekannten Klang des Widderhorns und Schall der Worte? Hier wird emotional und von der Begriffswahl her auf einer Klaviatur gespielt, die den Durchschnittsbürger von heute nicht mehr anspricht.

Genauso verhält es sich mit dem zweiten Teil der Lesung, wenn von einem Hinzutreten zum Berg Zion, zum himmlischen Jerusalem, zu Tausenden von Engeln, zu einer festlichen Versammlung, zur Gemeinde der Erstgeborenen, zu den Geistern der vollendeten Gerechten die Rede ist. Das ganze hier aufgerollte Szenarium und Gottesbild ist nicht mehr das unsrige; es muß zuerst aufwendig verdolmetscht werden in Kategorien heutigen Verstehens und heutiger Religiosität, wobei die Metaphern der Reihe nach auf unser Glaubensleben hin aufgeschlüsselt und die mythologischen Sinnbilder existentiell interpretiert werden müssen.

Andererseits kommt dem aufgeklärten Menschen unserer Gegenwart entgegen, daß der Text selbst schon sagt: „Ihr seid nicht hinzugetreten zu einem ..., ihr seid hinzugetreten zu Jesus, dem Mittler eines neuen Bundes." Damit wird bereits eine bestimmte Entmythologisierung des alttestamentlichen Gottesbildes der Exodusüberlieferung vorgenommen zugunsten der neuen Konzentrierung auf Jesus von Nazaret als einzigen Lehrer und Heilsmittler der nachösterlichen Jesusbewegung und der folgenden Kirche. Der Gotteserfahrung am Sinai stellt der Verfasser des Hebräerbriefs die Offenbarung des neuen Bundes in Jesus Christus gegenüber, „die Zeit einer besseren Ordnung" (Hebr 9, 10), deren Mittler der Gottmensch Jesus Christus ist.

Von diesem christologischen Neubeginn her sind dann auch die Metaphern „Berg Zion", „Stadt des lebendigen Gottes", „himmlisches Jerusalem", „festliche Versammlung", „Gemeinde der Erstgeborenen" als Umschreibungen für die Kirche als neues Volk Gottes auf Erden zu verstehen, wenn auch deren sichtbare Vollendung als Volk Gottes noch aussteht. Die Hörer sollen zur Glaubenstreue zu Jesus von Nazaret motiviert werden: „Seht zu, daß ihr den nicht ablehnt, der redet ...!" (Hebr 12, 25).

Wer aufgrund seines Theologiestudiums oder seines besonderen biblischen Interesses und der täglichen Schriftlesung Kenntnis vom Hintergrund dieser Bildwelt hat, wer in der Erzählwelt der Exodusüberlieferung Israels und der Mosegeschichten „drinsteht", der wird natürlich sofort die notwendigen Assoziationen zwischen unserem Lesungstext und der ganzen alttestamentlichen Motivik im Gottesbild und in der Gemeindetheologie herstellen können. Für ihn mag unsere Perikope ein poetischer Genuß gelungener Bildrede sein; aber das dürfte nur für eine verschwindende Minderheit unserer volkskirchlichen Zuhörer noch zutreffen. Die meisten Hörerinnen und Hörer werden ziemlich verständnislos und fremd dem Text lauschen und in ihrem Alltagsleben damit nicht viel anfangen können – wie das mit vielen Bibellesungen, Kirchengebeten und Kirchenliedern der Fall ist. Zwischen kirchlicher Sprache und der Lebenswirklichkeit besteht oft ein tiefer Spalt, der erst behutsam überbrückt werden muß; und dennoch kann Kirche nicht auf Bibel und Traditionssprache verzichten, will sie ihre Ursprungserfahrungen nicht einbüßen.

2. Persönlicher Zugang zum literarischen Text

Geht es um die Frage eines entmythologisierten Gottesbildes, um den Abbau biblischer Metaphern zugunsten aktueller Gotteserfahrung moderner Menschen, so fällt mir jener ausdrucksstarke Dialog eines jungen Offiziers mit seinem General aus Carl Zuckmayers (1896 – 1977) Drama „Des Teufels General" (1946) ein. Das Stück zeigt an Einzelschicksalen, wie in der mörderisch wütenden Maschinerie des letzten Krieges und der Parteiintrigen unter dem Hitlerregime Menschen sich nicht der Umklammerung durch das Schicksal entziehen können. Das Chaos bricht auch über dem idealistisch eingestellten Leutnant Hartmann und dem Fliegergeneral Harras zusammen, und voller Verzweiflung fragen sie nach dem Sinn des Lebens.
▶ „Glauben Sie an Gott?", das ist die Frage des jungen Leutnants an seinen General. Antwort: „Ich weiß es nicht. Er ist mir nicht begegnet, aber das lag an mir. Ich wollte ihm nicht begegnen. Er hätte mich vor Entscheidungen gestellt, denen ich ausweichen wollte. Ich habe an das Erdenkbare und Erkennbare geglaubt, an das, was man prüft, entdecken, finden kann. Aber die größte Findung aller Zeit habe ich nicht erkannt. Sie heißt Gott. In vielerlei Gestalten – immer Gott. Es ist eine Erfindung der menschlichen Seele. Oder besser – ein Fund. Ein offenbartes Wissen. Drum ist er wahr. Alle Erfindungen der Menschenseele werden wahr. Der Mensch träumt nichts, was nicht ist und war und sein wird. Wenn er Gott geträumt hat – dann gibt es Gott. Ich kenne ihn nicht. Aber ich kenne den Teufel. Den habe ich gesehen – Aug in Auge. Darum weiß ich, daß es Gott geben muß. Mir hat er sein Angesicht verhüllt, dir wird er begegnen." ◀ (Aus: Carl Zuckmayer, Des Teufels General. © Carl Zuckmayer 1966. Abdruck mit Genehmigung der S. Fischer Verlag GmbH, Frankfurt am Main.)
Hier wird von einem jungen Offizier aus konkreter Kriegserfahrung, politischer Geschichtserfahrung und menschlicher Dramatik heraus auf die notwendige Existenz Gottes geschlossen. Hier wird Gott nicht in Bildern wie Wolke, Feuer, Sturmwind, Widderhorn oder anderen Naturphänomenen erfahren, sondern aus der lebendigen Dramatik des Menschen in seiner geschichtlichen Verklammerung. Das scheint eine Gotteserfahrung zu sein, die auch viele Menschen heute, in Zeiten des Wohlstandes und des Friedens, machen. Jenseits aller Bilder wird Gott als letzter Halt, Anker unserer Hoffnung, als „Fels unseres Heils" lebendig erfahren. So wie Jesus von Nazaret Gott geglaubt und verkündet hat, so können auch wir in der Nachfolge Jesu Gott im Heute erfahren und bezeugen.

3. Exegetische Hinweise

Unsere Lesung gehört in den großen Kontext des dritten und letzten Hauptteils des Hebräerbriefs (10, 19 – 13, 17), der ganz der Einweisung der christlichen Gemeinde in den Weg des Glaubens an Gott und seinen Christus gewidmet ist. Diese Pädagogik hin zum christlichen Glauben entfaltet der Verfasser in fünf Schritten:

- Ermutigender Zuspruch und warnende Kritik (10, 19–39);
- Die Heilsgeschichte Israels seit Abraham als Glaubensmodell christlicher Gemeinde (11, 1–40);
- Die Gemeinde in der Glaubensschule und Nachfolge des „Anführers und Vollenders des Glaubens" (12, 1–17);
- Die Gemeinde in der Entscheidung vor Gericht oder Heil Gottes (12, 18–29);
- Abschließende Einzelermahnungen zur Bruderliebe, gegen Unzucht und Habgier, zum Gehorsam und zur Glaubenstreue (13, 1–17).

Mit einem letzten gewaltigen Szenarium stellt der Verfasser die Hörerinnen und Hörer in die Entscheidungssituation von Gericht und Heil hinein. Der Gegensatz der Sinai-Offenbarung (VV. 18–21) und der sie überbietenden Offenbarung des neuen Bundes (VV. 22–24) begründet die anschließenden Mahnungen zur Glaubenstreue. Das Herzstück der Sinai-Offenbarung, der Dekalog (Exodus 20, 1–17), bleibt unerwähnt. Dagegen führt unser Verfasser jene Ereignisse an, die die Gotteserfahrung am Sinai als ein irdisch-sinnenhaftes, eindrucksvolles Geschehen erscheinen lassen. In den Mittelpunkt treten die Naturereignisse von Exodus 19, 16–19: „Am dritten Tag, im Morgengrauen, begann es zu donnern und zu blitzen. Schwere Wolken lagen über dem Berg, und gewaltiger Hörnerschall erklang. Das ganze Volk begann zu zittern. Mose führte es aus dem Lager hinaus Gott entgegen. Unten am Berg blieben sie stehen. Der ganze Sinai war in Rauch gehüllt, denn der Herr war im Feuer auf ihn herabgestiegen. Der Rauch stieg vom Berg auf wie der Rauch aus einem Schmelzofen. Der ganze Berg bebte gewaltig, und der Hörnerschall wurde immer lauter. Mose redete, und Gott antwortete im Donner."

Unser Verfasser erwähnt aus dem alttestamentlichen Text Feuer, Wolken, Finsternis und Sturm, Posaunenklang und Gottesreden im Donner. In solchen schreckenerregenden sinnenhaften Naturereignissen hat die Sinaigeneration Israels Gottes heilige Gegenwart erfahren. Mit dem Hinweis, daß sogar Mose, der Empfänger der Sinai-Offenbarung, „voll Angst und Schrecken" war (V. 21), wird das Furchterregende des Geschehens zusätzlich unterstrichen. Der Autor spielt dabei auf Dtn 9, 19 an, wo Mose im Hinblick auf sein zweites Ersteigen des Gottesberges nach der Zertrümmerung der Gesetzestafeln zum Volk sagt: „Denn ich hatte Angst vor dem glühenden Zorn des Herrn. Er war voll Unwillen gegen euch und wollte euch vernichten."

Die getauften Glaubenden der christlichen Gemeinde sind hingegen zu einer glanzvollen, jenseitig-zukünftigen Heilswelt hingetreten. Das „hinzugetreten" ist wohl von der Taufe her zu verstehen. Wie schon häufig im Alten Testament (vgl. Jes 2, 1–5; 8, 18) ist der „Berg Zion" Inbegriff des zukünftigen, endzeitlichen Heils in der Gegenwart Gottes. Das gleiche meinen die Bildworte: „Die Stadt des lebendigen Gottes“ und „das himmlische Jerusalem“. Der Erfahrung des Angsterregenden am Sinai steht die festgegründete Gottesstadt gegenüber, „die Gott selbst geplant und gebaut hat“ (11, 10), auch dies ein geläufiges Bild für das endzeitliche Heil. Wie Gal 4, 26 vom „oberen“ oder Offb 3, 12; 21, 2 vom „neuen Jerusalem“ sprechen, so redet unser Text „vom himmlischen Jerusalem“. Es ist Ausdruck der Jenseitigkeit des zukünftigen Heils und fügt sich in das dualistische Schema von „irdisch-himmlisch“. Der Himmel ist für unseren Verfasser von Myriaden von Engeln bewohnt, und die „Geister der schon vollendeten Gerechten“ sind wohl die verstorbenen Glaubenden der vorchristlichen und urchristlichen Ära. Für sie alle ist seit der Heilstat Jesu am Kreuz der Zugang zur himmlischen Heilsvollendung unterschiedslos offen (vgl. 11, 39f). Diese himmlische Bewohnerschaft sieht unser Verfasser eins mit der „festlichen Versammlung“ und der „Gemeinschaft der Erstgeborenen“ auf Erden. Die getauften Christen sind insofern „Erstgeborene“, als sie den Status der Bevorrechteten haben, der mit der Zugehörigkeit zum Christusheil in der Taufe geschenkt ist und besondere Verpflichtungen in sich schließt. Die Namen der Erstgeborenen sind nämlich „im Himmel verzeichnet“ (Dan 12, 1; Lk 10, 20; Phil 4, 3; Offb 3, 5).

Das Wesentliche der neuen Heilsordnung, mit dem das Hinzutreten erst möglich gemacht wird, nennt der Verfasser erst am Schluß. Es ist Jesus, der „Mittler eines neuen Bundes“, und das „Blut der Besprengung“ (V. 24). Damit wird noch einmal schlagwortartig die ganze Hohepriestertheologie des Hebräerbriefs zur Sprache gebracht (vgl. 8, 6–13; 9, 15–22; 10, 15–18). Während das am Ursprung der Menschheitsgeschichte vergossene Blut Abels nach Rache schreit (11, 4), hat das „in dieser Endzeit“ (1, 2) vergossene Blut Jesu endgültigen Frieden und Heil gebracht.

4. Schrifttext und literarischer Text

Kritisch gegenüber den bildlichen Motiven der Gotteserscheinung am Sinai, betont der Verfasser des Hebräerbriefs, daß die getauften Christen nicht zu einem Gott hinzugetreten sind, der in Naturphänomenen erfahrbar wird; vielmehr wird Gott für diese Christen aus dem zwischenmenschlichen Miteinander und Zeugnis lebendiger Gemeinde wie auch aus den Schicksalserfahrungen des Lebens und der Geschichte deutlich. Sie sehen sich vor jenem Gott, der als letzter Richter aller Menschen „ohne Ansehen der Person“ und der universalen Geschichte Vergeltung, Lohn und Abrechnung herstellen wird. Diesem richtenden Gott absoluter Gerechtigkeit ist der einzelne Mensch in seinem Gewissen verpflichtet.

Auf diese Thematik der Gott-Findung aus dem Gewissen des Menschen, aus den Sehnsüchten der Seele heraus kommt Carl Zuckmayers Dialog in dem Drama „Des Teufels General“ in klassischer Weise zu sprechen. Die Kurzfassung des Dialogs kann daher den Bibeltext erschließen wie umgekehrt.

5. Predigtentwurf

Ein Großteil unserer Mitbürger in diesem Land glaubt nicht mehr, daß es einen Gott gibt. Andere glauben zwar an Gott, können sich aber mit der Darstellung Gottes durch die Kirchen nicht anfreunden. Viele Christen, auch gläubige Menschen, haben ihre Schwierigkeit damit, Gott noch so zu glauben und zu sehen, wie er in den biblischen Erzählungen dargestellt wird. Dieses Unbehagen mit dem Gottesbild der Bibel spürten freilich auch schon Christen der ersten Generation, wie die heutige Lesung aus dem Hebräerbrief deutlich macht. Hier wird ausdrücklich betont, daß wir nicht mehr hinzutreten können zu einem Gott des Donners, der Wolken, des Feuers und des Sturmwinds. Wir müssen Gott heute auf anderen Kanälen in Erfahrung bringen und begegnen ihm in anderer Weise in unserer modernen technisierten, industriellen Welt und Gesellschaft. Dennoch ist Gott nicht weniger da und nicht weniger mit uns. Wir müssen nur unser Gespür für sein „Mit-uns-Sein" neu schärfen.
In dem bekannten Drama „Des Teufels General" von Carl Zuckmayer kommt das in einem Gespräch zwischen dem Offizier Hartmann und seinem General sehr gut zum Ausdruck. (Hier die Kurzfassung des Dialogs nacherzählen, besser noch ablesen; s. 2.)
So erfahren auch wir heute als mündige Christen und aufgeklärte Menschen dieser Gesellschaft Gott in erster Linie in und durch unser Gewissen. Wir erfahren ihn in den Schicksalsschlägen, Freuden und Leiden unseres Lebens. Wir erfahren ihn in der ganzen Dramatik unseres Miteinanders, Gegeneinanders und Füreinanders durch die Geschichte. Im Ringen um den Sinn unseres Lebens, um Erfüllung und Hoffnung treffen wir auf unseren Gott, so wie Jesus von Nazaret seinen Gott gerade in der Gottverlassenheit von Getsemani gefunden hat: „Mein Gott, mein Gott, warum hast du mich verlassen?" (Ps 22, 2). Orientiert an der Glaubensweise Jesu von Nazaret, können wir gerade in der Nachfolge Jesu, des Mittlers eines neuen Bundes, ein neues, aktuelles Gottesverhältnis gewinnen.

6. Weitere Anregungen

- Es kann eine ekklesiologische Predigt über die Kirche als endzeitliche Heilsgemeinde auf Erden versucht werden, wobei die genannten Metaphern „Berg Zion", „Stadt des lebendigen Gottes", „himmlisches Jerusalem", „tausende von Engeln", „Gemeinde der Erstgeborenen, die im Himmel eingeschrieben sind" erschlossen werden müßten.
- Die Kirche als Volk Gottes könnte in ihrer Situation vor dem Endgericht Gottes dargestellt werden, „als Gewissen der Welt", als zeugnisgebende Gemeinschaft, die die Geschichte und die Menschheit immer wieder vor das Gericht Gottes stellt und an dieses Gericht erinnert.
- Es könnte auch die neutestamentlich-kirchliche Glaubensweise, die in der Nachfolge des Jesus von Nazaret, des „Mittlers eines neuen Bundes", steht,

in Kontrast zur alttestamentlich-jüdischen Glaubensweise mit ihrer Orientierung an der Torah dargestellt werden.

Paul-Gerhard Müller

23. Sonntag im Jahreskreis

Zu Lk 14, 25–33

1. *Persönlicher Zugang zum Schrifttext*

Der Evangelientext ist für mich emotional belastet. Vor allem der erste Spruch (V. 26f) stimmt mich ärgerlich. Wenn ich meinen Mann, mein Kind, meine Eltern, ja sogar mich selbst hassen muß, um Jüngerin Christi sein zu können, dann muß ich darauf verzichten. Nein, das geht zu weit. Warum nur sollte ich sie hassen? Liebevolle Familienbeziehungen, gegenseitiges Achten und Wertschätzen, das ist doch heute wichtiger denn je. Ich möchte auch die Textaussage nicht vorschnell harmonisieren, entkräften – wie es vielerorts geschieht – nach dem Motto: So ist das ja doch nicht gemeint. Die biblische Aufforderung ist eindeutig und kompromißlos hart. Von der geforderten Opferbereitschaft und Selbstverleugnung halte ich nichts.

Dagegen gefällt mir das Bildwort vom Turmbau gut. Darüber läßt sich positiv predigen. Es führt ein menschliches Gesetz vor Augen: Um ein Ziel erfolgreich zu erreichen, um Jesus nachzufolgen, ist es notwendig, die eigenen Kräfte vernünftig einzuschätzen. Nüchternheit und maßvolles Bedenken eigener Möglichkeiten sind verlangt. Leider neige ich aber oft dazu, mich selbst zu überfordern, vergeude Energien, weil ich mir zuviel vornehme. Dann klappt nichts davon richtig. Die Einsicht kommt freilich meist erst dann, wenn ich mit meinen Kräften am Ende bin.

Ich horche nochmal bei dem Schlußvers auf. Die Aufforderung, sich vom Besitz loszusagen, ergibt für mich Sinn. Das Lebensgefühl, loslassen zu können, strebe ich an. Aus Erfahrung weiß ich, daß ängstliches Raffen und Festhalten die Luft nimmt, zerstörerisch wirkt. Allerdings hänge ich mein Herz immer wieder an Unwesentliches. Da ruft der Spruch Jesu das Erstrebenswerte in Erinnerung.

2. *Persönlicher Zugang zur Kurzgeschichte*

Leo Tolstoi ist ein meisterhafter Erzähler. Seine Geschichte vom armen Bauern läßt mehrere Deutungsschwerpunkte zu. Für die Predigt ist mir folgender Aspekt wichtig: die Fehleinschätzung der eigenen Kräfte des Bauern. Der Bauer, dem sich plötzlich ungeahnte Möglichkeiten auftun, überschätzt seine Kräfte und überfordert sich so, daß er daran sogar sterben muß. Er hatte sich völlig „verrannt". Hätte er mit seinen Kräften maßvoller hausgehalten, wäre er in den

Genuß eines besseren Lebens gekommen. Allen, die permanent über ihre Kräfte leben – und das sind in unserem Land sehr viele –, bietet die Geschichte Einhalt: Überforderung, so zeigt sie, macht krank, kann selbst zum Tod führen. Der Größenwahn des Bauern hatte ihn für das Mögliche blind gemacht. Wäre er nüchterner gewesen, hätte er seine Lebensqualität steigern können. Weil er aber unvernünftig und übermütig war, hat er alles verloren.

3. Exegetische Hinweise

Der Evangelientext (Lk 14, 25–33) ist aus verschiedenen Traditionselementen zusammengesetzt. Die Rahmung des Textes bilden am Anfang das Doppellogion von der Geringschätzung der Familie (V. 26) und vom Kreuztragen (V. 27) sowie am Schluß das Logion vom totalen Besitzverzicht. In der Mitte steht das Doppelgleichnis vom Turmbau (VV. 28–30) und Kriegführen (VV. 31–33), das zum lukanischen Sondergut zählt.
Das Leitmotiv ist von den rahmenden Versen des Textes her bestimmt: Es geht hier in eindringlicher Schärfe um den Ernst der Nachfolge. Jesus konfrontiert die große Menge der Menschen (V. 25) mit den strengen Anforderungen der Jüngernachfolge. Die Haßforderung ist zwar möglicherweise im Sinne einer bloßen Nachordnung der Familie vor den Pflichten der Jüngerschaft auszulegen. Es läßt sich aber nicht wegdeuten, daß diese Forderung durchaus harte emotionale Ansprüche und Entsagungen enthält. Ebenso kompromißlos ist das Schlußlogion zu verstehen (V. 33). Jesus verlangt den totalen Besitzverzicht als Bedingung der Nachfolge.
Das Doppelgleichnis (VV. 28–32) dagegen setzt andere Akzente im Text. Die Bildworte warnen davor, die Jüngerschaft leichtfertig und ohne reifliche Überlegung antreten zu wollen. Nüchternheit ist verlangt. Diese Verse bieten einer fanatischen Euphorie Einhalt, mahnen den Leser, die eigenen Kräfte realistisch einzuschätzen, um das angestrebte Ziel, die Nachfolge Jesu, auch wirklich erreichen zu können. (Literaturhinweis: G. Schneider, Das Evangelium nach Lukas, ÖTKNT, 3/2, Gütersloh/Würzburg 1977.)

4. Schrifttext und Kurzgeschichte

Die Kurzgeschichte von Tolstoi bezieht sich auf das Doppelgleichnis im Bibeltext (VV. 28–32). Dort ist das maßvolle Abwägen der eigenen Kräfte angemahnt. Genau dies aber versäumt der arme Bauer, indem er seine Kräfte weit überschätzt und schließlich daran sterben muß. Tolstois Geschichte wirkt innerhalb der Predigt als Kontrast, um die Warnung des Doppelgleichnisses anschaulich einzuschärfen. Im Rahmen der Predigt muß der Boden zum sinnvollen Verständnis der Erzählung allerdings gut vorbereitet sein. Von daher ist der Ort der Geschichte besser nicht am Anfang, sondern in der Mitte bzw. gegen Schluß anzusiedeln.

Ich weiß nicht, wie es Ihnen geht, wenn Sie so durch die Stadt gehen. Ab und zu gefällt mir der Trubel ja ganz gut. Aber in der letzten Zeit fällt mir dabei immer öfter auf, wie belastet und gedrückt sehr viele Menschen aussehen. Selten sehe ich gelöste, entspannte Gesichter. Manchmal ein paar lachende, ausgelassene Kinder. Gott sei Dank! Natürlich kann niemand immer glücklich aussehen. Zumal nicht in der Stadt, wo so viel in möglichst kurzer Zeit, am Feierabend oder am freien Samstagmorgen, erledigt werden muß. Aber es sind nicht nur diese Beobachtungen in der Stadt. Das Gehetztsein, die ewige Anspannung, sind mittlerweile allgemein ziemlich „in". Wer weniger Termine hat, muß fürchten, als langweilig zu gelten. Deshalb laden wir uns ständig was auf: da noch ein weiterer Termin, eine Zusatzausbildung, Überstunden, um noch mehr Geld zu verdienen. Montags Tennis, dienstags Konzertprobe, mittwochs ausnahmsweise mal frei. Im Juli endlich Urlaub. Wird ja auch Zeit. Und hinterher: Jetzt müssen wir uns erstmal wieder vom Urlaub erholen. Es war zwar schön, aber so anstrengend, das Kultur- oder Fitneßprogramm. Es wundert mich nicht, daß jährlich so viele Männer und jetzt auch Frauen am Herzinfarkt sterben. Viel von der Anspannung haben wir uns dabei selbst zuzuschreiben. Wir wollen ja selbst immer mehr leisten und gelten, alles ausschöpfen und nur nichts verpassen. Dabei laufen wir Gefahr, uns permanent zu überfordern, über unsere Kräfte zu leben. Das aber kann böse ausgehen. Tolstoi, der berühmte russische Dichter, erzählt die tragische Geschichte eines armen Bauern, der es nicht vermochte, seine Kräfte realistisch einzuschätzen.

▶ „Einem armen Bauern, der kaum das Nötigste zum Leben hat, wird eines Tages ein unerwartetes Glück zuteil. Ein reicher Grundbesitzer erlaubt ihm, soviel Land als sein Eigentum zu erwerben, wie er in der Zeitspanne zwischen Sonnenaufgang und -untergang zu Fuß umschreiten kann. Die einzige Bedingung: Er muß, wenn die Sonne untergeht, genau wieder an dem Punkt angekommen sein, an dem er morgens aufgebrochen ist. Zunächst ist der arme Bauer überglücklich, weil er bei weitem nicht den ganzen Tag brauchen wird, um soviel Land zu umwandern, wie er zu einem reichlichen Lebensunterhalt braucht. So geht er frohen Mutes los, ohne Hast, mit ruhigem Schritt. Doch dann kommt ihm der Gedanke, diese einmalige Chance auf jeden Fall auszunützen und soviel Boden wie nur eben möglich zu gewinnen. Er malt sich aus, was er alles mit dem neugewonnenen Reichtum anfangen kann, wozu er ihn verwenden will. Sein Schritt wird schneller, und er orientiert sich am Stand der Sonne, um nur ja nicht den Zeitpunkt zur Rückkehr zu verpassen. Er geht in einem großen Kreis weiter, um noch mehr Land zu erhalten. Dort will er noch einen Teich hinzubekommen, hier eine besonders saftige Wiese und da wiederum ein kleines Wäldchen. Sein Schritt wird hastig, sein Atem wird zum Keuchen, der Schweiß des Laufens und der Schweiß der Angst treten ihm auf die Stirn. Endlich, mit letzter Kraft, ist er am Ziel angekommen: Mit dem letzten Strahl der untergehenden Sonne erreicht er den Ausgangspunkt, ein riesiges Stück Land gehört ihm – doch da bricht er vor Erschöpfung zusammen und stirbt; sein Herz war der Belastung nicht gewachsen. Es bleibt ihm jenes winzige Stück Erde, in dem er beerdigt wird; mehr braucht er jetzt nicht mehr.“ ◀

Der Bauer hat sich hoffnungslos überfordert. Er muß seine Gier mit dem Tod bezahlen: Er hatte seine Kräfte überschätzt.

Auf den ersten Blick scheint der heutige Evangelientext den weitverbreiteten Trend der Überforderung sogar noch auf die Spitze zu treiben. Kompromißlose, harte Forderungen. Da kann einem ja angst und bange werden. Da müssen wir uns aber ganz schön anstrengen, um Jünger und Jüngerinnen Christi werden zu können. Aber ich kann nicht glauben, daß das Evangelium, die Frohe Botschaft, es im Sinn hat, Streß zu machen. Nachfolge, so ernst sie auch ist, kann unmöglich verbitterte Verkrampfung, Gehetztsein und Leistungswahn bedeuten. Bei der Nachfolge Jesu geht es vielmehr um gelungenes Leben in Fülle, um menschlich reiches Leben. Im Evangelium sind für mich die Bildworte die Schlüsselstelle. Die Gleichnisse vom Turmbau und vom Kriegführen rufen ein wichtiges menschliches Gesetz in Erinnerung. Der Text mahnt: Prüfe deine eigenen Kräfte! Tue nichts, womit du dich übernimmst! Damit nämlich verfehlst du nur dein Ziel: ein Leben in Fülle. Überlege dir gut, was du tust. Reichen deine Kräfte auch wirklich? Sei nicht fanatisch vorschnell überall mit von der Partie! Es bedarf nicht viel, um ein Ziel erfolgreich zu erreichen, aber das Ziel muß deinen Fähigkeiten entsprechen.

Die Gleichnisse mahnen mich, meine Kräfte realistisch einzuschätzen. Ich kann unmöglich alles erreichen wollen. Dieser Größenwahn ist sogar fatal. Damit verspiele ich mir nur meine wirklichen Möglichkeiten.

Der gehetzte Bauer, der nicht genug kriegen konnte, ist für mich ein abschrekkendes und zugleich heilsames Beispiel. Weniger wäre mehr gewesen. Hätte er seine Kraft richtig eingeschätzt, hätte er ein lebenswerteres Leben führen können. Weil er sich aber übernommen hat, hat er alles verspielt.

Wie befreiend und entlastend ist da die christliche Botschaft. Gott will uns von dem elenden Zwang erlösen, ständig übermächtig und ganz besonders sein zu müssen. Natürlich müssen wir es uns schon gut überlegen, ob wir die Nachfolge Jesu antreten wollen. Aber Gott will uns damit nicht überfordern. Vielmehr freut er sich darüber, wenn wir entspannter und erlöster, glücklicher und gelassener leben – auch wenn wir dabei in den Augen anderer einiges zu verpassen scheinen.

6. Weitere Anregungen

Man könnte auch den Schlußvers (V. 33) des Evangeliums vom totalen Besitzverzicht zum Leitgedanken einer Predigt machen. In diesem Falle illustriert die Geschichte meisterhaft, wie fatal es sein kann, am Besitz zu kleben, maßlos raffen zu wollen. Besitzgier führt weg vom Leben, hin zum Tod. In der Einleitung könnte der Prediger z. B. auf die wachsende Geldgier in unserer Gesellschaft eingehen sowie die zum Teil ausschließlich materialistische Wertorientierung vieler Menschen anschaulich machen. Das befreiende Gefühl, loslassen zu können, müßte zur Sprache gebracht werden.

Barbara Neugebauer

24. Sonntag im Jahreskreis

Zu Lk 15, 1–32

1. Persönlicher Zugang zum Schrifttext

„Es nahten sich ihm aber all die Zöllner und die Sünder, um ihn zu hören" (Übersetzung F. Stier). All die Zöllner und die Sünder – nicht nur einige wenige. Sie fühlen sich offensichtlich von Jesus unwiderstehlich angezogen; denn in ihm begegnet ihnen die Menschenfreundlichkeit und grenzenlose Versöhnungsbereitschaft Gottes, die den Frommen aller Zeiten ein Ärgernis ist: „Und es nörgelten die Pharisäer und die Schriftgelehrten und sagten: Der da – er nimmt Sünder an und speist mit ihnen."

Und dann die drei Gleichnisse, mit denen Jesus den Nörglern entgegnet, von denen das dritte von jeher für mich zu den Höhepunkten des Lukasevangeliums zählt. Es ist so facettenreich, daß man es mit den verschiedensten Überschriften versehen hat: „Vom verlorenen Sohn" – „Vom barmherzigen Vater" – „Von den zwei Söhnen" – „Von der Ohnmacht des allmächtigen Vaters" (E. Schweizer). Jede dieser Überschriften hat ihr Recht. Der Predigtentwurf wird nur dieses letzte Gleichnis berücksichtigen.

2. Persönlicher Zugang zum literarischen Text

F. M. Dostojewski erzählt in seinem Roman „Schuld und Sühne" von dem heruntergekommenen, dem Trunk ergebenen Beamten Marmeladow, der seine Familie ins Elend stürzt und seine Tochter Sonja dazu bringt, sich als Straßendirne durch's Leben zu schlagen und so ihre Familie über Wasser zu halten. Diese Sonja ist die menschlich anrührendste Gestalt des Romans, die in all ihrer Erniedrigung an Gott festhält, dem Mörder Raskolnikow die Erzählung von der Auferweckung des Lazarus (Joh 11, 1 – 44) erschließt und damit seine allmähliche innere Erneuerung bewirkt.

Marmeladow liegt im Sterben. Dostojewski erzählt: ▶ „Der Kranke verstummte; aber im selben Moment fiel sein irrender Blick auf die Tür, und er bemerkte Sonja. Bisher hatte er sie noch nicht gesehen: Sie stand in der Ecke, im Schatten. ‚Wer ist das? Wer ist das?' stieß er plötzlich keuchend und mit heiserer Stimme hervor, während er in tiefer Unruhe und voll Entsetzen mit dem Blick auf die Tür wies, wo seine Tochter stand; mühsam versuchte er sich aufzurichten. ‚Bleib liegen! Bleib liegen!' schrie Katerina Iwanowna. Aber er

vermochte sich mit gewaltsamer Anstrengung, auf den Arm gestützt, aufzurichten. Wie von Sinnen starrte er eine Zeitlang seine Tochter an, als ob er sie nicht erkennte. Er hatte sie noch nie in dieser Kleidung gesehen. Plötzlich erkannte er sie, wie sie, gedemütigt, geschlagen, herausgeputzt und voll Scham, still darauf wartete, daß sie an die Reihe komme, von dem sterbenden Vater Abschied zu nehmen. Unendliches Leid malte sich in seinen Zügen. ‚Sonja! Tochter! Verzeih!' rief er und wollte ihr die Hand entgegenstrecken, doch er verlor das Gleichgewicht und fiel vom Diwan, das Gesicht zur Erde; man stürzte zu ihm hin, hob ihn auf und legte ihn wieder zurecht, doch der Tod umfing ihn bereits. Sonja schrie leise auf, lief zu ihm, schlang ihre Arme um ihn und erstarrte in dieser Haltung. Er starb in ihren Armen." ◄ (Aus: F. M. Dostojewski, Schuld und Sühne, München 1960, 237.)
Man könnte Marmeladow als den „verlorenen Vater" bezeichnen, der von seiner Tochter, die in den Augen der Menschen zwar ebenso verloren, aber in ihrem Innersten bewahrt und gerettet ist, Vergebung und Versöhnung empfängt.

3. Exegetische Hinweise

E. Schweizer stellt zu Lk 15, 11–32 fest: „Mit dem Vater beginnt und endet das Gleichnis. In beiden Teilen tritt er störend und damit alles entscheidend in das Reden seiner Söhne hinein. Seine Freude ist das Kriterium, an dem sich alles entscheidet." Das Handeln des Vaters gegenüber dem jüngeren Sohn ist völlig unerwartet (vgl. Sir 30, 1–3). Die Söhne verhalten sich hingegen nach dem gängigen Muster. „Mit ihnen kann man sich ohne weiteres identifizieren, mit dem Vater nicht" (Schweizer, 163 f). Somit ist der Vater das eigentliche Thema des Gleichnisses.
In V. 20f fällt auf, daß die Vergebungsbereitschaft des Vaters dem Schuldbekenntnis des Sohnes zuvorkommt. Auch das AT weiß darum, daß Gott zur Versöhnung bereit ist – vor aller Umkehr des Menschen (vgl. Hos 2, 16–22).
V. 24a macht deutlich, daß es um mehr geht als lediglich um das Finden des Verlorenen wie in den beiden vorangehenden Gleichnissen (vgl. 15, 6.9). F. Stier übersetzt präzise: „Dieser mein Sohn war tot und ist wieder aufgelebt." Die Aufnahme des Verlorenen durch den Vater bedeutet neues Leben.
VV. 28–30 zeigen, daß der ältere Sohn das unbegreifliche Handeln des Vaters so wenig versteht, wie er sich auch vom Verhalten seines Bruders entrüstet distanziert, dessen Verwerflichkeit er überdies maßlos übertreibt (vgl. V. 30 mit V. 13, wo die Übersetzung „zügellos" überdies noch unzutreffend ist. Stier übersetzt besser: „Dort verschleuderte er sein Vermögen in heillosem Lebenswandel"). Schweizer urteilt: „Er kann nur bedauern, daß es in der Welt und sogar beim Vater so unmoralisch zugeht" und „Trennung vom Vater vollzieht sich als Trennung vom Bruder, und der entscheidende Vorwurf ist der der Güte" (Schweizer, 165).
In V. 32 ist es die Freude, zu der der Vater aufruft, „weil sie allein von allem Rechnen und Vergleichen befreit" (ebd.).

Zusammenfassend ist zu sagen: „Das Gleichnis erzählt vom Vater ... und läßt damit Gott Wirklichkeit werden. Dieser Vater ist an sich ein allmächtiger Vater ... Aber dieser Vater ist als der Allmächtige der ganz und gar Ohnmächtige ... Er hat sich nämlich ein für allemal für die Liebe entschieden und weiß, daß er ... seine Söhne für immer verloren hätte" – wenn er seine Macht einsetzen würde. So steht er auch dem älteren Sohn wehrlos gegenüber „und hat nichts als die Worte, in denen sich sein brennendes Herz ausspricht". Der Gott des Gleichnisses überwindet den vom Menschen geschaffenen Gott; er ist ein Gott ohne Herrschaftsanspruch (Schweizer, 165f). (Literaturhinweis: E. Schweizer, Das Evangelium nach Lukas, NTD 3, Göttingen 1982, 160–167.)

4. Schrifttext und literarischer Text

Im Mittelpunkt des Schrifttextes steht ein aus Liebe ohnmächtiger Vater; der Text Dostojewskis handelt von einem verlorenen Vater, der an seiner Familie, vor allem an seiner Tochter Sonja, schuldig geworden ist und gerade von ihr Vergebung empfängt. Von Versöhnung ist in beiden Texten die Rede, beide Male geschieht sie aus Liebe. Im Gleichnis Jesu ist es ein an sich Mächtiger, der sich in die Versöhnung hinein entäußert; bei Dostojewski ist es die erniedrigte Tochter, die durch die Versöhnung zu menschlicher Größe emporwächst. Stets aber ist es die Macht der Liebe, die verwandelt: die Macht in Ohnmacht, die Erniedrigung in Größe. Eine Umkehrung der Verhältnisse! Der Vater – und er steht für Gott – macht sich durch seine Versöhnungsbereitschaft klein, damit der Mensch durch die gleiche Versöhnungsbereitschaft groß werde.

5. Predigtentwurf

Da ist ein Sohn, der sich wie viele Söhne verhält. Er läßt sich sein Erbteil auszahlen und verläßt das Haus des Vaters. In der Fremde kommt er unter die Räder – „er verschleuderte sein Vermögen in heillosem Lebenswandel" – , gerät in Not und demütigende Abhängigkeit und beschließt, zu seinem Vater zurückzukehren. An Vergebung wagt er nicht zu denken. In seinen Augen hat er die Sohnesstellung verspielt; es genügt ihm, als Knecht im Haus des Vaters sein Leben zu fristen.

Aber es kommt ganz anders. Der Vater läßt ihn nicht seine Macht spüren. Als er seinen Sohn nur von ferne erblickt, wird er von seiner Liebe überwältigt, läuft ihm entgegen und fällt ihm um den Hals. Er hat dem Heimkehrenden vergeben, bevor dieser überhaupt ein Wort des Schuldbekenntnisses sagen kann. Dieser Vater rechnet nicht auf; er ist von solcher Freude erfüllt, daß ihm die Schuld des Sohnes unwesentlich wird. Der Sohn ist ihm wiedergeschenkt; das allein ist ihm wichtig. „Dieser mein Sohn war tot und ist wieder aufgelebt" – dies bringt allein die Liebe des Vaters zuwege: neues Leben zu ermöglichen.

Und da ist der ältere Sohn. Er ist im väterlichen Haus geblieben und hat in der Landwirtschaft des Vaters gearbeitet. Er – die Nachbarn würden wohl von ihm sagen, daß er gut geraten sei – hat nun nicht das geringste Verständnis für die Freude seines Vaters. Er hat seinen Bruder abgeschrieben, diesen unmoralischen Kerl, will mit ihm nichts mehr zu tun haben und protestiert gegen die unbegreifliche Güte des Vaters, die in seinen Augen die rechte Ordnung auf den Kopf stellt. Er reagiert, wie so viele „ordentliche" Menschen reagieren, denen es gegen den Strich geht, wenn einmal Gnade vor Recht ergeht. Auch diesem Sohn gegenüber spielt der Vater seine Autorität nicht aus. Er fängt auch nicht an zu argumentieren, sondern zieht sich – fast ohnmächtig – auf seine übergroße Freude über den wiedergeschenkten jüngeren Sohn zurück.

In dem Gleichnis Jesu ist es der Vater, der alle Maßstäbe sprengt, der völlig ungewohnt reagiert. Er verzichtet gleichsam auf seine Macht und läßt sich einzig von seiner überströmenden Liebe leiten, die dem schuldig gewordenen Sohn unerwartete Versöhnung gewährt, aber auch den protestierenden Älteren nicht fallen läßt.

Hinter der Gestalt dieses Vaters verbirgt sich der Gott Jesu. Er ist völlig anders, als Menschen Gott zu denken gewohnt sind. Er kommt nicht in der Pose des Mächtigen einher, der auf seine Autorität pocht; er verzichtet vielmehr auf seine Macht zugunsten seiner Liebe, die unverdiente Vergebung schenkt und niemanden abschreibt.

Solche Liebe verwandelt. Davon weiß auch Dostojewski in seinem Roman „Schuld und Sühne" zu erzählen. Da begegnet der heruntergekommene, dem Trunk ergebene Beamte Marmeladow, der ... (vgl. 2.)

Die Erzählung handelt von einem verlorenen Vater, der an seiner Familie, vor allem an seiner Tochter Sonja, schuldig geworden ist und gerade von ihr Vergebung empfängt. Durch diese Tat wächst die erniedrigte Tochter zu menschlicher Größe empor. Im Gleichnis Jesu verwandelt die Liebe die Macht des Vaters in Ohnmacht; bei Dostojewski verwandelt die Liebe Erniedrigung in Größe. Hier werden die Verhältnisse umgekehrt: Gott macht sich durch seine Versöhnungsbereitschaft klein, damit der Mensch durch die gleiche Versöhnungsbereitschaft groß werde.

6. Weitere Anregungen

Wenn über die beiden anderen Gleichnisse (VV. 3–7. 8–10) gepredigt wird, sollte der Akzent auf den Schlußsentenzen VV. 7.10 liegen. Dazu ein Text von Klemens von Alexandrien: „Infolge seiner großen Menschenliebe nimmt sich Gott des Menschen an, wie eine Vogelmutter hinzufliegt, wenn ein Junges aus dem Neste fällt. Und wenn auch einmal eine Schlange den Rachen aufsperrt und das Junge verschlingen will, ‚flattert die Mutter umher, die geliebten Kinder bejammernd' (Homer, Ilias 2, 315). Gott aber ist Vater, und er sucht sein Geschöpf und macht den Fall wieder gut und jagt die Schlange fort und bringt das Junge wieder in die Höhe und treibt es an, zum Neste emporzufliegen" (BKV, 2. Reihe 1, 168).

Franz Josef Stendebach

25. Sonntag im Jahreskreis

Zu Lk 16, 10–13

1. Persönlicher Zugang zum Schrifttext

Unmittelbar spricht mich der erste Satz (der Kurzfassung) des Evangeliums an. Wie ich scheinbar kleine und banale Dinge anpacke, darin zeigt sich meine Grundhaltung zur Sache, auch wenn mir das oft nicht bewußt wird. Manchmal lege ich den Federhalter weg und denke mir: So eine Schmiererei. Wenn ich darüber nachdenke, merke ich, daß nicht nur die Notizen geschmiert sind, sondern daß ich zu der ganzen Sache, die ich da in Angriff genommen habe, eigentlich keine Lust habe.

2. Persönlicher Zugang zur Geschichte

Während des Studiums hat ein Professor in der Vorlesung diese Geschichte aus der chassidischen Tradition erzählt. Den Zusammenhang habe ich vergessen. Aber offensichtlich habe ich sie mir gemerkt, weil mir etwas an der Geschichte gefällt: die Sorgfalt im Kleinen. Schließlich besteht der Alltag zum größten Teil aus kleinen und banalen Dingen. Durch die Geschichte werden die vielen Nebensächlichkeiten, mit denen ich mich täglich herumschlage, aufgewertet.

3. Exegetische Hinweise

Der liturgische Langtext, der für den 25. Sonntag vorgegeben ist, setzt sich aus verschiedenen Traditionsstücken und Interpretamenten zusammen: Das ursprüngliche Gleichnis Jesu vom ungerechten Verwalter, der angesichts einer Entscheidungssituation klug handelt und alles auf eine Karte setzt (Lk 16, 1–8), wird in vier Stufen verarbeitet/ausgelegt: 1. Engführung auf die Geldthematik (Lk 16, 9): Der Mammon ist immer ungerecht, die einzige Rechtfertigung ist der soziale Einsatz von Geld. 2. Wertung des Umgangs mit Geld (Lk 16, 10): Die allgemeine Sentenz von der Zuverlässigkeit in den kleinsten Dingen wird im Blick auf den Umgang mit Geld eingesetzt. 3. Eschatologische Anwendung (Lk 16, 11f): Der rechte Umgang mit Geld (= fremdes Gut) im Sinn der „kleinsten Dinge" ist Voraussetzung für den Empfang der eschatologischen Güter (= unser Gut). 4. Geforderte Entscheidung (Lk 16, 13): Die Entscheidungssituation des Gleichnisses wird in der Endstufe als Entscheidung *gegen* den Mammon und *für* Gott ausgelegt.

4. Schrifttext und Geschichte

Die Geschichte stellt eine Explikation der Sentenz Lk 16,10 dar, allerdings nicht im Blick auf das Geld, sondern im Blick auf den Alltag.

5. Predigtentwurf

► Eines Tages sagte ein Rabbi zu seinem besten Schüler: „Aaron, du bist bei mir lange in die Schule gegangen. Ich kann dir jetzt nichts mehr beibringen. Aber in der Nachbarschaft wohnt Rabbi Mosche. Geh zu ihm!"
Am nächsten Tag machte sich Aaron auf den Weg. Er klopfte bei dem berühmten Rabbi vorsichtig an die Tür und trat ein. Rabbi Mosche blickte nicht einmal auf. Er war gerade mit dem Schuhbinden beschäftigt. Und diese Tätigkeit führte er so andächtig aus, daß er alles um sich herum vergaß. Aaron blieb eine Weile abwartend stehen – und verließ dann enttäuscht das Haus und kehrte zu seinem alten Lehrer zurück.
„Warum hast du mich nur zu Rabbi Mosche geschickt?" fragte er ihn. „Er hat nicht einmal ein Wort mit mir gesprochen. Was soll ich von ihm denn lernen?"
„Was hat er denn gemacht?" fragte ihn sein alter Lehrer. „Er hat die ganze Zeit nur seine Schuhe gebunden." Da sagte der Rabbi: „Schau, Aaron, das ist es eben, was du von diesem Mann noch lernen mußt. Das Wichtigste ist immer das, womit man sich gerade abgibt." ◄
„Ob einer im Leben ernst macht", sagt Romano Guardini, „erkennt man nicht an den großen Entschlüssen, sondern an der kleinen Arbeit tagaus, tagein."
Ob ein Lehrer ernst macht, erkennt man nicht an einer Schaustunde, die er hinzaubert, sondern schon eher daran, mit wieviel Sorgfalt er sein Tafelbild gestaltet – tagaus, tagein. Ob der Chef eines Unternehmens ernst macht, erkennt man nicht daran, wie er auf großen Konferenzen auftritt, sondern ob er dem kleinen Brief auf seinem Schreibtisch Beachtung schenkt. Ob Eltern ernst machen mit ihrer Verantwortung für die Kinder, erkennt man nicht an den großen Urlaubsreisen, sondern daran, wie sie auf die banalste Frage ihres Dreijährigen reagieren. Ob ein Jugendlicher mit seiner Gruppenarbeit ernst macht, erkennt man nicht daran, ob er große Programme auf Diözesankonferenzen entwirft, sondern daran, ob er für seine Gruppenstunden pünktlich erscheint und etwas vorbereitet hat, Woche für Woche. Ob ein Pfarrer ernst macht, erkennt man nicht daran, ob er in voller Kirche eine begeisternde Predigt vom Stapel läßt, sondern schon eher daran, ob er er sich für einen Gottesdienst mit zehn alten Leuten genauso sorgfältig vorbereitet wie für einen Festgottesdienst.

Ich glaube, das will uns Jesus im heutigen Evangelium sagen: Wenn du jemandem große Dinge zutrauen willst, dann schau darauf, wie er die kleinen anpackt.

Martin Ebner/Stefan Mai

26. Sonntag im Jahreskreis

Zu Lk 16, 19–31

1. Persönlicher Zugang zum Schrifttext

Lukas greift in dieser Perikope vom reichen Mann und armen Lazarus ein Thema auf, das mich seit meiner Kindheit unangenehm berührt: die Unmöglichkeit für den Reichen, endzeitliches Heil zu erlangen. Die vorliegende Schilderung ist besonders gut für eine Identifikation mit dem Reichen geeignet, da er weder als grausam, gemein noch berechnend beschrieben wird. Er bleibt lediglich passiv angesichts eines Leidenden vor seiner Tür.
In einer Zeit, in der uns die Medien Elend aus aller Welt buchstäblich in unserem Wohnzimmer ausbreiten und uns dennoch nicht zu durchgreifendem Handeln animieren, erhält der Text beängstigende Aktualität.

2. Persönlicher Zugang zum lyrischen Text

Der 1921 geborene Berner Pfarrer Kurt Marti schrieb einmal: „So paradox es klingen mag: aber mit dem Schlagwort ‚die Bibel allein' kann man heute kein Zeuge Christi mehr sein."
Sein politisches und soziales Engagement prägt viele seiner Texte, so auch folgendes Gedicht, das seinen „Leichenreden" entnommen ist.

► das könnte manchen herren so passen
wenn mit dem tode alles beglichen
die herrschaft der herren
die knechtschaft der knechte
bestätigt wäre für immer

das könnte manchen herren so passen
wenn sie in ewigkeit
herren bleiben im teuren privatgrab
und ihre knechte
knechte in billigen reihengräbern

aber es kommt eine auferstehung
die anders ganz anders wird als wir dachten

es kommt eine auferstehung die ist
der aufstand gottes gegen die herren
und gegen den herrn aller herren: den tod ◀

(Aus: Kurt Marti, Schon wieder heute. Ausgewählte Gedichte 1959–1980, Luchterhand Literaturverlag, Frankfurt am Main 1982, 55.)

Der bittere, fast aggressive Ton dieser Zeilen, die die Bedeutung von Tod und Auferstehung reflektieren, rüttelt mich auf. Kurt Marti drückt aus, daß der Tod nicht die sozialen Strukturen von Herrschen und Dienen besiegelt, sondern daß die Auferstehung einen „aufstand gottes" gegen die Herren darstellt, alle diesseitigen Ordnungen umkehrt, letztlich dadurch, daß der „herr aller herren", der Tod, überwunden wird.

3. Exegetische Hinweise

Die vorliegende Perikope entstammt dem lukanischen Sondergut und bildet im Kontext von Kapitel 16 den Höhepunkt der Kritik Jesu am Verhalten der reichen, als geldgierig empfundenen Gegner der Christen. Lukas, der von den Evangelisten das stärkste Interesse am Thema Besitz – Besitzverzicht aufweist (dies belegen statistische Untersuchungen), richtet sich hier an die Pharisäer (vgl. Lk 16, 14).
Der Beispielerzählung vom reichen Mann und armen Lazarus liegt ein ägyptisches Märchen zugrunde, das wahrscheinlich – vermittelt durch Juden aus Alexandria – nach Palästina gelangt war. Dieses Märchen erzählt von einem reichen Mann, dem ein Prachtbegräbnis zuteil wurde, während ein Armer ganz schlicht bestattet wird. Im Totenreich erhält jedoch der Arme, der sich in unmittelbarer Nähe des Gottes Osiris befindet, die Grabbeigaben des Reichen. Von diesem Erzählstoff beeinflußt, gab es im Judentum die Geschichte eines reichen Zöllners und eines armen Schriftgelehrten, von der im Talmud allein sieben Fassungen existieren (vgl. Wiefel, 298).
Der Schrifttext besteht aus zwei Abschnitten, die von V. 26 verbunden werden. Der erste Teil zeigt deutliche Parallelen zu den genannten Vorlagen – die Geschichte wurde wahrscheinlich von Jesus erzählt –, während der zweite Teil offensichtlich vom Evangelisten geprägt ist. Es ist umstritten, ob auch dieser Textabschnitt auf Jesus zurückgeht. In der Forschung favorisiert ist die Hypothese, daß Lukas das ihm vorgegebene Lehrstück vom Armen und Reichen unter Verwendung einer ihm bekannten Lazarusüberlieferung, der Vorform von Joh 11, ergänzt hat (vgl. Kremer, 167). Auffällig ist, daß Lazarus (in Lk 16) die einzige Person ist, die in einem neutestamentlichen Gleichnis (im weiteren Sinne) mit Namen genannt wird. Lazarus ist die latinisierte Form von Eleazar (= Gott hilft), ein Name, der im Judentum geläufig war.
Die Erzählung (VV. 19–26) beschreibt in chiastischer Form den Reichtum eines Mannes und die Armut des Lazarus und anschließend Tod, Begräbnis und das Los nach dem Tode des Armen und des Reichen. Im Jenseits erfolgt eine

Umkehrung der Verhältnisse: Der Reiche sieht nun von der Stätte der Not her den glücklichen Lazarus.
V. 25 stellt eine Beziehung her zu den Makarismen und Weherufen der lukanischen Feldrede und macht so die Perikope zur Illustration der Seligpreisung der Armen und des Weherufes über die Reichen (Lk 6, 20.24).
In den VV. 27–31 schließt sich ein doppelgliedriger Dialog an. Die Bitte des Reichen, seine Brüder zu warnen, schlägt Abraham ab mit dem Hinweis auf die Prophetenpredigt. (Die Zahl der fünf Brüder hat keine allegorische Bedeutung, sondern ist als runde Zahl zu werten.) Der Reiche ist der Meinung, eine Botschaft aus dem Totenreich sei dieser Predigt überlegen; doch die Antwort verdeutlicht, daß das Hören auf einen Auferstandenen eng verknüpft ist mit dem Hören auf Mose und die Propheten.
Kernaussage der zweiten Texthälfte ist also die Zurückweisung eines Demonstrationswunders. Hierin kann eine Anspielung auf den jüdischen Unglauben gegenüber der Auferstehung Jesu gesehen werden sowie eine Begründung, warum Jesus nur seinen Jüngern erschien und nicht seinen Gegnern. Viele Texte des Neuen Testaments bekräftigen, daß nicht das Zeichen, sondern das Wort zum Glauben führen soll (vgl. Mk 8, 12; Lk 11, 16.29f; Joh 6, 30; 1 Kor 1, 22). (Literaturhinweis: W. Wiefel, Das Evangelium nach Lukas. Theologischer Handkommentar zum Neuen Testament, Bd. 3, Berlin [2]1988; J. Kremer, Lukasevangelium, NEB 3, Würzburg 1988.)

4. Schrifttext und lyrischer Text

Eine inhaltliche Verbindung kann zwischen dem ersten Teil des Sonntagsevangeliums (hierauf liegt das Schwergewicht der Homilie) und der „Leichenrede“ von Kurt Marti hergestellt werden.
Auch das Gedicht thematisiert den Gegensatz von arm und reich, bezogen auf Herren und Knechte, und betont, daß der Tod dieses Verhältnis *nicht* bestätige. Nach einer Auslegung und Aktualisierung des Schrifttextes greift die Predigt das Gedicht Martis auf und zeigt seine besondere politische Akzentuierung des Themas. Die Interpretation der Auferstehung, die Marti vornimmt, läßt sich mit der paulinischen Theologie von Tod und Sünde verknüpfen und einen Rückbezug zur Lukas-Perikope herstellen.

5. Predigtentwurf

Der Text des heutigen Sonntagsevangeliums erzählt von einem reichen Mann und einem Armen namens Lazarus. Der Reiche kleidet sich in Purpur und feines Leinen, kostbare Materialien, aus denen königliche Gewänder und auch die Gewänder der Hohenpriester gefertigt waren. Die Formulierung „... der Tag für Tag herrlich und in Freuden lebte“ weist auf Untätigkeit und damit indirekt auf Brechen des Sabbatgebotes hin.

Über den Armen, dessen Name „Gott hilft" bedeutet, wird ausführlicher berichtet. Offensichtlich ist er gelähmt, zudem wohl leprakrank und hungrig. Er erstrebt, aus dem Hause des Reichen Brotfladen zu erhalten, die zum Abwischen der Hände benutzt und unter den Tisch geworfen wurden. Die Hunde, im Judentum unreine Tiere, kann er nicht abwehren und stellt so den Inbegriff elender Armut dar. Kein Mensch hilft ihm, nur von Gott kann er Hilfe erwarten, was sich nach seinem Tod bestätigt: Engel tragen ihn an den Ehrenplatz an Abrahams Seite beim paradiesischen Mahl. Der Ausdruck „in Abrahams Schoß" entspricht der alten biblischen Redewendung „zu seinen Vätern (d. h. zu den Patriarchen) versammelt werden".

Der Blick in das Jenseits, den die Erzählung gewährt, zeigt eine Umkehrung der irdischen Verhältnisse: Der Reiche leidet Qualen. Als er um Linderung bittet, verweigert Abraham ihm diese mit dem Hinweis darauf, daß er schon zu Lebzeiten genug Gutes erfahren habe und daß zwischen ihnen eine unüberbrückbare Kluft liege. Dies drückt aus, daß es für die Verdammten unmöglich ist, ihr Schicksal zu ändern. Im anschließenden Dialog wird deutlich, daß Gleiches für die Brüder des Reichen gilt, die Abraham nicht von einem Auferweckten warnen lassen will; sie sollen durch das Wort der Propheten, nicht durch ein Zeichen zur Umkehr gebracht werden.

Ist diese Beispielerzählung ein Hinweis auf die ausgleichende Gerechtigkeit Gottes und damit eine Vertröstung der Armen auf das Jenseits? Sicher nicht, denn dadurch würde die ungerechte Verteilung von Gütern in unserer Welt gebilligt. Lukas geht es aber gerade darum, die Reichen wachzurütteln. Nicht die ausgleichende Gerechtigkeit ist Thema des Textes, sondern die Lebensgestaltung des Reichen, aus dessen Perspektive man die Seligkeit des Armen sieht.

Worin besteht seine Schuld? Die Erzählung sagt nichts über ein grausames oder abweisendes Verhalten des Reichen. Seine Schuld liegt allein darin, daß er den Armen nicht wahrnimmt. Er hat gar nicht bemerkt, daß jemand in seiner unmittelbaren Nähe Not leidet. Was bedeutet dies für uns? Sind wir nicht gewohnt, Not und Elend zu verdrängen und zu rechtfertigen, daß wir an Kriegen, Grausamkeiten, Wirtschafts- und Energiekrisen, der Verelendung ganzer Völker keine Schuld tragen? Der heutige Schrifttext warnt uns eindringlich, daß gerade darin unser Versagen besteht, die Not nicht zur Kenntnis zu nehmen, zu meinen, wir hätten mit den Problemen nichts zu tun.

Der Schweizer Pfarrer Kurt Marti greift das Thema des Evangeliums in einem Gedicht auf und gibt ihm einen gesellschaftspolitischen Akzent, indem er von Herren und Knechten spricht ... (s. 2.).

Bitter, fast hämisch sind die Worte dieses Gedichts „das könnte manchen herren so passen ...". Unreflektiert denkt doch jeder, dem es gutgeht, der sich in privilegierter Stellung befindet, daß dies immer so bleiben wird. Der Gedanke an Tod und Schuld wird verdrängt. Die Vorstellung eines Gerichts gilt als Relikt aus Zeiten repressiver Erziehung. Aber es drängt sich die Frage auf, ob alle Ungerechtigkeiten dieser Welt versöhnbar sind. Das Gedicht Martis verdeutlicht, daß der Tod nicht alles glattbügelt und vergessen macht. Die Auferstehung Jesu Christi steht dagegen: Im Wortspiel Auferstehung–Aufstand betont Marti,

daß vom Tode auferstehen heißt, gegen diesen „herrn" Tod den Aufstand zu wagen und zu gewinnen. Mit Tod kann hier nicht allein das leibliche Sterben gemeint sein. Der Kontext läßt an die paulinische Theologie denken, die Sünde und Tod identifiziert. Paulus schreibt im 1. Korintherbrief: „Verschlungen ist der Tod vom Sieg. Tod, wo ist dein Sieg? Tod, wo ist dein Stachel? Der Stachel des Todes aber ist die Sünde, die Kraft der Sünde ist das Gesetz. Gott aber sei Dank, der uns den Sieg geschenkt hat durch Jesus Christus, unseren Herrn" (1 Kor 15, 54b–57).
Paulus sieht den Tod also letztlich in der Sünde, von der Jesus Christus erlöst hat. Er selbst schließt diesen Äußerungen einen Appell an die Brüder an, aktiv das Werk des Herrn zu gestalten.
Dies hieße, bezogen auf den Schrifttext des heutigen Sonntags: Wir müssen, wenn wir die Botschaft des Evangeliums gehört haben, die entsprechende Praxis folgen lassen und den Lazarus vor unserer Türe wahrnehmen.

6. Weitere Anregungen

- Der Evangelientext ließe sich auch gut in Beziehung setzen zur Lesung aus dem Buch Amos (Am 6, 1a.4–7), in welcher der Prophet mit Weherufen die leichtlebige Oberschicht Samariens attackiert.
- Anstelle des Gedichts ließen sich Neuformulierungen der Beispielerzählung verwenden (Literaturangabe: ... und alle wurden satt. Vom Brot und anderen Lebens-Mitteln, Biblische Texte verfremdet, Bd. 7, München 1987).
- Als literarische Texte könnte man auch die Vorlagen, das ägyptische Märchen und die jüdischen Fassungen aus dem Talmud, heranziehen (vgl. Kommentare).
- Inhaltlich könnte die Predigt weniger auf das Thema Armut und stärker auf die Problematik des zweiten Teils, den Glauben ohne Zeichen, ausgerichtet werden.

Hildegard Glees-zur Bonsen

27. Sonntag im Jahreskreis

Zu Hab 1, 2–3; 2, 2–4

1. Persönlicher Zugang zum Schrifttext

Mich fasziniert dieser Dialog zwischen Gott und dem Propheten Habakuk. Momentaufnahme einer langen Geschichte, in der ein Mensch nicht nachgelassen hat, nach Gott zu schreien, ihn zu fragen, ja ihn vielleicht auch anzuklagen für sein Schweigen, sein Nichtstun. „Wie lange, Herr, soll ich noch rufen, und du hörst nicht? Ich schreie zu dir: Hilfe, Gewalt! Aber du hilfst nicht ..." Das

sind deutliche Worte eines Menschen, der Gott zutraut, gegen das Böse einzuschreiten. Das ist jedoch auch die Not eines Menschen vor diesem Gott, der unbegreiflich bleibt.
„Schreib nieder, was du siehst, schreib es deutlich auf die Tafeln, damit man es mühelos lesen kann." – Eine seltsame Antwort. Da schreit ein Mensch in größter Not nach Gott, und der gibt ihm eine „Schreibübung". Eine erstaunliche Geschichte, die mir auf Anhieb nicht einleuchtet. Doch als jemand, der sich selbst gerne schreibend ausdrückt, berührt mich diese Szene, und ich versuche zu begreifen, wie Gott in diesem schreibenden Propheten wirkt.

2. *Persönlicher Zugang zum literarischen Text*

„Aké, Jahre der Kindheit" sind Erinnerungen des Nigerianers Wole Soyinka an die ersten elf Jahre seines Lebens. Ein humorvolles, spannendes Buch, geschrieben von einem Mann, der 1986 als erster Afrikaner mit dem Literatur-Nobelpreis ausgezeichnet wurde.
In der üppigen Kinderwelt Soyinkas durchdringen sich die beiden kulturellen Bereiche des alten Afrika und der modernen Welt und führen zu komischen Mißverständnissen. Soyinkas Eltern sind Christen, und so vermischt sich im Leben des Kindes christliches Gedankengut mit dem alten Glauben an die Waldgeister. Für mich ist es faszinierend, wie aus dieser bunten Welt der Mut wächst, sich gegen bestehende Ungerechtigkeit zu wehren.

3. *Exegetische Hinweise*

Die Zeit des Propheten Habakuk muß indirekt aus seinem Buch erschlossen werden. Dieses redet in 1, 6 von den „Chaldäern", die Gott als Gerichtswerkzeug einsetzen wird. Es spricht einiges dafür, in den Chaldäern das Staatsvolk des neubabylonischen Reiches zu sehen (vgl. Deissler, 217; Fohrer, 36), das 612 Ninive erobert und 609 das assyrische Restreich ausgelöscht hat.
„Als Datum kommt nur die Regierungszeit Jojakims (608–598) in Betracht. Dieser König war nach Jer 22, 13–19 geradezu der ‚Anführer der Ungerechtigkeit' in Jerusalem" (Deissler, 221). Unter Jojakim, der 608 von Pharao Necho in Jerusalem als König eingesetzt worden war, rissen in Jerusalem-Juda die Zustände wieder ein, die sein Vater Joschija in seiner Reform zu beseitigen unternommen hatte (vgl. Jer 22). Die Situation im Land beschreibt der Prophet als eine Situation der Rechtlosigkeit, in der Gewalt, Mißhandlung, Zwietracht und Streit herrschen.
In seiner Klage richtet sich der Prophet an Gott, der scheinbar tatenlos zusieht. Die erste Antwort Gottes in 1, 5–11 ist erstaunlich: Er wird die Chaldäer zur Weltmacht im Vorderen Orient und damit zum Gerichtswerkzeug am Gottesvolk und seinen Gewaltstrukturen machen, bevor sie dann selbst wegen ihrer Gewalttaten dem Gericht Gottes verfallen. Eine enttäuschende Antwort!

„Habakuk sollte in 1, 5–11 keine der ersehnten Rettungstaten Jahwes ankündigen, sondern nur die rätselhafte Souveränität des waltenden Geschichts- und Gerichtsgottes aufweisen“ (Deissler, 223).
Habakuk sucht nach einer anderen Antwort Gottes. Er hört nicht auf, zu klagen und auf diese Antwort zu warten. Er bekommt sie schließlich, doch die Spannung und Ungewißheit werden nicht aufgelöst. Gefragt ist das bedingungslose Festhalten an Jahwe und an seiner Weisung – trotz seines rätselhaften Handelns. Jahwe verspricht schließlich, daß der Gerechte am Ende das Leben erben, der Ungerechte aber untergehen wird. „Wenn es sich verzögert, so warte darauf, denn es kommt, es kommt und bleibt nicht aus.“ Den Gläubigen wurde eine große Geduld abverlangt, denn die Wartezeit im Blick auf die babylonische Weltmacht war noch ziemlich lang. Erst 539 wurde ihr durch den Perser Kyrus für immer ein Ende bereitet. Deshalb ist das Aufschreiben der Antwort Gottes so wichtig. „Da das göttliche Eingreifen noch länger aussteht, soll der Prophet die Antwort gut leserlich auf Tafeln schreiben bzw. schreiben lassen, welche die Zeit überdauern und so als Dokumentation für die Wahrheit der Botschaft bei ihrer Realisierung zu dienen vermögen (vgl. Jes 8, 1; Jer 30, 2)“ (Deissler, 226). (Literaturhinweis: A. Deissler, Zwölf Propheten II, Würzburg 1984; G. Fohrer, Die Propheten des AT, Bd. 7, Gütersloh 1974.)

4. Schrifttext und literarischer Text

Habakuk erwartet von Gott, daß er unmittelbar gegen Ungerechtigkeit einschreitet. Seine Not ist so groß, daß seine Fragen fast zur Anklage werden. In dieser aussichtslosen Situation muß er Gottes Zusage wenigstens gut leserlich auf Tafeln schreiben, damit er sich in seinem Zweifel daran festhalten kann – denn er muß noch sehr lange darauf warten, daß Gottes Zusage sich verwirklicht. Das geschriebene Wort hilft ihm, dem Wort Gottes zu trauen, auch wenn die Realisierung noch aussteht. Schreibend wird es für den Propheten verläßlich. Und er macht es „greifbar“ für alle, die nach einem Wort Gottes suchen und in diesem Wort zu einer Begegnung mit Gott finden.
Auch wenn sie nicht diesen Anspruch haben, so werden doch die Christinnen um „Wild Christian“ schreibend zu Prophetinnen. Als die Frauen von Aké und seiner Umgebung zu lesen und zu schreiben beginnen, erwacht in ihnen das Bewußtsein ihrer Würde. Daraus wächst die Kraft, sich gegen Unterdrückung und Ausbeutung zu wehren. Zunächst ändert sich durch die Alphabetisierung nichts an ihrer äußeren Situation. Aber in ihrem Innern wächst das Gespür dafür, daß sie von Gott als freie Geschöpfe gedacht sind.

5. Predigtentwurf

Gelegentlich bin ich erstaunt, wenn ich in meinen Tagebüchern auf Träume stoße, die ich vor Jahren aufgeschrieben habe. Oft habe ich erst im nachhinein ihre Botschaft begriffen und ihre Bedeutung für mein Leben erkannt. Viele solcher aufgeschriebenen Träume verschwinden wieder aus meinem Bewußtsein. Hätte ich sie nicht aufgeschrieben, ich würde mich vermutlich nicht mehr an sie erinnern. Manche von ihnen enthalten ganz kostbare Botschaften; es wäre schade, wenn sie verlorengegangen wären.

Für viele Menschen ist es wichtig, sich schreibend mit ihren Träumen, ihren Gedanken und Erlebnissen auseinanderzusetzen. Jedes geschriebene Wort kann zum Versuch werden, dem eigenen Leben ein wenig mehr auf die Spur zu kommen. Es sind Schreib-Versuche, das Leben zu deuten, nach einem roten Faden, nach Zusammenhängen zu suchen. Schreibend drücken sich Gefühle aus, werden Trauer, Wut und Verzweiflung greifbar – auch angreifbar! Deshalb wird das geschriebene Wort gelegentlich voller Angst zurückgehalten. Es wirkt so endgültig, läßt wenig Spielraum. Viel schwerer ist es, sich auf ein gesprochenes Wort zu berufen. Denn wer könnte noch den genauen Wortlaut überprüfen, wer könnte sich noch an Nuancen, an Tonfall und Kontext erinnern? Wer schreibt, liefert sich aus – aber er wird auch klarer, eindeutiger.

Schreibend liefert sich auch der Prophet Habakuk aus. Es ist mutig, in einer Zeit der Gewalt und Ungerechtigkeit zu behaupten, daß Gott ein gerechter Gott ist, daß der Tag kommt, an dem die Ungerechten verderben, die Gerechten aber das Leben gewinnen werden.

In Stein gehauen, gibt er diese Zusage an seine Landsleute – ohne zu wissen, wann und wie sie eingelöst wird, und ohne zu ahnen, daß es noch lange dauern wird. Schreibend vergewissert der Prophet sich der Zusage Gottes und bewahrt sie vor dem Vergessenwerden. Schreibend nehmen die dem Propheten zugesagten Worte Gestalt an und werden auch für andere zugänglich. Schreibend wird die Beziehung zwischen Gott und dem Propheten transparent für jene, die nicht in der gleichen intensiven Nähe zu Gott stehen.

Auf den ersten Blick ist diese Habakuk-Geschichte nicht sehr tröstlich – viel eher wirkt sie vertröstend. Und doch: Ist nicht dieses geschriebene Wort jene Nahrung, aus der die Menschen Hoffnung auf Gottes Wirken und Kraft zum eigenen Handeln schöpfen können? Ist nicht das geschriebene Wort die Garantie dafür, daß der eigentliche Plan Gottes noch nicht verwirklicht ist? Und liegt nicht dann im geschriebenen Wort jene gewaltige Kraft verborgen, aus der Gott ganz Neues, Unerwartetes schaffen kann?

Gott zeigt sich anders, als Habakuk es von ihm erwartet. Und vielleicht bleibt in ihm die vorwurfsvolle Frage an Gott: „Wie lange, Herr, soll ich noch rufen, und du hörst nicht?" Ein unmittelbares Handeln Gottes gegen die im Lande bestehende Ungerechtigkeit gibt es nicht.

Dies ist eine von vielen Geschichten, in denen Gott anders ist, anders handelt und sich anders zeigt, als Menschen es erwarten. Dieser schreibende Prophet, der sich mit seinen in Stein gehauenen Worten der Nähe Gottes vergewissert, macht mich nachdenklich. Er macht mich sensibel für Gottes Handeln an uns, das oft versteckt ist. Dieser schreibende Prophet läßt mich etwas davon erahnen, welche verändernde Kraft Menschen im geschriebenen Wort erfahren können. Ich denke an die vielen Bemühungen, den Menschen ein Bewußtsein ihrer

Würde zu geben, indem man sie aus der Hilflosigkeit des Analphabetismus herausholt. ▶ Ich denke an die Kindheitserinnerungen des Nigerianers Wole Soyinka, deren politischer Hintergrund der Zeit Habakuks vergleichbar ist. Die Menschen des Egbalandes werden von Fremden, von Weißen, ungerecht besteuert und unterdrückt. Soyinkas Familie gehört zu den Intellektuellen des Dorfes und ist von der Ungerechtigkeit nicht so unmittelbar betroffen wie die Bauern. Doch geht gerade von ihnen der entscheidende Impuls zur Veränderung aus, und Wole Soyinka beschreibt, wie im Umkreis seiner Eltern allmählich etwas in Bewegung gerät. Mit großen Augen und Ohren verfolgt er die lebhaften Diskussionen, die die gebildeten Männer des Dorfes mit seinem Vater, dem Direktor der lokalen Volksschule, führen. Immer mehr wird er dann in jene Lebendigkeit hineingenommen, die seine Mutter ausstrahlt. Er nennt sie liebevoll „Wild Christian", die „wilde Christin" – ein treffender Name für diese phantasievolle Frau, die zwar Christin ist wie der Vater, doch gleichzeitig in der mythischen und religiösen Tradition ihres Yoruba-Stammes verwurzelt geblieben ist. Sie trifft sich regelmäßig mit einer Gruppe von Frauen, die Christinnen und Frauen der gebildeten Männer des Dorfes sind.
Sie diskutieren nicht weniger lebhaft als ihre Männer. Es geht um Fragen der Hygiene, um Engpässe in der Versorgung mit bestimmten Waren, um Preiserhöhungen und um gesellschaftliche Probleme. Eines Tages wird ihnen bewußt, daß auch die einfachen Bauersfrauen zu diesen Treffen dazugehören. Bald wird die Idee geboren, diesen Frauen Lesen und Schreiben beizubringen. Jede der gebildeten Frauen übernimmt nun eine Gruppe von Frauen, der sie bei den Treffen eine halbe oder volle Stunde lang die Grundbegriffe des Schreibens einpaukt. Soyinka erzählt: „Und während sich dann später die Diskussion um Hygiene oder die Gemeindeentwicklung, um Selbsthilfeprogramme oder Marktangelegenheiten und Preisentwicklungen drehte, übten sie fleißig weiter an ihren Buchstaben und Zahlen und hielten nur inne, wenn sie selbst in die Debatte eingreifen wollten. Oben vom Balkon aus konnte man nur die in Konzentration gebeugten Rücken sehen und die Kopftücher, unter denen oft genug weiße Haarbüschel hervorlugten. In der ersten halben Stunde herrschte absolute Ruhe bei der Arbeit, nur hier und da von einem plötzlichen Lachen unterbrochen; mühsam malten sie langsam Strich für Strich" (233 f).
Während der Erntezeit kommen die Frauen immer unregelmäßiger. Nicht wegen der Arbeit, sondern weil die Steuereintreiber ihnen auflauern, Waren beschlagnahmen und sie sogar verhaften lassen. Ein Stein, der schon lange auf den Frauen lastet, kommt ins Rollen. Die gebildeten Frauen sind betroffen und zornig über das, was mit ihren Schwestern passiert.
„Du hast gesagt, lehrt sie das ABC; das haben wir gemacht. Und wir haben auch zu ihnen gesagt, seht zu, daß eure Kinder ein sauberes Zuhause haben, und setzt eure ganze Kraft dafür ein, daß eure Kinder eine gute Erziehung und Ausbildung bekommen. Und sie haben es getan. Es ist wegen dieser Kinder, daß sie nicht zu Hause rumsitzen und warten, bis auch der Faulpelz von betrunkenem Ehemann die Botschaft begriffen hat. Schließlich sind die Frauen des Egbalandes harte Arbeit gewohnt ... Und jetzt sagen uns diese Frauen, daß

sie nicht mehr frei und ungehindert hierher kommen können. Die Straßen von Egba werden ihnen genau von den Leuten verstellt, gegen die wir sie zu schützen versucht haben. Steuer! Steuer für was? Was bleibt denn übrig, wenn eine Frau ihre Kinder ernährt, die Schuluniform gekauft, das Schulgeld bezahlt hat? Was, um alles, besteuern sie eigentlich?" (237).
Vor dem Palast des Königs verkünden die Frauen von Egba, daß sie endgültig genug haben. „Sie verhungern, ihre Kinder verhungern, ihre Kinder sind krank, sie haben keine Hoffnung auf Ausbildung oder eine bessere Zukunft, und doch werden ihren Müttern mehr und mehr Lasten auferlegt. Jetzt sagen die Frauen – es reicht" (269). ◀ (Aus: Wole Soyinka, Aké, Jahre der Kindheit, Frankfurt 1988.)
Mit diesem Protest der Frauen beginnt eine Veränderung. Die Frauenbewegung wird schließlich mit ausschlaggebend für den Kampf um Nigerias Unabhängigkeit. „Schreib nieder, was du siehst, schreib es deutlich auf die Tafeln, damit man es mühelos lesen kann" – es ist spannend, mit dem Propheten Habakuk das Schreiben und Lesen als eine Möglichkeit der Gottesbegegnung zu erschließen!

6. Weitere Anregungen

Ein anderer Ansatzpunkt der Predigt wäre, den Aspekt des Prophetenamtes mehr in den Vordergrund zu rücken. Ähnlich wie Habakuk werden die Christinnen von Aké zu Prophetinnen – wenn sie auch nicht mit diesem Anspruch auftreten. In größerer Deutlichkeit als die anderen Frauen leiden sie nicht nur an der Ungerechtigkeit, sondern tragen in sich ein Bewußtsein von der Würde des Menschen, das ihnen den Mut zum Widerstand gibt. Als Prophetinnen machen sie sich zu Sprecherinnen einer Botschaft, die Gott als einen gerechten Gott kennt.

Angelika Daiker

28. Sonntag im Jahreskreis

Zu Lk 17, 11–19

1. Persönlicher Zugang zum Schrifttext

Das beschriebene Geschehen betrifft mich zunächst nicht direkt: eine wundersame Krankenheilung. Dieser Vorgang liegt meiner Erfahrung nicht sehr nahe. Doch das Gespräch Jesu mit dem zurückkehrenden Samariter zeigt, worauf es ankommt: zu begreifen, was einem Menschen in der Begegnung mit Jesus widerfahren kann; zu begreifen, wer Jesus eigentlich ist.
Diese Botschaft des Textes fordert mich zur Auseinandersetzung mit Jesus auf. Erkennen wir, mit wem wir es da zu tun haben? Erkennen wir in Jesus wirklich den Retter?

2. Persönlicher Zugang zur Erzählung

In den Erzählungen der Chassidim, einer Bewegung im osteuropäischen Judentum des 18. Jahrhunderts, lese ich folgenden Text:
▶ Das große Werk
Rabbi Baruch sprach: „Nicht das war das große Werk Elijas, daß er Wunder tat, sondern daß, als das Feuer vom Himmel fiel, das Volk nicht vom Wunder redete, sondern alle riefen: ‚Der Herr ist Gott!'" ◀ (Aus: Martin Buber, Die Erzählungen der Chassidim, Zürich 1949, 186.)
Der Text bezieht sich auf eine Stelle aus dem ersten Buch der Könige (1 Kön 18, 36–39). Diese berichtet von einem Wunder des Propheten Elija, welches den Baalspropheten und den Israeliten zeigte, daß allein Jahwe der Gott des Volkes Israel sei und nicht Baal. Die prägnante chassidische Erzählung spricht mich an, da sie das Wesen biblischer Wunder verdeutlicht: Nicht das wundersame Geschehen als solches steht im Vordergrund, sondern allein das Bekenntnis zu Gott, der alles auf der Welt wundersam wirkt. Wunder im biblischen Sinn meint also nicht das Durchbrechen von Naturgesetzen, sondern das Wirken Gottes.

3. Exegetische Hinweise

Der Evangelientext aus dem Reisebericht (Lk 9, 51–18, 44) entstammt in seiner Kernerzählung dem Sondergut des Lukas (dort evtl. mit 18, 2–8a.10–14a unter dem Gesichtspunkt einer Belehrung über das Gebet zusammengestellt). Die Verse 11 und 19 sind wahrscheinlich lukanische Redaktionsarbeit.
Die Traditionsgeschichte der Perikope ist in der Forschung umstritten. Bultmann spricht von einer sekundären Erzählung hellenistischen Ursprungs, die sich auf Mk 1, 40–45 beziehe. Grundmann nimmt ursprünglich ein Gleichnis an. Zudem sind Parallelen zu 2 Kön 5, 14–17 (die atl. Lesung des Sonntags!) aufweisbar.
Die Perikope verbindet zwei Szenen, die Heilung von zehn Aussätzigen und die Umkehr des Samariters. Man nahm an, daß die Kerngeschichte (VV. 12–16a.17) sekundär durch die von einer antijüdischen Tendenz bestimmten Verse 16b.18 erweitert wurde. Dagegen spricht, daß eine solche Tendenz eher dem frühen als dem späteren hellenistischen Stadium der Traditionsgeschichte gemäß ist (vgl. Wiefel).
Je nachdem, worin der Akzent der Perikope gesehen wird, ist sie als Heilungswunder oder als Apophthegma zu bezeichnen. Da wenig Interesse am Vorgang der Heilung erkennbar ist und die Worte Jesu im Vordergrund stehen, ist der Zuordnung zu den Apophthegmata der Vorzug zu geben (Kremer, 170).
Lukas fügt die Erzählung innerhalb seines Evangeliums unter dem Stichwort „Glaube" ein (vgl. Lk 17, 5). Der redaktionelle Überleitungssatz V. 11 wirft ein topographisches Problem auf, worauf bereits zahlreiche Textkorrekturen in der Antike hinweisen. Die Formulierung „durch das Grenzgebiet von Samarien

und Galiläa" würde beinhalten, daß Jerusalem, das Ziel der Reise, schon hinter Jesus lag. Conzelmann kommt zu dem Schluß, daß Lukas keine exakten geographischen Vorstellungen von Palästina hatte und sich die beiden Länder benachbart dachte. Die Erwähnung Samariens hat wohl die Funktion, die Anwesenheit des Samariters zu erklären und anzudeuten, daß Jesu Wirken auch den Menschen in Samarien gilt.

Die eigentliche Erzählung muß in einem Dorf spielen (V. 12), da Aussätzige sich nur dort aufhalten durften, während ihnen mauerumwehrte Städte und Jerusalem verboten waren. Die Zahl zehn steht für viele. Das Verhalten der Leprakranken entspricht der gesetzlichen Vorschrift (Lev 13, 45f), sich von Gesunden entfernt zu halten. Die Aussätzigen sprechen Jesus mit „Meister" an, wie es sonst nur die Jünger tun. Jesus verweist sie an die Priester, die (nach Lev 14, 2ff) Geheilte als rein erklären und so in die kultische und soziale Gemeinschaft wiederaufnehmen müssen. Indirekt enthält V. 14 eine Glaubensprobe; auf dem Weg zu den Priestern werden die Zehn rein.

Die Rückkehr des Samariters, symbolisch als Umkehr zu verstehen, und die rhetorischen Fragen Jesu geben der Wundergeschichte einen besonderen theologischen Akzent, den Lukas in V. 19 verdeutlicht: Der Glaube des Samariters, der in seinem Dank und der Geste des Fußfalls zeigt, daß er in Jesus Gott erkennt, hat ihn letztlich gesunden lassen und Heilung und Heil bewirkt.

Das „Erbarme dich" sowie die Danksagung (Eucharistie) werden in der späteren Kirche zu liturgischen Elementen (vgl. Schweizer, 177f).

Wiefel sieht in dem einleitenden Satz „Steh auf und gehe" einen missionarischen Auftrag. (Literaturhinweis: W. Wiefel, Das Evangelium nach Lukas. Theologischer Handkommentar zum Neuen Testament 3, Berlin [2]1988; J. Kremer, Lukasevangelium, NEB 3, Würzburg 1988; E. Schweizer, Das Evangelium nach Lukas, NTD 3, Göttingen [19]1986; G. Schneider, Das Evangelium nach Lukas, Kapitel 11–24. ÖTKNT 3/2, Würzburg [2]1984.)

4. Schrifttext und Erzählung

Das Interesse des lukanischen Textes haftet nicht am Heilungswunder, sondern am Kontrast des Verhaltens der Geheilten (vgl. Schneider, 351). So macht er dem Adressaten deutlich, daß das Heilshandeln Jesu untrennbar ist vom Glauben.

Die gewählte Erzählung des Chassidismus bringt die Aussage des Bibeltextes auf einen Punkt: Es kommt nicht auf das Faktum des Wunders an – also auf das plötzliche Brennen des nassen Brandopfers oder die Heilung der Leprakranken –, das zum Beweis für Gottes Wirken dient, sondern auf seine Ursache. Das alttestamentliche Wunder offenbart den Israeliten Jahwe, ihren Gott, und das Wunder Jesu ist Zeichen des anbrechenden Heils. Das Widerfahrnis wird jeweils aus dem Glauben heraus gedeutet. Das Neue Testament zeigt ganz pointiert: Das Wunder bewirkt nicht den Glauben, es setzt ihn voraus.

Beide Texte legen den Schwerpunkt auf die Reaktion der Menschen. Diese loben bzw. danken Gott und interpretieren damit das gewirkte Zeichen richtig.

Die chassidische Erzählung kann durch ihre klare Aussage die Botschaft des Evangelientextes erhellen.

5. *Predigtentwurf*

Lukas berichtet im Evangelium des heutigen Sonntags, daß Jesus in einem Dorf zehn als unrein geltende Aussätzige heilte, von denen nur einer zurückkehrt und ihm dankt.
Worauf kommt es dem Verfasser an? Möchte er Jesu Macht, Krankheiten zu heilen, darstellen? Oder handelt es sich um ein moralisches Lehrstück über Dank und Undank? Wohl kaum! Die Sinnspitze des Textes liegt eindeutig im Verhalten des Samariters.
Auch die anderen Leprakranken sind geheilt worden. Nach den geltenden Gesetzen mußten sie sich den Priestern zeigen, die ihre Reinheit bezeugten und sie wieder in die Gemeinschaft aufnahmen. Offensichtlich sind sie nur auf das Wort Jesu hin zu den Priestern gegangen, haben also an ihre Heilung geglaubt. Aber nur der Samariter, ein Außenseiter, hat verstanden, was da eigentlich mit ihm vorgegangen ist. Die Juden erkannten die Samariter nicht als vollwertige Glieder des auserwählten Volkes an. Aber gerade ein Samariter geht im Bericht des Lukas zu Jesus zurück und preist mit lauter Stimme Gott. Die äußere Handlung verdeutlicht eine Umkehr in seinem Inneren. Er fällt sogar vor Jesus zu Boden, eine Huldigung, die allein Gott vorbehalten war. Er erkennt also in Jesus mehr als einen Krankenheiler; solche gab es in Palästina zur Zeit Jesu häufig. Er begreift, daß er durch das Handeln Gottes gerettet wurde. Interessanterweise gibt es im Griechischen für „Heilung" und „Heil" nur ein Wort. Jesus spricht: „Dein Glaube hat dir geholfen." Dieser Mann aus Samaria versteht also, daß Jesus körperliche Heilung *und* Heil bringt und daß an ihm mehr geschehen ist als physische und soziale Rehabilitation.
Die rhetorischen Fragen Jesu: „Es sind doch alle zehn rein geworden. Wo sind die übrigen neun? Ist denn keiner umgekehrt, um Gott zu ehren, außer diesem Fremden?" enthalten eine gegen die Juden gerichtete Polemik. Der Verfasser kritisiert hier die Juden, die sich für die Auserwählten halten, aber im entscheidenden Moment nicht erkennen, wer vor ihnen steht: *der* Heilbringer, *der* Retter. Lukas geht es nicht um die Gegenüberstellung Dank–Undank oder um die Beschreibung einer Machttat Jesu.
Er zeigt am Beispiel des Samariters, daß man nur glaubend zum wirklichen Heil finden kann, nämlich zu dem, der es verleiht, zu Jesus Christus.
Im 18. Jahrhundert entstand in einer Bewegung des osteuropäischen Judentums, dem Chassidismus, eine Reihe von Erzählungen. Eine davon nimmt Bezug auf ein Wunder des Propheten Elija, von dem das Alte Testament im 1. Buch der Könige berichtet: Elija bewirkt durch sein Gebet, daß das Opfer auf dem zerstörten Altar Jahwes plötzlich brennt, während die Vertreter des heidnischen Baalskultes mit ihrem Opfer offensichtlich nicht erhört werden. Es heißt: ... (s. 2.).

Der genannte Rabbi verdeutlicht seinen Zuhörern, daß es in dem alttestamentlichen Bericht nicht auf das wundersame Wirken des Elija ankommt, sondern darauf, daß er mit diesem Zeichen das Volk zur Umkehr bewegte, es zum rechten Glauben zurückführte. Das wundersame Geschehnis als solches, das die Naturgesetze zu durchbrechen scheint, hebt der Rabbi nicht als große Tat heraus, sondern die Reaktion der Israeliten, die das Feuer vom Himmel aus ihrem Gottesglauben heraus deuten. Sie bestaunen nicht den außergewöhnlichen Vorfall und bleiben nicht im Vordergründigen befangen – sie bekennen sich zu Jahwe und loben ihn als ihren Gott. In der Perikope des Lukasevangeliums wird noch deutlicher gesagt, daß der Glaube Voraussetzung für ein Heilungswunder ist.
Jesus wird nicht als Mirakel wirkender Wundertäter angesehen, sondern als der Verkündiger des Gottesreiches, der Heil bringt für Körper *und* Seele, wenn die Menschen sich zu ihm bekennen. Wie die Sündenvergebung, so ist auch jede Heilung von physischem Leid Zeichen der in Jesus Christus angebrochenen Gottesherrschaft.

6. *Weitere Anregungen*

- Die Predigt könnte den Lukastext der alttestamentlichen Lesung 2 Kön 5, 14–17 gegenüberstellen.
- Ausgehend von der Reaktion des Samariters ließe sich eine Predigt zum Thema der Eucharistie verfassen.
- Alternativ zur chassidischen Erzählung bieten sich folgende Liedtexte zur Bearbeitung an: „Jetzt ist die Zeit, jetzt ist die Stunde. Heute wird getan oder auch vertan, worauf es ankommt, wenn er kommt“ (z. B. in: Pilgerbuch zur Aachener Heiligtumsfahrt 1986, Nr. 8) und „Wenn der Himmel in unsere Nacht fällt ... Wenn uns aufgeht, wir dürfen hoffen. Gottes Zukunft steht allen offen“ (aaO. Nr. 15).

Hildegard Glees-zur Bonsen

29. Sonntag im Jahreskreis

Zu Ex 17, 8–13

1. *Persönlicher Zugang zum Schrifttext*

Nachhaltig prägte sich mir vor Jahren ein Motiv der fünf Meter großen bronzenen Menorah des Bildhauers Benno Elkan vor der Knesset in Jerusalem ein. Das oberste Relief des mittleren Leuchterarms zeigt Mose auf dem Berg während der Schlacht gegen die Amalekiter. Mose, der große Führer Israels, ist am Ende seiner Kraft und wird gestützt von Aaron und Hur. Seine ausgestreckten Arme schützen und schreien zugleich.

Markanterweise erinnerte ich dieses Motiv später in einer Situation, in der ich mich – in einer Leiterrolle – ausgepowert und kraftlos fühlte, aber gezwungen war, „standhaft“ zu bleiben. Ärger kam damals auf über Aaron und Hur, die zwar Mose stützten, aber scheinbar nicht um seinet-, sondern um höherer Werte willen. Ein Mensch, der eigentlich nicht mehr kann, kommt in den Sachzwang, sein Letztes zu geben. Ein Muster unserer Leistungsgesellschaft! Und die „höheren“ Ziele sind ähnlich: Landnahme, Besitz- und Gewinnmaximierung.

Traditionsgemäß wird Moses erhobene Hand als Gebetsgestus gedeutet, doch was ist der Inhalt seines Gebetes? Könnten wir zulassen, daß Mose nicht selbstlos für den Sieg Josuas, sondern auch für sich betet, diesem Sachzwang entkommen und sich fallen lassen zu dürfen?

Zunehmend wird mir wichtig, daß Mose sich hier fallen läßt – gewollt oder ungewollt. Gerade im Fallenlassen erfährt er, daß er nicht zum Einzelkämpferdasein verdammt ist, sondern daß ihm Menschen beistehen, die immer schon da waren. Diesem Aspekt möchte ich gerne in der Predigt nachgehen.

Eugen Drewermann (siehe 3.) weitet mir den Blick auf alle Beteiligten dieser Perikope: Mose am Ende seiner Kraft, aufgefangen von Aaron und Hur, auf der einen Seite; der kämpfende Josua und seine Männer auf der anderen Seite. Die eigenartige Beziehung zwischen Mose und Josua, zwischen Schwachsein und Starksein, ist ein weiterer interessanter Aspekt dieser Perikope.

2. *Persönlicher Zugang zur Anekdote*

Was immer man von dem Buch Yallops „Im Namen Gottes? Der mysteriöse Tod des 33-Tage-Papstes Johannes Paul I.“ halten mag, es zeugt von viel Anerkennung und Zuneigung des Autors gegenüber Albino Luciani. Mir hat dieses Buch einen Papst nähergebracht, der leider viel zu kurz – warum auch immer – auf der Seite der Armen und an der Kirche Leidenden stand.

3. *Exegetische Hinweise*

Unserer Perikope gehen die Erzählungen der Wüstenwanderung voraus. Nach den ausgestandenen existentiellen und volksinternen Kämpfen folgt nun der erste Kampf mit äußeren Feinden.

Die um die Schlußnotizen (VV. 14–16) gekürzte Erzählung vom Kampf gegen Amalek unterstrich ursprünglich die tiefe Feindschaft zwischen Israel – und damit Jahwe – und den bedrohlichen Amalekitern. Sie setzt einen „Hügel“ als bekannt voraus, auf dem vermutlich in alten Zeiten ein (stuhlartiger) Stein oder sogar Altar als Erinnerungszeichen an diesen Krieg gezeigt wurde.

Traditionsgemäß wird Moses Erheben der Hand/Hände als Gebet gedeutet, doch ist nicht zu übersehen, daß diese Geste „auffällig unpersönlich-magisch“ (Noth) wirkt und Jahwe in VV. 8–13 überhaupt nicht erwähnt wird. Nach dieser Darstellung scheint zwischen Mose und Josua ein geheimnisvoller Energiestrom zu fließen, der von Mose ausgeht und Josua Kraft gibt (Noth, 112–115). Eugen Drewermann deutet die Szene auf der Subjektebene, d. h. er deutet Mose und Josua als polare Ich-Anteile eines einzigen Menschen: Beide Seiten, Mose auf dem Hügel und Josua auf dem Kampffeld, sind einander zugeordnet. „Sobald wir uns von dem Gefühl trennen, daß Gott hinter uns steht und unser Leben will, werden wir auf der Stelle schwach werden und aus Angst den anderen nachgeben; sobald die Seite des Mose, die eine Hälfte in uns, die auf dem Berge zu Gott betet, nachläßt, wird auch die andere Seite, die kämpfende des Josua, in uns ohnmächtig zusammensinken. Im Kampfe gegen ‚Amalek' hilft uns nur das Gefühl, vor Gott ein Recht, ja sogar einen Auftrag zu einem eigenen Leben zu besitzen" (Drewermann, 498f). (Literaturhinweis: M. Noth, Das zweite Buch Mose, ATD 5, Göttingen [5]1973; E. Drewermann, Tiefenpsychologie und Exegese I, Olten/Göttingen [4]1988.)

4. Schrifttext und Anekdote

Die Episode verdeutlicht, wie Ja und Nein in einem Menschen einander zugeordnet sind, Bereitschaft und Überforderung. Was Mose in seiner Körperhaltung ausdrückt, murmelt Albino Luciani vor sich hin: Nein, bitte nicht.
Die Ehrlichkeit vor sich selbst, vor Gott, vor den Mitmenschen verhindert unnötige und erdrückende Allmachtsphantasien. Die Wahrnehmung der eigenen Grenzen und deren Äußerung gegenüber Gott und Menschen ermöglichen, daß andere uns ganz wahrnehmen und zur Seite stehen können. Die Parallelität in der Dreierkonstellation in Lesung und Anekdote ist sehr auffallend.
Die Episode erhellt, was in Mose vor sich gehen mag: Seine nonverbale Körperhaltung findet hier verbalen Ausdruck. Doch die Lesung präzisiert auch die leicht floskelhaft klingende Äußerung des Kollegen von Luciani: Gott gibt nicht nur Kraft zu einem Einzelkämpfertum, sondern stellt uns auch Menschen zur Seite. Gott gewährt Bei-Stand.

5. Predigtentwurf

Immer wieder stoßen wir Menschen in unserem Alltag an Grenzen unserer Kraft und müssen erleben, daß uns unsere täglichen Aufgaben über den Kopf wachsen. Wir machen die Erfahrung, daß wir eigentlich nicht mehr können. Oft würden wir am liebsten alles hinschmeißen, doch die Umstände erlauben uns dies nicht. Ich muß funktionieren ... als Hausfrau, als Arbeitnehmer oder Arbeitnehmerin, als Engagierter, Engagierte in einem Verein, einer Gemeinde; Durchhalten wird mir abverlangt, auch wenn meine Kraftreserven erschöpft sind. Wenn ich nicht durchhalte, dann bricht eine ganze Welt zusammen für andere und auch für mich. Welch ungeheurer Druck!

In diesem Punkt fühle ich mich diesem Mose der heutigen Lesung sehr verwandt. Dem großen Führer des Volkes Israel geht die Puste aus. Von ihm und seiner erhobenen Hand scheint es abzuhängen, ob Josua im Kampf gegen die Amalekiter siegen wird oder nicht. Doch Mose kann einfach nicht mehr; er hängt durch – wie man heute gerne sagt.
Mich hat sehr beschäftigt, was in diesem Mose auf dem Berg wohl vorgehen mag. Seine erhobene Hand wird seit Jahrhunderten als Gebet gedeutet. Aber was betet er da, was geht wirklich in diesem Menschen vor?
► Als bei der Papstwahl 1978 der damalige Kardinal Albino Luciani, der spätere Papst Johannes Paul I., mit jedem Wahlgang mehr Stimmen auf sich zukommen sah, soll er vor sich hingemurmelt haben: „Nein, bitte nicht!" Zwei Kardinäle links und rechts neben ihm faßten ihn spontan am Arm. Und einer redete ihm zu: „Nur Mut, wem der Herr diese Last aufbürdet, dem gibt er auch die Kraft, sie zu tragen." ◄ (Vgl. D. A. Yallop, Im Namen Gottes?, München 114).
Wenn ich auf dem Hintergrund dieser Anekdote nun Mose auf dem Berg sehe, dann höre ich auch ein „Nein, bitte nicht!" – genauer: Ich sehe es. Seine Arme sinken, sein Körper sagt nein.
Mir ist wichtig, bei diesen beiden großen Gestalten das Nein wahrzunehmen. Mir ist wichtig zu erfahren, daß die Welt trotz dieses Neins nicht zusammenbrechen muß, sondern plötzlich Menschen zur Seite stehen. Diese Menschen waren eigentlich immer schon da; doch plötzlich erfahren die beiden, daß sie von ihnen getragen werden.
Ich wünsche uns, daß wir in Situationen der Überforderung unser inneres Nein auch wahrnehmen können, daß wir unserem Nein vor Gott und vor unseren Mitmenschen Ausdruck verleihen können, daß wir es fühlen, beten, murmeln und zeigen können. Das hat eine ganze Menge mit Ehrlichkeit gegenüber uns selbst und voreinander zu tun. Wir müssen uns nicht gegenseitig den starken Helden, die starke Heldin vorspielen. Wir sind nicht zum Einzelkämpfertum verdammt.
Mir ist bewußt, daß gerade in unserer Gesellschaft Vereinsamung ein großes Problem ist. Viele mögen denken: Ich habe ja niemanden. Doch ich denke bei den Menschen, die uns tragen könnten, nicht nur an enge Freundinnen und Freunde; ich denke auch an professionelle Helfer, von der Haushaltshilfe bis zum Psychologen; ich denke an Beratungsstellen, soziale Einrichtungen, Gemeinden.
Die Lesung ermutigt mich, mich selbst wahrzunehmen und zu vertrauen, daß es Menschen rechts und links neben mir gibt, die mich auffangen, tragen, unterstützen, begleiten, mir bei-stehen können. Sie ermutigt mich, mich dem Bei-Stand – im Himmel wie auf Erden – zu öffnen, der mich in meiner Erschöpfung hört und sieht. Bei-Stand – ein anderer Name Gottes.

6. Weitere Anregung

Den folgenden Liedtext – überschrieben „Verantwortliche" – verfaßte ein junger Arbeiter, der sich mit seiner Leitungsfunktion in einem Jugendverband auseinandersetzte (T: Achim Groß/Georg Lauscher):

Refr.: Du tanzt auf den Feten den wildesten Twist,
auch wenn dir nicht danach ist, auch wenn dir nicht danach ist.
Du flippst wie 'ne Wilde, machst 'ne tierische Show,
und machst Traurige froh, und machst Traurige froh.

1. Fühlst dich einsam und verlassen, hundert Leute um dich 'rum,
und du lächelst und lachst, und du tausend Späße machst.
Da sitzt einer in der Ecke, und du kümmerst dich gleich d'rum,
und du lächelst und lachst, und du tausend Späße machst.

Refr.: Verantwortlich denkst du an ganz viele Leute,
verantwortlich denkst du nur nicht an dich.

2. Sitzt öfters 'mal im Dunkeln und dann sehnst du dich nach Licht.
Und du spielst den kleinen Clown und bist innendrin doch down.
Und das Leben haut dich nieder, schlägt dir mitten ins Gesicht.
Und du spielst den kleinen Clown und bist innendrin doch down.

3. Und du zweifelst an dir selbst: Wo gehör' ich denn bloß hin?
Und du lächelst und lachst, und du tausend Späße machst.
Krieg' bald keine Luft zum Atmen. Hat so'n Leben denn 'nen Sinn?
Und du lächelst und lachst, und du tausend Späße machst.

4. Müde bist du, ausgepowert, ohne Saft und Kraft.
Und du spielst den kleinen Clown und bist innendrin doch down.
Deinen Kampf, den kämpfst du weiter mit dem Rest von Leidenschaft.
Und du spielt den kleinen Clown und bist innendrin doch down.

Franz-Josef Knist

30. Sonntag im Jahreskreis

Zu Lk 18, 9–14

1. Persönlicher Zugang zum Schrifttext

Ein gefährlicher Text, weil er ein falsches Verständnis des Pharisäers suggeriert. Es ist das nicht auszurottende Klischee vom selbstgerechten, heuchlerischen Juden, das hier Unterstützung finden kann. Dieses Klischee wird der geschichtlichen Wirklichkeit weder des Judentums noch der pharisäischen Bewegung gerecht. Wie kritisch das Judentum selbst den Pharisäern gegenüberstand, zeigen verschiedene Stellen des Talmud, die sieben Typen von Pharisäern auflisten, von denen nur der letzte als der ideale Pharisäer gilt (vgl. dazu Predigthilfen Bd. A, 265).
Diese Typen gibt es in allen Religionen, nicht zuletzt auch im Christentum. So richtet sich die Polemik Jesu gegen uns selbst, die wir uns allzu gerne unserer „Gerechtigkeit" brüsten.

2. Persönlicher Zugang zum literarischen Text

Selma Lagerlöf erzählt in ihrem Roman „Gösta Berling" vom Tod eines alten schwedischen Bauern:

► In Högberg liegt ein alter Bauer auf dem Sterbebett. Er hat das Abendmahl empfangen, seine Lebenskräfte sind verzehrt; er muß sterben ... Der alte Mann spricht von sich selbst, als stünde er vor dem Angesicht Gottes, und mit schweren Seufzern und zustimmenden Worten bezeugen die Umstehenden, daß er die Wahrheit spreche.

„Ich bin ein fleißiger Arbeiter und ein guter Hausvater gewesen", sagt er. „Ich habe meine Frau wert gehalten wie meine rechte Hand. Ich habe meine Kinder nicht ohne Zucht und Pflege aufwachsen lassen. Ich habe nicht getrunken. Ich habe keine Marksteine verrückt. Ich habe die Pferde nicht angetrieben, wenn es bergauf ging. Ich habe die Kühe im Winter nicht darben lassen. Ich habe die Schafe im Sommer nicht in ihrer Winterwolle schwitzen lassen." ... Aber ganz unbemerkt ist ein armer Mann eingetreten, der um etwas zu essen bitten wollte. Auch er hört die Worte des Sterbenden, während er schweigend an der Tür stehen bleibt.

Der Kranke fährt fort: „Ich habe das Waldland urbar gemacht, ich habe die feuchten Wiesen ausgetrocknet. Ich habe den Pflug in geraden Furchen gezogen. Ich habe die Scheune dreimal so groß gebaut, um eine dreimal so große Ernte darin zu bergen als zur Zeit meiner Väter. Ich habe aus blanken Speziestalern drei silberne Humpen machen lassen; mein Vater brachte es nur zu einem ... Gott wird mir einen guten Platz im Himmel geben", sagt der Alte.

Der Mann an der Tür hört die Worte, und Entsetzen ergreift den, der fünf Jahre lang ein Spielball in Gottes Hand gewesen ist, eine Feder, die der Hauch seines Atems davongetrieben hat. Er tritt an das Bett und ergreift die Hand des Kranken.

„Freund, Freund!" sagt er, und seine Stimme zittert vor Erregung. „Hast du bedacht, wer der Herr ist, vor dessen Angesicht du bald treten wirst? Er ist ein großer, ein schrecklicher Gott. Die Welten sind sein Ackerland. Der Sturm ist sein Schwert. Weite Himmel erbeben unter der Schwere seiner Fußtritte. Und du willst dich vor ihn hinstellen und zu ihm sagen: ‚Ich habe gerade Furchen gezogen, ich habe Roggen gesät, ich habe einen Wald abgeholzt'? Willst du dich vor ihm rühmen und dich mit ihm messen? Du weißt nicht, wie mächtig der Herr ist, in dessen Reich du nun kommen wirst."

Die Augen des Alten erweiterten sich, um seinen Mund zuckte es angstvoll, sein Atem geht schwerer.

„Tritt nicht mit großen Worten vor diesen Gott", fährt der Wanderer fort. „Die Mächtigen der Erde sind wie ausgedroschenes Stroh in seiner Scheune. Sein Tagewerk ist, Welten zu schaffen. Er hat die Meere gegraben und die Berge aufgetürmt. Er hat die Erde mit Kräutern bekleidet. Er ist ein Arbeiter ohnegleichen, du darfst dich nicht mit ihm messen. Bücke dich vor ihm, du entfliehende Menschenseele! Tief im Staub liege vor deinem Herrn, deinem Gott! ... Erfasse den Saum seines Mantels wie ein kleines Kind, und flehe ihn um seinen Schutz

an! Liege tief im Staub und flehe um Gnade. Demütige dich vor deinem Schöpfer, o Menschenseele!"
Die Augen des Kranken stehen weit offen, seine Hände lösen sich, sein Gesicht hellt sich auf, und er röchelt nicht mehr. „Du Menschenseele, entfliehende Menschenseele", ruft der Mann aus. „So gewiß du dich jetzt in deiner letzten Stunde in Demut vor Gott gebeugt hast, so gewiß wird er dich als Kind auf die Arme nehmen und dich in die Herrlichkeit seines Himmels aufnehmen." ◄
(Nach: Selma Lagerlöf, Gösta Berling, dtv 1180, 281–283, gekürzt.)

3. *Exegetische Hinweise*

Wir müssen uns hüten, das Dankgebet des Pharisäers von vornherein negativ zu werten. Sein Dank gegen Gott ist echt; er steht mit ihm in einer guten alttestamentlich-jüdischen Tradition (vgl. Ps 26). Bedenklich stimmt allerdings, daß er nicht zu einem eigentlichen Dialog mit Gott findet, vielmehr monologisch um sich selbst kreist. Der Zöllner hingegen hat überhaupt keinen Anlaß zum Monolog; ihm bleibt nichts anderes übrig, als Gott um sein Erbarmen anzurufen. Seine Bitte scheint allerdings aussichtslos zu sein; denn nach jüdischer Auffassung gibt es Versöhnung mit Gott nur für den, der sich mit allen von ihm Geschädigten versöhnt hat, und das ist in der Situation des Zöllners unmöglich. So versucht er überhaupt nicht, diesen Weg zu gehen. Vielmehr gibt er „von vornherein Gott recht, auch gegen sich selbst. Darum muß er sich nicht mehr mit sich und seinem Status im Vergleich mit anderen beschäftigen" (Schweizer, 187).
Diese Haltung des Zöllners wird von Gott akzeptiert, der alle Selbstrechtfertigung des Menschen ablehnt.
E. Schweizer stellt mit Recht fest: „Gott ist nicht die Instanz, die automatisch Frömmigkeit belohnt, Unfrömmigkeit bestraft ... Gott hat tatsächlich die, die mit leeren und schmutzigen Händen kommen, nicht weniger lieb als die, die viel für ihn geleistet haben ... Das Gleichnis befreit also vom Leistungsdenken, das um das vollbrachte Werk kreist, wie von der Lebensuntüchtigkeit, die um den mangelnden Selbstwert kreist ... Es befreit zum Risiko eines Lebens, das sich nicht mehr selbst sichern muß. Wer Gott einzige Instanz sein läßt, kann seine eigenen Licht- und Schattenseiten sehen ... So wird das Gleichnis zur Selbstenthüllung Gottes gegen alle vom Menschen errichteten Gottesbilder" (Schweizer, 188). (Literaturhinweis: E. Schweizer, Das Evangelium nach Lukas, NTD 3, Göttingen 1982, 186–188.)

4. *Schrifttext und literarischer Text*

Die Bilder, die wir uns von Gott machen, müssen immer wieder zerbrochen werden, damit die Wirklichkeit Gottes zum Leuchten kommt. Es ist nicht zuletzt die Vorstellung von einem Gott, der das Gute belohnt und das Böse

bestraft, die sich mit dem faktischen Handeln Gottes nicht deckt und auf den Prüfstand gehört. Gott ist anders, als wir erwarten. Er ist grenzenlos bereit zur Versöhnung, wenn nur der der Versöhnung bedürftige Mensch sich ihm öffnet – wie der Zöllner des Evangeliums. Auf der anderen Seite kann auch der Gerechte sich vor Gott nicht rühmen; denn keine menschliche Leistung kann vor Gott Lohn beanspruchen – so groß ist der Abstand von Gott und Mensch. Wenn Gott sich dem Menschen zuwendet, tut er dies einzig aus der Freiheit seiner Liebe heraus.
Um diese Wirklichkeit Gottes geht es auch in der Erzählung von Selma Lagerlöf. In dem sterbenden Bauern begegnet uns ein Typ des Gerechten, der Gott seine guten Taten vorrechnet. Er findet aber erst seinen Frieden, als er sich von dem armen Mann die Augen für seine Vermessenheit öffnen läßt, als er bereit ist, wie ein kleines Kind den Saum von Gottes Mantel zu ergreifen und ihn um seinen Schutz und seine Gnade anzuflehen.

5. *Predigtentwurf*

Ein Weiser Alt-Israels, Kohelet, der „Prediger Salomo", hat einst gelehrt: „Sei nicht zu schnell mit dem Mund, ja selbst innerlich fiebere nicht, vor Gott das Wort zu ergreifen. Gott ist im Himmel, du bist auf der Erde, also mach wenig Worte!" (Koh 5, 1). Dieses Wort will den Menschen auf seinen Platz verweisen, den er vor Gott einnimmt und der ihn in einem unendlichen Abstand von Gott hält. Es ist somit ein Stück herber Religionskritik, Kritik an allen Versuchen des Menschen, sich durch Leistungen der Frömmigkeit und Gerechtigkeit vor Gott abzusichern – eine Versuchung, der wir zu allen Zeiten und an allen Orten ausgesetzt waren und sind.
Auch Jesus hat diese Gefahr gesehen, in der gerade die „Frommen" stehen, und die Beispielerzählung vom Pharisäer und Zöllner gestaltet, um seine Jünger, um uns zu warnen.
Da ist ein Pharisäer, der im Tempel leise betet – es also nicht herausposaunt: „Gott, ich danke dir, daß ich nicht wie die anderen Menschen bin, die Räuber, Betrüger, Ehebrecher oder auch wie dieser Zöllner dort." Dieses Gebet ist nicht von vornherein negativ zu bewerten. Der Beter steht in einer guten alttestamentlich-jüdischen Tradition, wenn er Gott für seine Gerechtigkeit dankt, anstatt sie sich selbst zuzuschreiben. Überhaupt haben wir Christen allen Grund, unser Pharisäerbild zu korrigieren. Die Pharisäer waren eben nicht selbstgerechte und heuchlerische Juden, sondern Menschen, die sich mit allem Ernst und all ihren Kräften bemühten, den Willen Gottes zu erkennen und zu erfüllen – und das wollen und sollen wir ja schließlich auch. Die Haltung des Pharisäers in der Erzählung Jesu wird erst da bedenklich, wo er anfängt, sich mit anderen Menschen zu vergleichen. In dem Augenblick hört eigentlich sein Gespräch mit Gott auf, und er kreist nur noch um sich selbst.
Der Zöllner hingegen hat gar nichts vorzuweisen, das einen Vergleich mit anderen aushalten würde. Er kommt – anders als der Pharisäer – von sich selbst

los und findet das Gespräch mit Gott. Ihm bleibt gar nichts anderes übrig, als Gott um sein Erbarmen anzurufen. Seine Haltung wird von Gott akzeptiert, die des Pharisäers nicht; denn Gott lehnt jeden Versuch des Menschen ab, sich selbst vor ihm zu rechtfertigen.
Versetzen wir uns selbst einmal in die Rolle des Pharisäers und des Zöllners hinein. Wenn wir – um nur ein Beispiel herauszugreifen – Gott dafür danken, daß unsere Ehe noch in Ordnung ist, daß unsere Kinder noch gläubig sind und sich um einen christlichen Lebensstil bemühen, ist das ganz in Ordnung. Sobald wir aber anfangen, uns mit anderen zu vergleichen, deren Ehe zerbrochen ist, deren Kinder aus der Kirche ausgewandert sind, kommen wir auf eine gefährliche Bahn. Denn wer ist so gerecht und tadellos, daß er vor Gott bestehen könnte! Da ist es doch eher das Gebet des Zöllners, das uns angemessen ist: „Gott, sei mir Sünder gnädig!" Jesus zerbricht immer wieder die Bilder, die wir uns von Gott machen. Es ist nicht zuletzt die Vorstellung von einem Gott, der das Gute belohnt und das Böse bestraft, die von ihm in Frage gestellt wird. Gott ist und handelt anders, als wir es erwarten. Er ist grenzenlos zur Versöhnung bereit, wenn nur der schuldig gewordene Mensch sich ihm öffnet – wie der Zöllner des Evangeliums. Er reagiert aber abweisend, wenn Menschen sich vor ihm ihrer Gerechtigkeit rühmen.
Eine Erzählung von Selma Lagerlöf kann uns zeigen, wie es um den Menschen vor Gottes Angesicht bestellt ist ... (s. 2.). In dem sterbenden Bauern begegnet uns der Typ eines selbstgerechten Christen, der Gott seine guten Taten vorrechnet. Er findet aber erst den Frieden, als ein heruntergekommener Offizier ihm die Augen für seine Vermessenheit öffnet, als er bereit ist, wie ein kleines Kind den Saum von Gottes Mantel zu ergreifen und ihn um seinen Schutz und seine Gnade anzuflehen.
Das Gleichnis Jesu zeigt uns einen Gott, der vorbehaltlos alle Menschen liebt, auch die, die mit leeren und schmutzigen Händen zu ihm kommen. Vor diesem Gott gelten keine vorzuweisenden Werke; er akzeptiert einzig den Menschen, der sich wie ein Kind in Glaube und Hoffnung ihm anvertraut. Ist dies nicht ein großer Trost für uns?

6. Weitere Anregungen

Das Evangelium hat in seiner Kritik an aller Selbstgerechtigkeit für den, der sich recht einzuschätzen weiß, einen zutiefst tröstlichen Aspekt. Dazu einen Text der Therese von Lisieux: „Wenn Du auch nichts bist, vergissest Du denn, daß der Herr alles ist? Du brauchst nur Dein kleines Nichts in sein unendliches All zu verlieren und dann nur noch an dieses einzig liebenswürdige All zu denken ... Du schreibst mir, daß Du Deine Schwachheit fühlst: das ist eine Gnade; unser Herr ist es, der in Deiner Seele diese Gefühle des Mißtrauens gegen dich selbst einprägt" (In: W. Schamoni, Gebet und Hingabe, Paderborn 1952, 56).

Franz Josef Stendebach

31. Sonntag im Jahreskreis

Zu Lk 19, 1–10

1. Persönlicher Zugang zum Schrifttext

Auf der Geschichte vom Zöllner Zachäus lastet ein schweres Los. Wieder und wieder im Kindergottesdienst und der Kinderkatechese eingesetzt, haftet ihr mittlerweile wie kaum einer anderen biblischen Geschichte das Etikett einer „Geschichte für Kinder“ an, das nur schwer von ihr zu nehmen ist. Die Deutung ist dabei allzu bekannt: Zachäus, klein an Gestalt, steigt, um Jesus zu sehen, schnell auf einen Baum, und Jesus übersieht „den Kleinen“ nicht, sondern kehrt gerade bei Zachäus als Gast ein.
Wie kann bei einer solch starken Vereinnahmung durch die Kinderkatechese ein Erwachsener noch Zugang zur Zachäusgeschichte finden? Zwei Dinge geben mir zu denken: Da ist zum einen der besondere Stellenwert der Zachäusgeschichte innerhalb des Lukasevangeliums. Viele Exegeten sehen in ihr eine Zusammenfassung der lukanischen Theologie, deren besonderes Kennzeichen es ist, in Jesus vorrangig den Heiland der Armen und den Repräsentanten der Güte und Barmherzigkeit Gottes zu sehen. Da ist zum anderen aber auch eine unlängst veröffentlichte tiefenpsychologische Interpretation der Zachäusgeschichte, die mich reizt, die Zachäusgeschichte wieder einmal neu vorzunehmen (vgl. St. Schmitz, In Menschen der Bibel sich wiederfinden, Freiburg/Olten 1988, 18ff). Diese tiefenpsychologische Interpretation ist stark von der Individualpsychologie A. Adlers beeinflußt und setzt ebenfalls bei der „kleinen“ Gestalt des Zachäus an, jedoch nicht, um sie mit Kindern in Verbindung zu bringen, sondern um in ihr eine Minderwertigkeit zu sehen, unter der Zachäus litt und die er durch Karriere („Oberzöllner“), Geld und Macht zu kompensieren trachtete. Dadurch, daß Jesus gerade ihn, den „kleinen“, der „sich nicht sehen lassen zu können glaubte“, anschaute und bei ihm einkehrte, konnte – so die Interpretation – die Begegnung mit Jesus für Zachäus heilend und befreiend werden. Zwar glaube ich, daß diese Deutung am lukanischen Verständnis der Perikope vorbeigeht und der Kleinheit des Zachäus ein zu großes Gewicht beimißt. Doch gewinnt sie der alten Zachäusgeschichte Seiten ab, die anregen, über ihren Sinn neu nachzudenken.

2. Persönlicher Zugang zur Geschichte

Die Geschichte stellt eine Verfremdung der biblischen Zachäusgeschichte dar. Sie beginnt wie der Bibeltext, nimmt dann aber ab der Mitte der Geschichte (V. 7) einen signifikant anderen Verlauf:
▶ ... Die Leute murrten. Zachäus schwieg. Als müßte er ihn darauf aufmerksam machen, sagte der Gast: „Hörst du nicht das Murren und Lärmen vor der Tür? Nicht ohne Grund machen dir diese Leute Vorwürfe. Dein betretenes Schwei-

gen zeigt nur, wie recht sie haben. Wer andere wie du übervorteilt, ausnützt, betrügt, braucht sich nicht zu wundern, wenn er verachtet und gehaßt wird." „Ja schon, aber ..." „Aber – du brauchst dich nicht herauszureden: Die Betroffenen sprechen eine klare und eindeutige Sprache. Da gibt es nur eins: Laß es, die anderen auszunutzen; hör auf, dich auf ihre Kosten zu bereichern; versuche wiedergutzumachen, was noch wiedergutzumachen ist. Sonst wirst du auf die Dauer deines Lebens nicht mehr froh." Zachäus schwieg betroffen. Doch blieb für ihn zugleich alles beim alten. ◀ (Aus: Anton Steiner/Volker Weymann, Jesus-Begegnungen, Benziger Verlag/Friedrich Reinhardt Verlag, Zürich/Basel [3]1984, 35.)
Gerade der letzte Satz der Geschichte, daß „alles beim alten blieb", rastet ein und läßt aufhorchen, um so mehr, als das Verhalten Jesu in dieser veränderten Fassung der Zachäusgeschichte in vielem unseren eigenen, gängigen Verhaltensweisen als Eltern, Lehrer usw. entspricht. Jesus redet mit vielen Worten auf Zachäus ein. Er mahnt ihn, warnt ihn, überschüttet ihn mit Ratschlägen und moralischen Appellen: „Laß es", „hör auf", „versuche wiedergutzumachen". Es ist ein menschlich völlig verständliches und gerechtfertigtes Verhalten. Nur: Es blieb „alles beim alten". Der Kreislauf von Aktion und entsprechender Reaktion wird zum Teufelskreis, dem keiner entrinnen kann.
In der biblischen Geschichte durchbricht Jesus diesen Teufelskreis, indem er anders handelt: Statt moralischer Appelle schenkt er einem zum Sünder abgestempelten Menschen seine Nähe und bringt dadurch alles neu in Bewegung. Die Verfremdung der Zachäusgeschichte läßt das besondere Profil der biblischen Zachäusgeschichte mit neuer Frische nach vorne treten und hilft mir, das überraschend „An-stößige" im Verhalten Jesu wahrzunehmen.

3. *Exegetische Hinweise*

Die Zachäusgeschichte gehört zum Sondergut des Lukasevangeliums. Der Verfasser hat sie aus der urchristlichen Tradition übernommen und erweitert. V. 8 fügte er ein, um hervorzuheben, daß wahre Umkehr kein bloß innerliches Geschehen ist, sondern sich im konkreten Handeln zeigen muß. Durch V. 10 wird, wie so oft im Lukasevangelium, nachträglich noch einmal auf die besondere Sendung Jesu zu den Verlorenen hingewiesen. Ferner dürften ebenfalls das betonte „muß" und das zweimalige „heute" in V. 5b und V. 9 auf Lukas und seine besondere Sicht des Heilshandelns Jesu als „Mitte der Zeit" zurückgehen (vgl. auch Lk 2, 11; 4, 21; 5, 26; 23, 43).
Jericho lag an der Grenze zu Judäa und war von daher eine wichtige Zollstation. Zachäus, so heißt es in V. 2, war der „oberste Zollpächter" und „sehr reich". Während der römischen Besatzungszeit mußten die jüdischen Zollpächter für die Erhebung der Einfuhr- und Ausfuhrzölle eine bestimmte Pachtsumme an die römischen Behörden zahlen, konnten im übrigen jedoch die Höhe der Einzelzölle nach eigenem Gutdünken festlegen. Da sie mit den Römern zusammenarbeiteten, hatten sie wenig Ansehen und galten als gewinnsüchtige und

skrupellose „Sünder“ (V. 7). In Listen damals verachteter Berufe wurden die Zöllner neben den Schweinehirten, Kleinhändlern und Obstverkäufern aufgeführt. Daß Zachäus vorausläuft und auf einen Maulbeerfeigenbaum steigt, zeigt seine Neugier zu sehen, „wer dieser Jesus sei“ (V. 3f). Die Verse 5b und 9 verraten, wie bereits erwähnt, die redaktionelle Hand des Lukas. Sie sind sehr grundsätzlich formuliert und wollen hervorheben, daß Jesu Zuwendung zu Zachäus nichts Zufälliges ist, sondern sich in ihr Gottes messianisches Heil inmitten dieser Welt ereignet. Es ist wie ein „Riß“ (M. Clévenot), der plötzlich durch ein starres System von gesellschaftlichen Einstellungen und Fixierungen geht und den Blick freigibt auf eine ganz neue Form menschlicher Kommunikation und Versöhnung. Die Leute reagieren auf Jesu überraschendes Verhalten wie so oft mit Murren und Empörung (vgl. Lk 15, 1; 13, 10; Joh 6, 41). Doch liegt die besondere Sendung Jesu nach dem Lukasevangelium genau darin, „zu suchen und zu retten, was verloren ist“ (Literaturhinweis: F. Bovon, Das Evangelium nach Lukas, EKKNT III/1, 1989; A. Steiner/V. Weymann, Jesusbegegnungen. Bibelarbeit in der Gemeinde, Basel–Zürich–Köln ^{3}1984.)

4. Schrifttext und Geschichte

Ein Hauptproblem bei der Vermittlung der Zachäusgeschichte liegt in der besonderen Rolle, die diese Geschichte in der Kinderkatechese spielt. Die Verfremdung der Zachäusgeschichte hilft, von der „kleinen“ Gestalt des Zachäus wegzukommen. Dadurch, daß sie Jesu Verhalten stark ins Belehrende und Moralisierende zieht, gelingt es ihr, das zentrale Problem der Kommunikation unter Menschen in den Mittelpunkt zu rücken und die befreiende Offenheit, die vom Verhalten des biblischen Jesus ausgeht, neu bewußt zu machen. Die Predigt setzt vor allem beim letzten Satz der verfremdeten Zachäusgeschichte an: „Zachäus schwieg betroffen. Doch blieb für ihn zugleich alles beim alten.“ Von diesem Satz aus läßt sich das Besondere der biblischen Zachäusgeschichte, in der gerade nicht „alles beim alten bleibt“, gut verdeutlichen.

5. Predigtentwurf

Kommunikation ist ein ganz wesentlicher Bestandteil unseres Lebens. Der bekannte Kommunikationsforscher Paul Watzlawick brachte es auf den Nenner: „Man kann nicht nicht kommunizieren.“ Selbst wenn wir schweigen, uns absondern oder uns regungslos zeigen, ist diese scheinbare Vermeidung von Kommunikation in Wirklichkeit doch eine Form von Kommunikation.
Auch im heutigen Evangelium geht es um Kommunikation, und zwar um ein allzu starres Kommunikationssystem, das von Jesus her aufgerissen wird. Leider ist die Zachäusgeschichte gerade durch die häufige Verwendung in der Kinderkatechese sehr verbraucht und bekannt, so daß wir die Dynamik, die durch diese Geschichte geht, kaum noch wahrnehmen. Es ist deshalb gut, die Zachäus-

geschichte einmal in einer etwas veränderten Fassung zu hören, um dann mit geschärftem Blick auf das Besondere der biblischen Zachäusgeschichte zu schauen. Die veränderte Fassung der Zachäusgeschichte lautet folgendermaßen: ... (s. 2). Der Anfang dieser verfremdeten Zachäusgeschichte verläuft wie im Lukasevangelium. Dann aber wird das Verhalten Jesu signifikant geändert: Im Haus des Zachäus angekommen, wird Jesus mit einem Mal in der Rolle des Belehrenden und Zurechtweisenden dargestellt. Er hat Verständnis für das Murren der Menge, mit dem diese ihrem Ärger auf Zachäus Ausdruck verleiht, und muß seinerseits Zachäus Vorwürfe machen. Eindringlich redet er auf Zachäus ein, warnt ihn und überschüttet ihn mit moralischen Appellen. Viel Worte, viel Betroffenheit. „Und doch", so schließt die Erzählung, „blieb für Zachäus alles beim alten". Die verfremdete Zachäusgeschichte endet mit einem wirklichen Schlußpunkt. Es geht nicht weiter, es gibt keine Entwicklung, keine Hoffnung auf irgendeine Art von glücklichem Ende. Wir alle kennen derartige Situationen und Auseinandersetzungen. Da bilden sich Parteien und werden viele Vorwürfe vorgebracht. Wir reden uns die Lippen wund und appellieren an Vernunft und Moral. Doch nichts bewegt sich, die Fronten verhärten sich, und es bleibt in der Tat „alles beim alten". Solche Verhärtungen geschehen im politischen ebenso wie im ganz persönlichen Bereich. Überall kann sich Kommunikation festfahren und zu Ritualen und eisernen Positionen erstarren.
Wenn wir von hier aus auf die biblische Zachäusgeschichte blicken, so fällt folgendes auf: In der biblischen Geschichte redet Jesus wenig, bricht aber vieles auf. Statt moralischer Appelle bricht er die Vorbehalte und Vorwürfe der damaligen jüdischen Gesellschaft den Zöllnern gegenüber auf, läßt sich von einem von diesen einladen und schenkt ihm seine Nähe. Es gelingt Jesus hier wie auch an vielen anderen Stellen seines Wirkens, einen „Lebensraum des Verstehens und der Versöhnung" (M. Clévenot) zu schaffen, in welchen die integriert werden, die andere ausschließen. Gerade dadurch aber „bleibt nichts beim alten", sondern kommt alles in Bewegung: Der sündige Zachäus nutzt die Chance der Umkehr und beginnt, die Hälfte seines Vermögens den Armen zu geben.
In einem Kommentar zur Zachäusgeschichte heißt es: „Die Durchbrechung gesellschaftlicher Hemmnisse ist manchmal schwerer als der Gang zum Beichtstuhl." In der Tat. Es lohnt, darüber nachzudenken.

6. Weitere Anregungen

Um das Befreiende in der Begegnung Jesu mit Zachäus aufzuzeigen, könnte man auch von folgendem Gedicht von Reiner Kunze ausgehen:

Pfarrhaus
(für pfarrer W.)

Wer da bedrängt ist findet
mauern, ein
dach und

muß nicht beten

Hanneliese Steichele

32. Sonntag im Jahreskreis

Zu Lk 20, 27–38

1. Persönlicher Zugang zum Schrifttext

Mir gefällt die Frage der Sadduzäer, und mir gefällt die Antwort Jesu. So scharfsinnig, wie sie versuchen, den Auferstehungsglauben ad absurdum zu führen, so souverän kontert Jesus mit dem Hinweis auf die Andersartigkeit des Lebens der Auferstandenen und mit den Aussagen der Schrift, auf die sich ja auch die Sadduzäer berufen. Im Hintergrund steht für mich nicht nur die Frage, ob es so etwas wie „Auferstehung der Toten" überhaupt gibt, sondern auch die Frage, wie man sich die Auferstehungswirklichkeit vorstellen kann. „Kriegt ein Hund im Himmel Flügel?" lautet ein Buchtitel, und vor einiger Zeit fragte mich mein jüngster Sohn, ob es im Himmel beim lieben Gott auch Gummibärchen gibt. Bei allem Respekt vor Jesu Schlagfertigkeit im Streitgespräch mit den Sadduzäern – ich hätte gerne ein wenig mehr darüber erfahren, wie das „drüben" so ist.

2. Persönlicher Zugang zum literarischen Text

Ein klassischer Text, der sich mit der von den Sadduzäern und Jesus diskutierten Frage auseinandersetzt, stammt von Marie Luise Kaschnitz:

▶ Ein Leben nach dem Tode

Glauben Sie fragte man mich
An ein Leben nach dem Tode
Und ich antwortete: ja
Aber dann wußte ich
Keine Auskunft zu geben
Wie das aussehen sollte
Wie ich selber

Aussehen sollte
Dort

Ich wußte nur eines
Keine Hierarchie
Von Heiligen auf goldnen Stühlen sitzend
Kein Niedersturz
Verdammter Seelen
Nur

Nur Liebe frei gewordne
Niemals aufgezehrte
Mich überflutend

Kein Schutzmantel starr aus Gold
Mit Edelsteinen besetzt
Ein spinnwebenleichtes Gewand
Ein Hauch
Mir um die Schultern
Liebkosung schöne Bewegung
Wie einst von tyrrhenischen Wellen
Wie von Worten die hin und her
Wortfetzen
Komm du komm

Schmerzweb mit Tränen besetzt
Berg-und-Tal-Fahrt
Und deine Hand
Wieder in meiner

So lagen wir lasest du vor
Schlief ich ein
Wachte auf
Schlief ein
Wache auf
Deine Stimme empfängt mich
Entläßt mich und immer
So fort

Mehr also, fragen die Frager
Erwarten Sie nicht nach dem Tode?
Und ich antworte
Weniger nicht. ◀

(Aus: Marie Luise Kaschnitz, Kein Zauberspruch. © Insel Verlag, Frankfurt am Main 1976.)

Das Gedicht trifft genau „mein“ Thema: Wie sieht das Leben nach dem Tode aus? Marie Luise Kaschnitz bekennt zunächst ihren Glauben an ein Leben nach dem Tod, räumt aber ihre Ratlosigkeit ein, wie dieses Leben beschaffen sein solle. Die gängigen Vorstellungen wehrt sie ab: keine Hierarchie von Heiligen auf goldenen Stühlen, kein Niedersturz verdammter Seelen, kein Schutzmantel starr aus Gold, mit Edelsteinen besetzt. Statt dessen: „Liebe frei gewordne/Niemals aufgezehrte/Mich überflutend." Leichtigkeit, Zärtlichkeit, lockende Begegnung sind das Grundgefühl. Höhepunkt ist die Hoffnung auf Gemeinschaft mit dem geliebten Partner, die den Tod überdauert: „Und deine Hand/Wieder in meiner." Gegenwart, Vergangenheit und Zukunft fließen ineinander, die Zeit verliert ihre Bedeutung, im Leben nach dem Tode geschieht ewig neue Begegnung: „Deine Stimme empfängt mich/Entläßt mich und immer/So fort." Am besten gefallen mir die Schlußverse. Das Leben, das wir nach dem Tod erhoffen, kann nicht hinter unseren Träumen zurückbleiben. Es wird all das einholen und überbieten, was wir gehofft, geliebt, gelitten haben. Weniger nicht.

3. Exegetische Hinweise

Die Sadduzäer, die an Jesus herantreten, waren eine einflußreiche priesterliche Gruppe um den Hohenpriester. Geistig und machtpolitisch traten sie als Gegner der Pharisäer auf. Insbesondere lehnten sie deren Glauben an ein Weiterleben nach dem Tode ab. Außer dem Pentateuch ließen sie kaum andere heilige Schriften gelten und teilten auch nicht den Glauben an einen kommenden Messias. Als Kollaborateure mit den römischen Machthabern waren sie auch politisch daran interessiert, den Unruhestifter Jesus von Nazaret auszuschalten. In seiner Antwort auf die „Spottfrage" der Sadduzäer greift Jesus wohl nicht zufällig auf einen Schriftbeweis aus dem Pentateuch zurück. Seine Argumentation zielt darauf ab, daß die Sadduzäer die Schrift nicht kennen und die Macht Gottes unterschätzen. Der Gott, der sich im brennenden Dornbusch als „Ich-bin-da" geoffenbart hat, wird seinem Namen auch im Tod treu bleiben. Er bleibt der Gott Abrahams, Isaaks und Jakobs, auch wenn diese schon gestorben sind, woraus nach dem Schriftbeweis zu schließen ist, daß sie bei Gott weiterleben. Die Perikope ist die einzige Stelle, an der deutlich wird, daß Jesus ausdrücklich den im Volk verbreiteten Auferstehungsglauben bestätigt. Gleichzeitig wehrt er eine zu irdisch gedachte Auferstehungsvorstellung ab: Die Macht Gottes schafft mit der Auferweckung der Toten eine neue Welt, in der eine neue Existenzweise gilt. (Literaturhinweis: R. Schnackenburg, Matthäusevangelium 16, 21–28,20, NEB 1, Würzburg 1987, 214–216.)

4. Schrifttext und Gedicht

Die Texte weisen interessante Parallelen auf: Beide werden durch eine Frage eingeleitet, beide setzen sich mit der Vorstellung von einem Leben nach dem Tode auseinander, beide weisen falsche Denkschablonen zurück. Vordergründig widersprechen sie sich in einem zentralen Punkt: Das Jesuswort, daß die Auferstandenen „nicht mehr heiraten", scheint nahezulegen, daß es nach dem Tod keine Kontinuität der personalen Beziehungen gibt, während das Kaschnitz-Gedicht gerade diese Kontinuität erhofft. Der Widerspruch besteht jedoch nur scheinbar. Jesus will mit seinem Einwand der allzu massiven, analog zu irdischen Verhältnissen entworfenen Jenseitsvorstellung der Sadduzäer widersprechen. Ein Abbruch irdischer Beziehungen, etwa zwischen Eheleuten, im Leben nach dem Tod kann aus diesen Worten nicht herausinterpretiert werden. Im Gegenteil: Das ganzheitliche Verständnis des Menschen in der Bibel verlangt geradezu, daß der ganze Mensch – und das ist der Mensch in all seinen Beziehungen – von Gott in ein neues Leben hineingerettet wird. Genau das aber ist es, was Marie Luise Kaschnitz erwartet. Weniger nicht. Dies bewußtzumachen und als frohe und tröstliche Botschaft zu verkünden, ist das Ziel des folgenden Predigtentwurfs.

5. *Predigtentwurf*

„Kriegt ein Hund im Himmel Flügel?" So lautet der Titel eines bekannten Buches. Was antworten wir einem Kind, das solche Fragen stellt? Gibt es überhaupt Hunde im Himmel? Und wenn bei Gott nur Platz für Menschen ist, wo bleibt dann der geliebte Hamster, den die Kinder feierlich im Blumenbeet bestattet haben? Gibt es nie mehr ein Wiedersehen mit dem Kätzchen, das uns ans Herz gewachsen ist, mit dem Kanarienvogel oder dem alten Hund, dem treuen Weggefährten so vieler Jahre?

Vielleicht erscheinen Ihnen solche Fragen nebensächlich und absurd, so absurd, wie den Sadduzäern jenes Fallbeispiel erschien, das sie genüßlich vor Jesus konstruierten. Doch hier wird die Sache schon ernster. Es geht um Menschen, um Ehepartner. Was als Spottfrage für Jesus gedacht war, hat einen Kern, der nachdenklich machen kann: Wie wird das sein im Leben nach dem Tod? Werden wir die Menschen wiedersehen, die wir geliebt haben und die wir lieben? Werden wir uns wiedererkennen? Wird unsere Beziehung fortdauern? Werden wir uns wiederlieben und weiterlieben? Die Dichterin Marie Luise Kaschnitz schrieb ihre Gedanken dazu nieder in einem Gedicht, das die Überschrift trägt: Ein Leben nach dem Tode ... (s. 2.).

Weniger nicht erwartet sie, die Dichterin, von einem Leben nach dem Tod. Keine Heiligen auf goldenen Stühlen, kein Niedersturz verdammter Seelen, kein goldener Schutzmantel, keine Edelsteine. Dafür etwas anderes: Liebe, frei gewordne, niemals aufgezehrt, Liebe ohne Ende, die mich überflutet. Spinnwebenleicht fühle ich mich, ein Hauch mir um die Schultern, Liebkosung, Zärtlichkeit, einladende, lockende Worte: Komm du komm. Und deine Hand wieder in meiner. Das ist das Schönste von allem: deine Hand wieder in meiner. Und wie wir einst lagen und du vorlasest, so bist du jetzt da, und ich kann einschlafen und aufwachen, du bist bei mir. Deine Stimme empfängt mich und entläßt mich und immer so fort.

Begegnung, Austausch, Zärtlichkeit, immer neu, immer jung, ohne Ende. „Mehr also, fragen die Frager/Erwarten Sie nicht nach dem Tode?/Und ich antworte/Weniger nicht.“ Dorthin zielte auch die Antwort Jesu an die Sadduzäer: Ihr dürft der Macht Gottes für das Leben nach dem Tod mehr zutrauen, als eure enge Vorstellungswelt zu denken vermag. Der Gott, der Abraham, Isaak und Jakob begleitet hat, der Gott, der am brennenden Dornbusch seinen Namen als JHWH – Ich-bin-da – geoffenbart hat, der Gott, den Jesus seinen Vater nannte und der den Gekreuzigten aus dem Tod gerettet hat, dieser Gott wird auch uns aufwecken zu einem neuen, unvergänglichen Leben. Und bei ihm, der ein Leben lang an unserer Seite gewesen ist, in dessen Hände wir geschrieben sind, bei ihm sind alle Haare unseres Hauptes gezählt. Nichts geht verloren, was zu uns gehört. Was wir gelebt, geliebt, gelitten haben, bleibt aufgehoben bei ihm. Jede Träne, die wir geweint, jeder Traum, den wir geträumt, jeder Gedanke, den wir gedacht haben – in den Händen Gottes ist es geborgen und wird verwandelt in das neue, unvergängliche Leben, das uns dann geschenkt wird. Und wenn die Liebe zu einem Menschen zu uns gehört und unserem Leben und unserer Person ihren Stempel eingeprägt hat, unverwechselbar und für immer kenntlich, dann wird diese Liebe fortdauern auch über den Tod hinaus; denn Gott selbst wird sie retten und auferwecken mit uns. Und wenn es so etwas geben sollte wie Liebe zwischen Mensch und Tier, eine Gefährtenschaft, die die Tiefe einer wirklichen Beziehung erreicht, dann wird – so wage ich zu hoffen – auch diese Beziehung weiterleben, wenn Gott uns das neue Leben schenkt vor seinem Angesicht.
Ob ein Hund im Himmel Flügel hat, weiß ich nicht. Daß aber die Liebe nicht untergeht und daß durch Gottes Kraft das Wunder geschieht, daß deine Hand wieder in meine gelegt ist und daß beim Erwachen deine Stimme mich empfängt, das erwarte ich. Weniger nicht.

Klaus Roos

33. Sonntag im Jahreskreis

Zu Mal 3, 19–20a

1. Im An-Spruch Maleachis

Diene dem Wort! So lautet einer der wesentlichsten Impulse meines Lebens, zugleich auch einer der tragendsten Imperative meiner Arbeitswelt. Diene dem Wort, dem „lebendigen und energischen Wort Gottes“, diene vor allem den Schriften des Ersten Bundes, „entscheidend über die Gefühle und Gedanken des Herzens“ (Hebr 4, 12). In den letzten zehn Jahren hat sich dieses Leitmotiv meiner Biographie immer klangvoller bei den Propheten entfaltet, kognitiv wie emotional. Und die C-Dur-Symphonie, das ist Jesaja: Melodie, die mein Dasein prägt.

Mit Maleachi, in der biblischen Buchfolge liber ultimus der Nebiim, bin ich bisher nur selten ins Gespräch und kurz ins Spiel gekommen. Von ihm habe ich mich, einige Uni-Examina sowie knappe Einleitungen (für die „Perikopen"-Hefte des Österreichischen Katholischen Bibelwerks) ausgenommen, bis dato noch kaum in An-Spruch nehmen lassen. Höchste Zeit und wirklich Grund genug, daß es hic et nunc geschieht, prophetisch intensiv und homiletisch extensiv.

Um jedoch meiner „ersten Liebe", dem Alten (was ist daran „alt?") Testament, nicht sofort und völlig zu erliegen, sehe ich auch 2 Thess 3, 7–12 (2. Lesung: „Zurechtweisung für Müßiggänger") genau durch. Vor einigen Monaten habe ich nämlich das Corpus Paulinum zusammenhängend im griechischen Original gelesen. Ich konnte – und kann – allerdings dem (Nicht-)Rühm-Komplex des Super-Apostels, „der fast immer nur von sich selbst spricht" (E. Charpentier), wenig abgewinnen. Das Dauer-Monieren des Damaskus-Konvertiten – bzw. seines den 2 Thess pseudepigraphisch verfassenden Gefolgsmannen – wirkt auf mich dirigistisch, autoritär und eng, keinesfalls einfühlsam, gewinnend und offen.

Und obwohl ich für Lukas tiefe Sympathie empfinde, so erreicht mich doch sein euangelion (Lk 21, 5–19: „Rede über die Endzeit", 3. Lesung) nur gedämpft – zumindest nicht als befreiend-ermutigende „Gute Nachricht" himmelheller Zukunft, sondern eher als beklemmend-aktuelle „bad news" erdendunkler Gegenwart. Und dies angesichts apokalyptischer Zustände, hautnah und weltweit: katastrophale Mitwelt-Zerstörung samt globalem Treibhaus-Klima; tickende AKW-Zeitbomben (Bohunice; Greifswald) samt Tschernobyl-Nachwehen; zunehmend mehr Drogen- und AIDS-Tote samt Millionen davon betroffener Partner und Kinder; nicht zuletzt: ein waffenstarrender Aufmarsch an US- und verbündeten Streitkräften (bei Manuskript-Erstellung, Mitte Dezember 1990, bereits ca. 300 000 Soldaten) samt UNO-Ultimatum (bis 15. Januar 1991) gegen den Kuwait-Aggressor Saddam Hussein.

Es bleibt also bei Maleachi. Guten, wenngleich nicht gerade leichten Gewissens und ziemlich aufgewühlt, mache ich mich ans Werk.

Der Predigttext? Anderthalb Verse, volle Länge. Zwei Sätze, Komma, Punkt. Die wirksamste Form der Anti-Bibel-Werbung, gemäß dem Slogan: „Was Sie noch nie gelesen haben, das werden Sie auch heute nicht hören!" Eigentlich logisch, daß die Mitglieder der hohen Auswahl-Kommission den Halbvers 20b („Ihr werdet hinausgehen und Freudensprünge machen, wie Kälber, die aus dem Stall kommen") gestrichen haben – nach so vielen und anstrengenden Sitzungen ...

Ich will aber nicht beim Sarkasmus stehen und mit Ärger hocken bleiben. Also tippe ich mir Mal 3, 19–20a auf ein Blatt Papier. Einheitsübersetzung, jedes Wort in eine neue Zeile. Immerhin: eine komplette Seite „Text". Damit gehe ich dann hinaus, ins Freie.

2. Im An-Spruch Kierkegaards

Vom Dorfrand führt mich mein Weg an Obst- und Weingärten vorbei. Wo noch vor Wochen prallrote Äpfel, sonnensüße Birnen und saftschwere Trauben hingen, da starren mich jetzt schwarze Astgerippe an, da kauern laublose Reben. „Seht, der Tag kommt“: Mit Nachdruck unterstreichen die ersten Worte der Perikope meine von Lukas initiierten „Apocalypse now“-Empfindungen.
Plötzlich stocke ich: Vor meinen Füßen verbrannte Erde, umgeackert, doch immer noch verkohlte Spuren. Es ist ein Inferno gewesen, gegen Ende Juli. Zuerst nur brenzlig riechender Qualm über den Feldern. Bald aber ein riesiger Rauchpilz, wild emporschießend und von einem unheimlichen Knacken begleitet. Unwillkürlich dachte ich an einen Waldbrand und griff zum Telephon. Ein Hektar Weizen stehe in Vollbrand, sagte der Feuerwehrmann, die Sicherung der angrenzenden Objekte laufe auf Hochtouren. „Da werden alle Überheblichen und Frevler zu Spreu“, sekundiert die Stimme Maleachis wieder exakt zur Situation. „Und der Tag, der kommt, wird sie verbrennen.“
Nicht weiter erstaunlich daher, wenn ich bei der Bildwelt von V. 19 hängenbleibe: brennen, Ofen, vergehen, richtendes Feuer, läuternder Schmelztiegel, verwandelnde Glut. Feuer: Zeichen der Ent-Scheidung. Feuer – eine Geschichte tritt mir vor Augen, die ich während meiner Tübinger Studienzeit kennengelernt habe. Ich gebe diese bekannte Parabel von Sören Kierkegaard mit eigenen Worten wieder.
▶ In einem Wanderzirkus, der sich am Rande eines dänischen Dorfes niedergelassen hatte, brach ein Feuer aus. Um Hilfe gegen die Flammen zu holen, schickte der Direktor den Clown, der schon für die Vorstellung geschminkt und gekleidet war, in das benachbarte Dorf. Denn es bestand Gefahr, daß Funken auf die ausgetrockneten Felder fliegen könnten und damit auch unmittelbar das Dorf bedroht sein würde. Hals über Kopf rannte der Clown auf den Marktplatz und rief: „Der Zirkus brennt! Kommt alle und helft, das Feuer zu löschen!“ Doch die Dorfbewohner hielten das Geschrei des Clowns lediglich für eine neue Idee, mit der sie möglichst zahlreich in die Vorstellung gelockt werden sollten. Sie applaudierten und lachten über den vermeintlichen Werbetrick. Der Clown, dem mehr zum Weinen zumute war, beschwor die Leute. Er versuchte ihnen klarzumachen, daß dies kein Spaß, sondern bitterer Ernst sei, es brenne wirklich. Je mehr er aber bat und sie anflehte, desto mehr johlten die Menschen. Sie fanden, er spiele seine Rolle ausgezeichnet – bis das Feuer auf die Felder übergegriffen hatte und auch das Dorf, für das jede Hilfe zu spät kam, in Flammen aufging. ◀

3. Im An-Spruch der Exegese

Zunächst lese ich – getreu dem „Ad fontes“-Ruf des Erasmus von Rotterdam – das Maleachi-Büchlein ganz durch, eine dem Umfang nach kleine Schrift: drei Kapitel, fünfundfünfzig Verse. Dennoch ein großer Bogen, von der ersten

– „Ich liebe euch, spricht der Herr" – bis zur letzten Zeile, wo vom Zuwenden der Herzen die Rede ist, „damit ich nicht kommen und das Land dem Untergang weihen muß". Dann greife ich, durch das Literatur-Studium angeregt, drei Schwerpunkte heraus, die ich jeweils kurz erläutern will.

a) Geschichtliches Umfeld: Der Tempel von Jerusalem, 586 v. Chr. von Nebukadnezzars Soldaten in Brand gesteckt und zerstört (Thema Feuer!), ist wiederaufgebaut und 515 v. Chr. neu eingeweiht worden. Einige Jahrzehnte später aber – die meisten Bibelwissenschaftler setzen Maleachis Wirken um die Mitte des 5. Jahrhunderts an – drohen äußere und innere Krisen. Die Hoffnungen auf ein messianisches Zeitalter schwinden angesichts einer katastrophalen wirtschaftlichen Lage; Priester wie Volk vernachlässigen den Opferdienst; schließlich verleiten Mischehen (Esra und Nehemia werden vehement ihre Auflösung fordern) zu religiösem Synkretismus.

b) Literarisches Konzept der Wechselrede: Maleachi – eine verkürzte hebräische Namensbildung, die „Jahwe ist mein (schützender) Engel" bedeutet – steht in der Rufer- und Mahner-Tradition der sogenannten klassischen Prophetie. Er hat allerdings „in der Auseinandersetzung mit seinen Adressaten einen eigenen Weg gesucht und dabei das Diskussionswort als geeignetes Genus für sein Reden und Schreiben gefunden. Dies verrät sein seelsorgerliches Interesse, liegt aber auch in der Epoche des beginnenden Schriftgelehrtentums, in der Disputationen gang und gäbe werden, ziemlich nahe" (Deissler, 316).

c) Kontext und Versauslegung: Das letzte der sechs Diskussionsworte, nämlich Mal 3, 13–21, das auch die anderthalb Verse der heutigen Sonntagslesung einschließt, ist an die Tempelgemeinde von Jerusalem adressiert.

„Tag (des Gerichts), der wie ein Ofen brennt" (V. 19a): Daß Gott als flammender Richter auftritt, hängt religionsgeschichtlich mit elementaren Theophanie-Erfahrungen zusammen, wie sie etwa in Ex 19, 18 (Sinai) erzählt werden.

„Sonne der Gerechtigkeit" (V. 20a): Im Alten Orient, besonders in Ägypten, ist die Vorstellung von der geflügelten Sonnenscheibe weit verbreitet. (Göttliche) Sonne, Gerechtigkeit und Heil(ung) sind innig miteinander verbunden.

„Alle Überheblichen und Frevler" (V. 19a): Damit sind „wahrscheinlich die Bewohner der Provinzhauptstadt Samaria gemeint, die immer wieder in die Verhältnisse Jerusalems und Judas eingriffen, da sie die Konkurrenz des kultischen Zentrums Jerusalem als politische Gefahr für ihre Vormachtstellung ansahen" (Stendebach, 78). (Literaturhinweis: A. Deissler, Maleachi, in: Zwölf Propheten III, NEB, Würzburg 1988; F. J. Stendebach, Maleachi, in: Prophetie und Tempel, SKKAT 16, Stuttgart 1977.)

4. Prophet und Philosoph

Beim Versuch, meine Verbindungslinien zwischen Bibeltext und Parabel zu skizzieren, stellt sich dieses Begriffspaar als erstes ein. Bloß zwei Begriffe?

Nicht zutreffender zwei Berufe und/oder Berufungen? Weisen des Selbst- sowie Gottesverständnisses; Formen der „Existenz“, um ein Leitwort Kierkegaards aufzugreifen: Vertreter unterschiedlicher „Stände“, Repräsentanten von Feststehendem also, mit einer relativ hohen Erfolglosigkeitsrate: Wer hat schon auf die Propheten (der Vergangenheit) gehört, und wer liest be-denkend die Philosophen (unserer Zeit) bzw. läßt sich von beiden bewegen, begeistern?
Prophet und Clown: eine weitere Polarität, die in meinen Überlegungen auftaucht. Ist jeder Prophet, so die suggestive Zumutung, ein Clown? Macht nicht „gotterlauschendes Schweigen“ (M. Buber) alles menschliche Reden zur Harlekinade? Oder trägt umgekehrt jeder Clown, nicht weniger provokant gefragt, an der Last des Propheten? Weint sein lachender Leib, dieser „Handschuh der Seele“ (S. Molcho), stellvertretend für alle – jetzt aufgehobene und doch bleibende – Zerrissenheit seiner Zuschauer?
Schließlich Maleachi und Kierkegaard: Der erste lebte vor annähernd zweitausendfünfhundert Jahren in biblisch-antiker Anonymität und hinterließ einige Seiten. Das Werk des zweiten, lexikalisch exakt erfaßt (z. B. * Kopenhagen, 5. Mai 1813, † Kopenhagen, 11. November 1855), umfaßt viele dickleibige Bände; fast das gesamte Œuvre ist, in bewußter Anlehnung an Sokrates, in Dialogform geschrieben. Damit ergibt sich stilistisch eine auffällige Ähnlichkeit zur Gattung der Wechselrede bei Maleachi. Dieses Faktum werte ich, persönlich durch Unterrichts-, Schriftsteller- und Rundfunkarbeit „überproportional monologisch“, als klares Votum für ein

5. Predigt-Gespräch

Damit ich nicht mißverstanden werde: Natürlich weiß ich, wenn ich in dem für Punkt 1 bis 3 gewählten Überschriften-Duktus bleibe, um den „An-Spruch der Homilie“. Zunächst an den Prediger selbst, was seine Vorbereitung durch Meditation und Studium, was den eigentlichen Zuspruch im Wortgottesdienst und was nicht zuletzt sein daran orientiertes, je konkretes Handeln angeht. Ich bin mir auch des „An-Spruchs der Homilie“ an die Gemeinde bewußt, weil mir sonn-und feiertags vieles (oder zumindest einiges) an guten Impulsen aus den Familienmessen meiner Pfarrei St. Martin in Klosterneuburg bei Wien zuströmt. Dennoch drei Vorschläge für ein Predigt-Gespräch, jeder mit einer anderen Akzentsetzung.

A) „Jom JHWH, brennend wie ein Ofen“

Gemeinsam mit dem Priester können zwei weitere Personen, etwa Diakon, PastoralassistentIn, ReligionslehrerIn, LeiterIn des Liturgiekreises u. a. folgende „biblische Rollen“ (in kreativ-individueller Ich-Form?) übernehmen und damit die theologiegeschichtliche Entwicklung aufzeigen:

Amos – Maulbeerfeigenzüchter aus Tekoa, erster Schriftprophet (ca. 760 v. Chr.), herber Sozialkritiker, „Erfinder“ des Jom JHWH (Belegtext: Am 5, 16–20).

Jesaja von Jerusalem – aus der Aristokratie, maßgebendster Prophet (740 – ca. 701 v. Chr.), verkündet Gott als „Heiligen Israels“, greift die Vorstellungen des Amos auf und vertieft sie (Belegtext: Jes 2, 6–21).
Maleachi – siehe oben unter 3. und 4. (Belegtext: unsere Perikope).
Die Parabel Kierkegaards dient als Rahmen, sie wird einleitend oder abschließend erzählt, eventuell kurz kommentiert.

B) „Feuer auf dem Dach“ – „Sonne (der Gerechtigkeit) im Herzen“
Der zweite Vorschlag möchte den Symbolkreis Feuer / Sonne / Licht erschließen helfen, und zwar in eher meditativer Gesprächsatmosphäre.
Verlaufsmöglichkeit: Lesung von Mal 3, 19–20a – Stille – eigene Erlebnisse und Erfahrungen mit Feuer / Sonne / Licht – Musik.
Erzählung des Kierkegaard-Gleichnisses – Schweigen – Interpretation, Übertragung auf die eigene Situation bzw. Gruppe – Musik.
Erneute Lesung von Mal 3, 19–20a – Bibelgespräch, „Bibel-Teilen“, Fürbitten, Lob und Dank – Lied (GL 644: Sonne der Gerechtigkeit).

C) Feuerprobe eines Kirchenjahres
Abschließend sei noch kurz eine letzte Variante, „purgierendes Gemeinde-Gespräch“, genannt; eine Art reinigender Bilanz, ehe ein neuer Advent beginnt. Als Einleitung die Parabel von Kierkegaard; wenn der Kreis klein und miteinander vertraut ist: Eingestehen von Versagen, Miß- und Unverständnis; Bitte um Vergebung. Angesichts von Mal 3, 19–20a: Was an Vergangenem muß „in Flammen aufgehen“, was kann „im Sonnenlicht bestehen“? Gewähren von Vergebung.

Josef Schultes

Christkönigssonntag

Thematisch

1. Persönlicher Zugang

Begriffe wie „König“ oder „Königsherrschaft“ lösen in unserer demokratischen Zeit negative Gefühle aus. Diese Begriffe werden in Verbindung gebracht mit Macht, Unterdrückung und Eigennutz.
Andererseits ist das Bild vom „König“ ein archetypisches Bild, das Fehlentwicklungen überdauert und ansprechbar bleibt für die tiefen Schichten unserer Seele. Deshalb möchte ich das Bild vom „König“ auch in den Mittelpunkt meiner Ansprache stellen und es auf Christus beziehen, den König am Kreuz, der uns „könig-lich“ beschenkt mit seiner Liebe und seinem Erbarmen.
Christus ist ein König in Niedrigkeit: Er trägt nicht die Krone aus Gold, er trägt die Dornenkrone. Er kommt nicht in einer Staatskarosse, sondern auf einem Esel. Er sitzt nicht auf einem Prunksessel, er hängt am Kreuzesbalken.

2. *Persönlicher Zugang zur Kurzgeschichte*

Die in meiner Predigt wiedergegebene Geschichte habe ich selbst vor Jahren in einer Ansprache zum ersten Mal gehört, und weil sie mich angesprochen und bewegt hat, habe ich sie auch behalten.
Ich möchte diese Geschichte zu Beginn meiner Ansprache erzählen, weil sie ein positives Königsbild vermittelt: „Ein wahrer König gibt königlich."

3. *Exegetische Hinweise*

Weil ich eine thematische Predigt halte, kann an dieser Stelle auf exegetische Auslegungen verzichtet werden.

4. *Festmotiv und Kurzgeschichte*

Ziel der Predigt ist es, die ZuhörerInnen aufzufordern, „königlich" zu geben, weil sich Christus für uns „königlich" hingegeben hat.

5. *Predigtentwurf*

▶ In einem fernen Land lebt auf einem großen Schloß ein junger König. Dieser junge König hat zwei große Leidenschaften, die sein Herz gefangennehmen: Juwelen und Pferde. Eines Tages kommt ein Reisender aufs Schloß und bietet dem jungen König ein Diadem an: kostbar, wertvoll. Der König ist begeistert. Er möchte das Diadem kaufen. „Warte, König, kauf es noch nicht", flüstern seine Berater ihm ins Ohr. „Laß dich vor dem Kauf noch einmal gründlich beraten. Unten im Dorf wohnt ein alter Jude, der versteht sich auf Juwelen. Er soll kommen und sich das Diadem ansehen und dich dann beraten." „Laßt den Juden kommen", befiehlt der König, „er soll mir mit Rat und Tat zur Seite stehen."
Der Jude kommt ins Schloß, besieht sich das Diadem und sagt dann mit ernster Miene: „König, kaufe nicht. Was du hier angeboten bekommst, ist mindere Ware. In der Stadt erhältst du Besseres zu einem günstigeren Preis." Der König ist froh über den Rat des weisen Juden und läßt den Reisenden unverrichteter Dinge wieder gehen.
„Hier hast du drei Kupfermünzen", sagt er zu dem Juden, „eine Belohnung für dich." Der Jude nimmt das Geld und geht zurück in sein Dorf.
Monate gehen ins Land. Eines Tages wird dem jungen König ein Pferd angeboten. Wieder ist er begeistert, wieder ist er fasziniert, ja er ist wie versessen auf dieses Tier. „König, kaufe das Pferd noch nicht. Laß den alten Juden wieder aufs Schloß kommen. Er soll dich wieder beraten. Er versteht sich nicht nur auf Juwelen, er versteht sich auch auf Pferde, er ist ein erfahrener Pferdekenner."

Wieder läßt der König den Juden aus dem Dorf zu sich holen. Der Jude sieht das Pferd und sagt: „König, ich rate dir, kaufe dieses Pferd nicht. Im Wesen seines Herzens ist es stürmisch, wild und aufbrausend. Es wird dich abwerfen, und du wirst zu Tode kommen." Der König ist erstaunt über dieses Urteil. Einige Stallburschen, die das Pferd von der Aufzucht her kennen, bestätigen und bekräftigen die Aussage des alten Juden.
Der König ist froh über diesen Rat. Auf den Kauf des Pferdes läßt er sich nicht mehr ein. „Hier hast du drei Kupfermünzen", sagt er zu dem Juden, „eine Belohnung für dich." Der Jude nimmt das Geld und geht zurück in sein Dorf.
Wieder verstreichen Tage und Monate. An einem grauen, stürmischen Herbsttag – es ist kalt und ungemütlich – brennt dem jungen König eine Frage im Herzen, auf die er noch keine Antwort gefunden hat. Er fragt sich: „Wer bin ich eigentlich?" Er erinnert sich an den alten, weisen Juden unten aus dem Dorf. Ihn läßt er wieder zu sich rufen. Und er fragt ihn: „Jude, sage mir: Wer bin ich eigentlich?" Darauf der alte Jude: „König, du bist kein König. Du bist eine alte Krämerseele." Der König erbleicht, wird zornig und wütend. Sofort läßt er den Juden in den dunklen Kerker werfen.
Aufgeregt und empört läuft der König zu seiner Mutter. Sie hört die aufgeregte Klage ihres Sohnes: „Stelle dir vor, ich, der Sohn des Königs und der Königin, ich werde von diesem Juden als alte Krämerseele bezeichnet. Sag, Mutter, was meinst du dazu?"
Darauf die Mutter: „Natürlich, du bist von königlichem Blut, mein Sohn. Vergiß das Geschwätz des alten Mannes." Aber da ist etwas in der Stimme der Mutter, das macht ihn hellhörig – mißtrauisch. Er schaut die Mutter an und fordert sie auf: „Mutter, ich will, sag mir die Wahrheit." Da beginnt die Mutter zu erzählen: „Vor Jahr und Tag gebar ich einen Sohn. Wir alle freuten uns. Das Volk jubelte und war überglücklich. Aber unser Sohn starb nach vier Tagen. Da erinnerte ich mich an eine Magd unten aus dem Dorf. Sie hatte am gleichen Tag wie ich einem Sohn das Leben geschenkt. Ich ließ sie zu mir bringen und nahm ihr Kind. Mein Sohn, dieses Kind – das bist du!"
Ohne den Worten der Mutter weiter zu lauschen, läuft der junge König in den Kerker und befreit den alten Juden. „Sag mir, Jude, woher wußtest du, daß ich nicht von königlichem Blute bin? Sag es mir!" Darauf der Jude – zurückhaltend und dennoch betont: „Weißt du, als ich dich abgehalten habe vom Kauf der Juwelen, da hast du mich gehen lassen mit drei wertlosen Kupfermünzen. Und als ich dir auf indirekte Weise das Leben gerettet habe, indem ich dich vor dem Kauf des Pferdes warnte, hast du mich wiederum gehen lassen mit drei wertlosen Kupfermünzen. Da habe ich erkannt: Du bist kein wirklicher König. Ein wirklicher König gibt aus vollem Herzen – ein wahrer König gibt königlich." ◄
Soweit diese Geschichte. Sie macht mir deutlich, welchen König wir heute am Christkönigssonntag verehren und feiern.
Unser König hat königlich gegeben: Er hat alles gegeben, sich selbst. Er hing nicht an seiner Position, sondern an uns. Er lebte nicht für sich, er lebte für uns. Er gab, was er hatte. Und zuletzt gab er sein Leben. Zwischen Himmel und Erde, nackt an einem Todesbalken, hat er es hingegeben – für uns und unsere Welt.

Unser König hat königlich gegeben: sich selbst – von der Krippe bis zum Kreuz. Manchmal heißt es in Gesprächen: Christ sein heißt „du mußt, du hast, du sollst". Im Bewußtsein vieler ist Christsein zuerst einmal eine Verpflichtung. Ich sage: Das stimmt nicht! Christsein ist zuerst einmal ein Geschenk. Christen sind königlich Beschenkte. Christen sind königlich beschenkt mit Liebe – mit Sinn – mit Licht und mit Hoffnung. Wenn wir uns in unserem Herzen königlich beschenkt wissen, wenn ganz tief in uns das Bewußtsein lebt: Ja, Gott, deine königliche Hingabe macht mein eigenes, kleines Leben reicher, deine königliche Liebe bereichert mich, der ich oft so armselig dran bin – dann können auch wir königlich geben.
Und zu diesem königlichen Geben möchte ich Sie alle einladen. Eine neue Woche liegt vor Ihnen: Geben Sie in dieser neuen Woche königlich! Fragen Sie nicht bei allem: Was hab' ich davon? Was springt für mich dabei heraus? Geben Sie, geben Sie königlich.
Und wenn Sie demnächst einmal die Bemerkung hören sollten: Glaube? Christsein? Das ist doch nur ein „du hast, du sollst, du mußt" – sagen Sie dann: Nein, Glaube und Christsein ist zuerst einmal ein Beschenktsein, Christen sind königlich Beschenkte.
Wie sagte noch der alte Jude? „Ein wahrer König gibt königlich."

Klemens Schneider

Dreifaltigkeitssonntag

Zu Spr 8, 22–31

1. Persönlicher Zugang zum Schrifttext

Erinnerungen aus meiner frühesten Kindheit werden wach: Ich sitze auf einer großen Decke am Rand einer schönen Wiese, während meine Eltern und Großeltern auf dem Acker nebenan Kartoffeln auflesen. Ab und zu schaut jemand nach mir, ansonsten spiele ich still und vergnügt vor mich hin, bin zufrieden, weil die andern in der Nähe sind. Dieses Gefühl klingt noch heute in mir nach: mich sicher und geborgen fühlen und dennoch auch für mich allein sein dürfen. Etwas von diesem vertrauten Gefühl schwingt auch im Schrifttext mit, vor allem in den letzten Zeilen: Das geliebte Kind, die Freude Gottes, spielt in seiner Nähe, auf dem Erdenrund, und freut sich, bei den Menschen zu sein. Welch wunderschöne Vorstellung: Von Anfang an bei Gott, ist die Weisheit ein Stück von ihm, bleibt bei ihm, geht zu den Menschen, spielt und bleibt bei ihnen, zeigt ihnen damit auch etwas von Gott. Der große und mächtige Gott, der noch voll mit der Erschaffung der Welt zu tun hat, nimmt sich in der Weisheit doch schon Zeit und Muße, um mit den Menschen zu spielen. Was für ein gewaltiger, was für ein zärtlicher Gott, groß und stark, klein und verspielt! Es ist eine wahre Freude, in seiner Nähe zu sein und zu wissen, daß er da ist und daß man keine Angst zu haben braucht. Es ist die Erfahrung des Kindes auf der Wiese: Das Leben ist ein gutes Spiel. Wie kommt es nur, daß ich jetzt manches wie ein böses Spiel empfinde? Und warum habe ich immer wieder den Eindruck, daß auch Gott irgendwie in dieses Spiel verwickelt ist?

2. Persönlicher Zugang zur Geschichte

Verstecken – mein absolut liebstes Spiel in der Kindheit. Immer wieder fand ich neue Verstecke, spüre noch heute das Kribbeln in meinem Bauch, wenn beim Warten spannende Sekunden, ja manchmal Minuten vergingen, bis man gefunden wurde. Oft wurden erst alle anderen entdeckt, manchmal erwischte es einen gleich zu Beginn. Und wenn ich gar nicht gefunden wurde? Dann blieb meist ein zwiespältiges Gefühl zurück: Stolz wegen des tollen Verstecks, aber eben auch eine gewisse Einsamkeit. Gefunden werden wollten wir alle, nicht zu bald, aber gefunden schon – das machte den Reiz des Versteckspielens aus. Wie traurig muß also der Junge der Geschichte gewesen sein, der nicht nur nicht gefunden, sondern erst gar nicht gesucht wird. Kein Wunder, daß er nur noch in die Arme seines Großvaters laufen kann und sich erst einmal ausweinen muß. Wegen seiner Lebenserfahrung beginnt dann auch der Großvater zu weinen, stellvertretend für Gott. Auch er spielt mit den Menschen Verstecken und wird nicht gesucht und gefunden. Woran liegt es – suchen die Menschen tatsächlich nicht mehr nach Gott, oder hat sich Gott etwa zu gut versteckt? Haben die Menschen genug von Gottes Spiel?

3. Exegetische Hinweise

3.1 Hinweise zum Schrifttext

Der Textabschnitt, ein Hymnus auf die Weisheit Gottes, spricht von einer Wesenseigenschaft Gottes wie von einer eigenen Person. Somit dürfte er zu einer Zeit entstanden sein, in der der Polytheismus keine große Anziehungskraft mehr bei den gläubigen Juden besaß, also im 5. oder 4. Jahrhundert. Der Verfasser wollte in jedem Fall wohl alles andere, als den Ein-Gott-Glauben in Frage zu stellen. Es geht nicht um den Vorläufer des dreifaltigen Gottes, wohl aber um Gott als ein Wesen, das Beziehung will, gerade und vor allem auch zum Menschen. Ausführlicheres zu dieser Frage kann man nachlesen bei: Th. Maertens/J. Frisque, Kommentar zu den neuen Lesungen der Messe, 4. Band, Freiburg 1970.

3.2 Hinweise zur Geschichte

Die Geschichte gehört zur Weisheit der Chassidim, gesammelt von Martin Buber. Sie ist eine Lehrerzählung in dialogischer Form und eröffnet das

Gespräch nach vorausgegangener Alltagsepisode. Es ist eine Geschichte, die sich sowohl Kindern als auch Erwachsenen erschließt. Sie entläßt den Hörer oder Leser mit der unausgesprochenen Frage: Wirst du Gott suchen?

4. Schrifttext und Geschichte

In beiden Texten geht es um das Spiel: Die Grundstimmung des Schrifttextes ist fröhlich und gelassen (das Spiel macht Freude und Spaß), die Stimmung der Geschichte ist eher traurig und resigniert (der Spieler wird mißverstanden). Spiele können umkippen: Aus überströmender Freude können (nicht nur bei Kindern) plötzlich Tränen werden. Die Spannung zwischen dem schönen und guten Spiel einerseits und dem bösen und bitteren Spiel andererseits geht mitten durchs Leben. Diese Spannung möchte ich gerne darstellen. Dabei bringt der Schrifttext die gelungene Kommunikation Gottes und des Menschen zum Ausdruck, die Kurzgeschichte die verhinderte. Wichtig scheint die gefühlsmäßige Komponente in beiden Texten: Wo es um den Menschen geht, um seine Beziehungen, auch um die Beziehung zu Gott, da steht viel auf dem „Spiel", manchmal ein ganzes Stück Zukunft. Diese Gefühle gilt es ernstzunehmen, auch in der Predigt. Dabei darf die Geschichte der Überschwenglichkeit des Schrifttextes mit ihrer Traurigkeit entgegentreten; umgekehrt soll die Freude des Bibeltextes die Traurigkeit der Kurzgeschichte berühren. Ein Schlüssel wird der Schlußsatz des Bubertextes sein: „ ... keiner will mich suchen!" Wie ist Gott zu suchen, und wie kann er gefunden werden? Wie können Menschen das Spiel Gottes durchschauen und verstehen? Dabei sollen keine fertigen und klugen, aber theoretischen Antworten gegeben werden; vielmehr gilt es, sich immer wieder neu auf das große Spiel des Lebens einzulassen. So könnte auch die Dreifaltigkeit Gottes nicht abstrakt abgehandelt, sondern spielerisch erschlossen werden.

5. Predigtentwurf

„... fünf, sechs, sieben, acht, neun, zehn – ich komme!" Mit diesen Worten nimmt dann das Kribbeln in der Magengegend noch ein wenig zu. Wird er mich finden, mein Kamerad? Hoffentlich nicht gleich, ich hab mir doch solche Mühe gegeben mit meinem Versteck! In diesem Gebüsch muß er schon lange suchen, bis er mich findet, und in dieser leeren Tonne vermutet mich wohl auch keiner. Mensch, werd ich stolz sein, wenn ich erst als letzter entdeckt werde ... Das berühmte Verstecken gehörte in meiner Kindheit zu den absolut beliebtesten Spielen, nicht nur bei mir, sondern auch bei meinen Spielkameraden. Immer war es aufregend, egal, ob man suchen durfte oder sich verstecken mußte. Komisch, irgendwann hörten wir damit auf, ja, da fühlten wir uns zu erwachsen, entdeckten neue Spiele, ruhigere, sachlichere. Aber an das Gefühl beim Verstecken kann ich mich noch heute erinnern: aufregend und schön,

mal die eine, mal die andere Rolle übernehmen zu können. Wir vergaßen bei unseren Spielen die Erwachsenen, unsere kleinen und großen Sorgen und oft auch die Zeit. Wir gingen so richtig auf in unserem Spiel, so wie wir es später nie mehr konnten. Das Spiel gehörte zu unseren Freundschaften dazu wie nichts anderes. Es gab natürlich auch manchmal Augenblicke, wo das Spiel nicht mehr schön war, wo man uns wehtat, wo einem jemand übel mitspielte, wo man nur noch murmeln oder schreien konnte: „Mit euch spiele ich nicht mehr!" O ja, auch das gab es! Und dann? Dann ließ man sich ja doch wieder ein und spielte wieder mit. Wir konnten gar nicht anders als – weiterspielen ... In den berühmten Erzählungen der Chassidim berichtet Martin Buber vom Spiel eines kleinen Jungen:
► Rabbi Baruchs Enkel, der Knabe Jechiel, spielte einst mit einem anderen Knaben Verstecken. Er verbarg sich gut und wartete, daß ihn sein Gefährte suche. Als er lange gewartet hatte, kam er aus dem Versteck, aber der andere war nirgends zu sehen. Nun merkte Jechiel, daß jener ihn von Anfang an nicht gesucht hatte. Darüber mußte er weinen, kam weinend in die Stube seines Großvaters gelaufen und beklagte sich über den bösen Spielgenossen. Da flossen Rabbi Baruch die Augen über, und er sagte: „So spricht Gott auch: ‚Ich verberge mich, aber keiner will mich suchen'." ◄ (Aus: Martin Buber, Die Erzählungen der Chassidim, Manesse Verlag, Zürich 1949.)
Ja, nicht immer war das Spiel schön. Und als ich erwachsen war, spürte ich das noch öfter und schmerzlicher: Da bin ich es nicht so sehr, da ist es eher das Leben, das mit einem zu spielen scheint. Jede Menge Überraschungen hält es parat, viele angenehme und wahnsinnig schöne: Da ruft ganz unerwartet ein lieber Mensch an, da löst sich ein ganzer Sorgenberg in Nichts auf, da verbessert sich der Gesundheitszustand eines Freundes (des Partners, des Kindes) schlagartig. Aber da gibt es auch viele böse Überraschungen, auf die wir lieber verzichten würden: Da kommt zur Krise in der Beziehung auch noch dieses blöde Mißverständnis, das den Rest des Vertrauens zerstört; da reicht es nicht, daß Onkel Kurt gerade gestorben ist, jetzt hat auch noch Tante Thea erfahren, daß sie Krebs hat; da rasselt nicht nur der Sohn durch die Prüfung, jetzt geht auch noch seine Freundin mit einem andern auf und davon. Ja, das Leben kann uns ganz schön mitspielen, und man versteht nichts mehr. Kein Wunder, daß Menschen in manchen Situationen sagen: Jetzt reichts, ich mag nicht mehr, das Leben ist ein Scheißspiel.
Und gläubige Menschen? Für sie stellt sich irgendwann auch die Frage: Was soll das, Gott? Was spielst du für ein Spiel mit mir, mit uns, mit meiner Familie? Es gibt solche Augenblicke im Leben, wo Menschen ihren Gott nicht mehr verstehen können – wo Gott ein böses Spiel zu spielen scheint, wo er sich scheinbar nicht an die Spielregeln hält. Da ist nichts mehr zu spüren von jener Vertrautheit, die uns in den Zeilen der Lesung so guttut: Gottes Weisheit, die vor Gott spielt – als sein geliebtes Kind, auf dem Erdenrund, wo nichts passieren kann, wo man alles um sich herum vergißt; Gott, dessen Freude es ist, bei den Menschen zu sein. Das klingt so unschuldig, so ohne Hintergedanken, das klingt nach den guten Erlebnissen meiner Kindheit. Aber was nützen mir solche

Erinnerungen, wenn ich eher den Eindruck habe: Ich bin verlassen von allen guten Geistern, von Gott selbst; wenn ich mich wie eine Marionette fühle, nicht in der Hand eines blinden Schicksals, sondern in der spielenden Hand Gottes; wenn ich nicht nur Gott, sondern auch mich selbst nicht mehr finde; wenn ich nur noch Lust habe, in die großen, weiten Arme eines weisen, alten Menschen zu laufen, zu schluchzen, zu weinen und zu klagen?
Der alte Mann nimmt mich, wie einst mein Großvater, erst einmal ganz still in die Arme, drückt mich an sich und erst, wenn ich ein wenig ruhiger geworden bin, beginnt er zu sprechen – und ich spüre: Es ist ja Gott selbst, der mit mir spricht. Und er sagt: Menschenkind, ich verberge mich, aber keiner will mich suchen ... Schnell will ich antworten: Doch, ich suche dich doch die ganze Zeit, aber wie kann ich dich finden, wenn du dich so sehr versteckst, wenn ich dich nicht mehr verstehe, wenn ich nichts mehr begreife? Gott antwortet nicht, sondern wiederholt nur noch einmal seine letzten beiden Worte: „... mich suchen". Das klingt mir im Herzen nach. Ich merke, in diesem Augenblick sind ganz verschiedenartige Gefühle nebeneinander: immer noch Wut und Enttäuschung (wie kann Gott nur so mit mir umgehen?), aber doch auch wieder etwas von der alten Gelassenheit und Geborgenheit (Gott läßt mich also nicht los; er unterbricht das Spiel, um mit mir zu reden) und auch schon etwas Freude (was wird das Spiel des Lebens mir in Zukunft bringen?). Ich spüre, daß ich jetzt erst noch ein wenig Ruhe brauche, Zeit für mich, zum Nachdenken – erst dann kann ich mich wieder auf das nächste Spiel einlassen. Hoffentlich wird es ein gutes Spiel ...
Sicherlich: Manche Spiele gehen verloren und lassen einen mit einem schalen Gefühl zurück. Und nicht alles kann man einfach wegstecken und gute Miene zum bösen Spiel machen – dafür ist vieles zu ernst und zu bitter. Aber nichts sollte uns aus dem Rennen werfen können. Verlorengegangenen Spielen braucht man nicht hinterherzutrauern – von ihnen sollte man sich einfach verabschieden. So könnte man auch die Zeilen jenes berühmten Liedes verstehen, wo es in der letzten Strophe heißt: „Nehmt Abschied, Brüder (und Schwestern), schließt den Kreis, das Leben ist ein Spiel, und wer es recht zu spielen weiß, gelangt ans große Ziel." Da, wo der Kreis des Spiels und des Lebens zerbrochen ist, wo Menschen nicht mehr können, dort den Kreis wieder schließen und Menschen wieder einbeziehen – das könnte die entscheidende Aufgabe beim Spiel für uns Christen sein. Und da wird dann auch Gott zu finden sein, der sich versteckt, um mit uns das gute Spiel des Lebens zu spielen. Vielleicht hören wir ja schon seine Stimme: „... sieben, acht, neun, zehn – ich komme!"

6. Weitere Anregungen

- Man könnte auch mit der Kurzgeschichte beginnen und die Empfindungen des Knaben und daran anschließend die Negativerfahrungen von Menschen genauer darstellen, mit noch mehr Beispielen und intensiver. Dann nähme das Gespräch zwischen Rabbi und Knabe noch viel stärker die Schlüsselrolle ein. Die Schritte zu neuem Leben könnten noch behutsamer dargestellt werden.

- Eine zweite Möglichkeit wäre, sich mehr mit den Inhalten der Schriftstelle auseinanderzusetzen: Gottes Gebote und Gesetze als Spielregeln des Lebens (vielleicht in Verbindung mit den Zehn Geboten). Was passiert, wenn Menschen diese Regeln verletzen, indem sie aufhören, einander zu suchen (so geschehen in der Kurzgeschichte)? Dann ist auch Gott nicht mehr zu finden!
- Wenn man stärker die Beziehung zwischen Jesus und seinem Vater darstellen möchte, könnte man ausführlicher vom Schrifttext her die Liebe beschreiben, die beide verbindet. Die Kurzgeschichte mit dem Schlüsselsatz des Rabbi wäre dann der Einstieg in die Aussage: Wer Jesus sucht, wird Gott finden. Jesus als menschgewordene Weisheit Gottes deuten!

Georg Klar

Fronleichnam

Zu Lk 9, 11b–17

1. Persönlicher Zugang zum Schrifttext

Der Fronleichnamstag hatte für mich seit frühester Kindheit eine besondere Attraktivität durch die große feierliche Prozession und den liebevollen Schmuck in allen Straßen, die diese durchzog. Mit dem ausgewählten und in der liturgischen Ordnung festgelegten Text von der Brotvermehrung (Lk 9, 11b–17) hat er in meiner Erinnerung zunächst gar nichts zu tun. Es war wieder einmal die Beschäftigung mit der Bibelexegese während des Studiums und auch danach, die gewisse Bezüge zwischen Brotvermehrung und Abendmahlsbericht erkennen ließ. Darüber hinaus gewann für mich die Symbolik des Brotes an Gestalt, wohl gefördert durch die Kindheitserfahrungen in und nach dem Krieg, nicht immer das tägliche Brot, erst recht nicht im heutigen Sortiment, zur Verfügung zu haben. Heute sind mir die Brotvermehrungsgeschichten, ohne daß mich deren Akzentuierungen in den verschiedenen Traditionen der einzelnen Evangelien besonders interessieren würden, zu Hinweisen geworden, wo die Menschen das „Brot des Lebens“, d. h. die Erfüllung ihres existentiellen Grundbedürfnissen, finden könnten: im Glauben an das Evangelium Jesu.

2. Persönlicher Zugang zum literarischen Text

Mehr als viele klassische Texte zum Fronleichnamsmysterium wie das „Pange lingua“ oder das „Adoro te devote“ bedeutet mir ein Text von Wilhelm Willms, auf den ich vor einigen Jahren bei der Vorbereitung der Fronleichnamspredigt gestoßen bin. Ich gebe ihn etwas gekürzt wieder.

► gott
eben
habe ich männer
auf unseren straßen gesehen
die trugen
wie man mir sagte
einen himmel
einen traghimmel

...
und viele menschen
liefen hinterher
...

und unter dem traghimmel
aus brokat
da ging ein mann
festlich vermummt
in kostbarem brokat
der trug
ein goldenes gefäß
mit einem strahlenkranz
und in dem goldenen gefäß
ein
kleines weißes
scheibchen brot

ich fragte die leute
was ist das
da sagte einer
ein tiefgebeugter
das ist ein stückchen brot
hinter dem ungeheuer viel steckt
ich war
betroffen
von dem ausdruck
seiner stimme
und fragte
was denn
was steckt dahinter
sag es mir
da sagte eine alte frau
sie war einfach gekleidet
ganz einfach
eine nicht einfach gekleidete frau
hätte so etwas gar nicht sagen können

sie sagte nämlich <
hinter diesem stückchen brot
steckt meine letzte hoffnung
daß ich doch einmal
gesättigt werde
ich habe eine gute rente
sagte die alte frau
und kann mir viel brot kaufen
und kann jeden tag ins café gehen

aber
das will ich ihnen sagen
ich habe noch kein brot gefunden
das mich satt macht
aber dieses weiße scheibchen
ist meine hoffnung
denn da steckt
ungeheuer viel hinter
ein mann
ein mensch wie wir
der hat sich selbst weggegeben
der wurde selbst brot
wissen sie
sagte die alte
so einer
der sich selbst weggibt
so etwas ist meine letzte hoffnung
wir tragen sehr
an der last einer solchen hoffnung
wir tragen schwer
an einem solchen himmel
auf erden

denn wir sind es
die diesen himmel verhindern
daran tragen wir sehr
das kleine weiße scheibchen
ist für viele
die letzte hoffnung
daß es doch einmal kommen wird
sagte die alte frau
gott
und ließ mich stehen ◄

(Aus: Wilhelm Willms, der geerdete himmel. wiederbelebungsversuche, Verlag Butzon & Bercker, Kevelaer ^{7}1986, 8.5; leicht gekürzt.)

3. Exegetische Hinweise

Es soll nur auf deutlich erkennbare Züge der lukanischen Bearbeitung der Speisungstradition hingewiesen werden: Anders als bei Mk lagern sich in der lukanischen Version die Leute in Gruppen zu 50. Dies ist jedoch kein Hinweis auf die Substrukturen des Volkes in der Wüste (vgl. Ex 18,25), sondern dürfte die Mahlpraxis der Urkirche widerspiegeln. Außerdem erinnern die Worte und Gesten Jesu – nach Art eines jüdischen Hausvaters – an den Bericht vom letzten Abendmahl (vgl. 22, 19). Bei der Beschreibung des von den ausgeteilten Broten und Fischen verbliebenen Restes ist hier gegen Mk nur noch von *Brot*stücken die Rede. Die Transparenz der lukanischen Speisungsgeschichte auf die urkirchliche Eucharistiefeier hin ist erkennbar. Die Brotsymbolik (vom materiellen zum eucharistischen Brot) klingt bei Lk leise an.

4. Hinweise zum literarischen Text

Der frühere Heinsberger Pfarrer spricht eine Sprache, die hinhorchen läßt auf das Wesentliche durchaus traditioneller Inhalte. Sie gewinnen neue Strahlkraft. Dieser Fronleichnamstext erscheint mir als einer der gelungensten unter den zahlreichen Texten, die er geschaffen hat.

5. Predigtentwurf

Prozessionen werden zwar viel belächelt, sie gleichen manches Mal eher einem ungeordneten Haufen, finden aber doch immer ihre Teilnehmerinnen und Teilnehmer. Man mag dafür Traditionsgefühl als Erklärung anführen oder gar sportliche Interessen, letztlich scheint mir dennoch der eigentliche Grund darin zu liegen, daß die Menschen sich bei Prozessionen des wahren Charakters ihres Lebens intuitiv bewußt werden.

Denn unser Leben ist und bleibt eine Wanderschaft. Wir wohnen zwar alle in festen, oft allzu festen Städten und in stabilen, nicht selten komfortablen Häusern. Dennoch wandern wir von der Geburt zum Grab, oft in einem erschrekkend raschen Tempo, ohne um die Geschwindigkeit zu wissen. Wir wandern von Station zu Station, ohne uns fest verankern zu können. Ja, wir müssen wandern. Wer stehenbleibt, rostet ein, stirbt. Leben heißt nun einmal Werden, Wachsen, Wandern. So wandern wir durch die Geschichte, die eigene kleine und die der großen, oft fremden Welt zu einem Ziel, das für gläubige Ohren Ewigkeit heißt.

Die katholische Kirche ist die einzige unter den christlichen Kirchen, die mit einer Prozession die Speise des letzten Abendmahles ehrt. Dabei bilden wir uns nicht ein, daß wir Gott so einfach herumtragen könnten, den Gott, von dem man sich kein Bildnis machen kann, es sei denn, der Mensch wäre dieses selbst. Wir tragen nur ein Stückchen Brot mit uns, wenn auch mit größter

Feierlichkeit und Ehrfurcht, ein Stückchen Brot, das beim Heiligen Mahl sozusagen übriggeblieben ist. Wir tragen ein Stückchen Brot mit uns, vor allem, um zu zeigen, was und wer unsere Nahrung, unsere Energiequelle, unser innerer Motor auf der Wanderschaft unseres Lebens ist. Wir tragen ein Stückchen Brot mit uns, hinter dem sich uns der zur Verfügung stellt, der ohnmächtig war wie der niedrigste Mensch und sich zugleich geborgen wußte im allmächtigen Gott. Wir zeigen in dieser Prozession, wovon wir letztlich leben, wer unserem Leben letzten Sinn gibt, worauf wir uns verlassen können. Darum ist diese Prozession eine Lebensprozession voll Freude und Hoffnung trotz allem, ein Ausdruck unserer Lebensfreude als gläubige Menschen: keine Machtdemonstration der „Schwarzen" oder des Katholizismus, keine Protestdemo für oder gegen etwas. Was einem Menschen diese Prozession letztlich bedeuten kann, sagt uns ein Text des katholischen Pfarrers Wilhelm Willms: ... (s. 2.).

6. Weitere Anregungen

Es wäre möglich, in einer anderen Predigt zunächst – von der historischen Fragestellung zur Speisungsgeschichte ausgehend – auf den tieferen Sinn dieser Tradition in den Evangelien einzugehen und insbesondere die angedeutete lukanische Brotsymbolik ins Bewußtsein zu heben. In W. Willms Text könnte diese Andeutung dann eine deutende Klärung finden.

Heinz Geist

Mitarbeiterverzeichnis

Baur, Katja, Dipl.-Theol., Pfarrerin, Ludwigsburg-Osswell
Baur, Wolfgang, Dipl.-Theol., Wissenschaftlicher Mitarbeiter des Katholischen Bibelwerks Stuttgart/Referent für ökumenische Bibelarbeit
Breitenbach, Roland, Pfarrer von St. Michael/Schweinfurt und Studentenseelsorger der Fachhochschule Würzburg-Schweinfurt
Buhleier, Karlheinz, Pfarrer von St. Justinus/Alzenau
Daiker, Dr. Angelika, Pastoralreferentin, St. Andreas/Stuttgart
Damblon, Dr. Albert, Pfarrer, Dozent für Homiletik, Korschenbroich-Herrenshoff
Ebner, Martin, Wiss. Ass., Würzburg
Fiedler, Dr. Peter, Professor für Neues Testament an der Pädagogischen Hochschule in Ludwigsburg
Gabel, Dr. Helmut, Spiritual am Priesterseminar in Würzburg
Gaidetzka, Petra, Dipl.-Theol., Aachen
Geist, Dr. Heinz, Priesterseelsorger in der Diözese Würzburg
Glees-zur Bonsen, Hildegard, Lehrerin, Bonn
Heil, Hanno, Dipl.-Theol., Limburg
Heinrichs, Norbert, Leiter des Katholischen Bildungswerkes der Region Krefeld
Herok, Stefan, Leiter des Amtes für Katholische Religionspädagogik im Bezirk Main-Taunus (Bistum Limburg)
Hofmann, Dorothea, Pastoralreferentin, Immendingen
Hofmann, Karin, Hausfrau und Mutter von 6 Kindern, Uettingen
Klar, Georg, Militärseelsorger, Göttingen
Knist, Franz-Josef, Gemeindeassistent in der Studentengemeinde Mainz
Mai, Stefan, Pfarrer von St. Gallus/Frickenhausen am Main
Müller, Dr. Paul-Gerhard, Professor, Ordinariatsrat, Trier
Neugebauer, Barbara, Dipl.-Theol., Familienfrau, Mainz-Kastel
Roos, Dr. Klaus, Bildungsreferent, Bergrheinfeld-Schweinfurt
Schneider, Klemens, Diözesanpräses des Kolpingwerkes im Bistum Münster (Coesfeld)
Schroedel, Joachim, Schulpfarrer und Studienrat i.K., Bad Nauheim
Schultes, Dr. Josef, Professor, Kritzendorf bei Klosterneuburg (Österreich)
Sill, Dr. Bernhard, Dozent für theologische Ethik, Hildesheim
Sommer-Franke, Ulrike, Dipl. Theol., Raisdorf
Steichele, Dr. Hanneliese, Professorin an der Katholischen Fachhochschule für Sozialarbeit, Sozialpädagogik und Praktische Theologie in Mainz
Stendebach, Dr. Franz Josef, Mainz, Hon.-Professor für Altes Testament an der Universität Frankfurt
Surmund, Dr. Heinz-Georg, Pfarrer, Giordano Bruno Huis, Dominikanische Kommunität, Utrecht (Niederlande)
Uphoff, Dr. Berthold, Uettingen, Bildungsreferent, Bildungshaus Schmerlenbach bei Aschaffenburg.